Walbert Bühlmann

Wenn Gott zu allen Menschen geht

Walbert Bühlmann

Wenn Gott zu allen Menschen geht

Für eine neue Erfahrung der Auserwählung

Herder Freiburg · Basel · Wien

Foto des Umschlagbildes: NASA

Imprimi potest. – Romae, die 2 iunii 1980
P. Paschalis Rywalski, Min. Gen. OFMCap
Fotosatz: Leingärtner, Nabburg
Druck und Einband: Freiburger Graphische Betriebe 1981
ISBN 3-451-19186-5

Vorwort

Nicht nur Neid, sondern auch Sinn für Gerechtigkeit und Menschenwürde empören sich, wenn ein Mensch oder ein Volk grundsätzlich, sogar mit Berufung auf Gott, einem andern vorgezogen wird. Es kann nicht in Ordnung sein, wenn nur einer lacht und die andern leer ausgehen. Die alt- und neutestamentliche Idee eines „auserwählten Volkes" könnte nur in einer altmodischen Mythologie oder in einem engen Ethnozentrismus erhalten bleiben, falls sie zugleich Benachteiligung, gar Verwerfung der andern Völker aussagen würde.

Wie aber, wenn die Auserwählung nicht Privilegierung von einzelnen, sondern Hoffnung für alle bedeutet, nicht Monopolfall, sondern Modellfall? Die Bejahung dieser zweiten Möglichkeit bildet die Kernaussage dieses Buches. Am Ende steht einem klar vor Augen, daß Gott an einem Volk geschichtlich und authentisch aufzeigen wollte, wie sehr er dieses Volk liebt, daß er aber, falls er Gott ist, auf gleiche Weise alle andern Völker liebt. Alle Völker sind „seine" Völker, sind „auserwählte Völker", wie es übrigens jene von den Christen als „nicht auserwählt" betrachteten Völker selber schon immer glaubten.

Das Thema der Auserwählung in biblischer Schau hat schon mehrere Darstellungen gefunden. Dessen interdisziplinarische Behandlung dürfte in diesem Buch zum erstenmal versucht worden sein. Wie Satelliten in je verschiedenen Runden, mit je verschiedenen Instrumenten die atmosphärischen Bedingungen der Erde oder die Lagerung von Bodenschätzen oder die Gegenwart und Verschiebung von Truppen erkunden können, so ging ich darauf aus, gleichsam in Satellitenperspektive in vier Runden dem Thema Auserwählung vom biblischen, geschichtlichen, religionswissenschaftlichen und theologischen Gesichtspunkt aus beizukommen. Vieles mußte verkürzt, aber hoffentlich nicht verfälscht gesagt werden, sonst hätte es vier Monographien ergeben statt einer Synthese mit dem Vorteil der Zusammenschau.

Das interdisziplinarische Verfahren im Einmannsystem bedeutete ein Wagnis. Es konnte nur verantwortbar bestanden werden dank nützlicher Kontakte und Gespräche mit Vertretern der vier Wissenschaften, deren Namen an Ort und Stelle in den Anmerkungen erwähnt sind. Besonderen Dank den Professoren, die je einen Teil von ihrem Fach her zu lesen und zu kontrollieren bereit waren: Karl Jaroš, Lehrbeauftragter am Orientalischen Institut der Universität Wien, Hugo Huber, Professor für Ethnologie, und Richard Friedli, Professor für Missions- und Religionswissenschaft, beide an der Universität Freiburg/Schweiz, Dietrich Wiederkehr, Professor für Fundamentaltheologie an der theologischen Fakultät Luzern.

Bei der Weite des Themas konnte es nicht die Absicht sein, zu den vielen behandelten Punkten eine nur annähernd vollständige Literatur beizufügen. Die trotzdem nicht spärlichen Literaturangaben haben den Zweck zu zeigen, daß meine Aussagen auf heutige Theologie abgestützt sind, und dem Leser die Möglichkeit zu bieten, die angezeigte Fährte weiterzuverfolgen.

Viele Ideen, Urteile und Vorschläge, die ich in „Wo der Glaube lebt" formuliert habe und die dem Buch seinen großen Erfolg sicherten, brauchen hier nicht wiederholt, noch weniger widerrufen zu werden. Die Grundhaltung aber bleibt die gleiche, ein Geist der unbedingten Ehrlichkeit und Selbstkritik. Denn diese evangelische Haltung darf in der Kirche nie aussterben und wird der Kirche nie schaden.

Viele Autoren bemühen sich heute um eine christliche Deutung der Welt. Was in den neueren Glaubensbüchern, etwa im Grundkurs des Glaubens von K. Rahner, in der Einführung ins Christentum von J. Ratzinger, in Christ sein von H. Küng, im Neuen Glaubensbuch von J. Feiner und L. Vischer mit Vollständigkeit, in theologischem Höhenflug aufgezeigt wird, geschieht in diesem Buch mit seinem Teilaspekt mit mehr Bodennähe, Erdgeruch, Verwurzelung in Geschichte und Gegenwart, und bestätigt so vielleicht unmittelbarer, erfahrbarer die gemeinsame Aussage, daß nämlich Menschsein, trotz allem, Sinn und Verheißung hat.

Rom, Ostern 1981 *P. Walbert Bühlmann O.F.M.Cap.*

Inhalt

Zweite Runde
Wie sich das neue auserwählte Volk verstand

Dritte Runde
Wie die andern Völker sich selber sehen

Vierte Runde
Wie wir Christen heute alle Völker verstehen

Erste Runde
Wie das auserwählte Volk entstand

Eine biblische Zusammenfassung

I. Die Völker und das Volk

§ 1. Das Meer hat schon immer den Menschen in Bann gezogen. Ob man es auf den Bahama- oder Seychellen- oder Hawaiinseln erlebte oder irgendwo an den langen kontinentalen Küsten, immer fühlt man – wohl unbewußt – sein Leben hineingestellt in den unermeßlich großen und geheimnisvollen Rahmen der Natur und der Geschichte. Denn mehr als die starre Erde rufen uns das Kommen und Gehen, das Schlagen und Schweigen der Meereswasser – Tag und Nacht, seit Jahrtausenden und Jahrmillionen – den Rhythmus der Völkerwellen in Erinnerung, die das Schicksal unserer Erde bestimmten und spannend machten.

Wann es damit anfing, wissen wir nicht genau. Wir sind auf Hypothesen angewiesen, wenn wir den *Ursprung der Menschheit*[1] datieren wollen, und jeder neue Fossilienfund kann die bisherigen Rekonstruktionen korrigieren oder von Grund auf erschüttern. Lange Zeit glaubte man, gemäß der Generationenreihe des Alten Testamentes das Alter der Menschheit auf knappe 6000 Jahre ansetzen zu müssen. Der heilige Augustinus legt dafür seine ganze Autorität in die Waagschale: „Es täuschen sich gewisse ganz verwegene Schriften, die von vielen Jahrtausenden der Zeitengeschichte sprechen, während wir doch nach der Heiligen Schrift nicht ganz 6000 Jahre seit der Erschaffung des Menschen berechnen."[2] Vor 40 Jahren lehrte man am Bibelinstitut in Rom, man könne nicht mehr umhin, wenigstens 40 000 Jahre anzunehmen. Heute glaubt man, daß sich vor ein bis drei Millionen Jahren die Hominisation vollzogen habe, d. h., daß sich Hominiden, menschenähnliche Wesen, zum „homo habilis" (dem handlichen Menschen, der schon gewisse Werkzeuge gebrauchte), zum „homo erectus" (dem aufrecht gehenden Menschen), und schließlich zum „homo sapiens" (der allmählich die Kunst und die Schrift entfaltete) entwickelt hätten.

Aber befindet sich überhaupt eine klare Scheidelinie zwischen Tier und Mensch? Paläontologisch spricht man dann von menschlichen Wesen, wenn sich nachweisen läßt, daß sie gewisse Instrumente handhabten, das Feuer gebrauchten – und ihre Toten bestatteten. Theologisch müßte man beifügen: wenn sie sich durch das Selbstbewußtsein und die Öffnung zur Transzendenz auszeichneten (vgl. unten § 7).

Ob diese Hominisation an einem Ort (Monogenese) oder zu verschiedenen Zeiten an verschiedenen Orten (Polygenese) geschehen sei, bleibt eine offene Frage. Die Wahrscheinlichkeit verschiebt sich immer mehr zugunsten der zweiten Möglichkeit. Mit den Forschern R. Darte und L. S. B. Leakey ist man geneigt, die Wiege der Menschheit nicht mehr in Asien, sondern in Afrika zu sehen, von wo aus die Urnomaden nach Europa und Asien ausgeschwärmt wären. Der Sohn des erwähnten Forschers, R. E. Leakey, bemerkt dazu mit trockenem Humor: wenn sie sich als Wildbeuter und Jäger herumtreibend im Lauf einer Generation – unbewußt – nur 10 Meilen in derselben Richtung verlagerten, wären sie in weniger als 15000 Jahren von Nairobi nach Peking gelangt[3]. Zeit stand jedenfalls zur Verfügung!

Von den ein bis drei Millionen Jahren menschlicher Existenz verstrichen 99 % oder mehr im primitivsten Nomadentum, im Leben von der Hand in den Mund durch Sammeln von Früchten und Erlegen gewisser Tiere, nachts in Höhlen oder unter einem Windschirm schlafend. Scheinbar ein bedeutungsloses Dasein, in dessen Dunkel nur unsere Phantasie sich etwas vorstellen und unser Romantizismus etwas Sinnvolles sehen kann; für jene Menschen aber war es ihr Alltag, ihr Leben, ihre Geschichte, die sie vielleicht so ernst nahmen wie wir unsere Geschichte.

Erst vor 8 000-10 000 Jahren fingen einzelne Gruppen an, seßhaft zu werden, Landwirtschaft und Viehzucht zu treiben, feste Häuser, Dörfer, Städte zu bauen, später auch die Schrift zu entwickeln, und so kam allmählich die Zeit, worüber unsere Bücher der Weltgeschichte etwas sagen können.

Eine Information, die uns durch gefundene Schädel verraten wird, scheint für uns heutige in Gewalt und Terrorismus verfangene Menschen bemerkenswert. R. Darte fand in Transvaal Schädel und Knochen, die vielleicht auf eine Million Jahre zurückgehen, darunter auch Schädel von Pavianen (große Affenart), die alle Schlagspuren aufwiesen, die also getötet worden waren. Das entsprechende Instrument waren Unterkieferknochen von Antilopen mit scharfen Zähnen. Das scheint zu sagen, daß die ersten Werkzeuge, Zeichen der zustande gekommenen Menschwerdung, ausgerechnet zur Tötung dienten. Auch das von L. S. B. Leakey 1960 im Oldowaital von Kenya gefundene Schädelfragment des Prä-Zinjanthropos zeigt Spuren, die einen gewaltsamen Tod vermuten lassen[4]. Der Mensch war also immer derselbe! Wenn diese Zufallsfunde schon zu solchen Schlüssen führen, welches muß dann das ganze Ausmaß von Krieg und Gewalt in jenen dunklen Räumen der Geschichte gewesen sein!

Wollte man die Geschichte des Lebens auf unserem Planeten in einem Buch darstellen und für je eine Million Jahre eine Seite vorsehen, dann käme man auf 1000 Seiten, freilich fast gänzlich mit leeren Blättern. Die Geschichte der Menschheit stände auf den letzten ein bis drei Seiten, auch hier noch vorwiegend mit weißen Flächen. Die gleiche Rechnung nicht von Beginn des Lebens, sondern von Beginn der Menschheit vor einer Million Jahren. Das Buch hätte wiederum 1000 Seiten, je eine für 1000 Jahre. Dann hätte man für die Zeit seit der Seßhaftigkeit immerhin zehn Seiten zur Verfügung, aber die ganze moderne Geschichte von der Ausnützung der Dampfkraft vor knapp 200 Jahren, der Elektrizität vor 150 Jahren bis zur Anwendung der Atomenergie vor 35 Jahren (1945 die erste Atombombe über Hiroshima, 1957 der erste russische Satellit im Weltraum, 1961 Gagarin, der erste russische Kosmonaut, 1969 Armstrong, der erste Amerikaner auf dem Mond) müßte auf acht Zeilen zusammengedrängt werden. So winzig ist unsere gegenwärtige Spanne im größeren Zusammenhang. – Die Wellen des Meeres aber schlagen ruhig weiter, Tag und Nacht, wie eh und je.

§ 2. Aus diesem Völkermeer ragt wie eine Insel ein Volk heraus, dem wir unser besonderes Augenmerk zuzuwenden haben: das *Volk Israel,* das „auserwählte Volk". Seine Geschichte hat nicht bloß nationale, sondern universale Bedeutung.

Die traditionelle Einteilung dieser Geschichte in Patriarchenzeit,

Ägyptenaufenthalt, Auszug, Landnahme und Richterzeit wird dem komplizierten Prozeß der Volkwerdung Israels nicht genügend gerecht[5]. Wir entwerfen hier nur einen großen Rahmen dieser Geschichte, um das Nachfolgende besser einordnen und im Lichte der heutigen kritischen Forschung, die neben der Bibel auch andere Quellen benützt, verstehen zu können.

Die Auswanderung Abrahams wird kein Einzelfall gewesen sein, sondern stand offenbar im Rahmen der amoritischen Völkerwanderung in der Zeit um 1800 v. Chr. Nach Wanderungen in Palästina, womöglich bis Ägypten, ließ sich sein Clan in Südpalästina nieder. Ähnlich die andern Clans, die des Isaak, Jakob, Josef. Die Ahnherren dieser Sippen werden heute allgemein als historische Gestalten anerkannt, aber sie waren untereinander nicht blutsverwandt. Die verwandtschaftlichen Beziehungen wurden erst später beim Zusammenschluß der Stämme legendenhaft konstruiert.

Beim Mangel an Siedlungs- und Weideplätzen mag der Clan Josef um 1350 v. Chr. nach Ägypten ausgewandert sein. Zuerst fanden seine Leute die Gunst des dortigen Volkes. Aber unter Ramses II. (1290 bis 1224) änderte sich die Semiten-freundliche Politik. Die Hebräer wurden nur noch als billige Arbeitskräfte zum Städtebau gebraucht. In dieser Zeit der Unterdrückung trat ein Mann auf, Mose, und entwarf Fluchtpläne für die Hebräer. Er selber stammte wahrscheinlich nicht aus dem Josefclan, sondern war ein Midianiter. Nach einem Gotteserlebnis fühlte er sich angetrieben, für die Hebräer und andere unzufriedene Untertanen die Flucht zu organisieren. Es war kaum ein aufsehenerregendes Ereignis. Ägyptische Quellen berichten gar nichts darüber. Für die kleine Gruppe aber stellte es das entscheidende Erlebnis ihrer Geschichte dar. Der Gott des Mose, Jahwe, hat sich dabei als der starke Gott erwiesen. Die Flucht kann auf circa 1230 angesetzt werden. Mose führte die Gruppe über die Karawanenstraße durch die Sinai-Halbinsel in seine Heimat Midian, wo er sie am heiligen Berg auf die Verehrung seines Gottes Jahwe verpflichtete. Dann brachen sie wieder auf, um in ihre alten Siedlungsgebiete in Mittelpalästina zurückzukehren. Jericho wurde dabei nicht zerstört. Es lag damals schon längst in Trümmern. Die Josefsippe schloß sich dann mit den dort schon ansässigen Clans Israel und Jakob zusammen und bewog auch sie zur Verehrung Jahwes. Die kommenden 200 Jahre sahen einen intensiven Prozeß der Seßhaftigwerdung, des Überganges zum bäuerlichen Leben, des Anwachsens der Clans zu Stämmen, des wachsenden Bewußtseins der Zusammengehörigkeit aufgrund der gleichen Sprache und der Verehrung Jahwes.

Um der Gefahr durch die Philister besser zu wehren und das Volk noch mehr zu einen, wählte man das Königtum mit Saul als erstem König. Nach dessen Tod verstand es David, zur Macht zu gelangen. Er eroberte mit einem Handstreich Jerusalem, machte es zur Hauptstadt, dehnte das Reich von Damaskus bis ans Rote Meer aus. Unter Salomo, mehr Poet und Kaufmann als König, kam es zu verschiedenen Aufständen. Mehrere Gebiete sprangen wieder ab, was zur Spaltung in Nord- und Südstämme führte. Fortan läuft die Geschichte der Reiche Juda und Israel getrennt. Der Nordstaat, Israel, fiel 722/21 den Assyrern zum Opfer, welche in mehreren Wellen die Oberschicht deportierten.

In Juda (Jerusalem) herrschte weiterhin die davidische Dynastie, welche durch die Natansverheißung religiös untermauert und darum innenpolitisch nicht gefährdet war. Ihnen aber setzten die Babylonier zu, die 587/86 Jerusalem zerstörten und die Oberschicht nach Babylonien brachten. Dem babylonischen Reich wiederum rückte der persisch-medische Großkönig Kyros II. auf den Leib. Dieser erlaubte 538 den exilierten Judäern, in ihre Heimat zurückzukehren und den Tempel wieder aufzubauen. 515 konnte der neue Tempel eingeweiht werden. Juda aber blieb eine persische Provinz. In diese Zeit fällt die Geburtsstunde des eigentlichen Judentums. Es entstand das messianisch-eschatologische Denken. Es verschwand aber auch die ursprüngliche Weite des Alten Testamentes zugunsten einer Buch- und Gesetzesreligion mit der entsprechenden Intoleranz. Um 331 beginnt unter Alexander d. Gr. die hellenistische, von 64 an unter Pompeius die römische Zeit Palästinas.

Auf dem Hintergrund einer so zerstrittenen und wenig geglückten Geschichte hielt Israel trotz allem am Glauben fest, daß Jahwe mit seinem Volk wandere und dessen Geschichte bedeutungsvoll mache.

§ 3. Wenn wir nun nach der Religion Israels fragen und nach ihrem innersten Kern, dem *Jahweglauben,* so sehen wir das gleiche Bild wie für die politische Geschichte Israels, ja wie für die gesamte Geschichte der Erde und der Menschheit: nichts ist fertig vom Himmel gefallen, alles ist in langer Geschichte geworden[6].

In der nomadischen Zeit kannten die hebräischen Sippen Jahwe überhaupt nicht. Jede Sippe verehrte ihren „Vatergott". Das waren sehr transzendente Gottheiten. Sie griffen nur selten in das Leben der Menschen ein, beanspruchten keine Priester, waren an keine Heiligtümer gebunden. Sie zogen mit den Nomaden und offenbarten sich hie und da in Träumen. Man kannte ihnen gegenüber ein unreflektiertes Urvertrauen.

Im Kontakt mit den Kulturlandbewohnern, vor allem in Kanaan, lernte man deren Götter mit ihren Heiligtümern kennen, vor allem Baal, den Fruchtbarkeitsgott, und El, den höchsten Gott, der viele Ähnlichkeiten mit den Vatergottheiten aufwies. Beim Zusammenschluß der Sippen wurden auch deren Götter je nachdem übernommen oder ausgeschieden oder miteinander identifiziert.

Jahwe, den die Josefsippe über Mose von Midian übernahm, entsprach in vielem den Vater-Gottheiten, zeigte sich aber eifernder, ausschließlicher. Seine Verehrung war mit dem heiligen Berg Midians verbunden, einem Vulkan. So sind auch die Begleitumstände seines Erscheinens von vulkanischen Phänomenen gekennzeichnet. Dank der Autorität des Josefstammes legten sich dann auch die andern Stämme in Palästina auf die Jahweverehrung fest. Damit wurde die Existenz anderer Götter nicht bestritten. Für die Juden aber galt nur noch Jahwe, der in sich die Züge des milden Vatergottes, des eifernden Jahwe und des zum Universalen neigenden El vereinigte.

Mit der Seßhaftigkeit in Kanaan stellte sich ein neues Problem. Für die Fruchtbarkeit dieses Bodens galt seit jeher Baal als zuständig. Wie konnte man diesem Dilemma begegnen? Elija, einer der größten Baal-Gegner, fand die elegante Lösung, indem er die Baal-Attribute auf Jahwe übertrug und erklärte, daß auch Jahwe für den Regen und für die Fruchtbarkeit sorge. Auch weitere Attribute wurden auf Jahwe konzentriert. So sog der Jahwe-Glaube gleichsam alles auf wie ein Schwamm das Wasser.

In späterer Rückblende wird dann noch der großartige Brückenschlag gemacht, indem man in Exodus 3,6 Jahwe vom Dornbusch her sagen hört: „Ich bin der Gott deines Vaters, der Gott Abrahams, der Gott Isaaks, der Gott Jakobs." Das will doch heißen: der Vater-Gott der Patriarchen, der El der Kanaanäer, der Jahwe der Midianiter sind letztlich nicht verschiedene Gottheiten, sondern Ausdruck der fortschreitenden Erkenntnis, daß der Gott, den die Bibel mit Jahwe bezeichnet, die Ahnen Israels, aber auch alle Menschen, wenn auch unter verschiedenen Namen, von jeher begleitet hat.

Wir können es so zusammenfassen: In der Bibel entwickelten Menschen in Anlehnung an die Kulturen und Religionen ihrer Umwelt und unter Führung Gottes jenes Gottesbild, das dem am nächsten kommt, was menschliche Sprache als Gott bezeichnet. Daß an diesem Gottesbild so viele Völker, Kulturen, Religionen mit allen ihren schöpferischen Fähigkeiten mitarbeiten durften, heißt auch, daß Gott allen Völkern nahe ist und daß dieses Gottesbild für alle Kulturen das richtige sein kann. Die Bibel selber führt uns also auf einem Weg großzügigster Toleranz und keineswegs eines religiösen Fanatismus.

§ 4. Noch ein dritter Fragenkomplex weist denselben Charakter der Geschichtlichkeit auf, nämlich das *Werden der hebräischen Bibel,* aus der wir alle Auskünfte über das auserwählte Volk Israel beziehen. Man müßte dazu eine ausführliche Einleitung in das Alte Testament nachlesen[7]. Wir können hier nur sehr verkürzt und fragmentarisch den großen Rahmen schlagen.

Am Anfang steht die mündliche Weitergabe von Sagen, Genealogien, Gesetzesformeln usw., die die einzelnen Sippen betrafen. Mit dem Zusammenschluß der Stämme floß auch das Erzählgut zusammen. In der davidisch-salomonischen Zeit entstand eine erste größere Sammlung, vor allem aus dem Erzählgut der Südstämme. Man nennt es das jahwistische Geschichtswerk, weil hier der Name Jahwe vorherrscht. Nach der Trennung Israels von Juda entstand am Hof von Samaria eine Sammlung aus Erzählgut vor allem der nord- und mittelpalästinensischen Stämme: das elohistische Geschichtswerk genannt, weil hier für Gott der Name Elohim gebraucht wird. Später wurden die zwei Quellen zusammengelegt, aber auch laufend erweitert. Im Exil und nachher entstand die sogenannte Priesterschrift, welche in allen Zusammenhängen die kultischen Vorschriften heraushebt.

Der sogenannte Deuteronomist verwandte dieses Material und schrieb um 560 eine Geschichte von Mose und über die Zeit der Landnahme bis zum Ende der Königreiche Israel und Juda. In der nachexilischen Zeit schließlich entstanden Genesis, Exodus, Levitikus, Numeri und andere Bücher in ihrer heutigen Form.

Die ersten Schriftpropheten traten auf im 8. Jahrhundert: Amos, Hosea, Micha, Jesaja. Die großen Einzelpropheten wurden in ihrer Zeit vielfach abgelehnt. Ihre Sprüche wurden nur von Schülern und Freunden aufgeschrieben und weitergegeben. Erst in der nachexilischen Zeit erkannte man, daß sie mit ihrer Kritik und ihren Warnungen recht hatten, und nicht der Hof mit seinen Schmeichlern. So begann man mit der Herausgabe der Prophetenbücher. Dabei wurden ihre Sprüche oft erweitert, für den liturgischen Gebrauch angepaßt, aktualisiert. Etwa im 1. Jahrhundert v. Chr. dürften die Prophetenbücher in der heutigen Fassung vorgelegen sein.

Die dritte Gruppe, die Schriften (Psalter, Sprüche, Prediger, Hoheslied usw.) weisen eine sehr unterschiedliche Entstehungszeit auf. Im heutigen Psalter aus der nachexilischen Zeit finden sich uralte neben sehr jungen Hymnen, ausgewählt aus verschiedenen früheren Sammlungen.

Man kann sagen, daß zur Zeit Jesu die Bücher der hebräischen Bibel in der heutigen Fassung vorlagen, aber sie galten noch keineswegs alle als heilige Schrift. Die Sadduzäer anerkannten nur den Pentateuch als heilige Schrift, die Pharisäer dagegen – und wohl auch Jesus – die meisten Bücher des heutigen Alten Testamentes.

Das Werden des Alten Testamentes und seine Anerkennung als heilige Schrift umfaßt also weit über 1000 Jahre. Die Auslegung muß diesem langen Prozeß gerecht werden. Sie muß das Wort als Menschenwort ernst nehmen. In der heiligen Schrift sprechen Menschen von ihren Erfahrungen mit sich selber, mit andern Menschen, mit Gott. Sie wollen aber letztlich nicht aus ihrer Menschlichkeit allein verstanden werden, sondern aus der lockenden und fordernden Anrede Gottes an sie. Nur wenn wir die Bibel voll annehmen, als Menschenwort, können wir sie auch im Glauben als Wort Gottes an uns verstehen.

In den folgenden Seiten brauchen wir nicht immer auf diese literarkritischen Ausführungen zurückzugreifen. Wir können in der Regel die Bibel so nehmen und verstehen, wie sie tatsächlich dem Leben und dem Glauben der Synagoge und der Kirche diente. Es ist aber gut, die wissenschaftliche Bibelkritik immer im Hinterkopf zu behalten.

II. Erwählung und Bundesschlüsse im Alten Testament

1. *Der Schöpfungsbund*

§ 5. Das Volk Israel lebte zuerst ganz und gar von der Verheißung, von der Hoffnung, von der Zukunft. In der Patriarchenzeit wanderte es dem neuen Land entgegen! In der Knechtschaft Ägyptens harrte es auf Befreiung. In der Wüste glaubte es an den Gott des Bundes und das Land der Verheißung. Als Nomaden erfuhren sie Gott als einen, der mit ihnen wanderte und sie in den Gefahren überleben ließ. Darum ist die ganze erste Phase der Geschichtsschreibung auf den Bundesgott ausgerichtet, der damals mit Abraham, dann beim Exodus und am Sinai mit seinem Volk Geschichte machte.

Erst als sie später im Lande Kanaan seßhaft geworden, aus Nomaden Ackerbauern und Hirten geworden waren, die der Natur auf Gedeih und Verderb ausgeliefert sind, drängte es sie zu wissen, worin diese Natur mit ihren Segnungen und Schrecken denn begründet sei. Jetzt stellte sich die Frage nach dem Uranfang, nach der Schöpfung. Jetzt sind sie vom Gott der Geschichte zum Gott der Schöpfung vorgestoßen. Wenn das Alte Testament heute – für uns wie selbstverständlich – mit der Schöpfung beginnt, muß man doch wissen, daß dieser Akt erst später, gleichsam als Reflexion und Einführung, der Bundesgeschichte vorangesetzt worden ist[8].

Tatsächlich aber gehören Vergangenheit und Zukunft wie die dazwischen liegende Gegenwart gesamthaft zur vollen Geschichte. Ohne das feste Fundament eines *Uranfanges* kann es keine verläßliche Zukunft, damit auch keinen Mut zur Gegenwart geben. Die Hängebrücke der Geschichte muß an zwei Enden verankert sein, sonst trägt sie nicht.

Wir haben bislang vielleicht zu sehr – zusammen mit den Juden – den Abraham-Bund betont, als ob Gott erst da angefangen hätte, in die Geschichte einzugreifen, als ob er erst jetzt einen Menschen, Abraham, mit Namen gerufen und berufen hätte[9]. Hat er aber nicht schon Adam und Eva mit Namen gerufen und ihnen verheißen, sie zu einem Volk zu machen? Man kann wegen der spätern Bünde nicht vom Schöpfungsbund absehen. Ohne den Schöpfungsbericht wäre nicht klar, wer denn eigentlich der Gott Abrahams, Isaaks und Jakobs, der Gott Jesu Christi, der Gott aller Menschen ist.

§ 6. Um diese Besinnung auf den Uranfang zu machen, konnte Israel weder auf seine eigenen Traditionen, eine Art Volksgedächtnis, zurückgreifen, noch hat es offenbar ein wunderbares Licht von oben erhalten. Dank der bessern Kenntnis der Schöpfungsmythen der umliegenden Völker, der Ägypter, Sumerer, Hurriter, Hetiter, Kanaanäer, wissen wir heute, daß die weitverbreitete Vorstellung von Israel als einer kulturell und religiös isolierten Insel im Meer einer heidnischen Umwelt nicht der Wahrheit entspricht. Israel war voll und ganz Teil der altorientalischen Welt, lebte, dachte, formulierte ganz selbstverständlich im Rahmen des damaligen Denkens. Schon Tausende von Jahren vor dem biblischen Schöpfungsbericht zirkulierten im Orient ähnliche Mythen.

Freilich, diese andern Schöpfungsmythen waren durchtränkt von Polytheismus und von allzu menschlichen Vorstellungen Gottes. Es herrscht Streit und Eifersucht unter den Göttern. Die Urmasse selbst scheint eine Emanation Gottes zu sein. Alles dreht sich in einem zyklischen Rhythmus um die eigene Achse. Hier haben die israelitischen Schriftsteller – inspiriert vom Geiste Gottes, wie wir glauben – korrigierend eingegriffen. Sie scheiden jene allzu menschlichen Elemente aus und ziehen vor allem eine klare Scheidungslinie zwischen Schöpfer und Geschöpf als zwei Wirklichkeiten, die engstens aufeinander bezogen und gleichzeitig auf unüberbrückbare Weise voneinander zu unterscheiden sind. Es ist bezeichnend, daß im Genesis-Bericht die Sonne als „große Leuchte“ umschrieben und nicht mit ihrem Namen „schamasch“ benannt wird, was Sonne und Sonnengott heißen konnte; daß gleicherweise das Meer eine „Ansammlung von Wasser“ und nicht „jam“ genannt wird, da „jam“ Meer und Meergott bedeuten könnte. Der Bericht läßt schließlich nicht in nutzloser Nostalgie nach dem verlorenen Paradies träumen, sondern setzt einen Ausgangspunkt, gibt einen Anfangsimpuls, löst eine lineare Geschichtsentwicklung aus und schickt den Menschen unverdrossen auf den Weg, den Firnen seiner Zukunft entgegen[10].

Nicht nur in der mesopotamischen Umwelt, auch in Indien, Afrika, Amerika kommen in verblüffender Ähnlichkeit Schöpfungs-, Paradies- und Sündenfallmythen vor[11] (vgl. Dritte Runde § 6). Handelt es sich um Erinnerungen an tatsächliche Ereignisse in der Urgeschichte aller Völker oder aber um Rückprojektionen gesuchter Antworten auf die bedrängenden Fragen der Gegenwart? Auf jeden Fall stellt sich heute, nach Jahrtausenden des unkritischen Übernehmens solcher Mythen der Bibel und der andern Völker, die Frage nach dem Verhältnis zwischen *Mythos und Wissenschaft,* zwischen Mythos und Glaube. Wie können wir den Schöpfungsglauben, wie er in der Schrift überliefert wird, mit der Evolutionstheorie und den Ergebnissen der andern Wissenschaften in Einklang bringen?

Zunächst muß man unterscheiden zwischen Aussageinhalt und Aussageweise. Der Schöpfungsbericht will uns nicht naturwissenschaftliches Wissen vermitteln, sondern aus dem Glauben unserem Leben einen tiefern Sinn geben. Wohl enthält er auch „Naturwissenschaft", aber Naturwissenschaft aus jener Zeit. Der Sinn will sein: der Theologie aller Zeiten ist der Auftrag gegeben, die Naturwissenschaft aller Zeiten in die theologische Reflexion hineinzunehmen, man soll nicht ohne Naturwissenschaft Theologie betreiben.

Mit der ätiologischen Erklärung kann man ein gutes Stück weiterkommen (griechisch aitia = Grund, Ursache)[12]. Für die Erfahrungen von Heils- und Unheilsgeschichte, die der Mensch immer wieder macht, für unerfüllte Sehnsüchte, die er ständig spürt, sucht er nach einer Erklärung. Was immer und überall geschieht, muß in Ereignissen am Anfang begründet sein. So entstanden als Urmodelle die Mythen. In ihnen spiegelte sich das tägliche Leben, findet sich der Mensch aller Zeiten wieder. Man kann sich ruhig solcher Mythen bedienen, weil sie etwas aussagen, das man sonst schwerlich erklären kann. Man muß sie aber – heute – als Mythen durchschauen und das dahinter Gemeinte verstehen.

Die Bauern aller Zeiten und Zonen und Religionen, die bis zur industriellen Revolution die überwältigende Mehrheit der Menschheit ausmachten, lebten ganz im mythologischen Weltbild. Wie bei der Entstehung der Welt eines nach dem andern erschaffen wurde, so werden auch jetzt Regen oder Dürre, Gesundheit oder Krankheit, gute oder schlechte Ernte laufend geschenkt beziehungsweise verhängt. Durch Gebete und Gaben an Gott oder die Gottheiten, an Engel oder Geister, an Heilige oder Ahnen glaubte man, diese Überwelt günstig zu stimmen und den Lauf der Dinge zum Guten wenden zu können. Heute bricht dieses Weltbild vor der Wissenschaft zusammen. Die

Welt wird von ihren eigenen Gesetzen „regiert" und mit Hilfe von Technik, Medizin, Agronomie zum Guten verändert. Das Konzil hat die Autonomie der irdischen Wirklichkeiten anerkannt (Gaudium et spes, Nr. 36, 41, 59). Es wäre darum verhängnisvoll, den Aufklärungs- und Entmythologisierungsprozeß den Atheisten zu überlassen. Dann käme es dazu, daß nicht bloß die Religion von Mythen befreit (legitime Säkularisierung), sondern der Mensch von seiner Religion befreit beziehungsweise ihrer beraubt würde (illegitimer Säkularismus: vgl. Evangelii nuntiandi, Nr. 55). Man muß darum die Gläubigen behutsam in dieses neue Weltbild einführen, ohne dabei das Kind mit dem Bade auszuschütten, d. h. ohne mit dem Gesagten auch das Gemeinte preiszugeben[13].

§ 7. So muß man sich nun fragen, was denn *die bleibende Aussage des Schöpfungsberichtes* sei[14]. Schöpfung im heutigen Verständnis meint, daß Gottes Gedanke und Wille schöpferisch wurden, daß hinter der von Forschern wie Kopernikus räumlich und von Darwin zeitlich ausgeweiteten Welt und ihrem Werdeprozeß, wie immer die Wissenschaft ihn sehen mag, ein souveräner Gott steht, daß somit diese Welt als geplant und sinnvoll verstanden werden soll. Schöpfung meint, daß insbesondere der Mensch nicht ein Zufallsprodukt der Evolution sei, sondern von Gott ausdrücklich gekannt und gewollt war mit all seinen Gaben, mit seiner Zweigeschlechtlichkeit („als Mann und Frau erschuf er sie"), mit seinem Verlangen nach Lebensfreude (Paradies); meint, daß dieser Mensch nicht bloß Werk, sondern „Abbild" Gottes, sein Partner ist und also nicht Hemmungen haben soll, zu Gott du zu sagen; meint aber auch, daß diese Unmittelbarkeit zu Gott vollzogen werden muß in inneren Spannungen (Erbanlagen) und im Ausgesetztsein an die drohenden Mächte dieser Welt (Milieueinflüsse), so daß der Mensch in Sünde und Schuld verstrickt wird und trotzdem seine Hoffnung nie verlieren soll; meint schließlich noch, daß der Mensch einen Weltauftrag hat, bei dessen Ausführung er sich nicht in Titanentum und Technik verkrampfen, sondern sich auch der Ruhe, der Muße, dem Feiern (Sabbat) hingeben soll. Während der Mensch über alle Geschöpfe, also die Bodenschätze, die Pflanzen, die Tiere, „herrschen" soll, sie also vernünftig verzwecken darf, soll er selber als Ebenbild Gottes nie verzweckt werden. Indem er sich selber vor Gott hinstellt, wird er nicht verzweckt, sondern in seinem eigenen letzten Zweck erfüllt. – In diese wesentlichen Aussagen gefaßt, enthält der Schöpfungsbericht auch heute noch eine sehr sinnvolle Botschaft. Nach der Entmythologisierung verstehen wir heute die Genesis besser.

Über den Zeitpunkt des Beginnes der Menschheit mögen die Gelehrten weiterhin streiten. Theologisch ist dazu zu sagen, daß die Transzendenz-Erfahrung den Menschen zum Menschen macht. Das heißt, er stößt ständig an die Grenzen seines Seins. Aus seiner ganzen Veranlagung heraus möchte er sie übersteigen, aber von sich aus bringt er es nicht zustande. In dieser Lage vernimmt er klar oder unklar eine Einladung, sich einem letzten Geheimnis zu öffnen, das man Gott nennt, und von Gott her kann er nun „in Gnade" jenes Mehr empfangen. Anders ausgedrückt: der Mensch ist in dem „Augenblick" zum Menschen geworden, wo er anfing, sich selber zu erkennen und, den Rubikon jener Grenze überschreitend, auch Gott zu erkennen. Wir werden in der Dritten Runde sehen, daß tatsächlich alle Menschen aller Kulturen diesen Schritt vollzogen haben. Würde einmal eine Entwicklung in umgekehrter Richtung erfolgen und es so weit kommen, daß die Menschen wirklich nicht mehr nach dem letzten Urgrund und Urziel fragen, dann hätten sie sich – so sagt K. Rahner lakonisch – zu findigen Tieren zurückgekreuzt und die Geschichte der Menschheit wäre damit zu Ende gegangen[15] (vgl. Vierte Runde § 18 und § 21).

Dieser Mensch, die Krone der Schöpfung, erscheint nicht nur in seiner Gottverwiesenheit, in seiner theologischen Interpretation, sondern auch in seiner biologischen Verfassung als ein geheimnisvolles Wunderwerk. In Sperma und Eizelle, den Urelementen des Lebens, kreisen je 23 Chromosomen mit je einer Vielzahl von Genen, die eine ungeheure Mannigfaltigkeit von Verbindungen und damit von möglichen Erbbildern in sich tragen. Von allem Anfang an ist im befruchteten, winzigen, nur durch das Mikroskop sichtbaren Ei das ganze Aktionsprogramm des physiologischen Ablaufes dieses Lebens, zusammen auch mit den geistigen Erbanlagen, gespeichert, gleichsam wie in einem Computer in Cape Kennedy, der – freilich mit viel größerem Aufwand! – ein ganzes Astronautenprogramm reguliert. Der genetische Code des Menschen zählt Milliarden molekularer Symbole, von denen jedes seine spezifische Funktion hat. Wollte man die darin enthaltene Information in moderner wissenschaftlicher Sprache umschreiben, würde es eine Bibliothek mit Tausenden von Büchern ergeben[16].

Steht also Gott hinter einem solchen Menschen und hinter einer solchen Welt? Der Christ darf ruhig ja sagen. Allerdings muß er sich dabei im klaren sein: dieses Ja ist eine Glaubensaussage. Es läßt sich nicht von der Wissenschaft beweisen, freilich auch nicht von ihr widerlegen. Der biblische Schöpfungsglaube und der moderne Unglaube teilen gemeinsam diese Einsicht, daß ein dem Weltgeschehen innewohnender Sinn nicht bewiesen werden kann. Für den biblischen Glauben stellt das freilich nur die eine Seite der Medaille dar, während auf der andern Seite die im Glauben angenommene Geborgenheit der Welt und des Einzelmenschen in Gott ausgesagt wird. Es muß sich jeder einzelne entscheiden, mit welcher Antwort er sich zufriedengeben will, ob er diese wunderbare Entwicklung als Werk des glücklichen Zufalles deutet oder ob er hinter allem die Folgen eines geheimnisvollen göttlichen Machtwortes sieht[17].

§ 8. Nach all dem Gesagten kann man das Schöpfungsgeschehen mit gutem Recht als *Schöpfungsbund* bezeichnen. Das war eher ungewohnt. Man spielte den Abraham-Bund derart hoch, daß man nur selten vom Noach-Bund und noch seltener vom Schöpfungsbund sprach. Bestenfalls sah man die Schöpfung als Beginn der natürlichen Ordnung, während mit Abraham die übernatürliche Offenbarung und der Bund der Gnade begannen.

Jedoch können wir von der Schöpfung nicht groß genug denken. In ihr ist eingeschlossen die Erhaltung, die Vorsehung, Gottes endgültiges Jawort zur Welt und zu allen Menschen. Jeder einzelne Mensch ist „Adam“ (= Mensch), nicht mehr und nicht weniger als Adam „von Gott erschaffen“. In jedem wiederholt sich das Geheimnis der Schöpfung. Wenn Israel „zum Segen für alle Völker“ werden sollte (vgl. unten § 12), so ahnte der Jahwist, daß schon vorher alle Völker gesegnet waren, weshalb er nachträglich der Geschichte Israels noch die universale Urgeschichte voraussetzte (Genesis 1-11). Schon seit der Schöpfung und durch sie stehen alle Menschen grundsätzlich unter dem gnädigen Bundeswalten Gottes. Wir müssen darum eine tiefgreifende Kontinuität und Einheit aller Bünde annehmen[18]. Wenn von einzelnen Propheten gesagt wird, sie seien „vom Mutterschoß her geformt und berufen“ worden (Jer 1, 4-8; Jes 42, 6; 49, 5), so ist auch die gesamte Menschheit und in ihr jeder einzelne Mensch von Uranfang an von Gott gewollt und berufen.

Wohl handelt es sich hier um einen uneigentlichen Bund oder Vertrag, weil nicht nur Gott als der eine Vertragspartner – wie in allen andern Bünden – geheimnisvoll verborgen blieb, sondern der Mensch als der andere Vertragspartner noch gar nicht existierte, sondern erst durch diesen Schöpfungsbund ins Dasein trat. Er wurde also, ohne gefragt zu sein, in die unabänderliche Tatsache hineingestellt, mit Gott in einem Vertragsverhältnis zu stehen – im Grunde wie es jedem Kind durch die Geburt widerfährt. Aber diese beiden „uneigentlichen" Vertragsverhältnisse erweisen sich als stärker denn alle „eigentlichen" Verträge. Eine Mutter gibt ihr Kind nie auf, und selbst wenn sie seiner vergessen würde, Gott läßt sein Volk, seine Menschheit, jeden Menschen, nie fallen (vgl. Jes 49, 15). Unser ganzes Leben und die gesamte Menschheitsgeschichte, trotz ihrer unfaßbaren Greuel, verlaufen im Rahmen dieses ungeschriebenen Vertrages. Darum sind die Lebensangst und die „Lust am Untergang" so vieler heutiger Menschen fehl am Platz. Man kann in psychologischer Sicht wohl sagen, daß einer, der nie die bergende Liebe der Mutter erfahren durfte, es natürlicherweise schwerer hat, an die noch größere Geborgenheit in Gott zu glauben.

Bei dieser Geborgenheit in Gott handelt es sich nicht bloß um ein „natürliches" Verhältnis zwischen Schöpfer und Geschöpf im Gegensatz zu dem, was man „übernatürlich" nennt. Wir sollen die „Übernatur" nicht wie ein zweites Stockwerk verstehen, das später auf die Natur aufgesetzt wurde. Die Schöpfung als solche darf und muß aufgefaßt werden als ein Akt der Selbstmitteilung Gottes, womit er nicht etwas anderes schafft und von sich absetzt, sondern womit er seine eigene Wirklichkeit an den andern verschenkt. Wenn aber die Welt als Vorgang der Selbstmitteilung Gottes entsteht, dann ist in ihr, bei aller Transzendenz, zugleich eine Immanenz Gottes gegeben, die dem entspricht, was die christliche Theologie personale Gnade oder Einwohnung Gottes in der geistigen Kreatur nennt. Diese Einwohnung ist aber dann nicht bloß ein da und dort vorkommendes Ereignis, sondern ein grundlegendes Verhältnis Gottes zum Menschen überhaupt. Man kann also nicht bloß von der Begnadigung des Sünders reden, sondern auch von einer Gnadenordnung der Schöpfungswirklichkeit überhaupt. Im Bereich der Schöpfung gibt es keine neutrale Zone.

Die gesamte Schöpfung ist von Gott abhängig, von Gott angenommen, auf Gott verwiesen. Gott aber ist und bleibt immer ein Gott der Gnade. Darum stehen auch die ganz „natürlichen" Dinge, die uns täglich widerfahren, die nie erfüllte Sehnsucht, die tragische Erfahrung der menschlichen Begierlichkeit, das Dilemma zwischen Lebensfreude und Todesangst, bereits in der Einflußzone der „Übernatur", im Rahmen des „übernatürlichen Existentials", in jener konkreten Daseinsweise, die Gott zwar in freier Liebeswahl, aber doch tatsächlich von Anfang an dem Menschen geschenkt hat[19].

Wer aber Gnade sagt, sagt auch Christus. Die geschichtlich spätere Erfahrung des gekreuzigten und auferstandenen Jesus läßt uns rückblickend das Christusereignis als je voraus angezielten Höhepunkt der Selbstmitteilung Gottes an die Welt verstehen. Dieses Ereignis ist dann nicht etwas, das später einmal über die Weltbühne ging, sondern der Punkt, auf den die ganze evolutive Welt von vorneherein hinstrebte. Wir können insofern von einer „geheimen Christozentrik" der gesamten Schöpfung und vom „kosmischen Christus" sprechen[20]. Die beiden glühenden Christusjünger, Johannes und Paulus, haben uns diese grandiose Christusschau erschlossen[21].

Eine solche Theologie, welche der Schöpfung, der Natur, der Geschichte, den Kulturen, den Religionen gerechter wird, ist eines der Hauptpostulate der Theologen der Dritten Welt an die europäische Theologie[22]. Auf dem gemeinsamen Boden des Schöpfungsbundes werden so viele Exklusivismen und Antagonismen unserer bisherigen Denkweise Lügen gestraft.

Der Schöpfungsbund, die Erwählung der ersten Menschen, und in ihnen aller Menschen, zu einem sinnvollen und begnadeten Leben, erweist sich also als Voraussetzung und Vorwegnahme aller kommenden Bünde, die immer nur bestätigen und verdeutlichen, was im Schöpfungsbund schon grundgelegt war. Die Heilsgeschichte begann zugleich mit den Menschen, und trotz aller Sünde und Unheilsgeschichte „ist das Drama nicht mehr offen, die Weltgeschichte ist im Grunde schon entschieden, und zwar zu ihrem Heile"[23].

2. *Der Noach-Bund*

§ 9. In der vorausgegangenen zuversichtlichen Schilderung des Schöpfungsbundes wurde ein Element nur am Rande erwähnt, das man aber ernster nehmen muß: *die Sünde.* Sie fällt plötzlich wie ein schriller Mißton in die paradiesische Harmonie hinein. Sie mußte am Anfang der Geschichte dabeisein, weil sie in der ganzen Geschichte immer wieder dabei ist, nicht bloß als Möglichkeit, sondern als geheimnisvolle und folgenschwere Tatsache.

N. Lohfink zeigt auf, wie der Bericht von Schöpfung und Sündenfall nicht nur zeitlich später entstand als der Bericht über den Abraham- und Mose-Bund, sondern auch inhaltlich ganz der Bundestheologie entspricht. Die erste Sünde wird als klassisches Beispiel des Bundesbruches dargestellt. Jahwe hat Adam und Eva – wie Israel – geschaffen, gerufen, erwählt, in ein besonderes Land geführt, ihnen als Bundesbedingung seine Gebote auferlegt. Wenn sie diese halten, werden sie leben, wird es ihnen gutgehen, wenn nicht, werden sie sterben. Aber sie haben das Gebot übertreten, wie es auch Israel stets tat[24].

Auf die Sünde der Eltern folgte die Sünde der Kinder – Kain – und der Kindeskinder. Die Sünde schwoll lawinenartig an, so daß es – menschlich gesprochen – Gott „reute", den Menschen gemacht zu haben. Zweimal wird dies in Genesis 6, 6-7 betont. Nachdem die Menschen den Bund gebrochen hatten, beschloß auch Gott, ihn zu brechen, und zwar radikal. In fünf Versen wird wiederholt, er habe beschlossen, den Menschen zu „vertilgen" (6, 7.13.17; 8, 4.23). Und so tat er es. Die Sintflut sollte eine Lehre sein ein für allemal. So geschah gleichsam der Rückfall in das Chaos (tohuwabohu) und die Urflut, die am Beginn der Schöpfung dalagen (Gen 1, 2).

§ *10.* Jedoch sollten Sündenfall und Sintflut nur den dunklen Hintergrund bilden für *Gottes erneutes Heilshandeln* an allen Völkern. Der Ursünde auf dem Fuß folgte die Urbotschaft der Hoffnung, das sogenannte Protoevangelium, das Wort von der Vernichtung der Schlange (Gen 3,15). In der christlichen Tradition hat der in sich unklare Urtext eine christologische und mariologische Deutung bekommen, die den endgültigen Sieg über das Böse in Christus meint[25].

Auf die Sintflut als Katastrophe aber folgte der Noach-Bund (Gen 9), wie eine erneute Schöpfung nach dem wiederholten Chaos. Der fünfmaligen Aussage vom „Vernichten“ entspricht jetzt die fünfmalige Zusage vom Bund zwischen Gott und den Überlebenden, aber auch mit ihren „Nachkommen“, „mit allen Lebewesen auf Erden“, „für immerwährende Geschlechter“ (Gen 9, 9.12.15.16.17). Das Dasein des gerechten Noach, Mann des Glaubens in einer Welt des Unglaubens, genügte also, um die Welt vor der Vernichtung zu erretten. So hängt das Schicksal des Kosmos von den Heiligen ab.

Zur Verdeutlichung dieses universalen Bundes wird noch betont: Sem, Ham und Jafet sind die Söhne Noachs, „und von ihnen stammt das ganze Menschengeschlecht ab“ (Gen 9, 19). So etwas kann man nach den heutigen prähistorischen und ethnographischen Kenntnissen nicht mehr aufrechterhalten. Man meinte damals, der Raum zwischen Mesopotamien und dem Mittelmeer sei die „Welt“ – wie auch zur Zeit Josefs in Ägypten gesagt wird, der Hunger habe sich „über die ganze Erde“ ausgedehnt (Gen 41, 56). Worauf es ankommt, ist der Glaube Israels, daß Jahwe der Bundesgott aller Völker für alle Zeiten sei. G. von Rad erklärt diesbezüglich: „Damit ist der Gedanke von der schöpfungsmäßigen Einheit der Menschheit in einer Klarheit ausgesprochen, die in der ganzen antiken Welt ohne Beispiel ist.“[26]

Man muß auch nicht unbedingt die Geschichtlichkeit einer solchen Flut und der Arche annehmen. Da ähnliche Mythen im Orient und in andern Kontinenten weit verbreitet sind, mag es auf das tatsächliche Erlebnis einer Urflut zurückgehen – aber sicher hätten die Menschen jener Urzeit noch keine Arche bauen können! Es kann aber auch einfach eine mythologische Überhöhung der öfters und überall vorkommenden Überschwemmungen sein. Der Verfasser jener Kapitel hat offensichtlich – wie beim Schöpfungsbericht – vorliegende Mythen übernommen, sie geläutert, um dann in solchen Bildern, auf die das Volk ansprechbar ist, die theologische Aussage zu machen, daß Gott die Gerechten nicht umkommen läßt und daß er selbst für die Sünder Verständnis und Erbarmen zeigt und sie fortan nicht mehr vertilgen will, da „der Trieb des menschlichen Herzens von Jugend auf zum Bösen geneigt ist“ (Gen 8, 21). Man kann nur staunen, wie im mythologischen Kleide große Wahrheiten erklärt werden.

Der Bund selber bestand konkret aus drei Teilen: Zusicherung Gottes, nie mehr eine solche Flut kommen zu lassen; Bereitschaft der Menschen, eine minimale Liste von Geboten und Verboten anzunehmen; der Regenbogen als Zeichen des Bundes.

Gott hat es also erneut gewagt mit dem Menschen, und der Mensch mit Gott. Die Unheilsgeschichte sollte nicht – und soll nie – Oberhand über die Heilsgeschichte gewinnen. Die Sünde soll nie das letzte Wort haben. Vor allem aber wird hier die Einheit aller Menschen, die in der Schöpfung, in Adam (= Mensch), unausgesprochen gegeben war, bestätigt und ausdrücklich ausgesagt. Der Noach-Bund kann insofern als Verdeutlichung und Abschluß der Schöpfungsgeschichte betrachtet werden. Alle Völker stehen unter dem Heilswalten Gottes. Eine heilsgeschichtlose Zeit für irgendein Volk dieser Welt kann nie angenommen werden.

Noch etwas ist zu beachten: In der Gestalt Noachs begegnet uns ein Mensch, der nicht dem Volk Israel angehört, noch weniger dem Christentum, sondern einer jener Religionen, die später mit dem Namen „Heidentum" belegt und beleidigt wurden. Und doch „fand er Gnade in des Herrn Augen", war er „ein gerechter und vollkommener Mann unter seinen Zeitgenossen und wandelte mit Gott" (Gen 6, 8 f.). Er kann mit Recht, zusammen mit Abel, Henoch, Ijob, Melchisedek, Lot und der Königin von Saba, zu den „Heiligen des Alten Testamentes" gerechnet werden[27]. In ihm und im Bund mit ihm können wir also eine auf Gott zurückgehende Legitimation aller außerisraelitischen Religionen sehen. Für den Verfasser dieses Berichtes haben die Völker des Noach-Bundes, die „Heiden", und das Volk des Abraham-Bundes, Israel, den gleichen Bundesgott, und beide stehen, wenn auch auf verschiedene Weise, unter seinem gnädigen Heilswillen. Im Schöpfungsbund und im Noach-Bund hat Gott alle Völker als die „seinen" anerkannt, und bis heute läßt er über alle den Regenbogen aufgehen als Zeichen immer neuer Hoffnung nach dem Sturm.

3. Der Abraham-Bund

§ 11. Mit Kapitel 12 des ersten Buches Mose (Genesis) geschieht plötzlich ein überraschender *Szenerieweсhsel.* Bisher ereignete sich alles im Rahmen eines Welttheaters im wörtlichen Sinn. Vom Schöpfungsmorgen her schritten durch die Jahrhunderttausende die Völker über die Weltbühne. Generation um Generation löste sich ab. Jahwe war immer der Gott der gesamten und der einen Menschheit. Plötz-

lich aber wird das Blickfeld jäh verengt. Fortan dreht sich alles nur noch um einen Mann, Abraham, und dessen Nachkommenschaft. Das Alte Testament beschreibt nur noch die Geschichte und die Gotteserfahrung des Volkes Israel. Die andern Völker sind wie in der Versenkung verschwunden.

Man mag die Berufung Abrahams einen total neuen Anfang nennen, den Beginn des ganz eigenartigen Eintretens Gottes in die Geschichte eines bestimmten Volkes, den Ansatzpunkt der besondern Heilsgeschichte[28]. Doch bei allem Neuen darf man nie die grundlegende Kontinuität und Einheit aller Bünde vergessen[29]. Was immer nun geschehen mag, muß auf dem Hintergrund der Schöpfung und der Völkerwelt der ersten elf Genesiskapitel gesehen werden.

Bewußt hat der Endredaktor des Pentateuchs diese Kapitel an den Anfang gestellt, um ein für allemal die Geschichte Israels richtig zu orten. Es wurden – in heutiger technischer Sprache ausgedrückt – wie mit dem Zoom ein Mann und ein Volk ins Visier genommen und in die Nähe gerückt. Man soll aber nie die Gesamtszenerie im Hintergrund übersehen. Denn die Sondergeschichte dieses Volkes wird einmal ans Ziel gekommen sein. Dann wird sich das Blickfeld wieder öffnen bis an alle Grenzen der Erde. Dann wird der Anschluß an die ersten elf Genesiskapitel wieder hergestellt sein. „Wer von Israel redet, von dem Sinn seiner Erwählungsgeschichte, der muß schon bei der Weltschöpfung anfangen und es im Universum der Völkerwelt zu verstehen versuchen. Einen weniger anspruchsvollen Rahmen gibt es für die Fragen, die mit der Erwählung und Berufung Israels aufgeworfen sind, nicht.“[30]

Immerhin, dieser Sonderfall ist auch an sich interessant genug. Israel wurde das erste Volk, das im eigentlichen Sinn – wenn auch nicht auf die moderne, kritische Art – eine Geschichtsschreibung hervorgebracht hat und vor allem, das in seiner ganzen Geschichte die befreienden Handlungen seines Gottes gesehen hat[31].

§ 12. Bei der *Textlesung* müssen wir im Zusammenhang mit unserem Thema von Bund und Erwählung einige Dinge herausheben. Hören wir zunächst die kurze, klassische Berichterstattung über die Berufung Abrahams und dessen Antwort: „Der Herr sprach zu Abram: ‚Zieh hinweg aus deiner Heimat, aus deiner Verwandtschaft und aus deinem Vaterhaus in ein Land, das ich dir zeigen werde! Ich will dich

zu einem großen Volke machen und dich segnen ... In dir sollen alle Geschlechter der Erde gesegnet sein.' Abram brach auf, wie der Herr ihm geboten hatte" (Gen 12, 1-4).

Also völlige Entwurzelung aus dem Mutterboden, völlige Preisgabe aller Dinge, die das Leben geschützt und geborgen machen, und Ausziehen aufs Geratewohl, ins Ungewisse, in ein Land, das Gott erst noch zeigen wird. Abram aber kam sich im Wandern zum ungewissen Ziel sicherer vor als einer, der weiß, wohin er will. Das Wort des Herrn gab ihm alle Sicherheit. Und doch, als ob Abrams Glaube mit der bloß einmaligen, kurzen Erleuchtung überfordert gewesen wäre, „spricht Gott" erneut zu ihm, bestätigt und verdeutlicht ihm in wiederholten Malen, daß er mit ihm „einen Bund schließen" wolle (15, 18; 17, 2.7), daß seine Nachkommen zahlreich sein werden „wie die Sterne des Himmels und wie der Sand am Ufer des Meeres" und daß durch sie „gesegnet werden alle Völker der Erde" (22, 17 f.), daß er seinen Nachkommen nach einer gewissen Zeit der Fremde – was eindeutig eine „vaticinatio ex eventu", eine Rückprojizierung ist – „das Land vom Strome Ägyptens bis zum großen Eufratstrome" geben werde (15, 16-18). Das Bundeszeichen aber soll sein, daß alle männlichen Kinder beschnitten werden. Das mutet uns heutige Menschen eigenartig an, vor allem auch die Entschiedenheit, mit der dieses Zeichen gefordert wird: „Mein Bund in eurem Fleisch soll ein ewiger Bund sein. Ein unbeschnittener Knabe, der nicht im Fleische seiner Vorhaut beschnitten ist, soll aus diesem Volke ausgerottet werden; denn meinen Bund hat er gebrochen" (17, 10-14).

So macht sich Abram unter dem Stern der Verheißung auf den Weg, ein heimatloser Nomade, mit allen Überraschungen, Spannungen und Risiken eines solchen Lebens. Für Nomaden hat die Geschichte mehr Faszination als für seßhafte Bauern. Man ist nicht „etabliert", sondern erfährt sich im ständigen Aufbruch, im ständigen Wandern, im ständigen Fragen nach dem neuen Tag und dem neuen Land. Als Israel später seßhaft geworden war, spürte es dies wie ein stilles Heimweh nach den Zeiten des Nomadentums. Manche seiner Gebräuche und Denkweisen erklären sich nur aus dem nomadischen Charakter der Patriarchen und der Jahre in der Wüste[32].

Die härteste Glaubensprobe für Abram, dessen Name Gott inzwischen in Abraham geändert hatte (Gen 17, 5), bestand darin, daß er seinen Sohn Isaak, den er von der neunzigjährigen Sara erhalten hatte

(Gen 17, 17), opfern sollte. Wiederum heißt es kurz und drastisch: „Und Gott sprach: ‚Nimm deinen einzigen Sohn, den du lieb hast, begib dich in das Land Moria und bringe ihn dort auf einem Berg, den ich dir noch zeigen werde, zum Brandopfer dar.‘ Abraham stand am frühen Morgen auf, sattelte seinen Esel und nahm seine beiden Diener und seinen Sohn Isaak mit sich“ (Gen 22, 1-3).

Wie? Sein einziger Stammhalter, der Träger der Verheißungen, soll verschwinden? Und er, der Vater, soll ihn töten? Doch nichts von solchen Fragen! Schon streckte Abraham seine Hand aus, um seinen Sohn zu schlachten. Da ergab sich plötzlich eine andere Lösung, und es wurde klar: „Der Herr sieht“ (Gen 22, 14) und sieht vor, und er will nicht Menschenopfer wie die andern Götter jener Zeit.

Diesem wandernden Abraham begegnet urplötzlich Melchisedek, der König von Salem. Wie ein Meteor fällt er herein, zieht seine Leuchtspur und verschwindet wieder (Gen 14, 17-20). Er brachte „Brot und Wein“ dar. Denn er war „ein Priester des Allerhöchsten Gottes“. Er segnete Abraham im Namen dieses Gottes, „der Himmel und Erde erschaffen hat“, und Abraham gab ihm den Zehnten. Das heißt also, Melchisedek, ausgerechnet einer von den Kanaanitern, den „Heiden“, nicht einer aus dem auserwählten Volk steht über Abraham, wird von Abraham als Priester anerkannt und geehrt, nicht nur von Abraham, sondern vom Bundesgott selbst, so daß diese geheimnisvolle Gestalt für alle Zeiten, selbst für Jesus, Modell und Norm des Priestertums bleibt (Ps 109, 4; Hebr 7, 17). Der „Gott Abrahams, Isaaks und Jakobs“ bleibt also nach wie vor zugleich der Gott aller Völker. Wie zum Abschluß der Schöpfungsgeschichte Noach (oben § 10), so sagt zum Beginn der Auserwählungsgeschichte des Volkes Israel Melchisedeks Auftreten klar die Universalität des einen Gottes aus. Melchisedek steht da als die Urgestalt der Ökumene, aller Ausschließlichkeit abhold[33]. Man sollte seine Lehre nie überhören.

Abraham verschied mit „175 Jahren“ (Gen 25, 7). Seine Geschichte mag sich zwischen dem 19. und 17. Jahrhundert v. Chr. abgewickelt haben. Er lebt als Stammvater weiter in seiner leiblichen und geistlichen Nachkommenschaft, in den Juden als Vater Israels, in den späteren Muslimen als Vater Ismaels, in den Christen als Vater des Glaubens (Röm 4, 16), in der Erinnerung aller Heiden und Sünder, weil er aus Liebe und Solidarität versucht, bei Gott, „dem Richter der ganzen Welt", Fürsprache einzulegen für die sündigen Städte Sodom und Gomorra (Gen 18, 25).

§ 13. Später hat sich um diese Gestalt eine eigentliche *Abrahamtheologie* gerankt. Als einziger Mensch des Alten Testamentes wird er in den Schriften viermal „Freund Gottes" genannt (Jes 41, 8; 2 Chr 20, 7; Dan 3, 35; Jak 2, 23). Dieser Ausnahmetitel wird aber dann im Neuen Bund auf alle Jünger Christi ausgeweitet: „Ich habe euch Freunde genannt, weil ich alles, was ich von meinem Vater gehört habe, euch kundgetan habe" (Joh 15,15). Abraham bahnte also als Pionier, als Vorläufer, als Modellfall, den Weg, auf dem die ganze Menschheit nachfolgen sollte.

Im Spätjudentum ist Abraham die überragende Gestalt geworden, die alle andern alttestamentlichen Personen, Mose nicht ausgenommen, in den Schatten stellt. Die Abrahams-Kindschaft, Israels größter Vorzug, wurde zum Verhängnis: gegen die aus der leiblichen Abstammung hergeleitete Heilsgewißheit kämpften Jesus und Paulus schwer und ohne Erfolg an (unten § 29, 31, 33).

Die Kirchenväter deuten das Leben Abrahams allegorisch und sehen darin drei „Sakramente" (= Geheimnisse) vorgebildet: sein Bund ist Vorbild des Neuen Bundes; die wunderbare Geburt Isaaks gilt als Hinweis auf die jungfräuliche Geburt Jesu; die Heirat zwischen Isaak und Rebekka stellt die Verbindung Christi mit der Kirche dar[34].

Für alle Zeiten aber gilt, daß dem Abraham „das Evangelium vorausverkündet wurde" (Gal 3, 8: nach dem griechischen Text), daß in ihm alle Völker der Erde gesegnet werden. Seit fast 4000 Jahren lebt die Menschheit in Verheißung und Erwartung!

4. Der Sinai-Bund

§ 14. Gott hat Zeit. Gott kann warten. Gott läßt warten. Endlos lange lebten die Nachkommen Abrahams in Ägypten. Aus den 70 Personen, die damals mit dem alten Jakob hierher gezogen waren, sind – nach den orientalisch übertreibenden Zahlen der Bibel – 600 000 Mann geworden, Frauen und Kinder nicht gerechnet (Ex 1, 5; 12, 37). Mit dem Traum der Erwählung schien es aus zu sein. Sie bildeten hier die Sklavenschicht und hatten in Fronarbeit das Leben zu fristen.

Endlich geschah wieder ein Zeichen: „Gott hörte ihr Stöhnen. Da gedachte Gott seines Bundes mit Abraham, Isaak und Jakob. Gott schaute auf die Kinder Israels und tat sich ihnen kund" (Ex 2, 24 f.). Mose, der sich für die Rechte dieses Volkes tätlich eingesetzt hatte, mußte vor der Rache der Ägypter fliehen. Er zog in das Land der Midianiter, heiratete die Tochter des Priesters Jitro und diente dem Schwiegervater, indem er dessen Kleinvieh weidete. Eines Tages trieb er die Herde bis zum Gottesberg Horeb. Da sah er einen brennenden Dornbusch und hörte daraus die Stimme Gottes, der beabsichtigte, das Volk „aus der Hand der Ägypter zu befreien und hinauszuführen aus diesem Land in ein schönes und weiträumiges Land, das von Milch und Honig fließt" (Ex 3, 8).

Dieser *Auszug aus Ägypten* bildet fortan den neuen Ansatzpunkt der Geschichte, ein Ereignis, von Wundern und Machttaten Gottes begleitet, das nie mehr in der Erinnerung verblassen sollte. Die Nacht, da die Israeliten nach Weisung des Mose ein Opferlamm schlachteten und aßen, da der Herr „vorüberging" (Passah), sein Volk verschonte, aber die Erstgeburt der Ägypter tötete, sollte immer gefeiert und „für kommende Geschlechter" als immerwährende Einrichtung begangen werden (Ex 12, 11.14). Nicht weniger wunderbar erfolgte der Zug durchs Schilfmeer und die Vernichtung der verfolgenden Ägypter. Heute werden wir da viel sagenhaftes Rankenwerk abschneiden. Aber Israel glaubte, daß der Herr sich hier machtvoll erwiesen hat.

„Der Herr ist ein Kriegsheld; Jahwe ist sein Name." So sangen die Kinder Israels nach dem Untergang der Ägypter (Ex 15, 3). Sie hatten es nun erfahren, daß Gott wirklich dem Mose erschienen war und daß er ein mächtiger Gott ist. Auch Mose selber hatte zuerst gezweifelt: Wie kann ich mich vor dem Volke ausweisen, von dir gesandt zu sein? Sie werden wissen wollen, wer du bist! „Gott entgegnete dem Mose: Jahwe (Ich bin, der ich bin!). Er fuhr fort: So sollst du zu den Israeliten sprechen: Der ‚Ich bin' hat mich zu euch gesandt" (Ex 3, 14).

§ 15. Es ist schon viel über diese Selbstbezeichnung Gottes als *Jahwe* gedacht und geschrieben worden[35]. Man wird den Namen und was dahinter steht, nie ausschöpfen. Philosophen können darin die ewige Identität des höchsten Seins herausfinden und darin die Formel für

einen metaphysischen Gottesbegriff sehen. Mystiker können sich in dieses Ursein ohne Anfang und Ende ruhend vertiefen und alle geschichtlichen Ereignisse als belanglos vergessen. Gott aber hat sich ausgerechnet als Gott der Geschichte geoffenbart, nicht als Gott der Spekulation noch der Mystik, sondern der Aktion (was beides andere nicht ausschließen soll). Das entsprechende hebräische Wort drückt eine aktive Gegenwart aus. Mit und seit Martin Buber ist man geneigt zu übersetzen: „Ich bin da, ich werde (für euch) da sein, ich bin der Helfende." Es ist also gesagt, daß die Menschen Gottes mitgehendes, helfendes Da-Sein immer neu erfahren werden und ihnen nichts anderes bleibt als das beharrliche Sich-Verlassen auf dieses Versprechen.

Man müßte nun an allen Orten, wo im Alten Testament das Wort Jahwe steht, dafür einsetzen „Ich werde (für euch) dasein". Dann wird sich erst die ganze Weite und Tiefe dieses Namens erschließen. Es geht also nicht um die Essenz, sondern um die Assistenz Gottes, nicht um eine theologische Vorlesung, sondern um Verkündigung, nicht um einen Glaubenssatz, sondern um eine geschichtliche Erfahrung. Wer Jahwe ist, wird dem Volk aufgehen, wenn es mit ihm geht.

Es handelt sich hier nicht um eine eigentlich neue Offenbarung dieses Gottesnamens. Jahwe war bereits der Stammesgott der Midianiter. Es muß Mose plötzlich aufgegangen sein, daß dieser Gott auch dem Gott Abrahams, Isaaks und Jakobs entspricht. Dem allgemeinen Namen „Gott, Herr", gleichsam ein Familienname, wird nun der Eigenname beigefügt, der ein viel intimeres Verhältnis zuläßt als der Familien- oder Gattungsname. So wird nun Jahwe aus dem Gott der Midianiter der Gott des Volkes Israel und durch dieses Volk der Gott „aller Völker der Erde", wie es dem Abraham verheißen war. Als darum Mose mit dem Volk beim Auszug ins Land der Midianiter gelangte und der Priester Jitro Gott ein Brand- und Schlachtopfer darbrachte, stellte es gar kein Problem dar, daß auch „Aaron und alle Ältesten Israels hinzukamen, um mit dem Schwiegervater des Mose vor Gott ein Opfermahl zu halten" (Ex 18, 12). Also wie bei Noach und Melchisedek (oben § 10, 12), so auch hier mit Jitro eine Ökumene über alle Religionsgrenzen hinweg! In dieser Unterstellung aller Völker unter den einen und einzigen Gott kann das ureigenste Kerygma dieser Schriftstellen gesehen werden.

§ 16. Die Stimmung des Siegesliedes am Schilfmeer (Ex 15, 2-21) soll-

te nicht von langer Dauer sein. Schon drei Verse nachher wird berichtet, daß das „Volk gegen Mose murrte", weil sie nach drei Tagen Wanderung kein Wasser fanden (Ex 15, 24). Etwas später murrten sie wiederum und sehnten sich nach den Fleischtöpfen Ägyptens zurück (Ex 16, 2 f.). Wieder später kam es fast zu einer Meuterei gegen Mose und sogar zum Hadern gegen Gott. Man zweifelte: „Ist der Herr wirklich in unserer Mitte oder nicht?" (Ex 17, 7.) Der Name Jahwe, „Ich werde (für euch) dasein", stand auf dem Spiel.

Als sie schließlich nach dem Auszug zum *Berg Sinai* kamen[36], muß Mose in außergewöhnlicher Weise das erfahren haben, was man heute das Wüstenexperiment nennt. Er fühlte offenbar das Bedürfnis, sich einmal von seinem „halsstarrigen Volk" (Ex 32, 9; 33, 3.5; 34, 9) abzusondern. Er stieg allein auf den Berg, und da erlebte er das, wovon auch heute alle Sinai-Pilger überwältigt werden: den Zauber und das Schweigen der Wüste, in dem man Gott reden hört. Tags das Sandmeer überwölbt vom blauen Himmel, nachts vom klaren Sternenzelt, bei der untergehenden Sonne die Sandwellen übertüncht vom hellen Gelb bis zum Safranrot und schattigen Schwarz, schafft diese Wüste Voraussetzungen, die man in Sorgen und Lärm des Alltags nicht findet. Mose verblieb 40 Tage und 40 Nächte auf dem Berg „beim Herrn; er aß kein Brot und trank kein Wasser" (Ex 34, 28). Er gewann da Einsichten, die so oder so von Gott kamen, die er dann dem Volk als Willen Gottes verkündete, und auch das Volk zweifelte nicht daran, daß Gott tatsächlich mit Mose „von Mund zu Mund", „von Angesicht zu Angesicht", „wie mit einem Freunde" geredet habe (Ex 33, 11; Num 12, 8; Dtn 34, 10).

§ 17. So kam durch den Mittler Mose jetzt der *Bund* zur vollen Entfaltung, der mit den Patriarchen begonnen hatte, nicht mehr bloß mit einem Einzelmenschen, sondern mit dem Volk als solchem[37]. Der Sinai-Bund wird zum Alten Bund schlechthin. Es sei daran erinnert, daß die entsprechenden Berichte über den Bund viele Jahrhunderte später geschrieben wurden (vgl. oben § 4), daß darum die ganze Bundestheologie in vielem eine Rückprojizierung darstellt. Es handelt sich hier nicht um eine geschichtliche Beschreibung, sondern um eine Kategorie, in der theologisches Denken lebt.

Der Bundesschluß wird im zweiten Buch Mose (Exodus), Kapitel 19, in folgender Weise geschildert: Zuerst weist Gott auf seine bisherigen Großtaten hin. Er macht also gleichsam eine Voranzahlung: „Ihr habt selbst gesehen, was ich den Ägyptern getan habe, wie ich euch auf Adlerflügeln getragen und euch an mich gebracht habe." Dann wird der Bund angeboten: „Wenn ihr nun getreu auf meine Stimme hört und meinen Bund haltet, so werdet ihr unter allen Völkern mein besonderes Eigentum sein; denn mein ist die ganze Erde! Ihr sollt mir ein Königreich von Priestern und ein heiliges Volk sein!" Darauf die einmütige Zustimmung des Volkes: „Alles, was der Herr gesagt hat, wollen wir tun!" (Ex 19, 4-8.) Schließlich verdeutlicht Gott seinen Willen, indem er die Zehn Gebote und eine größere Anzahl Vorschriften für das tägliche Rechtsleben, die Gesundheit und den Kult verkündet (Kap. 21-30). Einen ähnlichen Aufbau, noch weiter ausgeführt, findet man im fünften Buch Mose (Deuteronomium), Kapitel 5-11: der geschichtliche Prolog, die sittlichen und rituellen Vorschriften, Segen oder Fluch. Diese Kapitel bildeten den Kern der heiligen Schrift, die Bundesverfassung, die in der Liturgie bei großen Wallfahrten, beim Passahfest, immer wieder vorgelesen wurden.

Das hebräische Wort für Bund ist „berit". Es kommt im Alten Testament 286mal vor, ist aber zusätzlich oft durch Umschreibungen wiedergegeben, z. B. Liebe, Gefolgschaft, Treue, oder durch Metaphern vom König, Ehemann, Vater. Es meint wesentlich einen Verhältnisbegriff, eine persönliche Beziehung zu Gott, nicht Treue zu einem Gesetz. Doch aus diesem Verhältnis gegenseitiger Zugehörigkeit erwachsen Rechte und Pflichten, woraus sich das Gesetz ergibt. Der alttestamentliche Bundesgott ist nicht ein „Deus ex machina", der in der letzten Not noch zu Hilfe kommt, sondern ein Gott, der immer den ersten Schritt tut, der immer zuvorkommt. Bevor er das Gesetz auferlegt, stellt er den Menschen in seine Gnade, was die Beobachtung des Gesetzes erst sinnvoll und möglich macht.

Wenn auch dieser Bund an Ausdrücklichkeit weit über den Schöpfungsbund hinausgeht, handelt es sich trotzdem nicht um einen bilateralen Vertrag im eigentlichen Sinn. Gott ist kein Partner wie ein Mensch. Man muß seine Gegenwart als Vertragspartner im Glauben annehmen. Dennoch glaubte man, diese geheimnisvolle Nähe Gottes auch zu erfahren. Wie Troubadoure sangen sie darum zu Gott: „Wo wäre noch irgendein großes Volk, dessen Götter ihm so nahe sind, wie der Herr, unser Gott, uns nahe ist, sooft wir zu ihm rufen?" (Dtn 4, 7.)

Der Glaube an Jahwe als den König gab über alles Stammesdenken hinaus eine neue Orientierung, in ihm fand man die eigene Einheit und Identität. Nicht mehr die blutsmäßige Abstammung stand im Vordergrund, sondern die gemeinsame geschichtliche Erfahrung mit Jahwe. Er machte diese Stämme nicht bloß zu seinem Volk, sondern überhaupt erst zu einem Volk. Der ganze Daseinsgrund dieses Volkes liegt im Bund mit Gott. Falls das Volk seinen Bund mit Gott brechen sollte, bliebe dem Herrn nichts anderes übrig, als es „wiederum zu Schiff nach Ägypten zu bringen". Dort würden sie ihren „Feinden als Sklaven und Sklavinnen feilgeboten werden", aber niemand würde sie kaufen (Dtn 28, 68). Sie würden herrenlos und brotlos, wären also schlimmer dran als damals, bevor Jahwe ihrer gedachte.

§ 18. Mit dem Begriff des Bundes ist jener der *Erwählung* engstens verbunden[38]. Der volle Ausdruck „auserwähltes Volk" kommt zwar im Alten Testament nicht häufig vor. Das Zeitwort „erwählen" findet sich aber 164mal. Man spricht von der Erwählung Israels, um alle Privilegien zu bezeichnen, die das Alte Testament ihm zuerkennt: die göttliche Berufung, die Adoption, das Erbe, das besondere Wohnen Gottes unter diesem Volk. Die Erwählungsidee beherrschte das Denken dieses Volkes. Man stützte sich auf den Krontext: „Ein dem Herrn, deinem Gott, geweihtes Volk bist du; dich hat der Herr, dein Gott, erwählt, damit du von allen Völkern auf dem Erdboden zu seinem Eigentum werdest" (Dtn 7,6). Die Propheten werden nicht müde, den Israeliten in Erinnerung zu rufen, daß sie „Volk Gottes", „sein Volk" sind.

Freilich sollten sie sich darauf gar nichts einbilden. „Nicht weil ihr gegenüber andern Völkern größer seid, hing der Herr an euch und hat euch gewählt – seid ihr doch das kleinste von allen Völkern –, nein, aus Liebe zu euch . . ." (Dtn 7,7 f.) Gott setzt Würdigkeit nicht voraus, sondern macht würdig. Politisch besaß Israel, außer zur Zeit Davids und Salomos, keine Bedeutung. Es war bloß eine Pufferzone zwischen Assyrien, Babylonien und Ägypten, wurde immer mehr ein Spielball der Nationen. Trotzdem lebte es in einem unerschütterlichen Erwählungsgedanken, in einem letztlich unableitbaren Erwählungsbewußtsein.

Erwählung hat freilich auch ihre Kehrseite. Sie scheint unausgesprochen die Verwerfung der „Nicht-Erwählten" auszusagen. Wie das mit dem Schöpfungs- und Noach-Bund, mit der universalen Liebe Gottes zu vereinen ist, das wird später noch abgeklärt werden müssen (unten § 21, 24-25).

§ 19. Ebenso mit dem Bund zusammenhängend ist die *Idee des Landbesitzes.* Heimatlos, landlos sein ist eine schlimme Erfahrung. Jedermann trachtet nach einem festen Stück Boden, wo er zu Hause ist. In Genesis 1-11 werden mehrere Geschichten von Land und Vertreibung berichtet: Adam, Kain, Babel. In Genesis 12-50 werden die Patriarchen auf die Landsuche geschickt. Sie werden im Wachzustand und im Traum immer wieder in ihrer Landhoffnung bestärkt (Gen 28, 13; 35, 12). Dann folgte die Erfahrung der Fremde in Ägypten, das Nomadentum in der Wüste bis zur Verzweiflung (Num 14-16). Schließlich aber gelang die glorreiche Besitzergreifung des gelobten Landes. Israels Gedanken kreisten um zwei Pole, um Jahwe und um das Land. Für sie war das Land, was Jesus bei den Christen: der Inhalt der Verheißung.

Das Land sollte aber immer als eine Gabe Jahwes betrachtet werden. Darum die vielen Bestimmungen für gerechte Landverwaltung. Das Land durfte nie endgültig verkauft werden, „denn es gehört mir! Ihr seid nur Fremdlinge und Beisassen bei mir“ (Lev 25, 23). Alle 50 Jahre, im Jobeljahr, sollte alles verschuldete Land wieder seinem ursprünglichen Besitzer zurückgegeben werden (Lev 25, 28). Weil später Könige selbstherrlich über das Land verfügten, traten immer wieder Propheten auf. Als die Prophetenstimmen nichts nützten, mußte es notwendig wieder zur Landlosigkeit, zum Exil, kommen. Jeremia wurde der große Prophet des Landes und der Landlosigkeit. Nach seiner Lehre wurde nun Landbesitz ein Akt der Sünde, Landlosigkeit ein Akt des Glaubens in ein „neues Land“ (Jer 24, 4-10). Die dialektische Spannung zwischen den zwei Landauffassungen sollte erst in Jesus geklärt und transzendiert werden: „Selig die Sanftmütigen, denn sie werden das Land zu Besitz erhalten“ (Mt 5, 5). Dieses neue Land wird wiederum eine Gabe Jahwes sein, aber zugleich auch eine Prüfung des Glaubens, für viele ein Skandal[39].

§ 20. Wie beim Schöpfungsbund (oben § 7) ist es auch hier fällig, einen Akt der Entmythologisierung vorzunehmen, und zwar bezüglich zweier Aussagenreihen.

Die *Gesetzesvorschriften* in den 5 Büchern Mose, der Tora der Juden, die das Leben bis in Einzelheiten hinein regulieren, die alle als Wille Gottes vorgelegt, geradezu Gott in den Mund gelegt wurden, erweisen sich heute als Lehngut aus den benachbarten Völkern. Der ganze Bund Israels mit Gott muß verstanden werden als Analogie zu den Vasallen-Verträgen im alten Orient, womit sich kleinere Königreiche einem großen König anschlossen und von ihm Schutz erwarteten[40].

Man nimmt heute an, daß am Sinai nur in sehr allgemeinen Umrissen ein Bund mit Jahwe zustande kam und die gesamte „Gesetzgebung Mose" spätere Einschübe sind. Das gilt sogar vom Paradebeispiel der sinaitischen Offenbarung, dem Dekalog, den Zehn Geboten, die in der ganzen christlichen Moralverkündigung eine Sonderstellung einnahmen. Dieses Zehnwort läßt verschiedene Redaktionsstufen erkennen und ist kaum ursprünglicher Bestandteil der Sinaiperikope.

Die Originalität und Genialität der alttestamentlichen Schriftsteller besteht darin, daß sie, indem sie zwar die zivilen Gesetze anderer Völker übernahmen, das gesamte Leben unter die völlige Autorität Jahwes stellten. Freilich hat man dann in der Anwendung und Auslegung der Gesetze nicht die Großzügigkeit Gottes walten lassen, sondern ist vielmehr einer kleinlichen Gesetzesmentalität verfallen. Schalom Ben-Chorin vermutet, daß die liberale Gesetzesinterpretation des Paulus bei den Christen unvermeidlich eine Relativierung der strengen, typisch jüdischen Gesetzesauffassung hervorgebracht habe[41]. Wirklich? (vgl. unten § 32).

§ 21. Noch schwieriger ist es, das richtige Wort zu sagen gegenüber der *Exklusivität und Brutalität Jahwes,* der in vielen Texten eher als ein Gott des Krieges denn des Friedens, als ein israelitischer Stammesgott denn als Gott aller Völker geschildert wird[42]. Daß er seinem Volk befiehlt, von „allen Erdenvölkern ausgeschieden" zu leben (1 Kön 8, 53), sich nicht mit andern Völkern zu vermischen, der Namen ihrer Götter nicht zu gedenken (Jos 23, 7.12 f.), versteht man. Seine weitern Befehle jedoch werfen viele Fragen auf: „Ihr sollt ihre Altäre abbrechen, ihre Weihesteine zertrümmern, ihre heiligen Pfähle umhauen und ihre Götzenbilder verbrennen. Denn ein Greuel für den Herrn, deinen Gott, ist das" (Dtn 7, 5.25). Wo sind da Toleranz und

Ökumene geblieben, die vorher so selbstverständlich waren (vgl. oben § 15)? Es geht noch weiter: Sie sollen nicht nur das Land erobern, sondern Jahwe selber tut das für sie: „Daran sollt ihr erkennen, daß ein lebendiger Gott in eurer Mitte ist, der vor euch her die Kanaaniter, Hetiter, Hiwiter, Perisiter, Girgaschiter, Amoriter und Jebusiter ganz gewiß vertreiben wird" (Jos 3, 10). Ist er doch der „Herr der Heerscharen" (2 Kön 7, 22 und viele andere Stellen). Mehr noch: er befiehlt, all diese Völker auszurotten: „All die Völker, die dir der Herr, dein Gott, preisgibt, sollst du vertilgen und nicht mitleidig auf sie schauen" (Dtn 7,16). Und so ist es geschehen, von Stadt zu Stadt: „Israel aber hatte alle Bewohner von Ai niedergemacht; alle fielen restlos der Schärfe des Schwertes zum Opfer." Ähnlich erging es Hazor: „Man erschlug alle Lebewesen, die darin waren, mit dem Schwert, nichts, was Odem hatte, blieb übrig" (Jos 8, 24; 11, 11). Ist das nicht grausamerer Kolonialismus, als er je in der spätern Geschichte vorkam? Haben sich nicht die Christen im „heiligen Krieg" gegen die Sachsen, die Mauren, die Türken auf die Kriege des auserwählten Volkes berufen?[43]

Man kann auf diese Fragen nur antworten mit dem Hinweis auf das literarische Genus dieser Texte. Der Autor wollte und konnte hier nicht „göttliche Wahrheit" offenbaren, sondern ein Heldenepos schreiben, mit allen Übertreibungen, wie es damals im Orient (auch noch später bei chauvinistischer Geschichtsschreibung: vgl. Zweite Runde § 2, Dritte Runde § 25 und 27) üblich war. Man wollte das Volk mit dem Hinweis auf die Großtaten Gottes an ihren Vätern ermutigen. Jedes orientalische Volk rühmte sich seines Kriegsgottes. In Babylonien war es Marduk, in Assyrien Assur, bei den Hetitern Ea usw. Israel wollte alle diese Götter übertrumpfen. Wahrscheinlich ging es bei der Eroberung des Landes gar nicht so glorios noch so grausam zu. Sie geschah eher durch allmähliche Durchdringung und Verschwägerung und zusätzliche kleinere Aufstände. Über diese und viele andere Fragen der Entstehung Israels sind wir noch sehr unvollständig unterrichtet. Wir bleiben noch in vielen Punkten auf vorläufige Hypothesen angewiesen[44].

Die allegorische Deutung solcher Stellen durch die Kirchenväter als unbedingten Kampf gegen das Böse kann uns heute nicht mehr überzeugen. Man muß solche Texte einfach nehmen als ideologische Überhöhung der Geschichte, als Ausdruck einer zeitgeschichtlichen

Mentalität, die wir heute – hoffentlich – überwunden haben. Darum war es auch gut, daß die Fluchpsalmen in der neuen Ausgabe des Stundengebetes ausgelassen wurden.

5. Der David-Bund

§ 22. Unter den verschiedenen andern Bünden, die es im Alten Testament noch gibt, mit einzelnen Personen, mit der Leviten-Klasse usw., ragt der David-Bund in besonderer Weise hervor. Der Prophet Natan bestätigt David, daß der Herr mit ihm sei, ihm Ruhe schenke vor seinen Feinden, ihm einen Sohn erwecke: „Er wird meinem Namen ein Haus bauen, und ich werde seinen Königsthron für immer befestigen . . . Dein Haus und dein Königtum werden immer vor mir bestehen; dein Thron soll für ewige Zeit befestigt sein" (2 Kön 7, 10-16). Der David-Bund ist dann von Troubadouren in den verschiedenen Königspsalmen besungen und weiter ausgelegt worden, vor allem in Psalm 89, 4: „Ich schloß einen Bund mit meinem Erwählten, schwor meinem Knechte David: ‚Ewigen Bestand verleihe ich deinem Stamm und errichte deinen Thron für alle Geschlechter.' "

Die Propheten greifen die Idee auf und wenden sie in ihrer messianischen Erwartung auf den endzeitlichen Davidssproß an (Jes 11, 1 f.; 16, 5; 55, 3; Jer 23, 5). Dem Evangelisten Matthäus, der sein Evangelium für die Juden schrieb, war es sehr daran gelegen, nachzuweisen, daß Jesus über Josef aus dem Haus David stammte (1, 16.20). Auch das Volk rief Jesus oft an als „Sohn Davids" (Mt 9, 27; 12, 33; 15, 22; 21, 9).

Dank des Königtums war nun Israel daran, das Land fest zu besitzen und zu einer großen Nation zu werden. Aber allzu rasch bestätigte sich die Gefahr, daß der Gotteskult in Königskult überging, daß der David-Bund mehr gefeiert wurde als der Sinai-Bund, daß die zentrale Königsgewalt in Tyrannei ausartete. In den spätern Büchern der Chronik erscheint David zwar als ideale Herrschergestalt der blühenden religiösen Vergangenheit, zu der die Gegenwart aufschauen könne. Aber das stimmt keineswegs mit der wahren Geschichte überein. Israel war groß, als es klein war. Als es sich einbildete, groß zu sein, stand es bereits in Niedergang und Zerfall. „Die eigentlichen Akteure auf diesem Provinztheater der Weltgeschichte waren nicht die Könige und Priester, sondern jene Handvoll einfacher, kleiner, verlorener Schafhirten und Bauern, die der Stimme ihres Gottes gefolgt waren und mit ihm redeten wie mit ihresgleichen."[45]

6. *Ein neuer Bund in Aussicht*

§ 23. Der Bund Jahwes mit seinem Volk hat einen beeindruckenden literarischen Niederschlag gefunden und ist von den Propheten und Psalmisten besungen worden. Aber das täuscht nicht über die Tragik hinweg, daß Gottes Aufruf und Liebeslocken zwar vom Volk je in Festen und Worten der Treue gefeiert, aber dann bald mit Zweifeln, Murren und Taten der Untreue beantwortet wurde. Nur wenige Menschen haben mit dem Bundesgedanken Ernst gemacht und den Jahwe-Glauben während Jahrhunderten rein erhalten, unter ihnen die *Propheten.* Diese haben Gott erfahren wie das Licht, das man schaut und doch nicht sieht, wie die Luft, die man atmet und doch nicht spürt. Sie sprachen als Mund Jahwes, aber ihre Stimme wurde von den Verantwortlichen nicht gern gehört oder einfach überhört, „Stimme in der Wüste" (Mt 3, 3). Trotzdem haben sie unentwegt, aus innerem Drang, gleichsam „in vulkanischen Ausbrüchen" (W. Eichrodt), dem Volk die Botschaft Gottes verkündet[46].

Sie taten das zunächst als unangenehme Warner. Hosea stellt in seiner Person (er mußte im Auftrag Gottes mit einer Buhlerin Kinder zeugen!) und in seiner Botschaft die herzzerreißende Dramatik dar: „Als Israel noch ein Knäblein war, gewann ich es lieb, und aus Ägypten berief ich meinen Sohn . . . Mit menschlichem Seil zog ich sie an mich, mit Stricken der Liebe. Ich war für sie wie Eltern, die den Säugling an ihre Wange heben. Ich neigte mich zu ihm und reichte ihm Speise . . . Doch je mehr ich sie rief, desto weiter rückten sie von mir ab. Sie opferten den Baalen und räucherten den Götzenbildern . . . Verfluchen, Lügen, Morden, Stehlen und Ehebrechen breiten sich aus . . . Freue dich nicht, Israel, du buhltest von deinem Gott weg" (11, 1-4; 4, 2; 9, 1). Jeremia 11,10: „Sie kehrten zurück zu den Sünden ihrer Vorfahren, die sich weigerten, auf meine Worte zu hören. Auch sie liefen andern Göttern nach, um ihnen zu dienen. Das Haus Israel und das Haus David brachen meinen Bund, den ich mit ihren Vätern schloß."

Immer mehr werden die Propheten helle Seher. Sie künden einen neuen Bund an: „Fürwahr, Tage kommen – Spruch des Herrn – da schließe ich mit dem Haus Israel und mit dem Haus Juda einen neuen Bund . . . Ich lege mein Gesetz in ihr Inneres und schreibe es ihnen ins Herz. Ich will ihr Gott sein, und sie sollen mein Volk sein" (Jer 31, 31.33). „Ich verleihe ihnen ein neues Herz und lege einen neuen Geist in ihr Inneres; ich entferne das steinerne Herz aus ihrem Leibe und gebe ihnen ein Herz aus Fleisch . . . Sie werden dann mein Volk sein, und ich werde ihr Gott sein" (Ez 11, 19 f.).

Das alles wird geschehen am „Tag des Herrn", der zugleich schrecklich und tröstlich, Gericht und Neubeginn sein wird: „Die Sonne wird sich in Finsternis verwandeln und der Mond in Blut, ehe der Tag des Herrn kommt, der große und furchtbare. Jeder aber, der den Namen des Herrn anruft, wird gerettet werden" (Joel 3, 4 f.; vgl. auch Jes 13, 6.9; 30, 26; Sach 12).

Vor allem Daniel, der Apokalyptiker des Alten Testamentes, entwirft schaurige Visionen vom Untergang der Weltreiche und vom Sieg des Messiasreiches. Kein anderer Prophet hat auf das Neue Testament so starken Einfluß gehabt wie er. Wenn Jesus über die Endzeit redet, gebraucht und aktualisiert er die danielsche Prophetie (Mt 24). So ist es gerade Daniel, der Alten und Neuen Bund verbindet. Seine Aussage vom Sieg des Menschensohnes und des Gottesreiches charakterisiert und eint die beiden Testamente in der gemeinsamen Hoffnung und Erwartung[47].

Das Volk und seine Führer aber machten nicht mehr mit. Seit der Rückkehr aus dem Exil kam es zu dem, was man den Judäismus nennt[48], eine Defensiv- und Gettohaltung, eine Veräußerlichung und Verabsolutierung der Gesetzesbeobachtung. Das Gesetz, die Tora, wurde nicht mehr gesehen als Weisung, als Gabe Gottes an sein Volk, sondern als Mittel, um sich selber als gerecht vorzukommen. Man setzte hundert neue Gebote hinzu, die man skrupulös und kasuistisch befolgte und als Last den andern auferlegte. Ob Jesus mit seinem Geist der Freiheit und des kindlichen Vertrauens auf den Vater daran etwas wird ändern können?

7. *Das Volk und die Völker*

§ 24. Bevor wir den Schritt ins Neue Testament tun, müssen wir uns rückblickend fragen, wie das „auserwählte Volk" des Alten Bundes über die andern Völker dachte. Wir haben gesehen, daß aus den Völkern ein Volk ausgesondert wurde, um seine eigene und eigenartige Geschichte zu beginnen. Zu welchem Zweck? Nur im Eigeninteresse?

Damit ist die Frage des Partikularismus und des Universalismus gestellt. Zwei Begriffe, die ihrer Natur nach mit innerer Spannung geladen sind. Soll diese Spannung in zwei alternative Haltungen aufgelöst werden, indem man exklusiv nationalistisch wird, oder indem man den andern zuliebe die eigene Identität aufgibt? Oder kann es statt der Alternative eine Synthese geben? Man spürt, es geht hier um die eigentliche Kernfrage dieses Buches.

Von der *Textlesung* her ist die Antwort nicht eindeutig[49], was sich für ein Buch, das im Lauf von rund 1000 Jahren und von so verschiedenen Autoren geschrieben wurde, leicht versteht. Wir brauchen nicht mehr auf die ersten elf Genesis-Kapitel zurückzukommen, aus denen klar hervorgeht, daß Gott immer alle Völker vor Augen hat. Auch die Botschaften des Priesters Melchisedek (§ 12) und des Priesters Jitro (§ 15) haben wir noch im Gehör.

Einen weitern wichtigen Text finden wir in Maleachi 1, 11: „Vom Aufgang der Sonne bis zu ihrem Untergang *ist* mein Name groß unter den Völkern, und an jedem Ort *wird* meinem Namen Rauchopfer dargebracht und reine Opfergabe; denn groß ist mein Name unter den Völkern." Auch wenn wir das im tiefern Sinn für die spätere Erfüllung in der Eucharistie verstehen dürfen, ist es doch unmittelbar für die damalige Gegenwart gedacht. Der Prophet will sagen, daß sich Israel nichts einbilden solle auf seine Opfer, sondern daß „das religiöse Leben der gesamten Menschheit, welche Namen sie auch Gott beilegt und welche Kultakte sie auch durchführt, im tiefsten Grunde auf Gott ausgerichtet ist und daß Gott seinen Namen darin verherrlicht sieht"[50].

Noch vereinzelte andere Texte gehen in der Richtung der Gleichheit aller Völker: „Der Herr der Heerscharen wird sprechen: ‚Gesegnet sei mein Volk Ägypten, Assur, das Werk meiner Hände, und Israel, mein Erbbesitz!' " (Jes 19, 25.) „ ‚Seid ihr mir nicht genausoviel wert wie die Kuschiter, ihr Söhne Israels?' – Spruch des Herrn. ‚Habe ich nicht Israel aus dem Lande Ägypten herausgeführt, doch auch die Philister aus Kaftor und die Aramäer aus Kir?' " (Am 9, 7)[51].

Solche Texte aber stehen meist wie isoliert da. Meistens kommt im Gespräch über die Völker ein ausgesprochen Israel-zentrierter Universalismus zum Vorschein. Psalm 47, 2-5: „Ihr Völker alle, spendet Beifall! Jauchzt Gott mit Jubelklang! Denn furchtgebietend ist der Herr, der Höchste, ein großer König über alle Welt. Völker warf er *vor uns* nieder, Stämme unter *unsere* Füße. Er wählte *unser* Erbland *für uns* aus, die Ehre Jakobs, den er liebt." Psalm 117: „Lobt den Herrn, alle Völker, rühmt ihn, alle Nationen! Denn mächtig waltet seine Güte *über uns;* die Treue des Herrn währt ewig." Psalm 96 und 97 sind eher rühmliche Ausnahmen. Meistens stehen die Völker im Dienst Israels: sie sollen Gott für Israel preisen; sie können auch Instrumente Gottes werden, um Segen oder Fluch über Israel zu bringen (Am 6, 14; Hos 10, 10; Jes 5, 26-30).

Als Kronzeuge für den Ausgriff auf die andern Völker wird Jesaja genannt: „Alle Völker werden wallen zum Berg des Hauses des Herrn. Der Gott Jakobs wird alle Völker seine Wege lehren, so daß diese ihre Schwerter zu Pflugscharen schmieden und es keinen Krieg mehr geben wird . . ." (2, 2-5). Vor allem in den Kapiteln 40 bis 55 (Deuterojesaja) finden sich einige schöne Texte: „Bekehrt euch zu mir, laßt euch retten, all ihr Enden der Erde! Denn ich bin Gott und sonst keiner!" (45, 22.) „Lauscht auf mich, ihr Völker, ihr Nationen, hört mir zu! Denn Weisung geht von mir aus, mein Recht lasse ich aufleuchten als Licht für die Völker. Nahe ist meine Güte, mein Heil ergeht, meine Arme richten die Völker. Die Inseln harren auf mich, sie hoffen auf meinen Arm" (51, 4 f.). Dann der Bericht vom leidenden Gottesknecht, der sein Leben in den Tod gibt, die Sünde der vielen trägt und für die Abtrünnigen eintritt (52, 13 – 53, 12). Doch auch diese Texte gehen fast unter im Gesamt der 66 Kapitel mit den Mahn- und Trostreden für Israel. Wenn Jesaja vom Mutterleib an berufen war, nicht nur „um Jakobs Stämme wieder aufzurichten", sondern vielmehr gemacht wurde „zum Lichte der Völker, damit mein Heil reiche bis an das Ende der Welt" (49, 5 f.), so hat er dieser zweiten Aufgabe keineswegs im gleichen Maß entsprochen.

Die Frage des universalen Heiles ist also im Alten Testament weder theologisch noch pastorell im idealen Sinn gelöst. Die Idee wurde vom „auserwählten Volk" eher widerspenstig aufgenommen. Immer wieder kehrte dieses auf sich selber zurück. Alle jene, die nicht dem auserwählten Volk angehörten, nannte man mit Geringschätzung und Abscheu „gojim": Völker = Heiden. Der Prophet Jona steht insofern da als ein typischer Vertreter des Volkes Israel: er wäre am liebsten seiner Sendung zu den Heiden entlaufen. Als er dann doch geht, ist er enttäuscht, daß Ninive sich bekehrt und deshalb nicht untergeht. Die Lehre aus der Geschichte: Gott allein hat Kummer und Liebe für die Vielzahl jener Menschen – aller Menschen! (Jon 4,11.)

H. Groß faßt diesen Tatbestand so zusammen: „Dieses Bewußtsein Israels, allein auserwähltes Volk zu sein, verhindert während der Zeit der alttestamentlichen Offenbarung jede Art von Missionstätigkeit. Ja, es wird leicht zum Anlaß, daß Israel sich in einem fehlgeleiteten, verengenden Verständnis dieser auszeichnenden Geborgenheit als die alleinige esoterische Gottesgemeinde versteht, daß es sogar den ursprünglichen, ihm in der Erwählungsproklamation (Ex 19, 3-8) zugesprochenen Auftrag, für alle Völker Priesterdienst zu leisten, übersieht und hintansetzt . . . Der Weg der Erwählung ist demnach, wie in der geschichtlichen Entwicklung Israels, in der Sonderstellung der Samaritaner, in der Trennung der Gemeinde von Qumran von der Jerusalemer Muttergemeinde leicht ersichtlich wird, dauernd in Gefahr, von den Erwählten als Weg in die Absonderung und Enge, nicht aber als Weg in die Weite und Universalität verstanden zu werden, so daß die ursprüngliche göttliche Absicht jederzeit leicht verschüttet werden kann."[52]

§ 25. Aus dem zwar unbefriedigenden Ergebnis der Textlesung wird in *theologischer Reflexion* trotzdem sonnenklar, daß die Erwählung Israels einzig und allein im Blick auf die Völker erfolgt ist. Im konkreten Fall des Einzelvolkes wurden alle Völker auserwählt. Wenn Jahwe sich ausgerechnet für das armseligste Volk entschieden hat, wollte er damit sagen, daß er alle, selbst und gerade die niedrigsten, mit seiner Liebe umfängt. Die Wahl Israels soll nicht exklusiv, sondern inklusiv verstanden werden: an diesem Sonderfall sollte die Wahl aller Völker sichtbar werden[53]. Wie die Patriarchen und Propheten berufen wurden für das Volk, so Israel für die Völker, die immer im Horizonte Gottes stehen.

Dieser Aussage zuwiderlaufende Texte müssen wieder in ihrem literarischen Genus beurteilt werden. Wenn z. B. Jahwe in den Mund gelegt wird: „Jakob liebte ich, Esau aber haßte ich" (Mal 1, 2 f.), so schließt diese anthropomorphistische Redeweise nicht aus, daß die unergründliche Liebe Gottes immer alle Menschen umfängt, eingeschlossen jene, deren „Verwerfung" menschlich dramatisiert wird. Gott erwählte also Israel, nicht weil ihm an den andern Völkern nicht gelegen war, sondern gerade weil er an den andern Völkern interessiert war. Israel wurde nicht erwählt zu einem Privileg, sondern zu einem Dienst, um Gottes Zuneigung zu allen Völkern zu offenbaren.

Die vorübergehende Absonderung verfolgte offenbar pädagogische Zwecke. Der reine Monotheismus und die Messiashoffnung sollten unterdessen von einem Volk durch die Geschichte getragen werden, aus dem dann ja auch der Messias erstehen sollte. Dieses eine Volk sollte zugleich praktisch erfahren, was es heißt, Gott zu gehören, in einer Geschichte zu leben, für die Gott seinen Namen hergibt. Israel hatte also Last und Gnade der Auserwählung zu tragen, damit schließlich das universale Heil für alle anbrechen kann. „Der jüdische Erwählungsanspruch ist ... weder rassistisch noch chauvinistisch, noch isolationistisch gemeint, sondern als Heils- und Stellvertreterfunktion für alle, und als Gehorsam und Treue für alle und trotz allem. Er hat eine dynamisch-universale Note."[54]

III. Erwählung und Bundesschluß im Neuen Testament

1. *Jesus Christus*

§ 26. Im Alten Bund hat Gott sich mit seinem Eigennamen Jahwe (Gott ist da) geoffenbart. Zu Beginn des Neuen Bundes hat er diesen Namen bestätigt und bestärkt in Jesus (= Jahwe rettet, Jahwe ist Heil), aber darüber hinaus sich im Träger dieses Namens in Gestalt geoffenbart.

Gott unter den Menschen: welches Schauspiel, welches Risiko! Dieser Jesus hat sich tatsächlich unter den Händen der Menschen allerhand gefallen lassen müssen, nicht nur Geißelung und Dornenkrönung, auch anderes, fast ebenso Schlimmes. Denken wir nur an die unmenschlichen Haltungen, die während Jahrhunderten im Namen des Christentums praktiziert wurden (vgl. die ganze Zweite Runde), oder an die so eigenartig anmutende Spaltung der Welt in reiche christliche und arme nichtchristliche Länder. Denken wir auch daran, wie man diesen Jesus, statt den Impuls seiner Gestalt und seiner Lehre ernst zu nehmen, zum Exerzierfeld scholastischer Philosophie gemacht und ihn mit Sätzen, Thesen, Formeln in Fesseln gelegt hat.

In den letzten Jahren erfuhren wir eine neue Auferstehung Jesu. Jesus-Filme füllen die Kinos, das Evangelium nach Matthäus von Pasolini, „Jesus Christ Superstar" von Norman Jewison, „Jesus von Nazareth" von Zeffirelli. Die Jesusbewegung hat eine Zeitlang das Straßenbild der Städte verändert. Vor allem die kirchlichen Basisgemeinschaften aller Arten vermehren sich in allen Kontinenten. Sie versuchen und hoffen, vom Evangelium her ihr Leben zu erneuern, ihre Gemeinschaft zu gestalten, ihr Zeugnis zu inspirieren. Jesus strahlt als Licht und Kraft im Herzen der Glaubenden.

Die *Jesusforschung* der neueren Zeit hat sich sehr bemüht, anhand der Formgeschichte und der historisch-kritischen Methode das ursprüngliche, echte Jesusbild bloßzulegen[55]. Das will nicht heißen, daß jetzt dank der vielen exegetisch-dogmatischen Jesusbücher alles durchsichtig geworden sei. Jesus Christus kommt niemand ganz bei, weder damals die Jünger und Apostel noch heute die Bischöfe und Theologen, nicht einmal die Mystiker und Heiligen. Aber man kommt ihm um einiges näher, wenn man unterscheidet – nicht als Gegensätze, sondern als verschiedene Aspekte der einen Wirklichkeit – zwischen dem geschichtlichen Jesus, wie er damals in schlichter Gestalt durchs Leben ging und seine Botschaft verkündete, und dem Christus des Glaubens, wie ihn die Jünger in nachösterlicher Reflexion plötzlich in anderem Zusammenhang sahen und ihn so verkündeten. Ebenfalls kommt man nicht darum herum, zu unterscheiden zwischen dem „jesuanischen Eigengut", den „ipsissima verba Christi", und Texten, die von den Evangelisten in Erinnerung an Jesus und in seinem Geiste ausgefaltet und beigefügt wurden. Man darf nicht vergessen, daß das Markusevangelium erst kurz vor der Zerstörung Jerusalems im Jahre 70, die andern Evangelien noch später geschrieben wurden, wo nicht mehr an eine „wörtliche" Wiedergabe der Reden Jesu zu denken war.

Je nachdem man den einen oder den andern der erwähnten Aspekte mehr im Auge hat, ergibt sich eine „Christologie von unten" (der historische Jesus) oder eine „Christologie von oben" (der Christus des Glaubens und der späteren Dogmen), oder auch eine „Christologie von innen", die sich auf die theologische Seite beschränkt, und eine „Christologie von außen", welche die jeweilige zeitgeschichtliche Situation mitberücksichtigt, die das Christusbild mitgeformt hat. Man findet tatsächlich durch die Jahrhunderte hindurch sowohl in Kunst wie in Theologie eine breite Variation von Jesusdarstellungen, z. B. zur Zeit der verfolgten Christen den Guten Hirten in den Katakomben, im Rahmen des östlichen Imperiums den Pantokrator in der goldenen Apsis, in der mittelalterlichen Volksfrömmigkeit den leidenden Herrn usw.

Wie der Schöpfungsbericht und das ganze Alte Testament (vgl. oben § 4 und 6) ist auch das Neue Testament weder ein kritisches Geschichtswerk noch ein interessanter Reporterbericht, sondern ein engagiertes und engagierendes Glaubenszeugnis, das Lebensbuch der glaubenden Gemeinde.

§ 27. Von bescheidener Herkunft – wie ganz Israel! – trat Jesus unerwartet in Galiläa auf, nachdem er sich durch die Johannestaufe und das Fasten auf sein Amt vorbereitet hatte. Mit ihm erschien Gott in ganz neu erfahrbarer Weise in der Geschichte und brachte seine Sache zur Geltung.

Er sprach: „Die Zeit ist erfüllt, und genaht hat sich das Reich Gottes; bekehrt euch und glaubt an das Evangelium" (Mk 1, 15). In diese zwei knappen Sätze faßt der Evangelist den Kern der Botschaft Jesu zusammen. Es geht um das Reich Gottes, um die *Gottesherrschaft*[56]. Was Jesus damit meint, wird bei Lukas klarer, der das erste Auftreten so schildert: Jesus befand sich in Nazaret, ging nach seiner Gewohnheit am Sabbat in die Synagoge, aber jetzt erstmals stand er auf und las aus Jesaja vor: „Der Geist des Herrn ist auf mir, denn er hat mich gesalbt; Armen frohe Botschaft zu bringen, sandte er mich, Gefangenen Befreiung zu künden und Blinden das Augenlicht, Gequälte zu entlassen in Freiheit und auszurufen ein Gnadenjahr des Herrn" (Lk 4, 18 f.). Dann rollte er die Schrift zusammen und gab zum Erstaunen – und Ärgernis – der Zuhörer dem Text diese sehr aktuelle Deutung: „Heute hat sich diese Schrift erfüllt vor euren Augen." Bemerkenswert ist, daß Jesus genau da die

Lesung abbrach, wo der folgende Jesajavers von einem „Rachetag des Herrn“ redet!

Jesus kündet also eine neue Weltordnung an, die jetzt durch ihn Wirklichkeit wird, wo allen Hoffnungslosen Hoffnung und Heil geschenkt werden, wo Gottes Herrschaft leuchtend in die Welt hereinfallen wird. Bei den Synoptikern kommt der Ausdruck Gottesherrschaft an die hundertmal vor. In Jesu Person ist ihr Anfang gesetzt, in einem neuen Kosmos ihre Vollendung verheißen.

Es fällt auf, daß Jesus in seinem ganzen Wirken nicht vom Neuen oder Alten Bund redet – außer in den Einsetzungsworten der Eucharistie, auf die wir bald zu sprechen kommen werden –, und man fragt sich, woher er statt dessen die Idee der Gottesherrschaft bezogen habe. Nun, Jesus konnte in einer unableitbaren Vollmacht reden. Er brauchte nicht anderswo Anleihen zu machen. Immerhin, die Idee des „Tages des Herrn“, der alles kehrt, des „Reiches Gottes“, das nach den Weltreichen kommen wird (Dan 2, 44; vgl. oben § 23), lag in der Luft, beschäftigte die Gemüter der Juden jener Zeit. Auch der Täufer Johannes hat seine Sendung darin gesehen, die Menschen auf das „Reich des Himmels“ vorzubereiten, das sich genaht hat (Mt 3, 1). Wir haben übrigens schon oben bemerkt (§ 17), daß Bund nichts anderes meint als das persönliche Verhältnis der einzelnen und des Volkes zu Jahwe. Das, was Jesus Gottesherrschaft nennt, deckt sich also völlig mit der Idee des Bundes. „Neuer Bund und Reich Gottes sind Korrelatbegriffe“[57], wie auch Reich Gottes und „Leben“, „das Leben gewinnen“, „ins Leben eingehen“, das Jesus oft braucht, Korrelatbegriffe sind.

Die Menschen jener Zeit stellten nicht solche theoretische Überlegungen an. Für sie war wichtig, wie Jesus in seiner Person und in seiner Lehre die Gottesherrschaft verkörperte. Und sie sahen, wie er das geistig-psychologische Klima des Landes im Nu veränderte. Sein Ruf verbreitete sich mit Windeseile. Alle wollten ihn sehen, hören, berühren. Er sprach mit Macht. Eine Kraft ging von ihm aus und heilte alle. Seine Vorliebe zeigte er – alle Regeln der besseren Gesellschaft durchbrechend – den Armen, den Bedrückten, den Sündern, den Zöllnern, den Prostituierten, den vom Teufel Besessenen, heute würde man mit einem Wort sagen: den Marginalisierten. Er ging mit ihnen, aß mit ihnen, solidarisierte sich mit ihnen. Damit wollte er die andern nicht ausschließen, wohl aber allen zu verstehen geben, daß das, worauf es ankommt, nicht Reichtum und Prestige sind, sondern die menschliche Würde und das allmenschliche Sehnen nach Heil, das in den Ausgestoßenen stärker und spürbarer vorliegt. Jesus wollte zeigen und hat tatsächlich gezeigt, daß „mit dem Kommen Gottes der Mensch aus seinen vielfältigen Verstümmelungen und Verkürzungen endlich wieder lebendig, rein, sehend und hörend, wiederhergestellt wird“[58].

Allen war es deshalb wohl um ihn herum, ausgenommen den Selbstgerechten, den Pharisäern, den Menschen, denen Gesetz und Institution mehr galten als Freiheit und Menschenwürde. Ihnen gegenüber zeigte sich Jesus unheimlich scharf, ein Kontestator im besten Sinn des Wortes. Man bekommt den Eindruck, daß er mit Absicht oft am Sabbat geheilt habe, um jene Kreise zu reizen[59].

Den andern sprach er, vor allem in den Gleichnissen – Urgestein der jesuanischen Verkündigung! – Mut und Hoffnung zu. Niemand konnte schlimmer daran sein als der verlorene Sohn, und doch, auch für ihn gab es eine gute, sehr gute Lösung! Die Parabel sollte besser nicht genannt werden „vom verlorenen Sohn“, sondern „vom barmherzigen Vater“, denn das ist ihre eigentliche Aussage und ihre Überraschung. Auf derselben Linie liegen die Gleichnisse vom verlorenen Schaf, von der verlorenen Drachme (das ganze Kapitel 15 bei Lukas). Diesen Vater, um den es in all diesen Gleichnissen geht, lehrte uns Jesus nicht bloß Vater nennen, sondern mit dem Kosewort „Abba“ („Väterchen“, „Papa“). Daß Jesus dieses Wort sogar in seiner größten Verlassenheit, am Ölberg, brauchte, sagt alles aus (Mk 14, 36). Wir sollen uns deshalb nicht mehr unsere eigenen Vorstellungen über Gott machen, sondern zu jenem Gott beten, den Jesus uns geoffenbart hat, einen Gott, der uns in Mitleid und Liebe umarmt, all unsere Sünden vergibt, uns selbst im unvermeidlichen Tod nahe bleibt. Mit diesem Wort „Abba“ hat Jesus eine Revolution in der Geschichte der Spiritualität ausgelöst![60]

In einer solchen Geistesverfassung, im unbedingten Vertrauen auf den Vater, in Erwartung der Gottesherrschaft, kann man sich darauf einlassen, sich in Jesu Nachfolge zu begeben und sogar seine – menschlich gesprochen – unmöglichen Forderungen der Bergpredigt zu erfüllen. Diese Nachfolge war keineswegs auf die zwölf Apostel oder die 150 Jünger beschränkt. Sie war offen ausgeschrieben und ausgerufen, und alle waren eingeladen. Aber verhältnismäßig wenige wagten es und wurden „auserwählt“ (Mt 20, 16; 22, 14). Diese

Nachfolge Jesu steht nicht auf gleicher Ebene wie ein Lehrer-Schüler-Verhältnis. Sie läßt sich nur erklären von Jesu unableitbarer messianischen Vollmacht her. Er handelt an Gottes Stelle. Wie Jahwe souverän die alttestamentlichen Propheten berief, so Jesus seine Jünger. Er stellt die Berufenen, unter bedingungslosem Bruch mit allen Bindungen, hinein in die Lebens- und Schicksalsgemeinschaft mit ihm selbst, damit auch in den Dienst für die Sache der Gottesherrschaft. Es besteht somit ein innerer, unmittelbarer Zusammenhang zwischen Nachfolge und Mission![61]

§ 28. Eindeutig hatte Jesu Wirken auch eine *sozialpolitische Note*[62]. Nicht daß er Situationsanalysen und Aktionsprogramme aufgestellt hätte. Er handelte von Fall zu Fall, wann immer ihm eine menschliche Notlage entgegentrat. Man kann auch nicht von ihm erwarten, daß er zum alttestamentlichen System der Theokratie Stellung bezogen hätte. In einem solchen System, in dem Staatliches und Religiöses verschmelzen und beide Bereiche durch gottgesandte Führer (Mose) oder Priester verwaltet werden, kann Religion leicht totalitär und intolerant werden. Sie gebraucht Mittel, die nicht ihrer Natur angemessen sind. Man kann annehmen, daß Jesus die beiden Bereiche wohl unterschieden und geschieden habe. Deshalb hatte er für die Pharisäer sogleich die Antwort bereit: „Gebt also, was des Kaisers ist, dem Kaiser, und was Gottes ist, Gott!“ (Mt 22, 21.) Vor Pilatus erklärte er: „Mein Königtum ist nicht von dieser Welt“ (Joh 18, 36).

Aus solchen Sätzen hat man zeitweise den Schluß gezogen, die Christen hätten sich nur um den Himmel zu kümmern. Das führte – wenn nicht in der Praxis, so doch in der Unterweisung – zu einer Spaltung des einen gesamtheitlichen Heiles, das Gott den Menschen in Jesus bringen wollte. Man hatte das Heil spiritualisiert und eschatologisiert. Man sagte geradezu, das unvollkommene Alte Testament hätte als Lohn das materielle Wohlsein gewährt, das vollkommene Neue Testament verheiße nun den himmlischen Lohn. Nichts wäre unmenschlicher, unchristlicher, ungöttlicher, und darum falscher als das.

Jesus hat den Menschen als ganzen ernst genommen und ihm in all seinen Nöten und Aspirationen geholfen. Er beansprucht zwar keine Gewalt über die Welt und die Politik und wies die Möglichkeit, König zu werden, zurück (Joh 6,15). Aber er interpretierte und inspirierte die Welt und die Politik und engagierte sich für sie. Er sah auch diese Bereiche innerhalb des Rahmens des Reiches Gottes. Nicht einmal die alltäglichsten Dinge, wie das Wachstum des Körpers, das Ausfallen der Haare, die Bestimmung der Lebensdauer, geschehen außerhalb dieses Rahmens (vgl. Mt 6, 27; Lk 21, 18). Es ist nicht ausgeschlossen, daß Jesus sogar gewisse Querverbindungen mit den Zeloten hatte[63]. Das war eine Gruppe, die man heute politische Partisanen nennen würde. Sie wollten das Land von der Herrschaft der Römer befreien – ein an sich legitimes Bestreben! Es wäre nicht normal, wenn Jesus als Jude nicht wenigstens eine gewisse Sympathie für sie gefühlt hätte. Warum heißt es ostentativ bei Lukas 6,15, daß einer seiner Jünger, Simon, ein Zelote war? Im sogenannten Proto-Lukas, einem alten überlieferten Text, der ins Evangelium aufgenommen wurde, finden wir eine ganze Anzahl Verse, die auf politische Befreiung Israels hinweisen (Lk 1, 68.74; 2, 38; 24, 21). Wenn diese politische Seite in den Evangelien nicht weiter ausgeführt wird, kann es auch daran liegen, daß zur Zeit, als sie geschrieben wurden, nämlich nach der Zerstörung Jerusalems, die ganze Frage einfach anachronistisch geworden war.

Eines aber steht fest, daß Jesus als vordringlichstes Ziel vorschwebt, das Übel an der Wurzel zu heilen, nicht einfach einen Wechsel der Regierung zu veranlassen, sondern die Bekehrung der Menschen zu bewerkstelligen. Ohne das nützt aller Szeneriewechsel nichts. Demütigender als die Unterdrückung durch die Römer wirkte übrigens jene durch die Pharisäer und Sadduzäer, die den Menschen im Namen der Religion belasteten und verachtete. Das konnte Jesus nicht ertragen.

§ 29. Es fällt auf, daß Jesus seine und seiner Jünger Tätigkeit zuerst ausdrücklich auf Israel beschränkte (Mt 10, 5; 15, 24). Jedoch hat er, vor allem in den Parabeln, deutlich zu erkennen gegeben, daß sich die Gottesherrschaft, die er ankündete, nicht auf die Grenzen Israels einengen lasse. Aber eigenartig: die Öffnung des Reiches für alle Völker wird tragischerweise verknüpft mit der Verwerfung Israels. So schwer lassen sich in der Praxis Erwählung und Universalität harmonisieren! „Ich sage euch aber: Viele werden vom Osten und Westen kommen und sich zu Tische legen mit Abraham, Isaak und Jakob im Himmelreich, die Söhne des Reiches aber werden hinausgeworfen

werden ..." (Mt 8, 11f.; ähnlich 21, 43; Lk 14, 23f.; Mk 12,1-9). Ferner zeigte Jesus, bei aller Zurückhaltung, eine offenkundige Liebe zu Menschen, die nicht dem auserwählten Volk angehörten, aber dabei einen Israel beschämenden Glauben an den Tag legten, so der römische Hauptmann (Mt 8, 10), die kanaanäische Frau (Mt 15, 28), die Leute von Samaria (Joh 4, 39-41), die in den Augen der Juden schlimmer waren als die Heiden. Solche Verhaltensmodelle dürften nicht leicht übersehen werden. Es wird also klar, die *Beschränkung auf Israel* geschah nicht aus Nationalismus, sondern aus Strategie. Jesus hoffte offenbar, durch Locken und Warnen zuerst Israel unter die Gottesherrschaft zu bringen und dann den Kreis zu öffnen.

Der eigentliche Durchbruch erfolgte seit und dank der Auferstehung. Jetzt lag eine neue heilsgeschichtliche Situation vor. Jetzt ist der historische Jesus, der bescheiden durchs Land zog, von Gott beglaubigt und zum erhöhten Herrn gemacht worden (Phil 2, 11). Jetzt kann die angekündigte Aufnahme der Heiden in das Reich Wirklichkeit werden und darum die dynamische Missionierung beginnen. Jetzt wird der Unterschied zwischen „dem Volk" und den Völkern aufgehoben, denn „alle Völker" sollen Jesu Jünger werden (Mt 28, 29). Das Wort „gojim", Völker, Heiden, muß nun seinen diskriminierenden Charakter verlieren. Jetzt werden die „Fernen" zu „Nahen" im Blute Christi, der unser Friede ist und der die trennende Scheidewand beseitigt (Eph 2, 13). Jetzt wird der Kreis der ursprünglichen umfassenden Schöpfungsgemeinschaft wieder geschlossen. Jetzt beginnt eine neue Phase der religiösen Entwicklung. Die Welt, die bisher in viele Völker mit ihren je eigenen Gottheiten und Religionen gespalten war, findet heim zu ihrer vorgegebenen Einheit. Einheit aller Menschen heißt eine der Grundideen des Christentums. Sie gehört zu seinem Wesen, weil Gott, der sich im einen Jesus geoffenbart hat, nur einer ist. So wird jetzt aus der jüdischen Stammesreligion die Weltreligion[64].

Die Geschichtlichkeit des Missionsbefehls ist zwar heftig umstritten: Jesus habe vorher nie eine Dreifaltigkeitsformel verwandt, er habe die Heilsnotwendigkeit nur an die Annahme des Reiches Gottes, die Umkehr, gebunden, nicht aber an Riten (Taufe) und Gebote. Dazu die Problematik um die Art und Weise der „Erscheinungen" des Auferstandenen. Wenn der Befehl wirklich so erfolgt wäre, wie es im Evangelium geschrieben steht, müßte man sich fragen, warum dann der Durchbruch zu den Heiden so schwer vor sich ging und ausgerechnet von einem, der damals nicht dabei war, Paulus, erkämpft wurde.

Sei dem wie immer, der Missionsbefehl kann besser als Folge denn als Begründung der missionarischen Dynamik verstanden werden, die mit dem Erscheinen Jesu ausgelöst wurde. Wer immer Jesus und seine Botschaft ernst nimmt, wird die Kunde davon weitertragen. Man könnte ruhig sagen: Mission auch ohne Missionsbefehl! Auch das Konzilsdekret „Ad gentes" hat in seiner Begründung der Mission (Nr. 2-9) nur nebenbei auf den Missionsbefehl Bezug genommen (Nr. 5).

§ 30. Die ganze Frage lautet also: *Wer ist Jesus Christus?* Wie konnte von ihm eine solche Bewegung ausgehen? „Für wen halten die Leute den Menschensohn?" (Mt 16, 13.) Für wen halten wir Christen Jesus Christus? Die Katechismen pflegten den Kindern problemlos die Antwort einzuprägen: Er ist wahrer Mensch und wahrer Gott. Das ist eine derart gewaltige Aussage, daß sie nicht so leicht hingelegt werden sollte, sonst bleibt sie eine Gedächtnisformel und nichts mehr. Sie kann sich nur als letztes Wort, als letztes Wagnis nach einem langen Umgang mit ihm ergeben. Auch Petrus hat sich offenbar erst nach Ostern zu seinem Bekenntnis „Du bist der Messias, der Sohn des lebendigen Gottes" (Mt 16, 16) durchgefunden, aber es dann zeitlich zurückprojiziert.

In der zentralen Frage nach der Bedeutung Jesu Christi[65] müssen Exegese und Dogmatik Hand in Hand gehen. Wer bloß exegetisch-wissenschaftlich die Schrifttexte untersucht und dann daraus die Schlüsse zöge für unser heutiges Glaubensverständnis, gliche den Jüngern in den Jahren vor Ostern. Man kann Jesus nicht erklären ohne die Ostererfahrung und ohne die Glaubenstradition der ersten christlichen Gemeinde. Der besondere Charakter dieser Urgemeinde der Apostel und Jünger Christi, die mit ihm gegangen sind und jetzt, nach allen innern und äußeren Erfahrungen, am besten sein Wesen und seine Absichten deuten konnten, begründet ihre einmalige und für alle Gläubigen unaufgebbare Bedeutung als Richtschnur des Glaubens. Nach allen Studien folgt der Augenblick, wo die Vertrauensfrage gestellt wird und beantwortet werden muß.

Zwar stimmt es, Jesus hat von sich nicht viel Wesens gemacht, er hat nicht eine introvertierte Selbstbespiegelung betrieben, er hat keine Apologie seiner Gottheit vorgetragen, er hat nicht Ehre und Anbetung für sich gesucht. Ihm lag alles daran, den Menschen das Bild des liebenden Vatergottes zu erschließen. Aber er betete, redete, handelte aus einer Gotteserfahrung heraus, daß die Jünger schlechthin vor einem Geheimnis standen. Er verkündete nicht bloß eine Botschaft wie andere Propheten, sondern seine Botschaft gehörte ganz zu ihm. Er selber war die Botschaft, die Selbstmitteilung Gottes, der einmalige Heilbringer, das eschatologische Heilsereignis. Während seine Jünger durch Jesus in das neue Gottesverhältnis hineingeholt werden, spricht Jesus schon immer aus seinem ursprünglichen Verhältnis zum Vater heraus. Die nachösterliche Gemeinde drückt dann, im Bann des wieder lebenden Toten, die Erinnerung an den damals unter ihnen Wandelnden aus mit Worten wie: „Er ist der Messias, der Sohn des lebendigen Gottes" (Mt 16, 16), er ist das Wort, das von Anfang an bei Gott war (Joh 1, 1), „das Bild Gottes, der Erstgeborene aller Schöpfung . . . alles ist durch ihn und auf ihn hin erschaffen" (Kol 1, 15 f.). Er ist der beidseitige Brückenkopf und der Mittelpfeiler, der die Brücke der Menschheit von der Schöpfung bis zur Vollendung trägt.

Man hat in den zwei Kirchen die Bedeutung des Lebens dieses Jesus Christus je auf die zwei äußern Pole konzentriert. Die Ostkirche betrachtete die Inkarnation, die Annahme und Vergöttlichung der menschlichen Natur, als das entscheidende Heilsereignis, die Westkirche fast ausschließlich den Tod, der als Opfer- und Sühnetod interpretiert wurde. Das Leben Jesu selber wurde bloß dargestellt als Modell für unser tugendhaftes Verhalten. Heute sieht man das Heilsereignis im gesamten Leben als Einheit. Ganz von Anfang an wurde doch schon verkündet: „Heute ist euch ein Heiland geboren" (Lk 2, 11). Der Tod wäre dann das logische Ende und zugleich der Höhepunkt dieses Lebens, das in der Auferstehung seine einmalig neue und bleibende Dimension erhalten hat.

Vor dem Sterben feierte Jesus mit den Jüngern das letzte Mahl. Nach dem ältesten Bericht geschah es so: „Der Herr Jesus nahm in der Nacht, in der er verraten wurde, Brot, sagte Dank, brach es und sprach: ‚Das ist mein Leib für euch. Tut dies zu meinem Gedächtnis!' Ebenso nahm er nach dem Mahl auch den Kelch und sprach: ‚Dieser Kelch ist der neue Bund in meinem Blute; tut dies, sooft ihr davon trinkt, zu meinem Gedächtnis.' " Und Paulus, der das im ersten Brief an die Korinther schreibt, fügt bei: „Denn sooft ihr dieses Brot eßt und den Kelch trinkt, verkündet ihr den Tod des Herrn, bis er kommt" (11, 23-26).

Da auch dieser Text ungefähr 25 Jahre nach dem Tod Jesu geschrieben wurde, kann man verschiedene textkritische Fragen stellen. Einzelne Autoren glauben, die Idee des „neuen Bundes", eine deutliche Anspielung an Jeremia 31, 31-33 (vgl. oben § 23), von der Jesus sonst in seiner Verkündigung nie sprach, sei eine paulinische Interpretation und Beifügung. Sie gehen soweit zu sagen, das Abendmahl sei bloß ein Abschiedsmahl und Jesu Tod einfach der Tod des Propheten gewesen ohne weitere Heilsbedeutung, von Jesus mehr schmerzlich vorausgeahnt denn als Teil seiner Aufgabe vorgesehen. Man muß hier wiederum die urchristliche Gemeinde befragen. Dann wird freilich klar, daß „Gott seinen Sohn für uns dahingegeben hat" (Röm 8, 31 f.), daß „er ihn für uns zur Sünde gemacht hat" (2 Kor 5, 11), daß also sein Tod wirklich als Mittel des Heiles für uns gedeutet wurde, daß Jesus somit in seinem Leben, Sterben und Auferstehen die Gottesherrschaft, den Neuen Bund in die Welt gebracht hat. „Der Name Jesu ist der archimedische Punkt, von dem aus die Bewegung von der Vergangenheit des Unheils zur Zukunft des Heils ausgelöst wird"[66], was freilich nicht zeitlich zu verstehen ist, als ob es vor Christus kein Heil gegeben hätte, sondern theologisch, insofern alles Heil von Beginn der Schöpfung an Heil Christi ist (vgl. oben § 8).

Für die Christen aber ist das Entscheidende, „zu seinem Gedächtnis" nicht bloß den Kult zu wiederholen, sondern das, was im Kult gefeiert wird, die Hingabe für die andern, nachzuvollziehen. Gegenüber dem naturgegebenen und darum überzeitlichen Egoismus des Menschen kommt Hoffnung aus der Haltung Christi, daß Ausrichtung auf die andern vollziehbar und erfordert sein kann. Es bleibt ein Test für die Vitalität der Kirche, wie sie es versteht, nicht bloß – mit mehr oder weniger Erfolg – das Sonntagsgebot zu urgieren, sondern durch die Eucharistiefeier zu einer solchen „Pro-Existenz" zu ermuntern und Schwung und Mut ins Leben zu bringen, bis er kommt.

§ 31. Wenn Jesus Beginn und Inhalt des Neuen Bundes ist, muß abschließend noch nach seiner *Stellung zum Alten Testament* gefragt werden. Zunächst muß das Selbstverständliche gesagt werden, daß er

ein Jude war. Er übernahm den Namen, die Sprache, die Schrift, die Kultur, die Religion des Judentums. Er wurde beschnitten, ging schon als Knabe zu den Wallfahrten in den Tempel, betete die Psalmen, feierte das Ostermahl. Er kannte und gebrauchte in allen seinen Lebenslagen die Schriften des Gesetzes und der Propheten, wie vor allem Matthäus nachweist, sei es zum Gebet (27, 46), zur Findung seines Weges und Verhaltens (4, 4.6.7), zur Umschreibung seiner Aufgabe (11, 4; 11, 29; 12, 20; 13, 35; 23, 39; 26, 31.64), zur Belehrung der andern (5, 21-43; 6, 6; 8, 4; 12, 37.41 f.; 13, 32.43; 15, 4; 18, 16; 19, 19; 22, 37 f.; 25, 46), zu Weissagungen (24, 6-10.15-31), zur Selbstverteidigung (13, 3-7; 19, 4 f.; 21, 12-16.42; 22, 32). Nicht nur kannte und gebrauchte er diese Texte, sondern er „beanspruchte sie für sich wie einer, der ein altes Erbe antritt“[67]. Freilich ging er in der Deutung und Anpassung erstaunlich frei damit um.

Jesus, ein Jude! Wenn es damals eine Volkszählung gegeben hätte, hätte Jesus bei der Religionszugehörigkeit nicht eingetragen „Christ“, sondern „Jude“. Aber haben Christen sich später während der langen Zeit des Antisemitismus (vgl. Zweite Runde § 4-6) nicht seiner geschämt? Haben ihn entjudet, entwurzelt, gräzisiert, europäisiert? Seit Kaiser Konstantin haben Christen systematisch jüdische Texte, die über Jesus handelten, verbrannt. Sie wollten allein „ihren“ Jesus des Glaubens haben, nicht den Jesus außerchristlicher Quellen. Das ist mit ein Grund, warum wir in der Tat recht wenig wissen über den historischen Jesus[68].

Heute sind wir daran, diesen Komplex zu überwinden und gemeinsam mit den Juden an die Jesusforschung heranzugehen. Wir können nicht Jesus lieben und Jesu Volk verachten. Wir selber gehören über Jesus irgendwie zu diesem Volk. In der neuen gegenseitigen Sympathie können wir gemeinsam Jesus näherkommen[69] (vgl. Zweite Runde § 7).

Jesu Bezug zum Alten Testament reicht noch tiefer. Er ist von ihm, von Mose und Elija, beglaubigt worden (Mt 17, 3). Er ist nicht gekommen, das Gesetz aufzuheben, sondern es zu erfüllen (Mt 5, 17), freilich es auch souverän zu überholen: „Ihr habt gehört, daß gesagt worden ist zu den Alten . . . Ich aber sage euch . . .“ (Mt 5, 21-44.) „Das Neue Testamtent ist ganz durchzogen von dem Pathos des Staunens über den Anbruch von etwas schlechterdings Neuem, von dem überwältigenden Bewußtsein, an einen Anfang gestellt zu sein, von dem aus ganz neue Horizonte des göttlichen Heilshandelns sichtbar geworden sind: Das Reich Gottes ist da!"[70] Alles muß nun von diesem neuen Horizont aus zurückgelesen werden. Jesus muß uns allen, wie den Jüngern von Emmaus, von der neuen heilsgeschichtlichen Situation aus die Schriften neu „erschließen" (Lk 24, 45).

Nur über Jesus geht das Alte Testament auch uns Christen an. Sonst wäre es ein „heiliges Buch" wie in den andern Religionen für die Anhänger jener Religionen. Ja, das Alte Testament wird erst jetzt in seiner eigentümlichen Aktualität, nämlich in seinem Hinweischarakter auf Jesus, erkannt. Die letzte Einheit zwischen Altem und Neuem Testament kommt zustande durch Jahwes Identität in beiden Teilen, der sich freilich in Jesus auf ganz neue, vom Alten Testament als solchem nie vorhersehbare Weise geoffenbart hat. Insofern können wir zwischen beiden Testamenten sowohl Kontinuität wie Diskontinuität sehen. Wie das Alte Testament nur von Jesus her voll verstanden wird, so wird auch Jesus nur vom Alten Testament her in seiner tiefen Verwurzelung in den Uranfängen und in der ganzen Geschichte gesehen. Wir Christen können also das Alte Testament nicht ad acta legen[71].

2. *Die Apostel*

§ 32. Unter den Aposteln nimmt *Paulus* eine besondere Stellung ein. Er hat Jesus nicht gekannt, ist nicht mit ihm gegangen wie die Zwölf, aber er hat ihn vielleicht inniger erfahren als jene. Ein „fanatischer Verfechter" der jüdischen Traditionen (Gal 1, 14), ein Feind Christi und der Christen, muß er plötzlich in einem ungestümen innern Erlebnis – vielleicht vergleichbar mit den plötzlichen Bekehrungen eines Giovanni Papini, Douglas Hyde, André Frossard – von einem andern überwältigt worden sein, und er erkannte wie in einem Blitz, daß „Gott mich vom Mutterschoße an ausgesondert und durch seine Gnade berufen hat, seinen Sohn in mir zu erfahren, damit ich die Botschaft von ihm verkünde unter den Heiden". Er hat weniger durch Unterweisung das Evangelium kennengelernt, „sondern durch Offenbarung Jesu Christi", wohl vor allem während seines Aufenthaltes in der Wüste Arabiens (Gal 1,11-19). Er wurde der mächtige Herold des Neuen Bundes für alle Völker. Was Christus spontan-prophetisch

vollzogen hat, sollte Paulus theologisch umschreiben. Zugleich sollte er die Öffnung dieses Neuen Bundes für alle Völker gegen so großen Widerstand durchsetzen[72].

Paulus wird darum nicht müde, zu betonen und zu wiederholen, daß Jesus der Mittler des Neuen Bundes ist, daß die Kirche das neue Israel ist. Er braucht für Bund – wie schon die Septuaginta – das Wort „testamentum" (griechisch: diatheke). Das Wort kommt im Neuen Testament 33mal vor, davon 17mal im Hebräerbrief. Man beachte hier die Akzentverschiebung: während Bund ein gegenseitiger Vertrag ist, gibt Testament den Vorrang der Verfügung eines Erblassers, hier Gottes, der aus reiner Gnade uns dieses Geschenk hinterlassen hat.

Da alle ohne Ausnahme in Adam der Sünden- und Todessituation verfallen sind (Röm 3, 9.12), „werden in Christus auch alle lebendig gemacht" (1 Kor 15, 22; Röm 5, 17). Diese neue Gerechtigkeit in Christus wird schon „bezeugt vom Gesetz und von den Propheten" (Röm 3, 21), wie überhaupt Christus schon im ganzen Alten Testament gegenwärtig war. Alles ist sein Gleichnis, z. B. der Fels des Wassers in der Wüste (1 Kor 10, 4) und der von der Freien, nicht von der Magd geborene Sohn Abrahams (Gal 4, 22-25). Das Gesetz hatte seine vorläufige Funktion „auf Christus hin" (Gal 3, 23). Aber gerade wegen der vielen Gesetze wurden wir zu Übertretern der Gesetze (Gal 3, 19). So führte es schließlich in die „Sklaverei" (Gal 4, 24). Christus aber ist jetzt „das Ende des Gesetzes", „zur Gerechtigkeit für jeden, der glaubt" (Röm 10, 4; Gal 3, 25). Er ist der Hohepriester, der „nicht mit dem Blut von Böcken und Rindern, sondern mit seinem eigenen Blute ein für allemal in das Heiligtum eintrat und eine ewig dauernde Erlösung erlangte ... Deshalb ist er des neuen Bundes Mittler, damit durch einen Tod, der zum Loskauf diente von den im ersten Bund geschehenen Sünden, die Berufenen die Verheißungen empfingen für das ewige Erbe" (Hebr 9, 11-15).

Vor allem im Brief an die Römer, die er noch gar nicht kannte, aber von deren gesetzlichem Denken – teils wegen des Dortseins vieler Juden, teils wegen des römischen Rechtes – er wissen mußte, singt er das Hohelied der Freiheit; nicht Freiheit für die Sünde, sondern Freiheit vom Gesetz und für das Leben in Christus. Denn Abraham ist nicht durch die Werke gerechtfertigt worden, sondern durch den Glauben (4, 3 f.); „wer den Nächsten liebt, hat das Gesetz erfüllt"

(13, 8); wir sind sogar der Hoffnung, „daß auch sie, die Schöpfung, vom Frondienst der Vergänglichkeit befreit wird zur Freiheit der Herrlichkeit der Kinder Gottes“ (8, 21). Ob es ihm voll gelungen ist, die römische Gemeinde vom legalistischen Denken frei zu machen und für alle Zeiten frei zu halten?

Diese im Neuen Bund Stehenden werden gesamthaft auch Leib Christi genannt oder einfach Christus, in dem die vielen einen Leib darstellen (1 Kor 12, 12.27). Der Leib Christi deckt sich wiederum mit der Kirche (Kol 1, 18.24). Die Gläubigen dieser Kirche sind die wahre Beschneidung (Phil 3, 3), stellen die zwölf Stämme Israels dar (Jak 1, 1), sind die neuen Kinder und Erben Gottes (Röm 8, 17). In dieser Gemeinschaft gibt es keine Standes- oder Rassenunterschiede, „denn in einem Geist sind wir alle zu einem Leib getauft, ob Juden oder Hellenen, ob Knechte oder Freie“ (1 Kor 12, 13; Gal 3, 28). Alle diese „in Christus Jesus“ Lebenden spricht Paulus an als „Geliebte, Berufene, Heilige, Erwählte“ (Röm 1, 7; 8, 33; 1 Kor 1, 2; Kol 3, 12; Eph 1, 4). Wenn Paulus von den Christen, den in Christus Getauften, so groß denkt, was hält er dann von den Juden und den Heiden?

§ 33. Im Römerbrief, Kapitel 9 bis 11, entwickelt Paulus seine Geschichtstheologie in bezug auf sein Volk, die *Juden*, mit denen zusammen auch er aus Solidarität „ein Ausgeschlossener, fern von Christus“ sein möchte. Er geht nicht sehr geradlinig, sondern dialektisch vor, seine Intuitionen immer auf Texte des Alten Testamentes stützend. Die wichtigsten Ideen verlaufen so: einerseits „sind sie Israeliten, sie besitzen die Kindschaft, die Herrlichkeit, die Bündnisse, die Gesetzgebung, den Gottesdienst und die Verheißung“, anderseits „sind nicht alle, die aus Israel kommen, als solche schon Israel“, denn die fleischliche Abstammung von Abraham sagt noch nichts (9, 1-7). Man darf die Widerspenstigkeit Israels nicht vergessen, denn zu ihm sagt der Herr: „Den ganzen Tag streckte ich meine Hände aus nach einem störrischen und widerspenstigen Volk“ (10, 21). Trotzdem: sie sind keineswegs verworfen, „ein Rest ist vorhanden nach Auswahl der Gnade“, „die übrigen aber wurden verstockt“. Wenn diese Aussage bedrückend wirkt, so zeigt sich doch ein lichtvoller Horizont: „Durch ihre Verstockung kam das Heil zu den Heiden.“ Wenn aber schon ihre Verwerfung der Welt Versöhnung brachte, was dann erst ihre Aufnahme? Die Verstockung kam nur „über einen Teil von

Israel, bis die Vollzahl der Heiden eingetreten ist", denn „unwiderruflich sind die Gnadengaben und die Berufung Gottes". Wahrhaft, „wie unergründlich sind Gottes Ratschlüsse, und wie unerforschlich seine Wege"! (11, 1-36.)

Man müßte Nr. 4 des Dekretes „Nostra aetate" damit vergleichen. Es stützt sich auf diese paulinische Theologie. Aber auch das Konzil kam nicht darüber hinaus, zu sagen: einerseits „hat Jerusalem die Zeit seiner Heimsuchung nicht erkannt", anderseits sind sie „immer noch von Gott geliebt". Es wird betont, daß man das Leiden Christi „weder allen damals lebenden Juden ohne Unterschied, noch den heutigen Juden zur Last legen kann. Gewiß ist die Kirche das neue Volk Gottes, trotzdem darf man die Juden nicht als von Gott verworfen oder verflucht darstellen."

Gibt es nun tatsächlich zwei auserwählte Völker nacheinander? Man sagt wohl richtiger, daß das Judenvolk seinen legitimen Anspruch behält, so daß es ein wirklich „anderes" auserwähltes Volk gar nicht geben kann, sondern nur zwei Weisen des einen, die eigenständig neben- und füreinander existieren, ein heilsgeschichtliches Muß darstellen, bis die Parusie die volle Einheit herstellen wird[73].

§ 34. Paulus, der Völkerapostel genannt, entwickelte seine Geschichtstheologie auch für die *Heiden.* So sehr er für sein Volk eingenommen war, er durchbricht charismatisch und radikal alle Grenzen eines engen politisch-religiösen Nationalismus. In seiner großen universalistischen Schau spricht er immer von allen Menschen, da alle in der gleichen Schicksalslage der Sünde und Gnade stehen. „Alle sündigten und ermangeln der Herrlichkeit Gottes" (Röm 3, 23). „Gott hat alle zusammengeschlossen in Ungehorsam, um sich aller zu erbarmen" (Röm 11, 32). „Wie in Adam alle starben, werden in Christus auch alle lebendig gemacht werden" (1 Kor 15, 22). „Erschienen ist die Gnade Gottes als Heil für alle Menschen" (Tit 2, 11).

Diese großartigen Texte, die Hoffnung für alle aussagen, stehen in eigenartigem Widerspruch mit andern Stellen desselben Apostels, wo er von jenen spricht, die verlorengehen: „Das Wort vom Kreuz ist jenen, die verlorengehen, Torheit; uns aber, die wir gerettet werden, ist es Kraft Gottes" (1 Kor 1, 18). „Wir sind Christi Wohlgeruch vor Gott unter denen, die gerettet werden, und unter denen, die zugrunde gehen" (2 Kor 1, 15; vgl. auch 2 Thess 2, 10; Phil 1, 28). Wie bei den

Juden bleibt auch hier eine dialektische Spannung, die noch nicht zur Synthese durchgedacht ist. Die Frage hat zu allen Zeiten die christlichen Denker herausgefordert.

Während also theologisch die Frage des Heiles für alle offenbleibt, leistet sich Paulus pragmatisch Verallgemeinerungen und Verstöße, die an den Tag legen, daß er bei all seinem Einsatz für die Heidenvölker das typisch jüdische Überlegenheitsgefühl, das „gojim-Denken", noch nicht überwunden hatte. Er blieb insofern ein Kind seiner Zeit, wenn er ohne Unterscheidungen voraussetzt, daß „die Heiden in der eitlen Nichtigkeit ihres Sinnes dahinleben" (Eph 4, 17), daß sie in „leidenschaftlicher Gier" taumeln, da „sie Gott nicht erkennen" (1 Thess 4, 5). Das wird noch weiter behauptet und bis ins Groteske ausgeführt im bekannten „Lasterkatalog" im Römerbrief: Jene, die Gott trotz besserer Einsicht nicht dienen, sind „erfüllt von aller Frevelhaftigkeit, Schlechtigkeit, Unzucht, Bosheit, Habsucht, voll Neid, Mord, Streit, Hinterlist, Tücke, übelredend, verleumderisch, gottfeindlich, überheblich, großsprecherisch, prahlsüchtig, findig im Bösen, ungehorsam den Eltern, unverständig, unbeständig, herzlos und ohne Erbarmen" (Röm 1, 29-31). Sind damit alle heidnischen Römer gemeint? Dann ist es wahrhaft keine „captatio benevolentiae" an dieses Volk, das zwar in gewissen Schichten als moralisch verkommen galt, aber dermaßen schlecht doch nicht war. Gibt es überhaupt einen Menschen, der all diese Laster, und nur Laster, in sich vereinigt? Diese Texte stehen da wie Schönheitsfehler im Antlitz des großen Apostels.

Im übrigen hat sich Paulus mit einem Eifer ohnegleichen und mit einer steten Offenheit für den Heiligen Geist für seine Aufgabe an den Heiden eingesetzt, so daß es ihm gelang, im Lauf von 20 Jahren von Jerusalem bis nach Rom ein Netz von Gemeinden zu errichten, die als Kirchen Christi weiterlebten und das Römerreich von innen her veränderten. Der erhöhte Herr hatte es zum voraus gesagt: „Er ist mir ein auserwähltes Werkzeug, um meinen Namen vor Völker und Könige zu tragen und vor die Söhne Israels", und „ich werde ihm zeigen, was er alles um meines Namens willen leiden muß" (Apg 9, 15 f.). Diese Leiden, die in der Apostelgeschichte von Kapitel 13 an bis zum Schluß geschildert werden, kamen nicht zuletzt von „falschen Brüdern" (2 Kor 11, 26), welche die Öffnung zu den Heiden nicht verschmerzen konnten und es Paulus übelnahmen, daß er ihnen nicht das Gesetz und die Beschneidung auferlegen wollte.

§ 35. Diesen Kampf für die Freiheit vom Gesetz hatte er nicht ganz allein durchzukämpfen. Am Apostelkonzil teilten auch die andern Apostel seine Meinung (Apg 15). In besonderer Weise mußte *Petrus* diesbezüglich einen schmerzlichen Lernprozeß durchmachen.

Vielleicht im Jahre 64, also gegen Ende seiner Pilgerschaft, schrieb Petrus von Rom aus an die verschiedenen Gemeinden von Kleinasien seinen ersten Brief, worin die einmalig schönen Worte stehen: „Ihr aber seid ein ‚auserwähltes Geschlecht' (Jes 43, 20), ‚eine königliche Priesterschaft, ein geheiligtes Volk' (Ex 19, 6), ‚ein Volk, das dazu erworben wurde, damit ihr die Ruhmestaten dessen verkündet' (Jes 43, 21), der euch aus der Finsternis berufen hat in sein wunderbares Licht. Einst waret ihr ein Nicht-Volk, jetzt aber seid ihr ein Gottesvolk" (2, 9 f.). Es werden also die klassischen Texte des Bundesdenkens des auserwählten Volkes auf die aus Heidenchristen zusammengesetzten Gemeinden der Kirche Christi angewandt. Man hatte inzwischen eingesehen, wer das neue Gottesvolk ist. Jene, die vorher Nicht-Volk waren, sind auserwähltes Volk geworden (vgl. auch Röm 9, 25 f.; 10, 19). Das war keineswegs von Anfang an klar.

Die Anhänger der Beschneidung, die – wie es immer wieder in der Geschichte geschehen sollte – sich nicht mit dem Einbruch neuer Ideen und einer neuen heilsgeschichtlichen Situation abfinden konnten, gingen umher und säten Zwietracht unter den Christen, man dürfe doch Gesetz und Beschneidung nicht aufgeben (Apg 15, 1.5). Man warf vor allem Paulus vor, er „lehre den Abfall von Mose" (Apg 21, 21). Petrus lebte selber noch längere Zeit als Gefangener des Gesetzes. Da griff Gott selber ein. In einer Verzückung erblickte der hungrige Apostel unreine Tiere, und eine Stimme sagte ihm: „Steh auf, Petrus, schlachte und iß!" Doch Petrus: „Nie und nimmer, Herr! Denn noch nie habe ich etwas Gemeines und Unreines gegessen." Aber jene Stimme blieb beharrlich: „Was Gott rein gemacht hat, sollst du nicht unrein nennen." Das geschah dreimal. Aber immer noch merkte Petrus nicht, was gemeint war. Da traten plötzlich Männer ins Haus und baten ihn, zum heidnischen Hauptmann Kornelius, „einem gerechten und gottesfürchtigen Mann", zu kommen. Jetzt ging ihm auf, daß er diese „Stammesfremden" nicht unrein nennen solle, daß überhaupt „Gott nicht auf die Person sieht, sondern in jedem Volk bei ihm Aufnahme findet, wer ihn fürchtet und Gerechtigkeit übt". Jetzt war das Eis gebrochen. Während Petrus die ganze Familie des Kornelius unterrichtete, „kam der Heilige Geist auf alle, die das Wort hörten". Daraufhin wurden alle getauft (Apg 10, 9-48).

Etwas später aber hatte Petrus nicht mehr den Mut, zu seiner neuen Einsicht zu stehen. Als er einmal in Antiochien daran war, mit einigen Heiden zusammen zu essen, kamen einige aus dem traditionellen Kreis des Jakobus hinzu. Sogleich zog sich Kephas aus Opportunismus, aus Furcht vor jenen aus der Beschneidung, zurück und sonderte sich von den Heiden ab. Paulus, der dies erfuhr, erzürnte in heiligem Zorn und „widerstand ihm ins Angesicht, weil er im Unrecht war" (Gal 2, 11 f.). Und diese Zurechtweisung, diese Verdemütigung des Apostelfürsten, redet sich herum, wird von Paulus öffentlich ausgesagt, geht ein in die Heilige Schrift zur immerwährenden Erinnerung und Mahnung an alle großen und kleinen Petrusse, sich nicht zu sehr von den Traditionalisten einnehmen zu lassen, und an alle großen und kleinen Paulusse, notfalls den Petrussen ins Angesicht zu widerstehen.

3. Die Christen

§ 36. Was die Apostel vom Herrn erhalten hatten und nun verkündeten, das lebte man in den christlichen Gemeinden. Aber wie Jesus ein Jude war und blieb und eigentlich keine neue Religion gründete, sondern den Alten Bund im Neuen erfüllte, so lebten auch jene ersten Christen, vorwiegend aus dem Judentum stammend, als gläubige Juden. Diese sogenannten *Judenchristen*[74] nahmen wie selbstverständlich und sogar mit Eifer am Tempelgebet teil (Apg 2, 46; 5, 12), hielten sich an die jüdischen Gebetszeiten (Apg 2, 46; 3, 1), beobachteten die Speisevorschriften (Apg 10, 14), feierten Passah und hielten den Sabbat (Apg 16, 13), ließen ihre Kinder beschneiden (Apg 21, 21).

Jedoch betrachteten sie sich als Glieder des Neuen Bundes, in den sie durch den Glauben an Christus und die Taufe aufgenommen worden waren (Apg 2, 38.41). Sie kamen zusammen zum gemeinsamen Mahl (Apg 2, 42.46), an gewissen Tagen vermutlich mit der Eucharistie verbunden. Sie fingen auch an, den Sonntag zu feiern als Tag der Auferstehung Jesu (Apg 20, 7; 1 Kor 16, 2) und nannten sich alle Brüder (Apg 14, 2).

Es gab innerhalb des Judentums verschiedene ähnliche Untergruppierungen, die Pharisäer, Sadduzäer, Essener, die Qumranleute. So bildeten die Christen einfach eine Gruppe mehr, die zunächst gar nicht Aufsehen erregte. Jedoch traten sie immer mehr als Gruppe eigener Art zum Vorschein, so daß sie bald eine „Sekte", eine „Häresie" genannt wurden (Apg 24, 5.14; 28, 22). Die Christen aber waren überzeugt, Jünger Christi sein zu können, ohne aufzuhören, Juden zu bleiben. Ja noch mehr, sie gaben aus, wer echter Jude und den Propheten treu sein wolle, müsse Christ werden. Man falle also nicht ab vom Judentum, sondern führe es konsequent weiter bis zum Ende des Weges. Schade, daß diese Judenchristen nicht die Einsicht gewannen, daß dieses ihr Denkmodell vielleicht ebenso für die Anhänger anderer Religionen gelten könnte, daß diese also nicht ihrer bisherigen Religion abschwören müßten, sondern diese vielmehr im Glauben an Christus zur Erfüllung bringen könnten.

Bei ihrer Öffnung zu Christus blieben die meisten Judenchristen im Grunde enge Vertreter des exklusiven Judentums. Das wurde ihnen zum Verhängnis. Sie gerieten immer mehr in die Isolierung und verloren ihre Führungsrolle. Dieser Fall zeigt ein für allemal, daß die Gefährdung der einmal getroffenen christlichen Entscheidung nicht nur von seiten einer moralischen Leichtfertigkeit, sondern ebenso von seiten des moralischen Rigorismus kommen kann.

§ 37. Die Spannung, die Paulus und Petrus wegen der Beschneidung und des Gesetzes durchzustehen hatten, milderte sich zusehends, nämlich in dem Maß, wie die sogenannten *Heidenchristen,* die aus dem Hellenismus, aus dem Heidentum, zum Glauben an Christus kamen, die Oberhand gewannen. Die Periode zwischen dem Jahr 70, Zerstörung des Tempels, und dem Jahr 135, Aufstand des Bar Kochba, war durch den Bruch des Christentums mit seinen jüdischen Ursprüngen gekennzeichnet. Die Judenchristen mußten zusammen mit den Juden in diesen politischen Wirren aus Jerusalem fliehen, führten ein kümmerliches Leben und gingen schließlich im Meer der Geschichte unter. Die Heidenchristen aber überlebten, gewannen zunehmend Anhänger, verbreiteten sich von Stadt zu Stadt. Sie verstanden sich als Erben der Gemeinde des Volkes Gottes in der Wüste (Apg 7, 38; vgl. Dtn 18, 16), als Erben der Urgemeinde von Jerusalem, als das neue auserwählte Volk (vgl. oben § 32). Die Worte Gottesherrschaft

und Gottesreich wurden seltener, dafür kam der Ausdruck Kirche auf, vom griechischen „ekklesia kyriake", die Schar der Herausgerufenen des Herrn, der von Gott Erwählten (Apg 11, 26; 14, 23-27; 15, 3.41; 16, 5). Man wollte damit den Unterschied zur Synagoge, die Ablösung des Christentums vom Judentum betonen. Die Christen wurden nun neben den Juden und Heiden gleichsam das „dritte Volk", jedenfalls ein neues Volk, das fortan die Geschichte bestimmen sollte.

§ 38. Der *Blick auf die Anfänge* wirkt immer animierend und inspirierend wie die Erinnerung an die erste Liebe. Jene Christen der ersten Zeiten mußten doch am besten gewußt haben, was mit dem Christsein eigentlich gemeint war – vielleicht nicht ganz das, was später aus dem Christentum geworden ist.

Für längere Zeit standen für jene „Jesusbewegung" einfach Jesu Gestalt und Botschaft im Zentrum, als deren Zeugen die Zwölf betrachtet und geehrt wurden. Im übrigen brauchte man noch keine Strukturen und Gesetze. Als die alles belebende Kraft wirkte der Geist Jesu, der die junge Kirche wachsen ließ (Apg 2, 47; 6, 7), der die missionarischen Reisen des Paulus lenkte (Apg 16, 9; 19, 21), der seinem Wirken Erfolg gab (Apg 19, 11; 2 Kor 2, 3 f.; Röm 15, 17 f.). Derselbe Geist erließ auch gewisse Verordnungen für das Leben der Gemeinde (1 Kor 3, 9 f.; 2 Kor 12, 19; Eph 4, 12-16). Diese wurden von der Gemeinde bejaht und nicht als Widerspruch zum freien Wirken der charismatisch Begabten empfunden, da beides vom gleichen Geiste stammte. Enthusiasmus und Ordnung gingen Hand in Hand, auch wenn Paulus gewisse Warnungen an die Geisterfüllten richten mußte (1 Kor 14).

Erst in der zweiten und dritten Generation, als die unmittelbare Erlebnisbeziehung zu Jesus verblaßte und es sich erwies, daß die erwartete Gottesherrschaft offenbar nicht so nahe bevorstand, entfaltete man – ebenfalls im Geiste Jesu – die verschiedenen Ministerien. Man betonte nun auch mehr die Autorität, formulierte Gesetze, organisierte die Gemeinschaft, und es kam zu dem, was gewisse Autoren „Frühkatholizismus" nennen[75].

Neben den seßhaften Gemeinden gab es auch herumwandernde Jünger, Prediger, Propheten, welche die Heimatlosigkeit (Mt 10, 23), die Familienlosigkeit (Lk 14, 26), die Besitzlosigkeit (Lk 6, 24 f.), die

Schutzlosigkeit (Mt 5, 41) nach der Weisung Jesu im wörtlichen Sinn leben wollten und auf diese Weise die Botschaft verkündeten. Später taten das vor allem die Händler und Soldaten, die wie selbstverständlich von ihrem Glauben Zeugnis ablegten, wohin sie auch kamen. Im übrigen strahlten und warben die Gemeinden selbst durch ihre bloße Existenz. „Seht, wie sie einander lieben", sagten die Beobachter über diese christlichen Gruppen. Dieses Gemeindeleben, wo man sogar die Güter untereinander teilte (Apg 4, 32-37; 2, 42-47), wirkte auf die andern wie eine Schocktherapie, als eine alternative begehrenswerte Lebensweise, als ein Frage- und zugleich Ausrufzeichen. Man erlaubte auch Nichtgetauften, sogar bloßen Neugierigen, am Wortgottesdienst teilzunehmen. Diese hörten dann und staunten, waren ergriffen und sagten: „Gott ist wahrhaft unter euch!" (1 Kor 14, 25.) Es geschah also Mission ohne Mission, einfach durch das christliche Lebenszeugnis, durch die christliche Ansteckung. Die Kirche suchte nicht zu überreden, sondern einzuladen und sehen zu lassen.

Freilich soll man jene Zeiten nicht idealisieren. Es kam schon damals zu Spannungen, aus verschiedensten Gründen. Paulus hat im ersten Korintherbrief seiner Sorge darüber Ausdruck gegeben. Trotz allem aber herrschte letzte Einheit im Hören auf das Wort des Herrn, im Besitz des Heiligen Geistes, im Glauben an den einen Herrn, in der Gemeinschaft mit den andern Kirchen[76].

Jene Christen bezogen sehr viel vom Judentum und vom Griechentum und stellten doch etwas schöpferisch Neues dar. Sie setzten sich vorwiegend zusammen aus Armen und Niedrigen und strahlten doch bis in die Häuser der Reichen und Mächtigen aus. Sie bildeten Minderheitsgruppen und wirkten doch als Ferment in der ganzen Gesellschaft. Sie wurden periodisch durch offene Gewalt verfolgt und breiteten sich doch mehr und mehr aus.

Nach der konstantinischen Wende hat sich dann die Kirche allzuoft nicht mehr mit der Kraft des Geistes, sondern mit recht menschlichen Mitteln abgesichert und ausgebreitet. Die Vorsehung fügt es heute, daß unsere Kirche zwar nicht in die vorkonstantinische Zeit zurück-, wohl aber in die nachkonstantinische Epoche hineinkatapultiert wurde. Ihre Lage sieht unter vielen Gesichtspunkten wieder jener der ersten Jahrhunderte ähnlich: Abneigung gegen überbetonte Strukturen, Aufkommen charismatischer Bewegungen, Konfrontation mit neuen Kulturen, Minderheitssituation, Einengung der Religionsfreiheit bis zur Christenverfolgung in politischen Systemen von rechts und von links. Der Blick auf die Ursprünge kann uns helfen, den Verlust gewisser Positionen zu verschmerzen, diese gegenwärtige Zeit besser zu deuten und mutiger zu bewältigen.

§ 39. Wenn wir nun die vielen Einzeleindrücke von dieser ersten Satellitenrunde über das biblische Gelände sammeln wollen, können wir sie in folgendes *Ergebnis* kurz zusammenfassen: Die Kirche Christi lebt des Glaubens, daß sich Jahwe im Alten Bund ein Volk auserwählt hat, dem er seine besondere Gunst und Sorge erweisen wollte, dies aber immer im Blick auf alle Völker und daß derselbe Jahwe, den wir nun als Vater Jesu Christi erkennen, sich im Neuen Bund ein neues Volk sammelt, die Kirche, jetzt aus allen Völkern, um der gesamten Menschheit das Heil Jesu Christi zu verkünden und zu vermitteln.

Auf diesem Weg zu den Völkern hat die Kirche in den ersten Jahrhunderten eigenartigerweise noch keine „Kirchengeschichte" geschrieben. Man lebte einfach die Heilsgeschichte. Das genügte. Später fing man dann an, Bischofslisten aufzuschreiben, um für die Nachwelt die Kontinuität nachweisen zu können. Erst mit dem 4. Jahrhundert begann die eigentliche Geschichtsschreibung, nämlich zur Zeit, als die Kirche anfing, als Reich und Herrschaft aufzutreten und sich ihrer Geschichte zu rühmen. Ein so gewiegter Geschichtler wie H. Freiherr von Campenhausen fragt sich deshalb, ob mit diesem Anfang nicht zugleich der Anfang einer heilsgeschichtlichen Häresie gegeben war[77].

Diese Frage, zugleich eine Anklage, fordert einen heraus, der Geschichte dieses neuen auserwählten Volkes nachzugehen und zu sehen, wie es sich im Lauf der Jahrhunderte verstanden und betragen hat. Das wird jetzt in der zweiten Satellitenrunde geschehen.

Zweite Runde
Wie sich das neue auserwählte Volk verstand

Eine geschichtliche Untersuchung

I. Vorüberlegungen

§ 1. Seit das neutestamentliche Gottesvolk auf seinen Weg in die Geschichte entlassen wurde, sind fast 2000 Jahre verstrichen. Unwillkürlich stellt man die Frage: Wie hat dieses Volk seiner Auserwählung entsprochen, wie hat es sich im Lauf der Zeiten verstanden und betragen? Hat es das hohe Ideal, zu dem es berufen wurde, durchgehalten, oder zeigte sich auch hier die Tragik der Geschichte, daß göttliche Impulse im menschlichen Fleische „vermenschlicht" werden?

Es sei ein für allemal betont: Wir wenden uns jetzt nicht der Innenseite der Kirche zu. Darüber sind schon Bände geschrieben worden, über die symbolreichen Kirchen und Kathedralen von der Romanik über die Gotik und den Barock bis zur Moderne; über die theologischen Werke von der Patristik über die Scholastik bis zur nachkonziliaren Theologie; über die heiligen Päpste, Könige und Mönche bis zu den vielen echten Christen, die nicht heiliggesprochen und doch heilig sind; über all die Unternehmungen der Schule und der Caritas ... Das alles steht in der Geschichte da wie ein Monument.

Was uns aber jetzt interessiert, ist *die Außenseite der Kirche,* die Frage, wie sich diese Kirche den andern gezeigt hat oder wie diese andern, die „nicht auserwählten Völker", die Kirche erfahren haben. Denn Auserwählung hat immer einen Bezug auf andere. Weder das alt- noch das neutestamentliche Gottesvolk sind für sich selber auserwählt worden, sondern immer als Zeichen für die andern. Es geht bei unserer Frage nicht bloß um das Schicksal der andern, sondern um das Selbstverständnis der Kirche selbst.

Wir machen also mit jeder Gruppe der andern, der Partner der Kirche, einen Längsgang durch die Geschichte, um herauszufinden, wie sich das Verhältnis der Kirche zu ihnen gestaltet hat.

§ 2. Wir müssen zum voraus damit rechnen, daß die heutige Geschichtsschreibung viele Dinge anders sieht und beurteilt, als es in der vorkritischen Epoche üblich war. Sowohl die Nationen wie die Kirche praktizierten damals eine ausgesprochen *triumphalistische Geschichtsschreibung*. Man idealisierte die Helden der Vorzeit. Ihre Fehler wurden übertüncht, ihre Leistungen vergrößert und vergoldet. Belastende Dokumente wurden unterschlagen, günstige Aussagen zusätzlich erfunden. Alles diente dem Zweck, den Nachkommen den Staat und die Kirche als etwas ganz Großes hinzustellen, dem man unbedingte Ergebenheit schulde.

In der Kirchengeschichte verfolgte man auch apologetische Zwekke. Man wollte aus der großartigen Ausbreitung der Kirche, aus ihrer Heiligkeit, aus ihren Siegen über die Feinde ihre göttliche Einsetzung beweisen. Man sah in der Kirchengeschichte die Überbietung des Alten Testamentes mit Wundertaten über Wundertaten.

Typisch für diese Haltung ist etwa die Schrift des Karmeliters Fra Mauro, des späteren Papstes Gregor XVI., „Der Triumph des Heiligen Stuhles und der Kirche über die Angriffe der Neuerer“[1] von 1799. Alles läuft darauf hinaus, diese Angriffe siegreich zurückzuschlagen. Die Frage, ob vielleicht nicht auch die Kirche etwas von den Neuerern zu lernen hätte, wurde gar nicht gestellt, wäre bereits schon als Angriff auf ihr Wesen empfunden worden, „als ob die Kirche einem Mangel ausgesetzt sein könnte“. Der Ruf der Umkehr kann nur an die böse Welt gerichtet werden. Diese Haltung leitete Fra Mauro auch als Papst, als er mit „Mirari vos“ von 1832 den Kampf gegen die modernen Irrtümer aufnahm und die Kirche in die unheilvolle Gettoisierung zu führen begann.

Auch für die gar nicht evangelisch, sondern recht menschlich bedingte Machtentfaltung der Kirche fand man eine theologische Rechtfertigung, errichtete darüber einen pseudosakralen Überbau. Wer daran rüttelte, wurde der Ketzerei verdächtigt, wer darin Ruhe und Ordnung störte, als Gottesverächter hinausgeworfen[2].

Eine solche Kirche steht heute unter Ideologieverdacht. Man weist ihr nach, daß sie Zustände und Meinungen, die nur im eigenen Interesse standen, mit scheinbar sachlichen, sogar theologischen Gründen zu rechtfertigen suchte. F. Châtelet und G. Mairet untersuchten in einem zweibändigen Werk die ganze Geschichte des Abendlandes unter dem Gesichtspunkt der Ideologie. Sie hatten der staatlichen wie der kirchlichen Geschichte viele Merkzettel auszuteilen[3].

Inzwischen haben wir gelernt zuzugeben, daß nicht alles, was in der Kirche vorkommt, deswegen schon Existenzberechtigung hat. Wir dürfen zu vergangenen und gegenwärtigen Fragen kritisch Stellung nehmen und das freie Wort in der Kirche walten lassen[4]. Eine historische Wende in dieser Hinsicht geschah in der ersten Konzilsperiode, als am 1. Dezember 1962 Bischof E. de Smedt über das vorbereitete Kirchenschema sprach und ihm Klerikalismus, Juridismus und vor allem einen durchgehenden Triumphalismus nachsagte, wie es dem ganzen römischen Stil entspreche. Das Leben der Kirche werde dargestellt als ein Ablauf von Triumphen der streitenden Kirche. Das entspreche weder dem Evangelium noch der heutigen Denkweise. Der Applaus in der Aula half nach, daß man diese Rede nicht überhören konnte[5].

In der Tat, wer in der Kirche keine Mängel und infolgedessen keine Kritik zuließe, verfiele einer Art von Monophysitismus, als ob in der Kirche nur das göttliche Element vorhanden wäre. Fehler zuzugeben gereicht dem Fehlenden zur Ehre, wie auch Sünden zu bekennen Christus, den Erlöser, ehrt, auch wenn es Sünden an Haupt und Gliedern der Kirche sind.

Die Stellung der Historiker in der Kirche hat sich tatsächlich geändert. Während sie zur Zeit des Modernismus (vgl. unten § 8, gegen Ende) mit ihren kritischen Fragen an die Kirchengeschichte als erste der Häresie bezichtigt wurden, genießen sie heute eine Art Narrenfreiheit. Gegen historische Fakten, auch wenn sie unangenehm berühren, wagt keine Autorität mehr etwas einzuwenden.

Ein Vorkämpfer dieser unbedingt ehrlichen Kirchengeschichtsschreibung war Lord Acton (1834-1902), erster Katholik in England mit dem Lord-Titel, privater Beobachter am Ersten Vatikanischen Konzil[6]. Er verfocht mit Leidenschaft die Werte von Freiheit, Gewissen, Wahrhaftigkeit. Er wußte, daß die Nicht-Katholiken den Katholiken vorwarfen, die Wahrheit zu fürchten. Diesem Vorwurf solle man nicht emotionell begegnen, sondern durch Aufdecken der Karten, durch Öffnung der Archive, durch die volle Wahrheit über die Kirche. Den Christen solle die Last der Vergangenheit nicht erspart bleiben. Es gebe keine Aussiedlung aus der Geschichte, sondern nur Auseinandersetzung mit ihr. Lord Acton studierte mit Bestürzung die Inquisition und die Fehler des Papsttums, aber zuletzt konnte er, so gestand er einem Freunde, auf all das zurückblicken wie auf einen scheußlichen Nachtmahr, von dem zu erwachen Glanz und Frieden in die Seele brachte.

Im Gegensatz zum Fachhistoriker, der sich bemüht, alle Handlungen seiner „Klienten", auch eventuelle Fehlhandlungen der Kirche, aus ihren innern Ursachen und äußern Zusammenhängen zu deuten und damit zu verstehen, stelle ich mich, der Zielsetzung des Buches entsprechend, auf die Seite jener andern, die von diesen Fehlhandlungen betroffen waren, darunter litten und darum leise oder laut zu Anklägern werden. Diese Stellungnahme für die Schwachen und Leidenden kann sicher nicht unevangelisch und unkirchlich genannt werden, auch wenn die Tatsachen der Kirche nicht immer zur Ehre gereichen.

§ 3. Bevor wir die Begegnung der Kirche mit ihren Partnern ins Auge fassen, müssen wir eine bestimmte Gestalt dieser Kirche zur Kenntnis nehmen, ohne die wir vieles unverständlich fänden. Die Kirche blieb nämlich nicht immer die lebendige Gemeinde des Anfangs. Nachdem sie das Römerreich von innen her verchristlicht hatte, Staatsreligion geworden war, Privilegien und Ländereien erhalten hatte – mit den folgenden Aussagen sind Schwerpunkte gesetzt, nicht erschöpfende Aussagen gemacht –, wurde aus der Jesusbewegung eine Institution, aus der offenen Stadt auf dem Berge (Mt 5, 14 f.) eine Burg mit Wehren und Wassergraben, aus dem Schifflein Petri auf hoher See der Fels Petri, an dem sich die Wellen brachen, aus der Kirche-Mysterium eine Kirche-Imperium oder *das Reich, die Christianitas*[7].

Die Idee von Bund und Volk Gottes, die schon bei Jesus nicht mehr ausdrücklich im Vordergrund stand (vgl. Erste Runde § 27 und 30), war bei den Kirchenvätern wegen der Öffnung der Kirche für alle Völker fast verschwunden. Sie lebte erneut auf, als sich die Kirche mit der germanischen Völkerwelt und ihrem Vasallentum identifizierte. Karl der Große sah sich als der neue David. Er ließ seinen Aachener Königsstuhl dem Thron Salomos nachbilden. Die kleine Herde war inzwischen eine Großkirche und ein christliches Reich geworden. Sie bediente sich für ihre Zwecke der staatlichen Strukturen. Die beiden

Spitzen der Christianitas, Papst und Kaiser, sprachen sich gegenseitig das geistliche bzw. das weltliche Schwert zu. Dem Papst aber stand es zu, Kaiser und Könige als „von Gottes Gnaden“ zu krönen, gegebenenfalls auch abzusetzen. Mit dem 11. Jahrhundert kam es zur klaren Oberherrschaft des Papsttums über das Kaisertum. Die eschatologische Hoffnung, Kennzeichen und Kraft der jungen Kirche, trat zurück zugunsten des auf Erden vorweggenommenen Gottesreiches.

Wer in diesem Reiche lebte, schuldete ihm unbedingte Loyalität. Wer es wagte, am katholischen Glauben zu rütteln, wurde als Reichsfeind betrachtet und entsprechend behandelt. Außerhalb der sichtbaren Gemarken des Reiches gab es nur Barbarei und Satansreich. Da kannte man keine Toleranz, keine Kompromisse, sondern nur Kampf. Das Heil bringen hieß das Reich ausdehnen, jene andern ins Reich und in die Kirche eingliedern. Auch wenn damals nicht alle alles billigten, was in Staat und Kirche geschah, und wenn der Ruf nach Reform das ganze Mittelalter durchhallt, so stand man doch, wenn es um die Verteidigung der Christenheit ging, wie eine Mauer da und schützte sie mit allen Mitteln.

Man mag diese Verquickung von Kirche und Staat heute als eine Fehlentwicklung, als einen Abfall von der Idee des Evangeliums bezeichnen. Man kann aber ebensogut auf die Größe und Geschlossenheit dieser mittelalterlichen Gemeinschaft hinweisen, wo Regnum und Sacerdotium unter der Führung des Papstes zum sichtbaren Ausdruck des Gottesvolkes wurden, wenn auch mit nachteiligen Folgen für die Außenstehenden. Insofern stellt das Mittelalter eine Wachstumsstufe der Kirche dar, die man aus jener Zeit heraus verstehen muß und in gewisser Hinsicht bewundern kann. Vor allem darf „neben diesem imperialen Bild von Kirche jenes andere nicht übersehen werden, das mit, in und unter diesem besteht und zu immer größerer Kraft gelangt: das Bild der armen, dienenden Kirche, die in Jesus, dem Menschen, in Passion und Kreuz ihr Inbild sieht und das Martyriums-Motiv neu aufgreift. Ebenso das Bild von der Kirche ohne Makel und Runzel, darüber hinweg das Bild der Kirche der Heiligen, die als verborgene Kirche in den Herzen der Menschen, in deren Frömmigkeit, Gebet und Versenkung lebt. Sie bildet zugleich eine kritische Distanz gegenüber der konkret gegenwärtigen Kirche und enthält Impulse und Kräfte zur Erneuerung in sich.“[8]

Man kann also nicht nur den Innen- und Außenaspekt der Kirche unterscheiden. Auch im Innenaspekt gibt es zwei verschiedene Seiten, damit auch zwei verschiedene Beurteilungen. Die militanten Laizisten sehen im Mittelalter eine Brutstätte des Obskurantismus, die Christen den Ausdruck tiefen Glaubens eines Volkes. Beide haben von ihrem Standpunkt aus irgendwie recht.

II. Die Partner der Kirche

1. Die Juden

§ 4. Als erste Partner der Kirche müssen die Juden genannt werden. Die Kirche ist aus dem Judentum herausgewachsen, und Paulus hat über das Verhältnis Kirche–Juden eine gültige Theologie entwickelt (Erste Runde § 33 und 36), der er treu blieb, selbst nachdem sein Volk ihn den Römern ausgeliefert hatte. In Rom angekommen, rief er deshalb die Angesehensten der Juden zusammen und sprach: „Wegen der Hoffnung Israels bin ich hier!" (Apg 28, 16 f.)

Im *Altertum* behielt diese Haltung zunächst die Oberhand. Es ist auch für längere Zeit der Einfluß des jüdischen Denkens auf die christlichen Gemeinden nachgewiesen[9]. Andererseits kann die Spannung zwischen beiden Gemeinschaften nicht übersehen werden. Sie wird in den Evangelien, die zwischen 70 und 90 geschrieben wurden, in den Streitgesprächen zwischen Jesus und den Vertretern der Synagoge zum Ausdruck gebracht und wohl überspitzt (vgl. etwa Joh 5, 18; 7, 1.32; 8, 30-59 usw.)[10]. Als dann die Judenmission tatsächlich wenig erfolgreich blieb, entwickelte man dafür die Theologie, nein, die Ideologie der Verwerfung: ihre Verstocktheit sei eine Folge ihrer Verwerfung des Messias. Im übrigen sei man nicht mehr auf sie angewiesen, da jetzt die Kirche das wahre Israel sei. Man ging noch weiter: da Gott selber sie verworfen habe, dürfen, sollen auch die Christen sie verachten. Es entstand eine üppige Literatur „Adversus Judaeos" (gegen die Juden). Nach Augustinus durfte man sie trotz ihrer Untat nicht töten, denn dieses Volk müsse durch die Welt wandern als „Zeuge seines Verbrechens und unserer Wahrheit". So entstand die Legende vom irrenden Juden[11].

§ 5. Das *Mittelalter* entwickelte diese Gedanken weiter. Die Juden „mußten" jetzt verhärtet bleiben bis ans Ende der Zeit. Sie alle galten als verantwortlich für den „Gottesmord". Man stellte zwar an den Portalen der gotischen Dome die Synagoge als edle Frau dar, aber mit einer Binde vor den Augen und einer gebrochenen Lanze in der Hand, um anzudeuten, daß dieses Volk seine Berufung verfehlt und in seiner Verstockung das Blut des Messias über sich und seine Kinder herabgerufen habe (Mt 27, 25).

Diese Theologie rechtfertigte die Maßnahmen, die der weltliche Arm gegen sie ergriff: die Juden blieben von öffentlichen Ämtern ausgeschlossen, durften keine christlichen Dienstboten halten, mußten – erst vom Spätmittelalter an – in ummauerten Gettos leben. Im Zusammenhang mit den Kreuzzügen kam es zu eigentlichen Judenverfolgungen. Man meinte, bevor man das Heilige Land befreie, sei es am Platz, die „Feinde Christi" im eigenen Land auszumerzen. Dahinter steckte auch viel verborgene Habsucht: man konnte so mit gutem Gewissen ihre Häuser und Geschäfte plündern. Seit dem 13. Jahrhundert nahmen die Pogrome schrecklich zu, da man ihnen vorwarf, christliche Kinder für ihre Riten zu töten, geweihte Hostien zu schänden, die Brunnen zu vergiften. Das führte zu Ausbrüchen eigentlicher Massenhysterie. Im 15. Jahrhundert kam es zur fast völligen Ausrottung der Juden im Rheinland und in vielen Städten Süddeutschlands[12]. In Rom dienten Grausamkeiten an den Juden als Karnevalsbelustigung. Gewiß haben Bischöfe und Päpste wiederholt die Juden in Schutz genommen, aber die Diskriminierung als solche nicht in Frage gestellt. Gewiß gab es Zeiten friedlicher jüdisch-christlicher Koexistenz, aber H. Küng hat nicht unrecht, wenn er im Blick auf die Juden sagt: „In dieser Zeit hat die Kirche wohl mehr Martyrer umgebracht als hervorgebracht."[13] Ebenso H. Kühner: „Niemals haben so viele so wenige so lange und so grundlos gehaßt. Das ist das traurige Fazit dieser Kirchengeschichte. Nicht weniger als 92 Allgemeine Konzilien und Provinzkonzilien haben zwischen dem 4. und 16. Jahrhundert Gesetze gegen die Juden erlassen. Israel wurde enterbt und entkleidet . . ."[14]

Es wäre beizufügen, daß die Reformation an diesem Zustand nichts änderte. Martin Luther hat seinerseits eine ganz gesalzene Schrift „Wider die Juden und ihre Lügen" geschrieben. Ähnlich die „Glaubensgespräche", die katholische Theologen und Prediger jener

Zeit verfaßten. Sie gleichen viel mehr Streitreden mit dem eindeutigen Zweck, über die Juden zu triumphieren, statt sie zu verstehen und zu gewinnen.

Die Juden ihrerseits betrachteten sich nach wie vor, trotz allem und erst recht, als die echten Inhaber des biblischen Bundes und der göttlichen Offenbarung. Ihre Überzeugung, das auserwählte Volk zu sein, ging bis zur Bereitschaft zum Martyrium. Die Erfahrung der früheren Exile half ihnen, auch diese Exilsituation durchzustehen und religiös zu deuten. Man kann heute ihren tiefen Glauben nur bewundern. Die wenigen, die aus irgendwelchen Gründen zum Christentum übertraten, galten bei den andern als Abtrünnige oder einfach als Menschen ohne Glauben. So zeigte sich das jüdisch-christliche Verhältnis immer gegenseitig: wir verstanden sie nicht, und sie verstanden uns nicht[15].

Was von diesem ersten Fall zu sagen war, wird sich bald bezüglich der andern Partner wiederholen. Es ist tragisch, daß man nicht aus religiösen Einsichten, sondern erst später durch die laizistische Bewegung der Aufklärung dazu kam, den religiösen Fanatismus allmählich abzubauen und das gemeinsame Fundament der einen Menschheit anzuerkennen.

§ 6. In der *Neuzeit* erlebten wir sowohl die letzten und abscheulichsten Zuckungen des Antisemitismus wie seine endliche Überwindung.

Es hat keinen Sinn, hier aufzufrischen, was unter dem Nationalsozialismus in Dachau und Auschwitz, aber auch in Hunderten von Dörfern und Städten an unglaublicher Grausamkeit an den verfemten Juden geschah. Der Film „Holocaust" hat es wieder in Erinnerung gerufen. Für Christen kann das nie als Alibi dienen für das, was man während Jahrhunderten mit Berufung auf das Evangelium an den Juden verübte. Die Verantwortlichen des Dritten Reiches haben sich in der Tat auf die christliche Praxis gestützt, wobei freilich ihre Ideologie auf ganz andern Grundlagen ruhte. Das Handbuch der Judenfrage von Th. Fritsch, das 1939 in 45. Auflage verbreitet wurde, führt Urteile und Aussagen der katholischen und protestantischen Kirche an. Der Hauptverantwortliche für die „Endlösung", Julius Streicher, rechtfertigte sein Tun vor dem Gerichtshof in Nürnberg mit der theologischen Autorität des Martin Luther. Man gibt heute auch beschämt zu, daß „in jener Zeit kirchlicherseits bedrückend wenige öffentliche Proteste gegen die Judenverfolgungen erfolgt sind" (Kardinal J. Höffner)[16].

Nach dem Kriege erwachte man wie aus einem Delirium. Man konnte es nicht glauben, was alles an den Juden geschehen war. Der Ökumenische Rat der Kirchen bekannte in der Vollversammlung von Amsterdam 1948: „Die Kirchen haben in den vergangenen Zeiten mitgeholfen, ein Bild des Juden als des alleinigen Feindes Christi entstehen zu lassen, das den Antisemitismus in der säkularen Welt gefördert hat ... Der Antisemitismus ist eine Sünde gegen Gott und gegen den Menschen." Bis zum eigentlichen Dialog mit den Juden brauchte es noch eine Anzahl Jahre. Seit 1962 bestehen offizielle Kontakte zwischen jüdischen Organisationen und dem Ökumenischen Rat[17].

Zu gleicher Zeit hat der prophetische Papst Johannes XXIII. eingesehen, daß die Feindschaft zwischen Christen und Juden endlich zu begraben sei. Er ließ das Karfreitagsgebet „pro perfidis Judaeis" (für die ungläubigen Juden) ändern und gab den Anstoß zu einer Gesamtrevision der Judenfrage. Er wünschte ausdrücklich, daß am Konzil dieses Thema behandelt werde. Der erste Entwurf eines Dekretes erschien „zu judenfreundlich" und wurde unter Druck der arabischen Staaten zurückgenommen. Nun mußte man einen Weg zwischen Skylla und Charybdis finden. Was schließlich herauskam, war recht zahm und hat die Juden nach allen Erwartungen eher enttäuscht. In „Nostra aetate", Nr. 4, wird wohl eine positive Theologie des Verhältnisses Kirche – Judentum entworfen. Es wird auch im Blick auf die Zukunft allen Katholiken untersagt, in Katechese oder Predigt die Juden als von Gott verworfen darzustellen. Im Blick auf die Vergangenheit aber heißt es lediglich, die Kirche „beklage" alle Haßausbrüche, Verfolgungen und Manifestationen des Antisemitismus, die sich zu irgendeiner Zeit und von irgendwem gegen die Juden gerichtet habe. So leicht hat man sich von dieser ungeheuren Schuld losgekauft! So schnell ließ man Gras über die Geschichte wachsen! Die 1975 herausgekommenen Richtlinien für christlich-jüdischen Dialog haben die Schwächen des Konzilsdekretes in etwa wettgemacht.

§ 7. Soll man noch von Aussichten für die *Zukunft* reden? Die Kirchen von Genf und jene von Rom haben eigene Arbeitsstellen für die Gespräche mit den Juden. Am 22. 10. 1974 ernannte Papst Paul VI.

die Kommission für die religiösen Beziehungen mit dem Judentum, die dem Sekretariat für die Einheit der Christen angeschlossen ist. Sie hat innerkirchlich die Aufgabe, Aufklärungsarbeit zu leisten, den Bischofskonferenzen Impulse und Hilfen zum Dialog zu geben. Außerkirchlich wurde das Internationale Verbindungskomitee gegründet, um den Dialog zwischen der römischen Kommission und dem „International Jewish Committee for Interreligious Consultations" zu organisieren. Wie unter den christlichen Kirchen, so wird heute auch zwischen Christen und Juden gemeinsam gearbeitet, um die Heilige Schrift besser in ihrem zeitgeschichtlichen Kontext zu verstehen und zu deuten. Viele jüdische Experten fangen an, Jesus in einem neuen Licht zu sehen, und wir können unsererseits bei der Jesusforschung die entsprechende jüdische Literatur nicht mehr übergehen[18].

Auch viele Ortskirchen haben ihre je eigenen Initiativen ergriffen, um Juden und Christen einander näherzubringen oder wenigstens für Verständnis zu arbeiten. In Südafrika gibt es eine Bewegung zugunsten der „jüdischen Identität". Man möchte bewirken, daß Juden, die zum christlichen Glauben übertreten möchten, nicht einfach in die Struktur der einen bestehenden „Heidenkirche" eintreten müßten, sondern – wie die „Judenkirche" vor fast 2000 Jahren (vgl. Erste Runde § 36 und 37) – weitgehend ihre jüdischen Traditionen behalten könnten, die sie mit dem Glauben an Christus und den Sakramenten krönen würden. Wir stehen erst am Anfang einer Entwicklung, die zu Hoffnung Anlaß gibt.

Es fehlt freilich nicht an Stimmen, die vor aller Euphorie warnen und die neue Haltung der Kirche als bloße Angstreaktion interpretieren. Die Kirche rede jetzt nur aus Taktik von Toleranz, weil sie diese in den marxistischen und in andern Ländern selber brauche. Solange die „christliche Ära" auf festen Füßen stand, habe man die Juden und die andern Religionen mit allen Mitteln unterdrückt. Erst jetzt in der „nachchristlichen Ära", wo die Kirche mehr und mehr in Minderheitssituationen lebe, fange man an, von Religionsfreiheit und Dialog zu reden. Die Juden dürften die Geschichte nicht so schnell vergessen und müßten die neue Haltung der Christen im erwähnten richtigen Kontext sehen und bewerten[19].

Der Zerfall der mächtigen Christenheit erweist sich nachträglich als heilsame Fügung. Denn Machtpositionen sind nie ein guter Ausgangspunkt für Dialog. Das gleiche gilt aber auch für Israel. Auch die Juden müßten ihr Erwählungs- und Überlegenheitsbewußtsein ein wenig neu bedenken, wie es der Rabbiner Petuchowski aus den USA, einer der bedeutendsten jüdischen Theologen der Gegenwart, sehr gut sagt: „Ich meine, daß Heilsgeschichte und Menschengeschichte bzw. Weltgeschichte zusammenhängen. Ich meine weiter, daß es kein erlöstes Volk Israel und kein erlöstes Land Israel geben wird, wenn es nicht eine erlöste Menschheit geben wird. Es gibt keine erlösten Enklaven in einer unerlösten Welt.“[20] Diese Überlegung weist die Richtung für unser ganzes Buch.

2. *Die Häretiker*

§ 8. Nicht nur heute, sondern durch die ganze Geschichte hindurch hat man allzu oft und allzu rasch Fronten errichtet nicht nur gegen die Partner außerhalb der Kirche, sondern auch gegen jene in ihr, die an die traditionelle Lehre oder an die bestehenden Strukturen gewisse Fragen stellten.

Das wird gleich sichtbar beim ersten großen Glaubensstreit der Väterzeit, der zur Abspaltung der nestorianischen Kirche führte[21]. In den letzten Jahrzehnten hat man diesem Prototyp der Häresien erneute Beachtung geschenkt, und man vertritt heute die Meinung, daß die vom Konzil von Ephesus verurteilte Lehre zwar mit Recht verurteilt wurde, daß sie sich aber nicht mit der Lehre des Nestorius deckte, so daß Nestorius kein Nestorianer gewesen wäre. Darin liegt die Tragik dieses Prototyps. Man war damals nicht in der Lage, miteinander zu reden, einander zu verstehen, die je andere Meinung als die andere Seite derselben Wirklichkeit zu sehen. Statt dessen verabsolutierten beide Seiten die eigene Meinung und machten den Partner zum Gegner. So wurde in Ephesus jene erste Häresie geschaffen, statt sie zu vermeiden. – Diese Einsicht gewann man erst in neuerer Zeit auf Grund der historisch-kritischen Forschung. Es war leider nicht zu verhindern, daß sich der Strukturfehler dieses Prototyps in so vielen andern Fällen der Geschichte wiederholte.

Auf ähnliche Weise sind wir heute auch in der Lage, den vielen Ketzern des Mittelalters, die von der Inquisition hart angegriffen wurden, mehr gerecht zu werden[22]. Seit Jahren ist eine Forschungsgemeinschaft an der Arbeit, um der Ketzergeschichte systematisch und unparteiisch auf den Grund zu gehen. Früher gab es nur polemische Literatur über und gegen sie. Ihre eigenen Schriften waren praktisch nicht bekannt. Jetzt läßt man jene Ketzer selber zum Wort kommen, und man merkt, daß die Mehrzahl von ihnen aus ganzem Herzen christlich sein wollte, ja, die guten, die wahren Christen zu sein beanspruchte und sich dabei auf die Bibel berief, wenn auch manche von ihnen aus der Bibel, z. B. in Sachen Prädestination, Dualismus usw., tatsächlich zu irrigen Meinungen kamen. Ketzereien sind in der Regel entstanden aus Mitschuld der Kirche, nämlich aus Mangel an Dialog und aus der Vernachlässigung von jeweils ganz bestimmten biblischen Werten und Anliegen. Ketzer wirken als Alarmzeichen. Aus der von ihnen veranlaßten Selbstkritik der Kirche können und sollen erneuernde Kräfte hervorgehen. Sehr oft kamen die besiegten Ketzer später zum Recht. Sie wurden die Wegbereiter der neuen Ideen.

In der Reformationszeit war es nicht anders: man hat viel zuviel gegeneinander statt miteinander geredet. Mißverständnisse gab es von beiden Seiten. Auch die Katholiken haben die Reformatoren mißverstanden, sie mit Schimpfnamen beworfen, ihre echten Anliegen nicht ernst genug genommen, sie vorschnell und selbstsicher verurteilt. Man mußte bis in dieses Jahrhundert hinein warten, bis schließlich Männer wie Joseph Lortz und Hubert Jedin eine sachliche Reformationsgeschichte schrieben und ein sachliches Lutherbild entwarfen[23].

Eine neue Welle vorschnellen Häresieverdachtes brandete auf zur Zeit des Antimodernismus, als beste Vertreter der katholischen Kirche versuchten, die Theologie mit der modernen Wissenschaft, soweit als möglich und nötig, in Einklang zu bringen, wobei nicht geleugnet sein soll, daß einzelne von ihnen durch Mangel an Nuancierung verwirrend wirkten oder tatsächlich im Irrtum landeten[24]. Sie alle wurden durch ein undurchsichtiges Spitzelwesen ausfindig gemacht, verwarnt und in vielen Fällen ohne Verhandlung ihres Postens enthoben. Sogar der junge Priester Angelo Roncalli, der spätere Johannes XXIII., riskierte damals seine Karriere. Er unterrichtete am Priesterseminar Bergamo, von den Studenten und seinem Bischof Radini-Tedeschi sehr geschätzt. Aber Don G. Mazzoleni, der – wie Roncalli selber notiert – „zu jenen Zeloten gehörte, die damals in keiner Diözese fehlten“, meldete dieses Professors scheinbar gefährliche Gedanken nach Rom. Er erhielt eine entsprechende Verwarnung, „die mir Anlaß zu einer tiefen Mortifikation wurde, aber meinen inneren Frieden nicht störte". Als Papst ließ er sich dann aus dem Archiv des Hl. Offiziums seinen Zettel zeigen, auf dem der Vermerk stand: „Verdächtig des Modernismus."[25] Für viele von damals und heute ein Trost!

Ähnlich Unerfreuliches wäre auch über die Geschichte der Schismatiker zu sagen[26].

3. *Die Heiden*

§ 9. Neben den zwei „auserwählten Völkern", dem alten der Juden und dem neuen der Christen, bestand die große Masse der Menschheit, damals und bis heute, aus den sogenannten Heiden. Wir haben schon festgestellt, daß das Alte und das Neue Testament einerseits mit großer Unbefangenheit von den Heiden reden, andererseits sich recht schlecht über sie ausdrücken (Erste Runde § 8, 10, 21, 24, 29, 34). Diese Zwiespältigkeit verlängert sich durch die Väterzeit. Je nach Zeiten und theologischen Schulen finden wir eine sehr *verschiedene theologische Deutung* des Heidentums. Wir haben hier bereits einen klassischen Fall des theologischen Pluralismus vor uns, denn die Wahrheit ist komplex und wird vom beschränkten menschlichen Geist erst allmählich klarer erkannt.

In der nachapostolischen Zeit[27] hatte die Kirche die Abwehr der heidnischen literarischen Polemik durch die Apologeten zu bestehen. Die besten Vertreter taten das nicht bloß in negativer Art, indem sie die Angriffe zurückschlugen, sondern sie gingen zum Gegenangriff über und deuteten das Heidentum von innen her auf neue, prophetische Weise. Justinus, Origenes, Klemens von Alexandrien sprachen von den „logoi spermatikoi", von der praktischen Vernunft der Menschen, durch die sie Anteil am göttlichen Logos haben, der schon vor dem Erscheinen Christi „keimhaft" gegenwärtig und wirksam war in der Schöpfung, in den Propheten, in der heidnischen Philosophie. Klemens und seine Schule gingen noch weiter, wollten nicht wahrhaben, daß das Heidentum eine Erfindung des Teufels sei, wie viele meinten, sondern traten vielmehr dafür ein, daß es von Gott gewollt und geplant war – wie das Gesetz der Juden – als „paidagogos", als Lehrmeister auf Christus hin[28].

Diese eher positive Schau wird bald überdunkelt durch die Betonung der Realität der Erbsünde und der Heilsnotwendigkeit der sichtbaren Kirche. Vor allem von Cyprian stammt der klassische Satz „Außer der Kirche kein Heil“, den viele Väter mit ihm im wörtlichen Sinn verstanden, auch wenn man heute in der katholischen Theologie mildernd interpretiert, es handle sich hier um ein Sach- und kein Personenprinzip: alles Heil, auch der Menschen „außer der Kirche“, komme so oder anders eben doch durch die Kirche, durch Christus[29].

Vor allem der „Lehrer der Gnade“, der heilige Augustinus, glaubte die völlige Ungeschuldetheit und lichtvolle Größe der Gnade nur auf dem dunklen Hintergrund der Sünde und Verworfenheit des Menschen gebührend darstellen zu können. Im Kampf gegen den Pelagianismus, der die Gnade zugunsten der natürlichen Begabungen unterbewertete, lehrt er, daß die menschliche Natur durch die Erbsünde verderbt sei, daß die Sünde Adams, durch die Zeugung je weiter übertragen, dem ganzen Menschengeschlecht angerechnet werde. Der Mensch allein könne diesen Teufelskreis des Bösen nicht durchbrechen. Nur Gott rette ihn aus reiner Gnade. Was so für die Erwählten zum Lobpreis der Gnade Gottes wird, läßt für die Nicht-Erwählten nur das grausame Wort von der „massa damnata“ übrig. Augustinus schreibt: „So verhält es sich: die verworfene Masse des Menschengeschlechtes lag oder wälzte sich im Bösen, stürzte von Unheil zu Unheil und büßte, zusammen mit dem Teil jener Engel, die gesündigt hatten, die verdiente Strafe des gottlosen Abfalles ab.“[30] Kein Zweifel, daß er sich auch von volkstümlichen Vorstellungen von der Überlistung der Menschen durch den Teufel beeinflussen ließ. Für ihn ist es klar: mit den Erwählten und Geretteten wird der Gottesstaat aufgebaut, während die dem Teufel Verfallenen sich unterdessen im Weltstaat betören. – Nach dieser Auffassung sind wir alle Kinder der Sünde, des Teufels, und können nur *nachträglich* durch Gottes Gnade gerettet werden, während die heutige Theologie Gottes allgemeinen Heilswillen ernster nimmt und glaubt, daß alle – freilich nur durch Gottes ungeschuldete Gnade – *zum voraus* vom Heil ergriffen sind, dessen sie jedoch durch eigene Schuld nachträglich verlustig gehen können.

Zwar gibt Augustinus auch die Möglichkeit des Heiles in der vor- und außerchristlichen Zeit zu. Er spricht, mit andern Vätern, von der

„Kirche von Abel her“ (nicht von Adam her, weil in Kain und Abel die Dualität von Heil und Unheil besser zum Ausdruck kommt) und sagt, daß alle Gerechten des Alten Testamentes und des Heidentums schon zu Christus gehören. Aber bei diesen Gerechten handelt es sich eher um Ausnahmefälle, wie z. B. Ijob, von dem Augustinus sagt: „Ich zweifle nicht, daß hier die göttliche Vorsehung gewaltet hat, damit wir durch diesen einen Mann erfahren, daß es auch bei andern Völkern Menschen gegeben hat, die nach Gott lebten und Gottes Wohlgefallen besaßen als Angehörige des geistigen Jerusalem.“[31]

Der augustinianische Pessimismus hat bis tief in die neue Zeit nachgewirkt. Er klingt nach etwa in der Predigt des heiligen Bischofs Caesarius von Arles, der sich in seinen Predigten gern auf Augustinus stützte und ausführt: „Durch die erste Geburt waren wir Gefäße des Zornes Gottes; die zweite Geburt gab uns die Gnade, Gefäße der Barmherzigkeit zu werden. Die erste Geburt hat uns auf den Tod hin ausgerichtet, die zweite hat uns zum Leben zurückgerufen. Vor der Taufe waren wir alle, o Geliebteste, Tempel des Teufels, nach der Taufe war es uns gegeben, Tempel Christi zu werden.“[32]

Noch radikaler formulierte es ein anderer Schüler des heiligen Augustinus, Bischof Fulgentius von Ruspe, dessen Text sogar vom Konzil von Florenz (1442) übernommen wurde: das Konzil „glaubt fest, bekennt und verkündet, daß niemand, der außer der katholischen Kirche lebt, nicht nur die Heiden, sondern auch die Juden oder die Häretiker und die Schismatiker, des ewigen Lebens teilhaftig werden könne; sie alle gehen in das ewige Feuer, das für den Teufel und seine Engel bereitet ist (Mt 25, 41), falls sie nicht vor dem Lebensende ihr angeschlossen werden“. Es wird noch beigefügt: „Auch wenn er noch so viel Almosen gegeben und sogar sein Blut für Christus vergossen hätte, wenn er nicht in der Einheit der katholischen Kirche gelebt hat, kann er nicht gerettet werden.“[33]

§ 10. Bezüglich der Heiden machte man sich dann während mehreren Jahrhunderten weniger Sorge, da das Abendland zusehends christlich geworden war und man von den andern Kontinenten keine oder nur eine blasse Ahnung hatte. Zu einer neuen, und im Gegensatz zu den ersten drei Jahrhunderten ganz neuartigen Konfrontation mit den Heiden kam es, als die Muslime Nordafrika, Spanien, den Nahen Osten, damit auch die Heiligen Stätten, besetzt und einen eigentli-

chen Sperrgürtel um das Abendland gelegt hatten. Jetzt standen sich zwei Blöcke gegenüber: die Christianitas, die Stadt Gottes in dieser Welt, ein geschlossenes, soziales, politisches, religiöses Gebilde, und der Islam, eine ebenso geschlossene soziale, politische, religiöse Machtstruktur. Aber statt zur sachlichen Auseinandersetzung mit ihm, führte die Entwicklung der Dinge aus Selbstverteidigung zum direkten, und in der Form der Kreuzzüge zum indirekten *Kampf gegen den Islam*.

Die Idee der Kreuzzüge wurde offiziell durch Papst Urban II. auf dem Konzil von Clermont 1095 lanciert. Mit französischer Rhetorik legte der Papst dar, es könne nicht länger geduldet werden, daß die christlichen Staaten und die Heiligen Stätten von den Heiden besetzt seien, man müsse gegen sie zu Felde ziehen. Die Masse des Klerus und des Volkes rief: „Gott will es!" Der Papst hatte nicht bloß ein Strohfeuer entfacht, sondern eine zündende Idee hinausgeworfen, die rund 200 Jahre lang das christliche Abendland in Spannung hielt. Die Ritter ließen sich, in Anlehnung an Matthäus 10, 38, das Stoffkreuz auf die Gewänder nähen und zogen aus zur bewaffneten Pilgerfahrt, fasziniert von der Aufgabe, das Heilige Grab zurückzuerobern, angelockt von den verheißenen Ablässen und von der Aussicht, nach der Rückkehr als Belohnung Ländereien zugesprochen zu bekommen. Wer aber im Kampf gegen die Araber fiel, denen hatten mehrere Päpste das ewige Leben zugesichert. Ein regelrechter Heiliger Krieg!

Man kann bis heute noch kein einheitliches Urteil über dieses Unternehmen fällen[34]. Wer es vom Standpunkt des gläubigen Christen aus ansieht, kann schreiben: „Die Kreuzzüge bleiben eine glorreiche Erinnerung, und die besten Christen werden immer jene Seiten von Heiligkeit und Heroismus, die von den Kreuzfahrern geschrieben wurden, mit Ehrfurcht und Bereicherung lesen."[35] Vom strategischen Standpunkt aus war das Unternehmen ein großer Fehlschlag. Nicht nur der Kinderkreuzzug von 1212, wo Tausende von Kindern und Jugendlichen vom Rheinland und von Frankreich nach Algier ziehen wollten, in Genua hoffend, daß Gott sie trockenen Fußes über das Meer geleite, bis dann alles versandete und einige Schiffsfrachten von Kindern auf den Sklavenmärkten in Nordafrika landeten; auch die andern Kreuzzüge brachten, außer der innern Geschlossenheit, nichts ein für die äußere Stärkung des Abendlandes. Kulturell öffneten sie gewisse Handelskontakte mit dem Osten. Aber von einer kulturellen

Osmose kann keineswegs die Rede sein. Die Kreuzfahrer lebten zu abgeschlossen. Sie lernten nicht arabisch, kümmerten sich nicht um den Islam als Religion.

So hat man auch religiös die Chance verpaßt, Christentum und Islam miteinander ins Gespräch zu bringen. Der Islam hatte zum ersten Mal seit der konstantinischen Wende das Selbstbewußtsein des Christentums empfindlich in Frage gestellt. Aber dieser Schock, diese Herausforderung wurde nicht evangelisch, sondern ideologisch verkraftet: man erklärte jene Religion einfach als Teufelswerk, man schwärzte den Propheten an, man versteifte sich jahrhundertelang in einer auch politisch bedingten religiösen Anti-Haltung. Man darf freilich nicht das Studium der aristotelisch-arabisch-jüdischen Philosophie übersehen, das M. Grabmann „das tiefst gehende Ereignis in der Geschichte der mittelalterlichen Theologie" nennt, indem die Schriften des Aristoteles, Avicenna, Averroes, Moses Maimonides durch Übersetzungen bekannt und studiert und von Thomas von Aquin zur Synthese des christlichen Aristotelismus verarbeitet wurden. Aber abgesehen davon, bleibt die Begegnung mit dem Islam für Jahrhunderte der Modellfall einer mißglückten Auseinandersetzung mit einer andern Religion. Das christliche Abendland brachte es nicht zustande, mit einer andern Religion ins Gespräch zu kommen, ohne sie automatisch in die Rolle des erklärten Feindes zu drängen[36].

Die vorherrschende Redeweise jener Zeit war „Heidenhunde", „Sarazenenschweine". Vor dem Stephansdom in Wien steht die Statue des heiligen Johannes von Capestrano (1386-1456), „Apostel Europas" genannt, einer jener Heiligen, die die christlichen Truppen gegen die Türken anfeuerten. Ein Türke liegt zermalmt unter seinen Füßen, und die Inschrift sagt: „Licht des orthodoxen Glaubens, Rächer der Häretiker, in der Kraft des heiligsten Namens Blitzschlag der Türken"[37]. Im Dom jedoch hängt das Hochaltarbild mit dem heiligen Stephanus, der nicht seine Feinde niederschlug, sondern von ihren Steinen niedergeschlagen wurde! Zwei verschiedene Haltungen. Das erste Christentum breitete sich vor allem in seiner Schwäche, in der Kraft des Geistes aus. Das spätere Christentum glaubte, mit der menschlichen Macht das Recht des Stärkeren durchsetzen und die Kirche groß machen zu müssen.

Die Kreuzzugsmentalität hatte ihre Auswirkungen auch auf andere Formen des Heiligen Krieges. Nach der bekannten Unterjochung der

Sachsen und Hessen mit der darauffolgenden Taufe des Volkes fiel in neuerer Zeit auch Licht auf die Bekehrung der Slawen. Als der heilige Bernhard von Clairvaux mit starkem Widerhall den Kreuzzug predigte, erklärten sächsische Fürsten, daß es an ihren Grenzen noch genug Heiden gäbe, gegen die man das Kreuz nehmen könne. Der Heilige ließ sich davon überzeugen und entwarf den Plan des Wendenkreuzzuges. Er bewirkte von Papst Eugen III. eine eigene Enzyklika. Die Fürsten wurden vom Heiligen ermuntert, an den Heiden Rache zu nehmen, sie auf christlichem Boden auszurotten, d. h. sie entweder zu bekehren oder zu vernichten. Der Papst teilte diese scharfe Alternative nicht, und die Ausführung war nicht derart radikal[38]. Immerhin, auf diese Weise verstanden viele das „compelle intrare" von Lukas 14, 23.

Es ist klar, daß die Kreuzzüge, der „Nahostkrieg" des Mittelalters, auf der andern Seite keine Sympathie für das Christentum auslösten. Die Araber sahen in den christlichen Europäern eine Horde von Barbaren mit einer unverständlichen Sprache, Leute ohne Sitten und Bildung. Sie hatten keinen Zweifel an ihrer eigenen Überlegenheit in allen Bereichen des Lebens, der Kultur und der Religion. Auch sie nannten uns entsprechend Christenhunde. Die Missionare jener Zeit praktizierten – mit Ausnahmen – das apologetisch-polemische Streitgespräch[39], oder aber sie blieben, bis in die neueste Zeit hinein, in der Türkei, Arabien, Nordafrika (hier etwa mit Ausnahme der Weißen Väter), nur Seelsorger im Dienst der ausländischen Christen, auch sprachlich und religionswissenschaftlich gar nicht vorbereitet für den Dialog mit den Muslimen.

Erst in jüngster Zeit fangen wir an, die 99 schönsten Namen des gütigen, barmherzigen, allmächtigen Gottes des Korans zu entdecken, die muslimischen Mystiker zu bewundern, den Dialog zu pflegen (vgl. Dritte Runde § 19-21). Das Konzil hat die positiven Werte des Islam in einer schönen Aussage anerkannt und fügt bei: „Da es jedoch im Lauf der Jahrhunderte zu manchen Zwistigkeiten und Feindschaften zwischen Christen und Muslimen kam, ermahnt die Heilige Synode alle, das Vergangene beiseite zu legen, sich aufrichtig um gegenseitiges Verstehen zu bemühen und gemeinsam einzutreten für Schutz und Förderung der sozialen Gerechtigkeit, der sittlichen Güter und nicht zuletzt des Friedens und der Gerechtigkeit für alle Menschen" (Nostra aetate, Nr. 3). Damit ist ein neues Klima geschaffen, in dem nun viele Dinge neu gesehen werden. C. Schedl weist in einer Untersuchung darauf hin, daß zwar im Isa des Mohammed und im Jesus der Christen viele Unterschiede bestehenbleiben, daß man sie aber weitgehend im Rahmen einer pluriformen Theologie erklären könnte. Denn neben und vor dem griechischen und lateinischen habe es ein semitisches Christentum gegeben, das unterirdisch im Islam weiterlebe. Hier aber wird Jesus noch nicht als Logos, noch nicht als Gesetz, noch nicht als Sohn Gottes erkannt, sondern vor allem als Weg zum Vater. Bei unbefangenem Betrachten würden plötzlich und unerwartet neue Gemeinsamkeiten aufleuchten. Die erste Christusformel auch der Christen sei nicht Kyrios gewesen, sondern Knecht Gottes (Apg 3, 13.26; 4, 27.30; Phil 2, 7). Auf diesem apostolischen Urgestein fußte auch die Formel des Korans. Man müsse darum alle Streitschriften, die meist unter Waffengeklirr entstanden seien, beiseite legen und jene Ansatzpunkte im Koran weiterführen[40].

§ 11. Im Zusammenhang mit der Ausbreitung des Christentums muß man auch von jenem Bekenntnisdrang reden, der sich zur eigentlichen *Martyriumsfrömmigkeit* entwickelte[41]. Christus hatte Widerstand und Verfolgung vorausgesagt. Man kannte keine bessere Möglichkeit, die letzte Liebe und Treue zu Christus unter Beweis zu stellen, als das Martyrium. Bei kritischer Rückschau muß man heute sagen, daß allzu viele Martyrer nicht nur ihren Glauben im Geiste bekannten, sondern zugleich die andere Religion angriffen, verunglimpften und dadurch den „berechtigten" Zorn der Gegner auslösten.

Ohne die Christusliebe der Martyrer der ersten Jahrhunderte in Frage zu stellen, kann man doch sagen, daß sie offenbar das römische Heidentum zu negativ beurteilten. Sie sahen die römische Staatsgewalt im Dienste des großen Gottesgegners, hielten den Kaiser- und Götterkult einfach für Dämonenglaube. Sie zeigten dafür ein verächtliches Lächeln. Als einer von vielen sagte der selige Karpos zum Prokonsul: „Ich bete Christus an. Diesen Götzenbildern da opfere ich nicht. Tu mit mir, was du willst. Es ist mir unmöglich, diesen schwindelhaften Gebilden der Dämonen zu opfern. Die den Götzen opfern, werden gleichgestellt der Nichtigkeit der Dämonen und gehen in der Hölle zugrunde."[42]

Ein anderer typischer Fall ist der heilige Bonifatius. Seine große

Leistung bleibt für immer bestehen. Zu seinen klassischen Missionsmitteln gehörte die Verkündigung des Glaubens, das Erbauen von Kirchen und Klöstern, das Zerstören der heidnischen Heiligtümer. Für das letztere paßte er sich dem Zeitgeist an. Die Friesen, Sachsen und andern Stämme betrachteten ihre Gottheiten als Helfer im Leben. Wenn nun der christliche Gott sich als stärker erwies, waren sie bereit, ihm anzuhangen. Die Vernichtung von Heiligtümern, ohne daß sich die entsprechenden Gottheiten rächten, galt als der Beweis für die Ohnmacht der Götter und die Überlegenheit des Christentums. Aus solchen Überlegungen fällte Bonifatius die Donarseiche zu Geismar im Jahre 724 und zerstörte, wie schon Pirmin und Willibrord, viele andere Heiligtümer. Freilich, nicht alle Friesen ließen sich durch einen solchen Beweisgang überzeugen. Viele fühlten sich beleidigt und empört. So kann man sich den Überfall auf das Lager des Bonifatius in Dokkum als eine spontane Reaktion des heidnischen Volkes erklären. Als Bonifatius und seine Gefährten am Morgen des 6. Juni 754 die neu bekehrten Christen zur Feier erwarteten, wurden sie von einer Bande überfallen und starben für den Glauben, den sie – auf eine vielleicht nicht ganz richtige Weise – verkündet hatten[43].

Ein sehr schönes Beispiel für die erwähnte Martyriumsfrömmigkeit finden wir im heiligen Franz von Assisi und seinen ersten Gefährten. In seiner Regel schreibt er ein eigenes Kapitel über jene, die „aus göttlicher Eingebung unter die Sarazenen und andere Ungläubige gehen wollen". Er selbst wollte seinem Herrn Jesus Christus ganz ähnlich werden und hat, offenbar auch „aus göttlicher Eingebung", erkannt, daß das Evangelium nicht dem christlichen Abendland vorbehalten bleiben dürfe. In jener Zeit, wo sich die Missionstätigkeit der Kirche totgelaufen hatte, weil das Abendland christlich geworden und zugleich vom Sperrgürtel des Islams umgeben war, versuchte er dreimal, ins Land der Sarazenen zu gelangen. Über seine erste Reise schreibt sein Biograph, er wollte „voll flammender Sehnsucht nach dem heiligen Martyrium nach Syrien fahren, um den Sarazenen und den übrigen Ungläubigen den christlichen Glauben zu verkünden"[44]. Seine erste Reise wurde durch einen Seesturm, die zweite durch eine Krankheit unterbrochen. Beim dritten Versuch gelangt er in einem Kreuzfahrerschiff 1219 nach Damiette in Ägypten, wo die Christen die Stadt des Sultans Malek-el-Kamel belagerten. Eines Tages erklärte er: „Heute gehe ich den Sultan besuchen." Alle rieten ihm ab. Als der Päpstliche Delegat Kardinal Pelagius sah, daß er ihn nicht abhalten konnte, empfahl er ihm, wenigstens vorsichtig zu sein und nicht die Interessen der Christenheit zu kompromittieren. Franz durchquerte mit einem Gefährten das Niemandsland und wurde, wie zu erwarten war, von muslimischen Soldaten gefangengenommen und vor ihren Herrn gebracht. Die Quellen heben hervor, wie er dort mit überraschender Freundlichkeit empfangen wurde und ungefähr eine Woche verweilte. Er führte mehrere Glaubensgespräche. Seine faszinierende Persönlichkeit, sein begeistertes Zeugnis für Christus, seine Weltverachtung, seine wie selbstverständliche Liebe auch zu den Muslimen machten Eindruck. Dann kehrte er wieder heim. Die Christen wollten ihren Ohren nicht trauen, als sie ihn gut von ihrem Erzfeind sprechen hörten.

Zum ersten Male hatte nun im kleinen Stil eine Begegnung zwischen Islam und Christentum stattgefunden. Bisher sah der Sultan nur von ferne Christen als seine Feinde. Jetzt hat er einen als Bruder und Mensch Gottes erkannt und geliebt. Franz hatte also die geniale Idee, in einer Zeit, wo die zwei Blöcke aufeinanderprallten, allen Blöcken zum Trotz den Menschen des andern Blockes anzusprechen. Er schickte auch nachher seine Brüder nicht gegen, sondern „unter" die Sarazenen. Er forderte also nicht um des begehrten Martyriums willen den Haß seiner Partner heraus. In der nicht bullierten Regel gab er den Brüdern auch die klare Weisung, zunächst einfach in freundlicher Weise unter den Sarazenen gegenwärtig zu sein und erst, wenn sie erkennen, daß es Gott gefalle, Christus zu predigen (Kap. 16).

Seine Brüder schienen diese dialektische Spannung nicht richtig zu verstehen und übertrieben das Verlangen nach dem Martyrium. Nachdem eine erste Gruppe, Berard und Gefährten, am 16. Januar 1220 in Ceuta, Marokko, den Tod erlitten hatten, zog 1227 eine zweite, noch stärkere Gruppe dorthin, angeführt von Daniel. Die ansässigen christlichen Handelsleute rieten ihnen sehr ab, in die Araberstadt einzudringen. Aber die Brüder dachten anders. Nach einer Nacht im Gebet, wo sie sich, des Martyriums schon sicher, die Lossprechung gegeben hatten, zogen sie am Sonntag, dem 4. Oktober, mit dem Kreuz in der Hand durch die Straßen und Gassen und predigten auf italienisch und lateinisch über den Glauben an Christus und über die Lügen Mohammeds. Die Leute verstanden zwar nichts, merkten aber wohl, was gemeint war. Sie gerieten in Wut und hätten die Brüder gelyncht, wären diese nicht von den Soldaten festgenommen worden. Vor dem Kadi erklärten sie mit Hilfe eines Dolmetschers, daß man ohne Glauben an Christus nicht gerettet werden könne. Man warf sie zunächst ins Gefängnis, wo sie acht Tage ohne Speise und Trank verblieben. Daniel beschrieb in einem Brief seine Martyriumstheologie: „Geht und verkündet das Evangelium jeder Kreatur. Fürchtet nicht jene, die den Körper töten. Gott hat unsere Füße gelenkt zum Heil der Glaubenden und zur Verdammung der Ungläubigen. Wir konnten jedenfalls vor dem Kadi und seinen Ratgebern Christus bekennen und verkünden, daß außer ihm kein Heil ist . . ." Am Sonntag darauf, am 11. Oktober, wurde ihnen angeboten, in Ehren zu leben, falls sie die Religion Mohammeds annähmen, andernfalls müßten sie sterben. Einem Alten, der sie guten Willens vor dem Tode retten wollte, erklärten sie: „Du im Bösen Verhärteter, wie lange bleibst du noch in den Schlingen des Teufels? Auch euer Mohammed war ein Diener des Teufels, und für jene, die ihm folgen, ist er Ursache des ewigen Todes." Zur Enthauptung verurteilt, jubelten sie: „Du hast unsere Sehnsucht erfüllt, für deinen Namen zu leiden und die Palme des Martyriums zu erlangen. Was wollen wir noch zögern, in die offene Pforte des Himmels einzutreten?" Die Henker schleppten sie durch die Straße und enthaupteten sie vor dem Volke. 1516 wurden sie heiliggesprochen[45].

Diese Brüder hätten doch gemäß der Weisung des Ordensvaters von der friedvollen, schlichten Gegenwart wissen sollen, daß ihre Aufgabe nicht darin bestand, den Irrtum zu bekämpfen oder die Irrenden dialektisch zu widerlegen, noch weniger, die Ungläubigen herauszufordern, wohl aber darin, durch ein echt christliches Leben das göttliche Siegel des Christentums aufleuchten zu lassen. Als anderer unter ihnen leben, so daß die andern Rechenschaft über die Art des Denkens, Fühlens, Handelns erfragen, und dann bekennen, daß man Christ ist: das wäre franziskanische Gegenwart[46]. Die Wirkung der Verkündigung sollte Freude und Freundschaft, vielleicht Bekehrung des andern sein, aber nicht Haß. Im Grunde „stellt jedes Martyrium fast so etwas wie einen moralischen Bankrott des Martyrers, ein Fiasko seiner pflichtmäßigen pädagogischen Bemühungen dar"[47]. Verkündigung bezweckt nicht in erster Linie Gloriole des Martyrers, sondern evangelische Hoffnung des Hörers. Anders ist es, wenn die

Verkündigung unvermeidlich zum Tod führt – vergessen wir nicht, daß es bei Jesus so war.

§ 12. Als sich um die Wende vom 15. zum 16. Jahrhundert die Weltbühne unerhört weitete und plötzlich neue Kontinente in Sicht und Reichweite kamen, hatte man über jene farbigen Menschen, die neuen Nachbarn, von der bisherigen Theologie her bereits seine feste Vorstellung. Der Mechanismus, die Wechselwirkung zwischen *Vorurteil und Bestätigung* wirkte wie gewünscht. Die Zweiteilung der Welt wurde nun ausprobiert: hier Christenheit, dort die andern; hier Heil und Himmel, dort Unheil und Hölle; hier Wahrheit, dort Lüge; hier Kulturmenschen, dort Barbaren und Wilde. Und wie man in den Wald hineinrief, so tönte es zurück. Durch vier Jahrhunderte hindurch bestätigten Reisende und Missionare in ihren Berichten, daß es sich genau so verhalte, wie man es schon wußte. Das Wissen wurde durch die neuen Informationen nur etwas farbiger und konkreter. Wir wollen das anhand von Afrika aufzeigen und uns dabei vor allem auf den religiösen Aspekt beschränken[48].

Duarte Lopez, ein Seefahrer, der Afrika 1578 bis 1587 bereiste, teilte seine vielen Erlebnisse und Eindrücke an Pigafetta mit. Dieser veröffentlichte sie 1591 in einem Buch, das für damalige Verhältnisse zu einem Bestseller wurde. Es kam in mehreren Ausgaben in Latein, Holländisch, Englisch, Französisch, Deutsch heraus und trug wesentlich dazu bei, im Abendland das Bild vom schwarzen Afrika zu formen. Wir lesen darin u. a.: „Ein jeder ehrt und nimmt zu seinem Gott dasjenige, was ihm gefällt, ohne Maß und Regel und Ordnung." So sah Lopez „einen großen Haufen geschnitzter Teufelsbilder von vielerlei und erschreckender Gestalt: viele beteten geflügelte Drachen an, die sie in ihren Häusern halten und ihnen das Allerbeste und Köstlichste zu essen geben. Andere halten Schlangen von seltsamer Form und Gestalt als Götter, andere Widder, andere Tiger oder sonst greuliche und abscheuliche Tiere. Je unförmiger, häßlicher, scheußlicher diese sind, desto höher werden sie von ihnen gehalten und geachtet . . ."

Knapp hundert Jahre später trug der niederländische Geograph O. Dapper durch seine dicken Bände über die drei neuen Kontinente viel dazu bei, das Wissen über die neue Welt zu verbreiten. In seinem Buch über Afrika fällt er kurzerhand das Urteil: „Die Kaffern halten sich an keinen Gottes- noch Götzendienst; sie wissen von Gott überhaupt nichts und leben wie das Vieh." Von den Leuten in Benin weiß er zu berichten: „Was ihren Gottes- oder vielmehr Götzendienst anbelangt, der besteht im Ehren und Anbeten des Teufels, dem sie Menschen und Vieh opfern." Über die Leute von Zenega sagt er: „Sie sind alle geil, diebisch, betrügerisch, lügenhaft, auch überaus freßhaft, so daß sie nicht essen, sondern fressen wie das Vieh." Besser kommen die Leute am Oberen Niger weg: „Sie hatten früher einen Gott, Guighime, verehrt, den Herrn des Himmels. Später sind sie Christen und dann Muslime geworden."

Aus dem gleichen 17. Jahrhundert drückt ein anderer Reisender seine Afrika-Erfahrung so aus: „Keiner, mag er auch noch so sorgfältig nachgeforscht haben, ist je imstande gewesen, unter all den Kaffern, Hottentotten oder Küstenbewohnern irgendeine Spur von Religion oder irgendeine Ehrerweisung gegen Gott oder den Teufel zu entdecken."

Im Jahre 1645 begann die bekannte Mission der italienischen Kapuziner im Kongo. Jene armen und asketischen Missionare haben eine erstaunliche Fülle von Berichten nach Europa gesandt[49], aber auch im Stile ihrer Zeit. Neulich verfaßte ein afrikanischer Laie, Professor Mudimbe, eine Studie über jene Berichte. Er hebt hervor, wie man redet von den Afrikanern „mit ihren bizarren Gebräuchen, ihren satanischen Sitten, ihrer blockierten Intelligenz, die sie den Tieren ähnlich macht". Man müsse dieser Welt „in Unordnung, in Verrücktheit, mit ihren teuflischen Illusionen die Ordnung, die Wahrheit, die ewigen Normen bringen" und diese Menschen „von der tierischen zur menschlichen Haltung, von der Barbarei zur Gesittung, von den Lügen der Zauberei und des Götzendienstes zum Licht der Vernunft und des Glaubens führen"[50].

Vom 18. Jahrhundert an verbreitete sich dann noch die freilich schon von Martin Luther im Genesis-Kommentar dargestellte Idee, daß die Neger Nachkommen Hams seien, unter dem Fluche Hams ständen. Das sei die Erklärung für ihre Lasterhaftigkeit und auch für ihren Zustand der Unterwürfigkeit unter den weißen Mann. Mit christlichem Mitleid ließen sich die alten Missionare zu diesen „verfluchten Kindern Hams" herab. Der große Pionierbischof Augouard von Brazzaville († 1921) bat in seinen Briefen wiederholt um das Gebet „für die schwarze Rasse, damit der Fluch Hams bald von ihnen genommen werde". Er behauptet kühn und keck: „Die schwarze Rasse ist die Rasse Hams, die von Gott verfluchte Rasse. Das spürt man: die schwarzen sind faul, gefräßig, allen Lastern ergeben." Am Ersten Vatikanischen Konzil wurde von 70 Bischöfen eine Petition unterschrieben, damit man Priester nach Zentralafrika sende, denn „immer noch bedrückt der älteste aller Flüche jene mühseligen Nacken der Hamiten ... Trotz der Bemühungen der Mutter Kirche untersteht das unglückliche Nigrizien immer noch dem schrecklichen Reiche Satans."[51]

Diese teuflische Deutung des ganzen Heidentums drang auch in den Religionsunterricht in Afrika ein. Ein typisches Beispiel dafür ist der Erwachsenenkatechismus von P. Willibald Wanger von 1912. Der Autor hat sich zwar alle Mühe gegeben, die Zulu-Gebräuche gut zu studieren und die christliche Lehre konkret in diese Umwelt zu integrieren. Statt einen „kleinen Katechismus" schreibt er ein Lehrbuch von 534 Seiten. Aber auch ihm gelingt es nicht, über das Vorurteil aller Missionare hinauszukommen. Er schreibt über das Heidentum: „Was für ein Irrtum! Wie kann sich der Mensch nur derart verlieren, den wahren Gott verlassen und etwas verehren, das nicht Gott ist ... Dieser schreckliche Irrtum, welcher Heidentum genannt wird, ist vom Teufel gekommen, der sein will wie Gott, und von der Dummheit der Menschen, die, vom Teufel getäuscht, die Lügen der Vorfahren ihren Söhnen weitergeben."[52]

Gewiß gab es auch andere Stimmen. Die Gründer der Spiritaner und der Weißen Väter, Pater François-Marie-Paul Libermann und Kardinal Charles-Martial-Allemand Lavigerie z. B., ermahnten ihre Missionare, die afrikanische Kultur und Religion zu studieren und zu schätzen. Das hinderte nicht, daß die eben erwähnten Vorstellungen in den Köpfen der meisten Missionare und in der Missionsliteratur noch bis tief in unser Jahrhundert hinein nachwirkten. Je niedriger, erbärmlicher, unglücklicher die Schwarzen geschildert wurden, desto mehr wurden die guten Missionswohltäter gerührt und gaben Geld, um die armen „Heidenkinder loszukaufen". Man versteht, daß die Afrikaner heute die Missionen deswegen unter Anklage stellen[53]. Bis heute sehen viele gebildete Afrikaner noch keine Harmonie zwischen afrikanischer und christlich-missionarischer Spiritualität[54].

Die einzigen ernsten Versuche, sich mit einer andern Religion und Kultur wirklich auseinanderzusetzen, geschahen in China (Pater

Matteo Ricci SJ) und Indien (Pater Robert Nobili SJ). Sie konnten sich im Grunde auf das bekannte Dokument der Kongregation „de Propaganda Fide“ von 1659 stützen, worin es hieß: „Was könnte es Absurderes geben, als Frankreich, Spanien oder Italien oder ein anderes Land Europas nach China zu verpflanzen? Nicht dies, sondern den Glauben müßt ihr einführen, der keines Volkes Riten und Gebräuche, so sie nicht verkehrt sind, verachtet oder verletzt, sondern sie vielmehr erhalten und festigen soll.“[55] Wer aber solche großzügige Dokumente in die Tat umsetzen wollte, erfuhr den Widerstand nicht nur gewisser enger Mitarbeiter, sondern oft auch der römischen Autorität, die vor ihrem eigenen Mut zu erschrecken schien. Malcolm Hay hat den Fall des chinesischen Ritenstreites auf Grund von Archivalien neu untersucht und äußert sich bedrückt: moralischer Rigorismus, administrative und sachliche Inkompetenz der römischen Kurie seien hauptsächlich daran schuld gewesen, daß die freundschaftlichen Beziehungen zu China, wie sie die Jesuiten Ende des 16. Jahrhunderts angebahnt hatten, unterbrochen wurden. Riccis Versuch könne als eine der bedeutendsten Unternehmungen der Kulturgeschichte gelten. Er hätte die Tat des Kolumbus übertroffen und wirklich „Neuland“ entdeckt. Aber der Versuch scheiterte, nicht wegen der Bosheit der Welt draußen, sondern wegen der bösen Welt in der Kirche. Rom erkannte nicht die Zeichen der Zeit und verurteilte jene, die sie erkannten, mit Autorität ohne Kompetenz. In der Bulle „Ex illa die“ vom 19. März 1715 verurteilte Papst Klemens IX. endgültig die Methode der Jesuiten, „damit Gott verherrlicht werde in vollkommener Einheit des Denkens und Redens“. Als Kaiser Kuang Hsi dem Päpstlichen Legaten sagte, es stehe Rom nicht zu, die chinesischen religiösen Riten zu verurteilen, antwortete dieser, der Papst besitze dazu den Beistand des Heiligen Geistes. Jener Kaiser wurde von der Geschichte als einer der weisesten Herrscher anerkannt, von Rom aber zum „götzendienerischen Fürsten“ abgestempelt. Das ist die melancholisch stimmende Geschichte der verpaßten Gelegenheit[56].

Erst im Jahre 1940 wurde die Ausübung der konfuzianischen Riten auch für Christen gestattet, nachdem man nämlich festgestellt hatte, daß sie ihre religiöse Bedeutung verloren und nur noch zivilen Charakter behalten hatten[57]. Eigentlich wiederum tragisch: man ist nicht in der Lage, mit der lebendigen Religion zu verhandeln, sondern versöhnt sich erst mit ihrem toten, säkularisierten Überbleibsel.

§ 13. In der Überzeugung, daß das Heidentum des Teufels sei und darum die Heiden mit großer Wahrscheinlichkeit in die Hölle wandern, entfalteten die Missionare durch die Jahrhunderte einen unerhörten Missionseifer mit dem treibenden Motiv der *Rettung der Seelen.* Man müßte einen systematischen Gang durch die gesamte missionarische Hagiographie machen, um diesen Aspekt herauszuarbeiten. Es mögen hier jedoch einige typische Beispiele genügen. Damit wollen wir keineswegs die Größe jener Missionare antasten. Sie waren Kinder ihrer Zeit. Wir können freilich bedauern, daß sich die Kirche jener Zeit von diesem Denken nicht freimachen konnte.

Verschiedenen Heiligen wird das Wort zugeschrieben: „Da mihi animas, ceterum tolle" (Gib mir Seelen, alles andere nimm von mir)[58]. Der Seelendurst des heiligen Franz Xaver ist sprichwörtlich geworden. Er war überzeugt von der Unheilslage der Heiden. Schon auf der Fahrt nach Indien führte er im ostafrikanischen Malinde ein Gespräch mit einem gelehrten Muslim, wobei er behauptete, Gott, der Getreue, könne nicht unter den Ungläubigen wohnen noch ihre Gebete erhören. Es gelang ihm freilich nicht, den Gesprächspartner davon zu überzeugen. In Indien äußerte er wiederholt die Meinung, daß die Götzenbilder der Heiden des Teufels seien und daß man sie bei der ersten Gelegenheit zerstören solle. Für ihn sind alle Nichtchristen Götzendiener, Teufelsverehrer. Deshalb ruft er nach mehr Priestern. Er möchte allen Universitätsprofessoren in Europa das Gewissen aufrütteln, ihnen zuschreien, wie viele Seelen wegen ihrer Nachlässigkeit die Herrlichkeit des Himmels verpassen und in die Hölle wandern. Aber statt hinauszukommen und die Seelen zu retten, trachten jene Professoren nach Ehren, nach Reichtum und nach Bischofssitzen.

Als Anastasius Hartmann, der spätere Bischof von Patna und Bombay, 1841 von seiner Heimatpfarrei Hitzkirch/Schweiz Abschied nahm, erklärte er in der Predigt feierlich: „Gott ruft mich aus dem Vaterland in ein fremdes und unbekanntes Land, jenseits des Meeres, unter wilde Völker, die in Finsternis und Todesschatten sitzen, um ihnen das Evangelium zu verkünden ... Ich verlasse euch einzig nur deswegen, um sie durch das Licht und die Gnade des Evangeliums dem ewigen Verderben zu entreißen, um ihre Seelen zu retten."

Der 1841 getötete und 1954 heiliggesprochene Pionier der Ozeanien-Mission, Pierre-Louis-Marie Chanel, litt ebenfalls seine Not im

Gedanken an die unschuldigen Seelen, die wegen Mangels an Missionaren nicht zur Taufe kommen und deshalb nicht gerettet werden. Er schrieb in seinen Briefen: „Für das Heil so vieler Seelen sind wir hier zu spät angekommen. Wie viele Erwachsene mußte ich zu meinem Schmerz sterben sehen, ohne sie die notwendigen Wahrheiten lehren zu können, damit sie in den Himmel kämen. Mit den Kindern in Todesgefahr hatte ich mehr Glück. Für sie genügt die bloße Taufe, und ich hatte den Trost, einer schönen Anzahl den Himmel zu öffnen ... Die Leute fragen mich nach dem Los ihrer Verstorbenen. Sie sind dann bestürzt, wenn ich ihnen sage, daß nur jene in den Himmel kommen, die getauft wurden oder die das ehrliche Verlangen hatten, getauft zu werden."

Noch ein ähnlicher Fall aus Afrika. Der große irische Missionar und Pionier von Süd-Nigerien, Bischof Shanahan, kam 1913 nach Rom und bat Papst Pius X. flehentlich um mehr Priester. Antwort: er solle sich im Namen des Papstes an seinen Generalobern wenden. Dieser aber erwiderte, daß viele andere Missionsbischöfe die gleichen Bitten stellten und daß er nicht neue Missionare senden könne. Die Reise nach Europa trug also nichts ein. So macht sich der Bischof seine Gedanken: „Es kam wie eine Lähmung über meine Seele. Ich dachte an die Millionen von Thronen, die im Himmel für ewig unbesetzt bleiben wegen des bedauernswerten Ungenügens der menschlichen Instrumente. Der Gedanke drückte mich wie ein Alptraum. Er stürzte mich in die Versuchung zu Bitterkeit. Ich fiel auf meine Knie und bat den ewigen Vater, mich zu zerbrechen wie seinen Sohn am Kreuz, aber nicht die armen Schwarzen das ewige Leben verlieren zu lassen."[59]

Wir haben also jahrhundertelang die freie und großzügige Heilszusage Gottes verengt, verinstitutionalisiert, sie von der menschlichen Vorleistung des taufenden Missionars und des sich taufen lassenden Heiden abhängig gemacht. Wir haben uns wichtiger genommen als Gott. Wir haben Gottes schenkende Hände gefesselt. Es brauchte in der Konzils- und Nachkonzilszeit eine gewaltige Aufholarbeit, um die Größe des Heilsplanes Gottes, die Religionen in ihrer heilsgeschichtlichen Bedeutung, die Kirche in ihrem Verhältnis zum Reiche Gottes einzusehen (vgl. Vierte Runde § 5-20).

§ 14. Die Ausdrücke „Heiden", „Götzendiener", „jene, die Gott nicht kennen", „die unter der Herrschaft Satans schmachten", kamen nicht nur in der populären Literatur vor, sondern auch in den päpstlichen Dokumenten. Bei Pius XII. sind sie fast, bei Johannes XXIII. gänzlich verschwunden – obwohl der Priester und Nuntius Roncalli in seinem Tagebuch auch noch in dieser üblichen Art schrieb. Wem kommt das Verdienst zu, ihm dann die neue Einsicht vermittelt zu haben? Ich stellte diese Frage Erzbischof Loris F. Capovilla, seinem damaligen Privatsekretär. Dieser hatte sogleich die Antwort bereit: Seit Roncalli als Apostolischer Delegat in der Türkei war, die Muslime im Gebet beobachtete und mit ihnen sprach, konnte er nicht mehr von „Heiden" reden, sondern nur noch von „Brüdern im einen Gott und Vater". Also ein typischer Fall, der zeigt, wie wir lange Zeit aus Distanz, in Voreingenommenheit über die andern urteilten, bis dann plötzlich durch bessere Kenntnis, durch persönliche Kontakte, die Schuppen abfielen, ein neues Weltbild aufging, gegenseitige Entdeckungen gemacht wurden, die das *Kennzeichen der gegenwärtigen Zeit* sind.

Wiederum hatte das Konzil die offizielle Wende gebracht durch die Erklärung über das Verhältnis der Kirche zu den nichtchristlichen Religionen „Nostra aetate"[60]. An Pfingsten im Konzilsjahr 1964 ernennt Papst Paul VI. auch das neue Sekretariat für die Nichtchristen mit der folgenden Zielsetzung: es sei ganz aus der Konzilsatmosphäre der Einheit und des Verstehens „unter allen Gläubigen" (vorher sprach man nur von „Ungläubigen", infideles) entstanden und solle dem gegenseitigen Verständnis, der aufrichtigen Begegnung, der Zusammenarbeit auf allen denkbaren Gebieten dienen. Wie sehr haben uns oft Unwissenheit, Vorurteile, sogar ein mehr oder weniger bewußter schlechter Glaube gegenseitig entstellt. Wir haben auf beiden Seiten nur Laster gesehen, wo ein Blick mit etwas mehr Liebe so viel natürliche Tugend hätte entdecken können. Der Papst betonte dann gleich, daß die Hauptaufgabe draußen, an der Peripherie, in den konkreten Situationen, an den konkreten Menschen zu geschehen habe[61]. Wahrhaft, diese Worte wirkten wie der Ölzweig der Taube, die die Versöhnung, das Ende der langwährenden Sintflut anmeldete.

Seither ist unglaublich viel geschehen an gegenseitiger Entdeckung und Hochschätzung. Wir haben heute Hemmungen, noch länger das Wort „Heiden" in den Mund zu nehmen. Derart ist es belastet vom

Alten Testament her, wo alle, die nicht zum auserwählten Volk gehörten, im abschätzigen Sinn „gojim" (Völker) genannt wurden; vom Griechentum her, wo alle Nicht-Griechen als „barbaroi", Stammler, Wilde, Barbaren, verachtet wurden; von der nachkonstantinischen Zeit her, wo mit „pagani" die Dorfbewohner, die Rückständigen, die Hinterwäldler gemeint waren; vom Islam her, wo alle andern als „kafir", Ungläubige, bezeichnet wurden, woher das Wort Kaffer kam; vom Mittelalter her, wo alle Völker außerhalb der Christenheit zum voraus als Heiden und Wilde abgestempelt waren[62].

Man sollte sich heute sogar hüten, von „Nicht-Christen" zu reden. Denn damit sind diese schon degradiert als religiöse Menschen zweiter Klasse, die nicht der Norm, dem Christentum, entsprechen. Man kann aber nicht eine Norm, die als solche nur vom christlichen Glauben bestätigt wird, ohne weiteres auf Menschen andern Glaubens anwenden, ohne beleidigend zu wirken. Man nenne sie einfach mit ihrem je eigenen Namen, Muslime, Hindus, Buddhisten, afrikanische traditionelle Religionen usw.

Mit dem Buch von K. M. Panikkar, „Asien und die Herrschaft des Westens", 1955, hat die Zeit begonnen, wo nicht mehr bloß die Weißen ihre Geschichte in den andern Kontinenten in ihrem eigenen Urteil beschrieben, sondern wo Asiaten und Afrikaner anfingen, diese selbe Geschichte in einem andern Licht zu sehen. Die Weißen mußten nun in diesem Spiegel sich selber plötzlich anders erblicken, als sie zu sein vermeinten. Im Urteil dieser andern werden nun die durchschnittlichen Missionare einfach als exklusiv, intolerant, aggressiv bezeichnet[63]. Aber auch diese Zwischenzeit geht zu Ende. Fortan werden die Afrikaner und Asiaten ihr Urteil über die Europäer und Euro-Amerikaner ändern müssen, weil auch diese ihr Urteil über sie geändert haben.

4. Die andern Rassen

§ 15. Nicht nur religiös, auch rassisch steckte das „auserwählte Volk" der weißen Christen voller Vorurteile. Wenn man von ihnen keine wissenschaftliche Erklärung über den Ursprung der Rassen erwarten konnte – bis heute gibt die Rassenkunde keine befriedigende Antwort –, hätten sie wenigstens in einer theologischen Deutung die

Einheit und Gleichheit aller Menschen als Geschöpfe Gottes verkünden sollen. Statt dessen sind die Weißen *von den ersten Kontakten an* bis in dieses Jahrhundert hinein vorwiegend als selbstbewußte Herrenmenschen aufgetreten und haben die andern Rassen sehr gedemütigt, indem sie diese einfach als Kinder, als Wilde, als geborene Sklaven betrachteten und behandelten[64].

Die Weißen kamen jenen Menschen zuerst vor wie überirdische Wesen. In scheuer Ehrfurcht bot man ihnen die übliche Gastfreundschaft an. Aber bald kamen ihre gar nicht friedlichen Absichten zum Vorschein. Man war interessiert an Gold, Sklaven und Landerwerb. Man besetzte einfach nach dem Grundsatz „jus primi occupantis" (das Recht des ersten Besitzergreifens) das Land, als ob es bisher niemandem gehört hätte. Bestenfalls machte man ungleiche Verträge und erwarb sich für ein Nichts, für einige Gewehre, etwas Geld, etwas Alkohol, riesige Ländereien.

Nachdem wir bereits oben unser Denken über die Afrikaner dargestellt haben (§ 12), beschränken wir uns hier auf einige Aussagen über die Indianer und Asiaten. Aus alten Quellen vernehmen wir z. B.: „Die Indianer essen Menschenfleisch. Sie sind Sodomiten, schlimmer als irgendeine Nation. Es gibt bei ihnen keine Gerechtigkeit. Sie sind dumm und stumpfsinnig, undankbar und wankelmütig. Sie essen Läuse, Spinnen und Würmer, ohne sie zu kochen. Sie sind richtige wilde Tiere. Nie hat Gott eine Rasse erschaffen, die so voller Laster und Bestialität war, ohne jeden Schimmer von Güte und Kultur . . ." Allerdings konnte man die Augen nicht verschließen vor der Kultur der Azteken, Inka und Maya. Aber in der damaligen Einstellung glaubte man, dieses „heidnische" Zeug ausrotten zu müssen, so daß bis zum Ende des 16. Jahrhunderts von den alten Kulturdenkmälern und Heiligtümern tatsächlich fast nichts mehr übrigblieb. Religiöser Eifer und unmenschliche Grausamkeit gingen für Jahrzehnte in dieser Vernichtungsarbeit Hand in Hand. Der so besonnene J. Höffner – heute Kardinal von Köln – schrieb: „Die neue Welt erlebte eine so grauenhafte Versklavung und Vernichtung des Menschen, daß einem das Blut erstarren möchte." Der Kulturhistoriker A. Rüstow sagt von G. Fredericis zweibändigem Werk „Der Charakter der Entdeckung und Eroberung Amerikas durch die Europäer" (Stuttgart 1925-1936): „Es ist mit Abstand das grauenhafteste und blutigste Kapitel der schriftlich überlieferten Weltgeschichte vor 1933." Er meint aber, daß Paralleldarstellungen für die übrigen Kolonialgebiete dringend erwünscht wären und offenbar nicht weniger beschämend für die Europäer ausfallen würden[65].

Auf die mildere Meinung einer Minderheit, wonach die Indianer ebenbürtige Menschen wären, die vor allem von Bartolomeo de Las Casas vertreten und auf der „Schlacht von Valladolid" 1550 ins Feld geführt wurde, brauchen wir hier nicht weiter einzugehen[66]. Ebensowenig auf die romantische Bewegung etwa eines Jean-Jacques Rousseau, der statt von Barbaren, vom „edlen Wilden" sprach[67]. Alle derartigen Versuche vermochten nicht den abendländischen Kulturdünkel umzuformen noch den Lauf der tatsächlichen Geschichte zu bestimmen. Diese ging ihren harten Weg weiter, so daß schon 1762 Abbé G. T. Raynal schrieb, am besten wäre es gewesen, wenn Amerika nicht entdeckt worden wäre. Er nennt die Entdeckung ein katastrophales Ereignis[68], was keineswegs übertrieben ist, wenn man nicht an die weißen Einwanderer, sondern an die damaligen Bewohner Amerikas denkt, die durch die Gegenwart des „auserwählten Volkes" nicht nur des Landes beraubt, sondern fast völlig ausgerottet wurden.

Man könnte eine ähnliche Blütenlese zusammenstellen mit Aussagen über die Inder, Chinesen und Japaner. Franz Xaver schreibt – immer als Echo der damaligen Zeit zu verstehen –: „Die Inder haben überhaupt keine Kultur. Es ist schwer, unter einem Volk zu leben, das Gott nicht kennt, das seiner Vernunft nicht gehorcht, weil es so tief in der Sünde dahinlebt." Drei Jahrhunderte später tönt es noch gleich. Bischof Anastasius Hartmann: „Das Volk ist auf der untersten Stufe der Bildung, in der rohesten Abgötterei. Ihm mangeln die primitivsten Eigenschaften des gesellschaftlichen Lebens, nämlich Treue, Wahrhaftigkeit, Arbeitssinn. So sagte man uns von einem Ende Indiens zum andern." Ein China-Missionar um 1870: „Die Religionen Chinas sind häßlich, absurd, die lächerlichsten der Welt. Keine Regel der Kunst, kein Ausdruck, keine Ästhetik, satanische Musik, keine Idee des Schönen. Die Literatur ist dumm und kindisch, ohne Gedanken, ohne Gefühl, gemachte Sätze, die einen zum Erbrechen bringen." Solches Reden wiederholte sich noch im umfangreichen Werk von L. Kervyn über das Apostolat im modernen China von 1911. Ein so guter Kenner wie J. Beckmann bemerkt dazu: „Werke wie dieses sind weder typisch für diesen belgischen Missionar noch für die Missionsgesellschaft, der er angehörte, ja überhaupt nicht für die katholischen Missionen, sondern für den gesamten Durchschnitt der Europäer."[69] Mit all dem soll nicht das Gute geleugnet werden, das durch die Gegenwart der Weißen in jenen Kontinenten auch geschehen ist. Aber für unseren Zusammenhang geht es nicht darum, das herauszustreichen – das hat man schon immer getan –, sondern die Kehrseite aufzudecken.

Es stimmt einen zum Lächeln, wenn man heute herausfindet, daß damals die Chinesen und Japaner ihrerseits die Weißen „Barbaren aus dem Süden" nannten (weil sie vom Süden her kamen), sie bemitleideten, nicht in ihrem Land geboren zu sein, und daß die damaligen Künstler jene exotischen Menschen mit dem bleichen Gesicht und der langen Nase auf entsprechende Weise karikierten[70].

§ 16. Während für alle bisher betrachteten Partner der Christenheit mit dem II. Vatikanischen Konzil eine eindeutige Wende zum Guten kam, kann das von der Rassenfrage noch nicht allgemein gesagt werden. Hier gibt es immer noch zwei große schwarze Flecken, die wir kurz aufzeigen müssen: das Rassenproblem in den USA und in Südafrika.

Die Schwarzen der USA – und auch der andern amerikanischen Staaten, wo sie hingegen einigermaßen in die Gesellschaft integriert wurden – sind alle Abkömmlinge der Sklaven. Man rechnet heute, daß ungefähr 9,5 Millionen Sklaven Amerika erreicht haben und wohl ebenso viele bei der Gefangennahme, auf dem Marsch zur Küste, auf der Fahrt übers Meer ums Leben kamen. Man sah in der Sklaverei damals keine grundsätzliche Frage. Im Gegenteil, schon Aristoteles und das ständige Denken des Mittelalters meinten, es gebe Menschen, die ohne starke Herrschaft sich nicht gut durchs Leben bringen könnten. Um die zur Zwangsarbeit weniger geeigneten Indianer zu schützen, empfahl der katholische Bartolomeo de Las Casas die Einfuhr von Negersklaven. Der protestantische Bischof Thomas Wilson (1663-1755) schrieb in einem Katechismus, der wenigstens 26 englische Auflagen hatte, aber auch in andere Sprachen übersetzt wurde, die Negersklaven stammten aus einem Land, wo es weder Recht noch Ordnung gebe, wo niemand in Sicherheit lebe – außer einige Gewalttätige, welche die andern überwältigen oder töten. Die Schwarzen Amerikas müßten es deshalb begrüßen, daß sie – wenn auch als Sklaven – nun unter zivilisierten Menschen leben könnten. Er stützt seine Überlegung noch mit dem Hinweis, daß schon die Bibel die Nachkommen Hams verflucht und zu Sklaven bestimmt habe, daß diese aber jetzt das Glück hatten, getauft worden zu sein, und daß der gerechte Gott in der künftigen Welt reichlich ausgleichen werde, was die Negroes hier an Entbehrungen und Leiden zu tragen hätten, sofern sie ihr Schicksal geduldig annähmen[71].

1868 wurde die Sklaverei in den USA aufgehoben. Alle Menschen haben gemäß der Verfassung die gleichen Rechte. Aber sowohl die Politiker wie die Kirchen haben sich viel zuwenig darum gekümmert, das auch in den Alltag umzusetzen. Nur die Quäker haben schon seit dem 18. Jahrhundert für die Schwarzen gekämpft. Heute sind es vor allem die Freikirchen, die „Sekten", die in allen Straßen der Städte ihre kleinen Zentren haben und den Schwarzen echte Gemeinschaft schenken und spontanen religiösen Ausdruck ermöglichen. Ohne die verschiedenen Unternehmungen der Kirchen zu übersehen, kann man nicht umhin zu sagen, daß diese sich viel zuwenig radikal für die Schwarzen ausgesprochen haben, daß sie durch ihr praktisches Verhalten Anlaß gaben, Gott selber, den sie bekennen, als Rassisten zu sehen[72]. B. Chenu beschließt die Beschreibung dieser Situation „mit dem Gefühl der Ohnmacht des christlichen Evangeliums. Dieses Evangelium schafft keinen Bruch, bringt kein neues Element ins Gespräch mit der beherrschenden rassistischen Ideologie. Gewiß, die Kirchen reden von der Gleichheit aller Menschen, aber das bleibt meistens auf den religiösen Raum beschränkt. Sie empfinden für den Schwarzen mehr Mitleid als Respekt."[73] Immerhin haben dann diese Schwarzen selber aus der Kraft des Evangeliums gehandelt und sich eine andere Stellung und ein anderes Christentum geschaffen. Sie sind daran, ein viel radikaleres Christentum zu leben.

Am 28. August 1963 hielt Martin Luther King vor 250 000 Schwarzen auf dem Marsch nach Washington seine prophetische Rede: „Ich habe einen Traum! Wir werden den Tag beschleunigen können, an dem sich alle Kinder Gottes, die Schwarzen und die Weißen, die Juden und die Heiden, die Katholiken und die Protestanten, bei der Hand nehmen und singen werden, wie es im alten Negro Spiritual heißt: ‚Endlich sind wir frei!' " Am 4. April 1968 wurde er bei einem ähnlichen Anlaß erschossen. Haben wir trotzdem noch den Mut, an seinen Traum zu glauben?

§ 17. Noch hoffnungsloser sieht die Lage der *Schwarzen in Südafrika* aus, weil hier die Rassendiskriminierung nicht trotz, sondern wegen der Gesetze gehandhabt wird.

Wer Südafrika bereist, liebt das Land mit seinem angenehmen Klima, seinen schönen Städten und Stränden, seiner blühenden Landwirtschaft, seiner entwickelten Industrie, seiner effizienten Verwaltung. Südafrika birgt mehr Schätze und Mineralien als die USA und Kanada zusammen. Es könnte ein halbes Paradies sein, wäre es nicht so grausam gezeichnet. Die Schwarzen, die Mehrheit der Bevölkerung – rund 25 Millionen Schwarze auf 4,5 Millionen Weiße –, werden täglich auf dutzend Weisen gedemütigt in den getrennten Bars, Kinos, Bussen, Eisenbahnen, Wartesälen. Aber auch die ganze Wirtschaft bezweckt nur das Wohl der Weißen und „braucht" dazu die Arbeit der Schwarzen. Die 17 % der weißen Bevölkerung konsumieren 70 % der Güter des Landes. Die Schwarzen und Farbigen haben sich mit dem Rest zufriedenzugeben. Zum Wohnen drängt man sie in elende Slums oder in die künstlichen Baukasten-Städte, oder in die mausarmen „Homelands", wo sie eine Art Ersatz-Unabhängigkeit genießen, aber zum Schicksal des Landes nichts zu sagen haben.

Seit der Eroberung des Landes hat das Herrenvolk es verstanden, die Schwarzen zu versklaven, sie glauben zu machen, daß sie nichts wert seien, so daß sich alle ihrer Hautfarbe, ihrer Geschichte, ihrer Kultur schämten. In ihrem eigenen Lande wurden sie zu Fremden gemacht. „Jetzt aber haben wir das Spiel durchschaut. Wir haben entdeckt, daß die große Lüge das ganze Leben, aber auch Geschichtsschreibung, Wissenschaften, Religion durchsetzte. Die Wissenschaften mitsamt der Religion ließen sich kaufen, um den Mythos des Herrenvolkes aufzubauen. Jetzt sind wir daran, diese Fundamente zu zertrümmern, Schicht um Schicht der großen Lüge abzutragen und die Wahrheit an den Tag zu bringen. Von jetzt an schreiben wir selber unsere Geschichte. Schon unsere Benennung als Kaffern, Einheimische, Bantu, Nicht-Weiße, als ob wir nicht volle Menschen wären, bezeichnete eine ganze Stufenleiter von Beschimpfungen. Nun aber ist Schwarzsein dank der ‚Black-power-conscience' eine positive Bezeichnung geworden . . ." So schreibt einer der vielen schwarzen Schriftsteller und Theologen[74].

Die Lage geht nicht mehr bloß Südafrika an. Sie interessiert die Welt. Denn es könnte sehr wohl geschehen, daß nach Vietnam, Iran,

Mittlerem Osten der nächste Wetterwinkel der Weltpolitik in Südafrika läge. Denn wenn die Aufhebung der Rassendiskriminierung nicht von innen erfolgt, wird sie von außen kommen. Man sieht das Unheil nahen. Vor 20 Jahren begann der Kampf um Mozambik und Angola, der zum Sieg der Mehrheit führte. Seit fünf Jahren wiederholte sich dasselbe Spiel um Rhodesien. Wer glaubt, daß die Bewegung vor den Toren Südafrikas haltmachen wird?[75] Rußland hat alles Interesse, auf dem Rücken der Freiheitskämpfer in dieses Land zu gelangen, um dann das Gold der Welt, die Diamanten der Welt, einen Großteil des Uraniums und des Chromes (das für Stahllegierung, somit für die Waffenproduktion gebraucht wird!) in die Hand zu bekommen und auch den ganzen Transport um das Kap zu kontrollieren. Sollte ihm das gelingen, könnte es die westliche Welt in eine Wirtschaftsblockade setzen und ohne Krieg in die Knie zwingen.

Diese ganz unheilvolle Situation ist wiederum die Frucht einer „Auserwähltes-Volk"-Ideologie. Als die Buren den großen Treck unternahmen, um ins Innere des Landes vorzudringen, bildete die calvinistische Kirche mit dem Volk eine untrennbare Einheit. Man fühlte sich als das auserwählte Volk im Exodus, auf der Wanderung zum verheißenen Land. Man trug die Bibel in der einen, die Waffe in der andern Hand. Die schwarzen heidnischen Stämme galten als die feindlichen Kanaanäer, denen gegenüber man das göttliche Recht ganz auf seiner Seite glaubte. Zur Ham-Theorie gesellte sich noch die calvinistische Prädestinationslehre. Zuerst war man bereit, getaufte Schwarze in die eigene Gemeinschaft aufzunehmen. Aber bald wurde die Demarkationslinie nicht mehr zwischen Christen und Heiden, sondern zwischen Weiß und Schwarz gezogen.

Am Tag vor der Entscheidungsschlacht gegen die Zulu, am Buffalo-Fluß, am 16. Dezember 1838 – die Buren zählten 470 Mann, die Zulus 12 500 –, machten die Vortrecker ein feierliches Gelübde, eine Art Bund mit Gott: falls er ihnen den Sieg verleihe, würden sie und ihre Nachkommen für immer dieses Tages gedenken und ihm zu Ehren eine Kirche bauen. Mehr als 3000 Zulus fielen unter den Schüssen der Buren. Der Fluß wurde von da an Blutfluß genannt, und der Bundestag ging in die Geschichte ein. Er wird bis heute jedes Jahr am 16. Dezember mit Gottesdienst, Reden, Volksbelustigung begangen. Die Präsidenten von Krüger bis Vorster versäumten nicht, immer wieder auf die „Großtaten Gottes in der Geschichte" hinzuweisen und den

Auftrag der Weißen als Vorposten der christlichen Kultur zu betonen. Auch die Landidee übt immer noch, wie bei Israel (Erste Runde § 19), eine faszinierende Macht aus[76].

Heute ist man freilich auch da skeptisch geworden. Wohl gibt es noch das „Afrikaner Bruderband", eine Art Geheimgesellschaft, mit 12 000 Mitgliedern, das ideologische Rückgrat der „Dutch Reformed Church" und der „National Party". Diese Leute pflegen nach wie vor den Messianismus und fordern die harte Linie. Aber andere Kreise durchschauen die Ideologie und fragen sich, ob der Gelöbnistag ein Christus- oder nicht eher ein Baalsdienst sei und ob heute nicht ein neuer Bund fällig wäre, der nicht mehr die zwei Rassen gegeneinander ausspielt, sondern alle in den einen Bund mit Gott einschließt[77].

Die Kirchen haben wiederholt ihre Erklärungen abgegeben und die Politik der „Apartheid" verurteilt. Sehr scharf reagierte die Katholische Bischofskonferenz im Februar 1977 nach den Unruhen von Soweto[78]. Freilich sagten mir schwarze Priester, daß diese Erklärung nachher stark verwässert worden und ein bloßes Dokument geblieben sei. 1978 schrieb der Ausschuß der Bischofskonferenz an den Ministerpräsidenten Vorster: „Sie sind besorgt über die Bedrohung durch den Kommunismus. Das beste Gegenmittel gegen den Kommunismus aber ist nicht Unterdrückung, sondern Gerechtigkeit." Der „Christian Council of Churches" zeigt sich noch mutiger und konkreter. Vom 5. bis 15. Juli 1979 fand unter seiner Verantwortung in Pretoria ein Treffen von 6000 Teilnehmern statt, halb weiß, halb schwarz, um gemeinsam zu beten, zu denken, zu handeln. Ein Redner, Ronald Sider, sagte u. a.: „Wenn ein System ungerecht ist, sind alle schuldig, die von diesem System leben und profitieren. Gott ist auf Seite der Armen. Deshalb muß auch das Volk Gottes sich mit den Armen solidarisieren, sonst wäre es nicht Volk Gottes, so stark auch seine Gotteserfahrung und so orthodox sein Glaube sein mag. Man muß diese biblische Wahrheit so sehr betonen wie die Auferstehung Christi." Am 27. Juli darauf ließ der Christliche Rat der Kirchen durch die Presse wissen, daß er alle jene moralisch unterstütze, welche die Rassengesetze brechen, da solche Gesetze für ein christliches Gewissen nicht bindend seien[79].

5. Die Kommunisten

§ 18. Es war im letzten Jahrhundert, als der von der Aufklärung herkommende moderne Mensch seine Mündigkeit gebrauchte und sich von der theokratischen Gewalt der Kirche befreite, diese aber sich von allen Seiten angegriffen fühlte und entschieden zur Wehr setzte. Das wichtigste Dokument dieser Abwehr, der Syllabus der Irrtümer von Pius IX. (1864), setzt eine ganze Reihe Gegner auf die Anklagebank, um sie zu verurteilen: den Pantheismus, den Naturalismus, den Rationalismus, den Liberalismus, den Sozialismus, den Kommunismus, die Freimaurerei, die Bibelgesellschaften und viele andere[80].

Es handelt sich hier um ein tragisches Wechselspiel von Schlag und Gegenschlag. Weil die Kirche die im Grunde berechtigten Anliegen dieser Bewegungen nicht durchschaute und anerkannte, sondern sie wegen Abirrungen in der Lehre oder wegen unkirchlicher Haltung einfach verurteilte, gebärdeten sich diese um so antiklerikaler. In letzter Zeit hat mit manchen dieser Gegner eine Art Versöhnung stattgefunden.

Wir greifen nur einen Fall heraus, den Kommunismus, der sich seither auf unerhörte Weise entwickelte, mit dem nicht nur die Kirche, sondern die ganze nichtkommunistische Welt zu rechnen hat. In großen Schüben hat sich sein Machtbereich ausgedehnt: es begann 1917 mit Rußland. Es folgten 1945 die osteuropäischen Staaten, 1949 China, 1973 Südostasien, seit 1974 Mozambik und eine Reihe anderer afrikanischer Staaten. Rund 40 % der Menschheit leben heute unter kommunistischem Regime.

Im Grunde ist es traurig und tragisch, daß eine so messianische Idee, welche die Massen mit neuer Hoffnung auf Gerechtigkeit und gleiche Chancen für alle erfüllte, sich mit der Macht verbündete – also denselben Fehler beging wie die von Marx angeklagte Kirche! –, nicht mehr als Utopie die Menschen in Bewegung setzte, sondern sich ihnen mit Gewalt aufsetzte und sie in ein System hineinzwang, dem die meisten, wenn sie könnten, entfliehen würden. Damit ist der Elan erloschen und „aus der Erwartung der paradiesischen Zukunft ist oft ein die gegenwärtigen Menschen mißbrauchender und mißhandelnder Fanatismus geworden", wie sogar ein Marxist, Milan Machovec, zugibt[81].

Leider lernte K. Marx damals eine Religion kennen, die tatsächlich auch dazu diente, die Frustrationen, die Selbstentfremdung des Menschen in der bürgerlichen Gesellschaft zu kompensieren. Er ging deshalb über Feuerbach hinaus, indem er nicht nur die unerfüllte Individualität, sondern die frustrierende soziale Situation als Ausgangspunkt der Religion annahm, und sich darum zum Ziel setzte, diese Situation zu verändern und damit auch Religion mit ihrem Opium-Charakter überflüssig zu machen. Man kann nicht verneinen, daß im vorkommunistischen Rußland, im vorkommunistischen Mozambik oder Äthiopien Religion tatsächlich auch diese vertröstende und somit entfremdende Funktion ausübte. Bevor man deshalb Steine auf den Kommunismus wirft, hat man Grund, an die eigene Brust zu klopfen und sich zu fragen, wie weit man am Fortschritt des Kommunismus mitverantwortlich sei.

So wurde aus dem Marxismus nicht bloß ein Wirtschaftssystem, sondern auch eine materialistisch-atheistische Ideologie, so sehr, daß G. Wetter sagt, man könne keinen Keil zwischen diese zwei Elemente treiben und alle Hoffnungen auf Preisgabe der atheistischen Ideologie seien vom Standpunkt der Sowjetphilosophie aus entweder verwerfliche Häresie oder zeitweiliges Zugeständnis, das im Hinblick auf gewisse praktische Vorteile vorläufig gemacht, aber im gegebenen Augenblick wieder rücksichtslos zurückgenommen würde[82]. Man versteht, daß die Kirche diesem System keine Sympathie entgegenbringen konnte und daß Papst Pius XI. damals in derselben Woche einen Zweifrontenkrieg eröffnete, indem er am 14. März 1937 die Enzyklika „Mit brennender Sorge" gegen den Nationalsozialismus und am 19. März „Divini Redemptoris" gegen den Kommunismus herausgab, worin er klipp und klar verkündete: „Der Kommunismus ist seinem innersten Wesen nach schlecht, und es darf sich auf keinem Gebiet mit ihm auf Zusammenarbeit einlassen, wer immer die christliche Kultur retten will."[83]

Aber damit konnte kaum das letzte Wort gesagt sein. Trotz allem faszinierte der Kommunismus nicht nur die Arbeitermassen, sondern auch beste Männer der Kirche, die glaubten, man könne ein solches Phänomen nicht einfach ignorieren und isolieren. In Frankreich versuchten die Leute um die „Mission de Paris" an jene Masse des Volkes heranzukommen, die keine Schwelle der Kirche mehr überschritten, weil sie glaubten, darin „eine Gemeinschaft von frommen Glaubenden, die sich Gott dienstbar machen und sich in einem transzendentalen Egoismus verschließen", zu treffen. Man nannte diese Massen nicht mehr „entchristlicht", da man zur Einsicht gekommen war, daß sie nie christlich waren. Man kam auch ins Gespräch mit den kommunistisch organisierten Arbeitern und ihren Führern. Rom sah das nicht gern. Einer der Animatoren der „Mission de Paris", Y. Daniel, berichtet, wie ihn Kardinal Ottaviani fragte: „Sie kommen also hie und da mit den Kommunisten zusammen?" Antwort: „Wenn Sie Missionare nach Afrika schicken, müssen Sie wohl voraussetzen, daß sie hie und da mit Negern zusammenkommen."[84]

In Deutschland und Österreich bildete sich die Paulus-Gesellschaft, die 1965 in Salzburg, 1967 in Marienbad Gespräche mit Marxisten organisierte, die Internationale Dialog-Zeitschrift herausgab, mit dem Zweck, die divergierenden und konkurrierenden Vorstellungen und Vorhaben zur menschlicheren Gestaltung der Welt gegenseitig der Überprüfung auszusetzen, in der Absicht, die Konvergenzen aufzudecken, die sterile Polemik zu überwinden, die größtmögliche Zusammenarbeit anzubahnen[85]. Das Unternehmen führte aber nicht weit. Die Zeitschrift wurde 1974 eingestellt, und die Gespräche wurden nicht wiederholt, vor allem, weil die offenen marxistischen Gesprächspartner nicht „den" Marxismus vertraten und von ihren entsprechenden Landesparteien desavouiert oder gar ausgeschlossen wurden. Die Ketzerfeuer lodern also immer noch.

Auch Rom blieb nicht auf der Position von Pius XI. stehen. Schon unter Papst Pius XII. gab es dort eine Gruppe um Mgr. Cawlina, Kardinal Bea und andere, die glaubten, die Kirche könne ihre Interessen nicht mehr wahrnehmen, wenn sie gegenüber dem Marxismus nur auf ihre Rechte poche. Sie müsse sich fragen, was der Kommunismus im Grunde erstrebe und ob es hier nicht, trotz aller Überschattung durch Ideologie und Gewalt, um echt menschliche Werte gehe. Was unterdessen hinter den Kulissen geschah, trat dann durch die kühne Initiative des pastoralen Papstes Johannes XXIII. auf die Bühne. In der Enzyklika „Pacem in terris" von 1963, erstmals nicht mehr bloß an die Bischöfe gerichtet, sondern „an alle Menschen guten Willens", lehrt er: Auch wenn ein Mensch soziale und politische Irrtümer vertrete, werde er damit als Mensch noch nicht schlecht. Man dürfe darum auch mit Menschen, die nicht an Christus glauben, Gemeinschaft pflegen. Allein die Klugheit könne entscheiden, ob und in welchem

Maß dies angezeigt sei[86]. Man sagte, diese Öffnung, noch markiert durch den Besuch von Chruschtschows Schwiegersohn Adschubei, hätte der „Democrazia cristiana“ eine Million Stimmen gekostet. Sie hat aber zugleich auch das unmenschliche Block-Denken, wie es im Mittelalter zwischen Christenheit und Islam bestand (vgl. oben § 11), überwunden und gelehrt, daß man sich nicht mit einer Anti-Haltung, sondern mit positiven Initiativen Stimmen sichern soll.

Auf derselben Linie lag die Errichtung des Sekretariates für die Nicht-Glaubenden durch Papst Paul VI. im Jahre 1965. Es wurde mit der Aufgabe betraut, die tieferen Ursachen des Atheismus zu ergründen und trotz aller Schwierigkeiten den Dialog mit den Atheisten anzubahnen. Im Grunde hatte schon das Konzil in „Gaudium et spes“ versucht, eine neue Interpretation des Atheismus zu geben (Nr. 19 bis 21, 92). Nachdem schon durch verschiedene neue Organe der römischen Kurie die schrittweise Öffnung der Kirche zu den „Außenseitern“, zu den Laien, zu den anderen Christen, zu den nichtchristlichen Religionen, dokumentiert war, sind nun mit diesem letzten Sekretariat wirklich die „Fernsten“ angezielt. Das Sekretariat kann sich – aus verschiedenen Gründen – nicht großen Erfolges rühmen, aber es steht immerhin da als Symbol und Zeichen des guten Willens und der Hoffnung[87].

Es stellt sich die Frage, ob die Bezeichnung „Nicht-Glaubende“ noch die richtige sei. Man mußte schon die Heiden oder „Nicht-Christen“ neu benennen (vgl. oben § 14). Man kann vielleicht auch die „Nicht-Glaubenden“ nicht länger einfach mit einer verneinenden Vorsilbe definieren, als ob der christliche Glaube das Selbstverständliche, der Unglaube eine Abart wäre. Heute trifft eher das Umgekehrte zu: Der Unglaube ist das Normale und die christliche Lebensauffassung die große Überraschung. Wir müssen wieder – wie die ersten Christen – Rechenschaft geben von unserer Hoffnung (1 Petr 3,15). Der christliche Glaube könnte heute als „Nicht-Unglaube“ umschrieben werden. Aber selbst und gerade diese Menschen außerhalb der Kirche, am Nullpunkt des Glaubens, sind unsere Partner, wenn nicht des Dialoges, so doch des Menschseins. Sie müssen ernst genommen werden[88]. Die Christen haben ihnen gegenüber nicht unbedingt zu „predigen“, wohl aber mildes Licht in ihr Leben hinein zu sein, sakramentales Zeichen dafür, daß auch mit ihrem Leben mehr los ist, als sie selber wahrhaben wollen (vgl. Vierte Runde § 19, 28).

Der Dialog zwischen den Systemen oder Blöcken wird immer schwer bleiben. Man sieht sich, bei aller von der Notwendigkeit aufgedrängten Verhandlungsbereitschaft, doch als Gegner. Aber das Gespräch von Mensch zu Mensch ist nie aussichtslos. Es fällt geradezu auf, wie Papst Johannes Paul II. in der Regel nicht die Systeme verurteilt, weder den Kommunismus noch den Kapitalismus, noch die Ideologie der Nationalen Sicherheit in Lateinamerika und anderswo. Er verwehrte es den Bischöfen von Puebla nicht, diese Systeme unter Anklage zu stellen[89]. Aber er selber geht einen anderen Weg. Er brandmarkt zwar die Verstöße gegen die Menschenrechte, wo immer sie vorkommen. Im übrigen versucht er, mit den Menschen in den Systemen in guter Beziehung zu stehen, sie gleichsam mit Sympathie einzuholen, hoffend, daß so die Systeme von innen her allmählich verbessert werden. Der Kapitalismus kann noch keineswegs ein ideales System genannt werden. Aber er ist heute viel besser als vor 100 Jahren. Kann man nicht eine ähnliche Hoffnung für die anderen Systeme haben? Man möchte wünschen, daß dieser legitimen und prophetischen Schau Erfolg beschieden sei.

Der Dialog zwischen Christen und Marxisten hat also, trotz aller Schwierigkeiten, seine in der Sache selbst gelegenen guten Voraussetzungen. Denn auch der Marxist kann nie über seinen menschlichen Schatten springen. Auch er trägt immer und notwendig die Fragen nach dem letzten Sinn des Lebens mit sich, dies um so mehr, als jene ideale Schau, für die er sein Leben einsetzt, nur als Postulat existiert, und er darum mit seinem Leben nie zufrieden sein kann[90]. Es gibt bis jetzt leider keine Erhebungen über die innere Gemütsverfassung der Marxisten. Es wird sie wohl auch nie geben, solange das System aufrechterhalten bleibt. Das System sucht den Dialog von Mensch zu Mensch systematisch zu verunmöglichen, da die Marxisten nie allein, sondern immer wenigstens zu zweit erscheinen müssen und somit kontrolliert sind. Auf einer Tagung erklärte ein Priester aus Polen, in seinem Land gebe es höchstens 5 % Marxisten – *falls* sie Marxisten seien. Vielleicht wird es einmal herauskommen, wie viel Frustration und Alienation in den Marxisten steckt, nachdem sie umsonst versuchten, Religion als frustrierend und alienierend abzutun.

Wir stehen erst am Beginn der Auseinandersetzung mit dem Marxismus. Bisher herrschte der sterile Antikommunismus vor. Das aber ist keine geeignete Politik, ist überhaupt keine Politik, sondern vielmehr ein Alibi für das Fehlen einer Politik. In dieser kommenden Auseinandersetzung muß man sich bewußt bleiben, daß man nicht mehr einfach von „dem" Kommunismus reden kann, wie man auch nicht mehr von „der" Christenheit reden kann. Es gibt sie in der katholischen, orthodoxen, protestantischen, anglikanischen Form. Sogar innerhalb der katholischen Kirche gibt es verschiedene Richtungen. Gleicherweise gibt es auch den Kommunismus in der je verschiedenen russischen, polnischen, albanischen Ausgabe, den Euro-, Afro- und den chinesischen Kommunismus. Der Kreml sähe gern den monolithischen Block, aber Leben und Geschichte sind stärker als Ideologien. Man muß also heute den konkreten Kommunismus studieren und nicht allgemeine Urteile über ihn fällen. Das Beispiel Chinas scheint deutlich zu zeigen, daß innere Wandlungen möglich sind[91]. So bleibt die Herausforderung aufgegeben, die Hoffnung offen, und alle Mittel müssen versucht werden, um den Marxisten zu begegnen. H. Stehle stellt die umstrittene Ostpolitik des Vatikans in den größeren geschichtlichen Zusammenhang, und er kommt zum Schluß seiner Untersuchung zu einem positiven Urteil: „Die Ostpolitik des Vatikans ist Teil jenes großen historischen Panoramas, das 2000 Jahre zurückreicht: Päpste gingen in die Verbannung und Kaiser nach Canossa, Heilige wurden gemartert und Ketzer verbrannt, neue Lehren wurden verworfen und – angenommen, wenn die Zeit da war und die Erde sich doch drehte[92].

Für gewisse Kreise der Besitzenden, die an der bestehenden „Ordnung" interessiert sind, gelten jene, die an dieser „Ordnung" etwas rütteln, indem sie sich für die Rechte der Armen einsetzen, sofort als Kommunisten, gegen die man mit ebenso brutalen Mitteln vorzugehen bereit ist, wie die Kommunisten es in ihrem Fall tun. Neulich wurde in Brasilien in einem 357seitigen Geheimdokument „nachgewiesen", daß der Klerus dort wie auch der Vatikan kommunistisch infiltriert seien. Auch Papst Paul VI. müsse als prokommunistisch taxiert werden. Der Beweis liege in der systematischen Bewußtseinsbildung der armen Schichten durch die Kirche, in der Ablehnung des Kapitalismus, in der Verteidigung von Priestern, die wegen subversiver Tätigkeit angeklagt seien. Man bedauerte sehr den Mangel an Ordnung und Autorität in der Kirche[93]. Solche rechtsstehenden Antikommunisten konnten es sich leisten, Bischof Adriano Hyppolito

1976 zu überfallen und rot anzumalen, Erzbischof Oscar A. Romero am 25. März 1980 während der Liturgie niederzuschießen, die Jesuiten in San Salvador und Guatemala zu bedrohen und eine Anzahl zu töten, alle, weil sie sich für eine gerechtere Ordnung einsetzten und darum als Kommunisten verschrien wurden. Die Geschichte wird uns bald sagen, ob nicht der Kommunismus genau wegen dieses sterilen Antikommunismus noch mehr zum Zuge kommt.

Es überlebt noch eine andere Art von Antikommunismus, die ebenso anachronistisch, unkritisch und unevangelisch ist. Jedermann kann seine guten politischen, wirtschaftlichen, religiösen Gründe haben, nicht Kommunist zu sein. Man soll aber nicht den Kommunismus als rotes Tuch und Inbegriff aller Übel sehen und das mittelalterliche Blockdenken wiederaufleben lassen. Zu Beginn des II. Vatikanums wurde, mit Billigung einiger italienischen Kardinäle, die in einer panischen Angst vor neuen Ideen in der Kirche lebten, an alle Konzilsväter ein Buch von M. Pinay verteilt, das zu einem neuen Kreuzzug gegen die Juden, die Freimaurer, die Kommunisten aufrief [94]. Diese Anti-Mentalität wirkt immer noch in gewissen Kreisen weiter. Für sie sind alle Aktionen und Initiativen der „andern", ob es sich nun um Freimaurer, Radikale, Sozialisten, Kommunisten handelt, zum voraus verdächtig, schlecht, bloßes Machwerk, um die gefährlichen Absichten zu tarnen – als ob wir Christen immer aus idealen, die andern aus teuflischen Motiven handelten.

Schließlich gehören hierher auch jene Bewegungen und Zeitschriften, die sich sehr christliche und kirchliche Namen geben, aber alles als unkirchlich, ketzerisch, kommunistisch brandmarken, was nicht in ihr vorkonziliares Kirchenkonzept hineinpaßt. Diese rechtsstehenden Kreise machen in Polarisation, tragen den „Kalten Krieg" in die Kirche hinein statt in gegenseitigem Verstehen, in christlicher Toleranz die legitime Pluriformität der Meinungen und Haltungen anzuerkennen und die Einheit in der Vielfalt zu fördern. Je mehr man auf sich selber hört, desto enger, bornierter wird man. Je mehr man für den Geist Jesu offen ist, desto mehr öffnet man sich für alle Menschen. Man wird nicht mehr Fronten errichten gegen die andern außerhalb der Kirche, um so weniger gegen die Brüder in der Kirche. Jene Kreise konnten nicht mit Jesu Erbarmen rechnen, die sich selbstgerecht vorkamen, auf die andern Menschen herabschauten und ihnen unerträgliche Lasten des Gesetzes auferlegen wollten (Mt 23, 4). Man sollte doch aus dem Evangelium und aus der langen Geschichte, die hier aufgezeigt wurde, etwas lernen.

III. Nachüberlegungen

§ 19. Nach diesen fünf Längsschnitten durch die Geschichte, die uns aufzeigten, wie fünf Gruppen von Partnern der Kirche behandelt und oft mißhandelt wurden, befällt einen Wehmut und Demut. Man kann nicht froh aufatmen und Gott für diese Geschichte danken, sondern man geht nachdenklich, unter einem *beklemmenden Eindruck* seines Weges. Warum mußte es so sein, daß die Kirche oft an ihren Partnern vorbeiredete, gegen sie redete, sie verurteilte, ohne auf sie gehört zu haben? Das einzige, was die beiden Seiten gemeinsam taten, war das Streiten. Dabei waren wir, Kirche, immer die Gescheiteren und dank der Verbindung mit der Macht für lange Zeit – leider – auch die Stärkeren. Der Weg der Kirche durch die Zeit glich in der Tat einem Kreuzweg, wie Jesus es angesagt hatte (Mt 16, 24; Lk 21, 12). Dabei aber hat vorwiegend nicht die Kirche das Kreuz getragen, sondern sie hat dieses mitsamt der Schmach auf die andern abgeschoben. Für diese, die „nicht auserwählten Völker", wirkte die Gegenwart der Christen, des „auserwählten Volkes", meist nicht als Segen und Heil, sondern eher als Fluch und Unheil. Die Kirche selber aber ging diesen Weg triumphierend, tat alles, damit ihre Bitte in der Allerheiligenlitanei, „Daß du die Feinde der Kirche demütigen wollest", erfüllt werde, kaum durch den ohnmächtigen Gott am Kreuz, wohl aber durch die mächtige Christenheit, in deren Museen bis heute ungezählte Bilder ihrer Schlachten und Siege ausgestellt sind. Man muß sich fragen, was die Christen damals dachten, wenn sie das Evangelium lasen, und genau das Gegenteil von dem taten, was Jesus meinte.

Die Geschichte spricht eine ehrliche, und in unserem Fall eine harte Sprache. Man darf sie nicht beschönigen, mit Achselzucken hinter sich lassen, mit lautstarker Apologetik übertönen. Eine schwere Hypothek lastet auf uns. Wir haben sie anzunehmen. Sie gehört mit zur „Sünde der Welt". Diese wird gewiß vom Lamm Gottes hinweggenommen. Aber man muß sie vorher ehrlich bekennen und bereuen, wie es das Konzil einzelne Male tat, wenn es z. B. in „Dignitatis humanae" (Nr. 12) zugibt, daß in der Geschichte der Kirche „bisweilen eine Weise des Handelns vorgekommen ist, die dem Geist des Evangeliums wenig entsprechend, ja sogar entgegengesetzt war". Sünden der Schwachheit werden leicht vergeben. Sünden der Stärke hingegen, der anderen Unrecht antuenden Selbstsicherheit, der andere vergewaltigenden Autorität, stecken tief drin und erfordern, bevor sie vergeben werden können, eine Gesinnungsänderung.

Dabei haben wir diese Unheilsgeschichte nur in großen Zügen überblickt, aus Satellitenperspektive. Würde man die konkreten Einzelheiten aus den Archiven aufleben und auftreten lassen, würde man erschaudern und könnte den Tatsachen fast nicht glauben. Wenn darum auf diesen Seiten hie und da über die geschichtlich-sachliche Darstellung hinaus der Unmut durchbrach, war das nur ein schwaches Echo des Grollens, ein geringes Anteilnehmen an der Empörung jener, die von der Kirche verfolgt und gedemütigt wurden.

Freilich, ich wiederhole (vgl. oben § 1), daß hier nur der Außenaspekt der Kirche geschildert wurde, und selbst hier müßte man ergänzend sagen, daß es auch bessere Zeiten mit mehr Verständigungsbereitschaft, daß es auch die andere Seite mit Caritas und Aufbauarbeit gab. Aber das hebt all das, was hier berichtet wurde, nicht auf. Ich wiederhole ebenfalls, daß diese Zweite Runde nicht den Zweck hatte, die Menschen jener Zeiten anzuklagen. Wir hätten an ihrer Stelle, in ihrer feudalen, kolonialen, vorkonziliaren Zeit ebenso gedacht und gehandelt. Aber für eines tragen wir die Verantwortung, daß diese Haltung nicht verlängert werde, daß man in der Gegenwart die gleichen Fehler nicht wiederhole. Dazu konnte die Schocktherapie der vorausgehenden Seiten vielleicht nützlich sein.

§ 20. An der Wurzel dieser geschilderten Unheilsgeschichte steckt nicht die Erwählungstheologie, sondern was aus ihr geworden ist, eine *Erwählungsideologie,* die sich mit der Macht verband und zu diesem Suprematiedenken, diesem Exklusivismus, dieser Intoleranz mit den verheerenden Folgen führte. Zwar scheint Intoleranz zuengst mit Offenbarung und prophetischem Reden zusammenzuhängen. Der Prophet spricht und handelt im Auftrag Gottes. Wer sich ihm widersetzt, widersetzt sich Gott. In der katholischen Kirche wurde dann die Autorität des Propheten auf die Institution Kirche übertragen und dermaßen übersteigert, daß Martin Luther, z. T. mit Recht, leiden-

schaftlich dagegen anging. Für sich selber hat er freilich die prophetische Autorität und Intoleranz nicht weniger leidenschaftlich in Anspruch genommen[95].

Wir müssen all diese „Überzeugungen", die zu solchen Absurditäten führten, auf ihre biblische Begründung hinterfragen. Das wird in der Vierten Runde geschehen. Vieles wird da entmythologisiert werden müssen. Wir können aber jetzt schon, zum Abschluß dieser Zweiten Runde, einige Stimmen und Urteile über unsere Erwählungsideologie zur Kenntnis nehmen. Sie bestärken uns in der eigenen Analyse.

A. J. Toynbee: „Es ist ein schmerzlicher Hohn der Menschheitsgeschichte, daß die Erkenntnis eines einzigen Gottes und der Gedanke, daß alle Menschen vor Gott Brüder sind, zugleich Unduldsamkeit und Verfolgung mit sich gebracht haben. Die Erklärung hierfür liegt natürlich darin, daß der Gedanke der Einheit aller Gläubigen die Verfechter dieses Glaubens dazu treibt, ihr Ziel als so wichtig zu empfinden, daß sie alle Mittel benützen, es in die Wirklichkeit umzusetzen ... Es scheint also der Einfluß des Einheitsgedankens auf eine Religion zu einer geistigen Ungeheuerlichkeit zu führen. Die Verfolgung der ‚falschen' durch die angeblich ‚richtige' Religion ist ein Widerspruch in sich, da eben, durch solche Verfolgung, die ‚rechte' oder ‚echte' Religion sich ins Unrecht setzt und sich selbst den Boden unter den Füßen entzieht ... Der Gedanke der Einheit kam im Kirchenstaat zum höchsten und krassesten Ausdruck, wo die Kirche ihre geistliche Oberhoheit völlig mit der weltlichen Obermacht zusammenfallen ließ. Vielleicht bietet das Papsttum das hervorstechendste Beispiel für den verhängnisvollen Einfluß eines von sich selbst berauschten Siegers."[96]

J. Moltmann: „Kleinglaube tritt meistens im Gewand der sich bedroht fühlenden und darum besonders starren Orthodoxie auf. Er tritt auf, wo man gegen die Unmoral des gegenwärtigen Zeitalters das Evangelium der schöpferischen Liebe zu den Verlassenen mit dem Gesetz der angeblich christlichen Moral und dem Strafrecht vertauscht ... Wo die ‚Religion der Angst' in die christliche Kirche eindringt, wird der Glaube durch diejenigen, die sich für seine besten Hüter halten, vergewaltigt und erstickt. Statt Zuversicht und Freiheit breiten sich dann Ängstlichkeit und Apathie aus ... Die Vertreter dieser Haltung mauern sich defensiv im eigenen Kreis ein und nennen sich apokalyptisch die ‚Kleine Herde' oder den ‚Treuen Rest' und liefern die Welt draußen der von ihnen selbst beklagten Gottlosigkeit und Unmoral aus."[97]

F. Heer: „Es gibt keine Weltreligion und keine menschliche Gesellschaft, die immer wieder in ihrem Schoße so viel Explosionsstoff wie die ‚christliche Gesellschaft' gesammelt hat . . . Man hat sich immer wieder Todfeinde und Sündenböcke geschaffen. Die Kirche konstituierte sich selbst als ein permanenter Scheiterhaufen, auf dem ‚Häretiker', Rechts- und Links-Abweicher, verbrannt wurden." Er spricht von der Selbstverschließung der Kirche als einer pathologischen Sozialstruktur und urteilt: „Die Christenheit ist der Welt die Hoffnung schuldig geblieben."[98]

Und noch als Stimme „der anderen" der Amerika-Neger F. Fanon: „Dieses Europa, das niemals aufgehört hat, vom Menschen zu reden, und niemals aufgehört hat zu verkünden, es sei nur um die Menschen besorgt: wir wissen heute, mit welchen Leiden die Menschheit jeden der Siege des europäischen Geistes bezahlt hat. Los, Genossen, Europa hat endgültig ausgespielt. Es muß etwas anderes gefunden werden."[99]

Ja, durch ihren Exklusivismus hat sich die Kirche selber zu einer Art „Sekte" gemacht. Statt die Einheit aller Menschen Gottes zu verkünden und am eigenen Modell vorzuleben, hat sie sich selber verherrlicht und die anderen verurteilt. So kann es nicht weitergehen. So geht es tatsächlich und Gott sei Dank nicht weiter.

§ 21. Seit rund 20 Jahren sehen wir uns plötzlich wie in eine neue Landschaft versetzt: neuer Wind, neues Panorama, *neue Horizonte,* nicht als Fata morgana, sondern als erfahrbare Wirklichkeit.

Anstelle des unchristlichen Antisemitismus, christlich-jüdische Gruppen und Kommissionen und gemeinsames Interesse an Jesus; anstelle der unmenschlichen Ketzerjagden, ökumenische Gespräche und Hoffnung auf kommende Einheit; anstelle des verteufelten Heidentums, neue Theologie der nichtchristlichen Religionen und Zusammenkünfte auf allen Ebenen; anstelle des weißrassischen Hegemonismus auch in der Kirche, afrikanische und asiatische Bischöfe und Kardinäle; anstelle der Dutzend Phantome von Feinden, Gespräche und Zusammenarbeit mit den Bibelgesellschaften, mit den Freimaurern, mit den Kommunisten. So beklemmend der Eindruck der fünf Längsschnitte war, so überraschend kam es zuletzt immer zu einem „glücklichen Ende“, nicht als Wunschtraum wie in einem Roman, sondern als vollendete Tatsache der geschichtlichen Entwicklung.

Diese allgemeine Entkrampfung ist dem guten Papst Johannes XXIII. und dem von ihm einberufenen Konzil zu verdanken. Sie haben die Kirche auf einen neuen Weg geführt, der Geschichte neue Horizonte eröffnet. Auch wenn der Aufbruch des Konzils nicht alle seine Versprechen gehalten hat und deshalb heute viele müde und mutlos geworden sind; auch wenn man die Zerfallserscheinungen in der Kirche nicht bagatellisieren kann, so bin ich doch überzeugt, daß wir – bezüglich des Außenaspektes der Kirche – in einer neuen, verheißungsvollen, privilegierten Phase der Geschichte leben, die man nicht genug schätzen kann, die man vor allem mit allen Mitteln ausbeuten soll. Auch wenn wir immer in der christlichen Dialektik des „schon“ und „noch nicht“ leben und auch in unserem Fall vieles sehen, das „noch nicht“ ist, wie wir es haben möchten, so kann man doch nicht blind sein für das, was „schon“ geschehen ist. Insofern hatte der geschichtliche Überblick dieser Zweiten Runde nicht bloß die Wirkung einer Schocktherapie, sondern vielleicht zugleich die einer Therapie gegen den Defaitismus. Die Zustände, die Haltungen und damit die Chancen der Kirche gegenüber ihren Partnern sind heute unvergleichlich besser als je seit der konstantinischen Wende. Die spätere Geschichtsschreibung wird einmal diese neue Wende mit Staunen zur Kenntnis nehmen.

Nun steht uns aber noch eine weitere und wichtige Runde bevor. Nachdem wir so lange von unserem Standpunkt aus über jene andern, die „nicht auserwählten Völker“, geredet haben, ist es Zeit zu erfahren, wie jene anderen Völker sich selber sehen. Menschen und Völker sind nicht in erster Linie das, was andere über sie denken, sondern das, was sie selber von sich halten. Längst bevor sie mit uns in Kontakt kamen, lebten sie bereits ihre eigene Geschichte, besaßen sie ihre eigene Identität. Dem wollen wir behutsam und unvoreingenommen auf die Spur gehen.

Dritte Runde
Wie die andern Völker sich selber sehen

Eine religionswissenschaftliche Befragung

I. Der Gott der Völker

§ 1. Nachdem wir in der Ersten Runde unsern Blick auf das Volk des Alten und des Neuen Bundes konzentriert haben und in der Zweiten Runde uns fragten, wie dieses Volk des Neuen Bundes sich im Lauf der Geschichte gegenüber seinen Partnern verstanden und betragen habe, gilt jetzt unser Interesse der Frage, ob es sich bei der jüdischen und christlichen Erfahrung um Monopolfälle handle oder ob nicht auch andere Völker eine Art Bundesgott kennen und verehren. Falls dies so wäre, müßte man diese Fälle doch sehr ernst nehmen und überlegen, was sich daraus für unser Weltbild ergeben könnte.

Wir untersuchen jetzt nicht alle in der Zweiten Runde beobachteten Partner, sondern nur den einen, die sogenannten Heiden, weil diese im biblischen Sinn „Nicht-Volk" sind (vgl. Erste Runde § 35 und 37), während die Juden und die Häretiker, trotz allen Zerwürfnissen, doch zum alt- oder neutestamentlichen Volk gehören. Dieses „Nicht-Volk" der Heiden, eine Unzahl von Völkern, die Zwei-Drittel-Mehrheit der Menschheit, sind wohl unserer besonderen Beachtung wert.

Bevor wir uns auf dieses Meer der nichtchristlichen Menschheit begeben, müssen wir uns über die Fahrt im klaren sein, d. h., wir müssen einige *methodologische Vorbemerkungen* machen. Wir bilden uns keineswegs ein, als erste die Fahrt zu wagen. Neben den Monographien und Sammelwerken der Religionswissenschaft, in denen jene Religionen in sich dargestellt werden[1], gibt es eine beträchtliche Anzahl von Untersuchungen, die jene Religionen unter gewissen Gesichtspunkten mit dem Christentum vergleichen, mit der mehr oder weniger deutlichen apologetischen Absicht, daraus die Richtigkeit, die Überlegenheit des Christentums zu beweisen[2]. Uns geht es jedoch jetzt weniger darum, von der Ethnologie her Schützenhilfe für das Christentum zu bekommen, die es gar nicht nötig hat, sondern vielmehr darum, etwas für die Aufwertung jener lang verachteten Religionen zu tun, was freilich nicht verhindern soll, mit voller Unvoreingenommenheit an sie heranzugehen. Der Versuch, jene marginalisierten Religionen „heimzuführen", ist sicher ein sehr menschliches und evangelisches Anliegen. Wir beschränken uns dabei auf den spezifischen Gesichtspunkt: Gott und sein Volk, der bisher noch kaum systematisch herausgearbeitet wurde.

Man darf da freilich nicht klare Ja oder Nein erwarten. Im Gegensatz zum Christentum, dessen Stärke und Schwäche – wenigstens vom Mittelalter an – ein ausgeprägter Intellektualismus war, haben jene Völker keine theologischen Summen geschrieben, keine Systeme von Wahrheiten errichtet, wo jedes Ding klassifiziert an seinem Ort steht. Man grübelt dort nicht so sehr über Religion nach, man lebt sie einfach. Das Schwergewicht liegt nicht auf dem religiösen Wissen, sondern auf der religiösen Erfahrung. Diese ist überliefert in Riten und Mythen, die im Gegensatz zum kritischen Denken von Intuition, Phantasie, Naivität im positiven Sinn geprägt sind. Es braucht viel Einfühlungsvermögen, um das Gemeinte herauszufinden. Vieles bleibt darum unter den Wissenschaftlern umstritten. Man müßte auch den Unterschied zwischen Volksreligion und offizieller Religion im Auge behalten. Das damalige griechische Volk praktizierte einen Polytheismus, die besten Philosophen postulierten einen Monotheismus. Vielleicht verhält es sich ähnlich im Hinduismus, z. T. sogar im Christentum, wo für gewisse Menschen gewisse Heilige und Nothelfer praktisch mehr gelten als Gott.

Sosehr Religionswissenschaft und Ethnologie heute die Studien von Einzelfällen der großen Synthese und Zusammenfassung vorziehen, kommen wir für unseren Zweck ohne gewisse Verallgemeinerungen nicht aus. Diese ergeben sich freilich als Interpretation aus der nötigen Anzahl von Einzelstudien[3].

1. *Die Arbeitshypothese*

§ 2. Wenn man mit Glück die richtigen Bücher in die Hand bekommt, so scheint sich unsere Frage, ob auch andere Völker eine Art Bundesgott kennen, sich als eine Art „auserwähltes Volk" fühlen, rasch zur Arbeitshypothese oder gar zur positiven These zu festigen.

Einige diesbezügliche Aussagen in geschichtlicher Reihenfolge. Schon Diodorus von Sizilien sagte über die Äthiopier, sie meinten von sich, die ersten gewesen zu sein, die gelehrt worden wären, die Götter in Riten und Festen zu verehren. Deshalb sei ihre Religion überall bei allen Menschen bekannt. Sie waren auch überzeugt, daß ihre Opfer im Himmel am meisten Wohlgefallen fänden[4].

Unter den vielen Berichten der italienischen Kapuziner im Kongo im 17. Jahrhundert ragt die ausführliche Chronik des P. Antonio Cavazzi da Montecuccolo hervor. Im Gegensatz zu so vielen Aussagen über das Fehlen jeglicher Religion in Afrika (vgl. Zweite Runde § 12), hatte er bei seinen Kongo-Leuten nicht bloß irgendeine Religion entdeckt, sondern geradezu das Vorhandensein eines Ein-Gott-Glaubens und das Bewußtsein, das ganz besondere Volk dieses Gottes zu sein. Leider legt er das – Kind seiner Zeit! – als bloße Überheblichkeit aus. Er schreibt: „Die Völker des Kongo haben eine hartnäckige Einbildung über ihren Ursprung, den sie für den vornehmsten und hervorragendsten in der ganzen Welt ausgeben ... Sie glauben, daß ihr Land nicht nur der ausgedehnteste, sondern auch der glücklichste, der reichste, der schönste Teil der Welt sei ... Sie behaupten beständig, daß Gott bei der Schöpfung des Weltalls den Engeln und seinen anderen Dienern die Aufgabe zugewiesen habe, alles Nötige für die Erde zu besorgen, hingegen habe er sich allein vorbehalten, die Länder Äthiopiens und vor allem die Königreiche des Kongo gemäß seiner erhabenen Idee und nach seinem Geschmack zu formen. Aufgebläht durch die Vorzüglichkeit dieser Voraussetzungen bilden sie sich ein, die ersten Menschen der Welt zu sein ..."[5]

Über die Masai-Hirten in Ostafrika schrieb 1910 M. Merker: „Der hervorstechendste Zug im Charakter der Masai ist ihr Nationalstolz, der sich auf die religiöse Anschauung gründet, wonach sie das auserwählte Volk Gottes sind. Gott habe die Welt und alles, was darin ist, nur für sie geschaffen. Alle Nicht-Masai seien den Masai untertan. Daraus erklärt sich der Hochmut und die tiefe Verachtung gegen die ansässigen Neger, welche Ngai, das Höchste Wesen der Masai, nicht kennen und darum keinen Anteil an den von ihm geschaffenen Gütern haben. Sie sind daher verdammt, im Schweiße der Arbeit dem Boden die tägliche Nahrung abzuringen. Für die Masai hingegen sorgt Gott wie für seine Kinder."[6] Sie glauben deshalb auch, das Recht zu haben, die anderen Stämme zu bekriegen und zu berauben – also eine nicht gerade sympathische Auffassung von „auserwähltem Volk"!

Von einem andern Hirtenvolk, den Tutsi in Rwanda und Burundi, berichtet J. P. Hallet 1966: sie glauben, „ihr Gebiet sei nicht nur das mächtigste und zivilisierteste auf Erden, sondern auch das Zentrum des Universums. Sie nehmen ihre eigene Propaganda ernst und halten sich für das ‚auserwählte Volk', die Nachkommen der Ybimanuka (die ersten Menschen), die durch ein Loch im Himmel auf die Erde gefallen wären, auserwählt, um immerdar zu herrschen."[7]

Noch drei allgemeine, aber doch zu beachtende Aussagen. H. W. Debrunner betont, daß in Ghana Christus schon immer zugegen gewesen war, daß er mit den Missionaren „in sein Haus kam". Auch der Gedanke eines Bundes mit Gott sei bekannt gewesen. Jene Religionen kämen einem vor wie das Alte Testament[8].

D. Zahan geht am Schluß einer langen Abhandlung über die Religion der Afrikaner so weit zu sagen, daß man weithin in Afrika nicht nur eine Ethik, sondern eine eigentliche Mystik feststellen könne, eine gewisse Einheit und Intimität mit Gott, dem Schöpfer, *„eine Art Bund,* gestützt auf das Vertrauen und die Hingabe". Dieser Mystizismus trage bisweilen ein kollektives Angesicht[9], was wohl sagen will, daß das Volk sich gänzlich seinem Gott überlasse.

Ebenso faßt L. V. Thomas sein Urteil über die traditionellen afrikanischen Religionen zusammen, indem er sagt, sie können „in ihrem Wesen und in ihren Äußerungen anthropologisch als eine Religion des Bundes definiert werden"[10].

So willkommen uns solche Zeugnisse sind, wir dürfen sie nicht überbewerten. Im Gegenteil, es ist ihnen gegenüber eine gewisse Vorsicht am Platz. Die letzten drei Autoren sprechen den Gedanken des „Bundes" in einer sehr allgemeinen Form aus, ohne ihn mit konkreten Texten zu belegen. Die andern Aussagen über „auserwählte Völker" sind alles Zeugnisse *über* die Masai, Tutsi, Kongo, nicht von ihnen selbst. Wir müssen also die Arbeitshypothese gründlicher überprüfen.

Wollte man exakt vorgehen, müßte man eine ganze Anzahl Monographien einzelner Völker aus den je verschiedenen Kulturen und Kulturprovinzen untersuchen[11]. Wir müssen uns hier mit einem notwendigen Minimum begnügen und unterscheiden wenigstens die drei Gruppen der Pygmäen, der Hirtenvölker, der Ackerbauern und Jäger.

2. *Die Überprüfung*

a) Die Pygmäen

§ 3. Die ethnologisch-religionswissenschaftliche Erforschung der Pygmäen steht in engem Zusammenhang mit der Suche nach „religionslosen Völkern" am Beginn dieses Jahrhunderts. Verschiedene Gelehrte wandten die Evolutionslehre auch auf die Religion an und meinten, der Monotheismus sei die vorletzte Stufe der religiösen Entwicklung der Menschheit, die vom vorreligiösen Zustand der hordenähnlich lebenden Urmenschen zum Animismus, Totemismus, Manismus über den Polytheismus zum Monotheismus führte, der jetzt seinerseits vom religionslosen Zustand des aufgeklärten, wissenschaftlichen Menschen abgelöst werde. Hier setzte nun Pater Wilhelm Schmidt SVD ein. Er sammelte alles Material über die ältesten heute erreichbaren Völker, zu denen die kleinwüchsigen Pygmäen gehören. Er schickte auch seine Mitbrüder Gusinde, Schebesta, Koppers auf deren Spur. Als Ergebnis konnte Schmidt in seinen Vorlesungen – auch ich war in den 40er Jahren in Freiburg/Schweiz sein Schüler – triumphierend sagen: „Die Kategorie religionsloser Völker ist aus der modernen Ethnologie gestrichen."[12]

In Afrika findet man noch verstreute Restgruppen von Pygmäen, von den später einwandernden Stämmen in den Urwald zurückgedrängt, auf der Sammler- und Wildbeuterstufe, d. h. von der Hand in den Mund lebend. Primitiver als das ihre kann das Menschenleben nicht vorgestellt werden. Aber sie sind dabei fröhlich und kommen sich ganz groß vor. Über das Weltbild der westäquatorialen Pygmäen berichtet H. Trilles[13]: „Oben, in jener blauen Unermeßlichkeit, nach der unsere kleinen Menschen mit dem Finger zeigten, jenseits des gewundenen Gürtels der Milchstraße, in der Mitte der funkelnden Sterne, alles und alle beherrschend: da wohnt Gott, Schöpfer aller Dinge, unsichtbar, aber nicht unzugänglich, lebendig und gegenwärtig, um seine Geschöpfe sich kümmernd, aber jetzt weniger als in der Vergangenheit . . ." Sein Name ist Kmvum. Man nennt ihn auch „Herr der Dinge", „Herr der Sonne", „den Alten", „Vater". In verschiedenen Schöpfungsmythen wird berichtet, wie am Anfang alles entstanden sei. Ein Gesang: „Das Tier läuft, der Fisch schwimmt, der Vogel fliegt, der Mensch ißt, Kmvum, du hast uns erschaffen." Einmal beklagten sich die Pygmäen, weil sie so klein waren. Gott antwortete: „Freue dich vielmehr und sei zufrieden in deinem Herzen, denn du bist der Herr, der Häuptling. Ich gab dir die List. Du wirst der Listigste sein. Ich gab dir die Früchte des Waldes, alle Tiere, die gehen und fliegen. Ich gab sie dir alle, und niemals wird Hunger in deinem Leben sein. Du wirst dich verbergen im Walde, und der Wald wird dich verbergen. Du wirst der ganz Kleine sein, aber du wirst frei und glücklich sein."

Man weiß auch von einem Sündenfall. Daraufhin hat sich Gott von der Gemeinschaft der Menschen zurückgezogen. Aber er bleibt doch in lebendiger Verbindung mit ihnen. Auf einen Notruf hin schenkte er ihnen das Feuer. Deshalb singen sie nun: „Wir haben nicht mehr Furcht, du, o Starker, wir leiden nicht mehr Kälte, du, o Starker! Wir leiden nicht mehr Hunger, du, o Starker. Dir, o Starker, sagen wir: das ist gut!" Gott will den Menschen wohl. Ein Zeichen seiner Güte und Nähe ist der Regenbogen. In den verschiedenen Umständen des Lebens verrichtet man Gebete und bringt Opfer dar. Bei der Geburt eines Kindes sagt der Häuptling: „Dir, dem Schöpfer, dir, dem Mächtigen, opfere ich diese Pflanze, die neue Frucht des alten Baumes. Du bist der Herr, wir sind deine Kinder." Bei Streitigkeiten und Krieg mit andern Stämmen ruft man Kmvum an, denn er ist der Schützer des Rechtes. Bei den Initiationsfeiern wird den Jungen die Sittlichkeit des Stammes beigebracht. Wer sie nicht einhält, hat von Gott Strafe zu gewärtigen.

Ähnliches meldet P. Schebesta von den Ituri-Pygmäen Zentralafrikas, im besonderen von den Bambuti[14]. Der Glaube an ein höchstes Wesen sei bei ihnen in ausgesprochener Form vorhanden. Man nenne ihn Kalisai. Von ihm kommen alle guten Gaben. Man bringt ihm Erstlingsopfer dar. Er geht mit den Zwergen auf die Jagd und lenkt ihre Pfeile. Er läßt sie auch Honig und Früchte finden. Er geht ihnen auf den Wanderungen voraus und bahnt ihnen den Weg. Träumt der Älteste, daß das Lager gewechselt werden soll, so ziehen sie alle an einen andern Ort, den ihnen Kalisai anweist. Man nennt ihn auch „unsern Vater". Bei der Jugendweihe glaubt man im Schwirrholz und andern Instrumenten die Stimme des gegenwärtigen Gottes zu hören.

Als P. Schuhmacher sich an die Erforschung der Ost-Kivu-Batwa-Pygmoiden machen wollte, stieß er zuerst auf große Schwierigkeiten. Die kleinen Menschen waren zwar freundlich mit ihm, aber sie hüteten ihr Geheimnis. Sie hatten dutzende Ausreden. Erst als er ihr Vertrauen erworben hatte und sogar zum Häuptling ausgerufen worden war, öffneten sie ihm ihr Herz[15]. Er stellte auch bei ihnen den selbstverständlichen Glauben an Gott, Imana, fest. Mit naiver Kindlichkeit rufen sie ihn an. Er hat alle Macht. Alles Gute kommt von ihm. Er weiß alles. Man spricht nur mit Ehrfurcht von ihm. Er ist der Wächter der Sittlichkeit. Unter ihm gibt es die Bazimu, die Geister, die das konkrete Leben beherrschen. Ihnen bringt man Opfer dar, Imana nicht. Ein Alter teilte P. Schuhmacher dieses psalmenähnliche Gebet mit:

„Wenn wir ausgehen in den Wald
und schreiten vorüber am schlafenden Löwen,
an der in die Erde beißenden Schlange,
und wenn dann Imana für uns ist,
so behütet er uns vor all diesen Ungeheuern.
Wenn aber Imana gegen einen ist,
so kann das alles den Menschen töten.
Selbst ein Goldäffchen tötet ihn.
Wenn er aber mit Imana ist,
so kann kein Tier es mit ihm aufnehmen,
noch die Bazimu, noch irgendein anderes Wesen."

Man vergleiche damit den Psalm 90: Geborgen in Gottes Obhut! In dieser Geistigkeit wiederholt man oft das Fürbittgebet: „Mit mir sei Imana, mit mir sei Imana!"

Auf die andern Elemente der Pygmäen-Religion wie Magie, Geisterglaube, die oft das Gottesbild verdunkeln und widersprüchlich machen, brauchen wir nicht weiter einzugehen.

b) Die Hirtenvölker

§ 4. Nach den Pygmäen verdienen die viehzüchtenden Nomaden Asiens und Afrikas das höchste Interesse für die Erforschung der Religion. Mit ihren Herden schweifen sie durch die weiten Gegenden, fühlen sich als die Herren der Welt, berufen, bei den andern Stämmen Ordnung zu machen, über sie zu herrschen. Sie sind in der Tat intelligent, energisch, stolz. In Afrika sind sie vor Jahrhunderten von ihren ursprünglichen Territorien im Osten gegen Süden vorgedrungen und haben sich an verschiedenen Orten – typisch in Rwanda und Burundi – den ansässigen Ackerbauern als Herrenschicht überlagert. Sie kennen einen ausgeprägten Hochgottglauben, der für ihr Leben und ihr Selbstbewußtsein bestimmend ist.

Ein typisches Beispiel dieser Art sind die *Galla* im südlichen Äthiopien[16]. Sie nennen das Höchste Wesen Waka (= Gott), oft auch Wakayo (= o lieber Gott). Sie führen seinen Namen ohne Unterlaß im Munde und heißen ihn auch Vater. Sie bringen ihm Erstlingsopfer dar, weil er Himmel und Erde gemacht hat und alles Gute von ihm kommt. Er ist der Hüter der Sittlichkeit: „Gott verlangt Rechenschaft vom Winde, vom Strohhalm, den er von einer Seite auf die andere gewendet hat: Gott wird vom Sünder Rechenschaft verlangen über die kleinsten Fehler . . . Die Bosheit, die selbst auf dem Grunde der Eingeweide liegt, ist zwar Nacht für den Blick der Menschen, aber Tag für das Auge Gottes." Man kennt als Gebote eine Art Hexalog: die ersten drei Gebote, die über die Beziehung zu Gott, fehlen, weil sie als selbstverständlich betrachtet werden.

Waka wird nicht bloß als Nationalgott betrachtet, dem die Gottheiten anderer Nationen gegenüberständen, sondern als ein Gott, der Himmel und Erde und Völker geschaffen hat, darum der einzige Gott aller Völker ist. Die Galla nehmen darum gegenüber den andern Völkern eine doppelte Haltung ein: bei monotheistischen Religionen erklären sie jenen Gott als identisch mit Waka; bei polytheistischen Religionen fühlen sie sich in ihrer Überlegenheit, schauen geringschätzig auf jene andern hinab, glauben sich berufen, diese Völker zu erobern und sie dem Waka-Glauben zuzuführen, oder aber sie auszurotten.

Die Galla sind bekannt für ihre schönen Gebete, von denen wir drei Proben vorlegen:

Morgengebet

O Gott, in Frieden ließest du mich nächtigen,
in Frieden laß mich auch tagen!
Wo immer ich gehe auf dem Wege,
den du in Frieden für mich machtest,
o Gott, meine Schritte mache mir recht!
Beim Reden, Verleumdung nimm von mir weg!
Im Hunger, Murren nimm von mir weg!
In Sattheit, Übermut nimm von mir weg!
Dich anrufend, verbringe ich den Tag.
Herr, der keinen Herrn hat.

Abendgebet

O Gott, in Frieden ließest du mich tagen,
in Frieden laß mich auch nächtigen!
Herr, der keinen Herrn hat:
außer dir gibt es keine Kraft, du allein erfährst keinen Zwang.
Unter deiner Hand verbringe ich den Tag,
unter deiner Hand verbringe ich die Nacht.
Meine Mutter bist du, mein Vater bist du!

Bitt- und Preisgebet

O Gott, o Meister!
Herr, der keinen Herrn hat! Reicher, der keine Armut hat!
Allwissender, dessen Wissen nicht entlehnt ist!
König, dessen Thron keine Rivalen hat!

O Gott des Landes, mein Herr!
Du bist über mir, ich bin unter dir.
Wenn Unglück über mich kommt:
wie die Bäume die Sonne von mir abhalten,
so halte du das Unglück von mir fern!
Mein Herr, Schatten sei mir!

O Gott, mein Herr, Sonne der dreißig Strahlen!
Wenn der Feind kommt,
deinen Wurm auf Erden laß nicht getötet werden,
halt ihn ab von ihm.

Wenn wir einen Wurm auf der Erde sehen,
wenn wir wollen, zertreten wir ihn,
wenn wir wollen, schonen wir ihn.
Wakayo,
der du Gutes und Böses in deiner Hand haltend einhergehst:
Mein Herr, laß uns nicht getötet werden,
wir, deine Würmer, haben zu dir gefleht.

Man dürfte wohl keine Schwierigkeiten haben, solche Gebete in unseren Mund zu nehmen und zusammen mit jenen „Heiden" den gemeinsamen Gott zu bitten und zu preisen (vgl. Vierte Runde, S. 246).

§ 5. Es wäre noch vieles zu sagen über andere Hirtenvölker, z. B. über die Masai (vgl. oben § 2), die auch viele Gebete für Friedens- und Kriegszeiten kennen und ihren Gott Ngai aus Zärtlichkeit öfters auch „Schwester", „Bruder", „Bräutigam" nennen[17]. Oder über die Nuer im Sudan, die Gott auch „Großvater" heißen, sich gänzlich von ihm abhängig fühlen, ihr Vertrauen zu ihm fast bis zur Resignation gehen lassen, da er alles gut und mächtig tut[18].

Wir wollen noch etwas bei den *Tutsi* in Rwanda verweilen, deren Religion durch die Weißen Väter B. Zuure und D. Nothomb[19] und durch die vielen Veröffentlichungen des afrikanischen Priesters A. Kagame gut bekannt ist.

D. Nothomb glaubt, daß man mit ihren Sprichwörtern eine ganze Theodizee zusammenstellen könnte. Nicht nur seine Existenz und Macht werden betont, sondern auch, daß er der Geber alles Guten ist, der vorsehende und helfende Gott: „Wenn Gott das Haus gebaut hat, kann es kein Wind umstürzen." „Der Feind gräbt dir einen Graben, Gott führt dich heraus." „Gott führt die Hungersnot herbei, er zeigt aber auch, wo man sich verpflegen kann."

Ähnliches wäre von den theophoren Namen zu sagen, d. h. Namen, die mit dem Wort Immana, Gott, zusammengesetzt sind. Man kannte sie von alters her. Sie werden heute aber auch von den Täuflingen übernommen. Es gibt wenigstens 300 solcher Namen, z. B. Bizimmana (= Gott weiß es); Habimmana (= Gott allein ist wichtig); Nsengimmana (= ich bete Gott an); Ngirimmana (= Gott ist mit mir) usw.

Solche Namen kommen auch in andern Gegenden vor. Das Zentrum für ethnologische Studien in Bandundu, Zaire, gab ein Buch heraus mit über 800 solcher Namen, die von einer Gruppe von Missionaren und afrikanischen Priestern bei 12 Völkern im westlichen Afrika gesammelt wurden[20].

c) Die Ackerbauern und Jäger

§ 6. Mit dieser Kategorie umfassen wir die große Mehrzahl der afrikanischen Stämme. Bei allen ihren Unterschieden müssen wir sie für unseren Zweck notgedrungen auf einen gemeinsamen Nenner bringen. Sonst müßte man Hunderte von Monographien aufführen.

Die *Tatsache des Gottesglaubens* bei den meisten Völkern Afrikas kann heute nicht mehr ernstlich bestritten werden. Freilich, man findet keine Tempel, keine Statuen, keine Glaubensformeln. Aber es genügt, das gewöhnliche Leben der Leute zu beobachten und von innen her kennenzulernen. Dazu aber waren die weißen Beobachter lange Zeit nicht imstande. Sie sahen nur „Götzenbilder", „Zauberei", komische Riten und taten alles als „dummes Zeug" ab. Der Gott der Afrikaner blieb für uns lange Zeit der große Unbekannte.

Mehr und mehr aber ist es Missionaren und andern Forschern gelungen, ihn zu entdecken. Er hat hundert Namen. Die Ibo nennen ihn Chukwa; die Aschanti Nyame; die Ila Leza; die Luo Nyasi; die Yoruba Olodumare. In Ostafrika ist weit verbreitet der Name Mungu, Mulungu, in Zaire Nzambi. Vom Viktoriasee bis Rhodesien findet man Formen wie Olumbe, Lubumba, Kiumbi, Mumbi usw. Die Wortbedeutung ist in den meisten Fällen sehr umstritten, das heißt, daß sie sehr alter Herkunft sind.

Die Hauptquelle zum Studium der Gottesvorstellungen sind die Schöpfungsmythen. Sie waren nie aufgeschrieben, sondern wurden aus alten Zeiten, von Geschlecht zu Geschlecht weitergegeben. Die Alten und Weisen waren die „Bundeslade", welche diese „Tora" aufbewahrte. M. Griaule berichtet von seiner sensationellen Entdekkung, wie er 15 Jahre lang die Dogon, einen der primitivsten und widerspenstigsten Stämme im damaligen Französisch-Afrika, erforschte, bis er schließlich den alten Ogotemmeli ausfindig machte, blind wie Homer, der ihm, nachdem er sein Vertrauen gewonnen hatte, während 33 Tagen seine Botschaft mitteilte, das Weltbild und die Mythen seines Volkes. Griaule veröffentlichte dann alles und sagte dazu: „Diese Menschen leben gemäß einer Kosmogonie, einer Metaphysik, einer Religion, die sie mit den antiken Völkern auf eine Ebene stellt und die jeder Christologe bedächtig studieren sollte."[21] Ein anderer ähnlicher Weiser war Tierne Bokar, den Th. Monod 1950 bekannt machte und den man schon genannt hat „Mensch Gottes", „Dolmetscher Gottes", „Franziskus von Assisi in Mali" usw.[22]

Schon vor diesen französischen Forschern hat der deutsche Afrikanist H. Baumann an die 2000 Schöpfungsmythen aus ganz Afrika gesammelt und studiert. Er konnte als eines der Ergebnisse festhalten: „Im weitaus größten Teil Afrikas, über alle ethnischen Gruppen verbreitet, finden wir als ausschließliche Schöpfungskraft den Hochgott . . . Die Tatsachen sprechen sehr für eine uralte Hochgottidee in fast allen Gebieten Afrikas . . . Bei den Afrikanern kann nirgendwo ein Hochgott-loses Volk festgestellt werden."[23]

In den meisten Schöpfungsmythen wird berichtet, wie Gott, manchmal auch durch Zwischenwesen, die Welt erschaffen habe und dann die Menschen an einem Seil vom Himmel hinunterließ oder aus dem Wasser hervorrief, oder als Lehm formte. In jener Urzeit wohnte Gott mit den Menschen. Damals hatte man üppige Nahrung und kannte weder Krankheit noch Tod. Aber dann haben die Menschen sich verfehlt, indem sie weder mit der Sonne noch mit dem Regen und mit nichts zufrieden waren, oder bei einem Festessen, das Gott gab, an allem nörgelten, oder indem die Frau im Auftrag Gottes einen verschlossenen Korb hätte an einen bestimmten Ort tragen sollen, aber unterwegs öffnete sie ihn aus Neugier, und es kam eine Schlange heraus . . . Da zog sich Gott zurück. Von da führen Not, Krankheit und Tod das Zepter.

Das will freilich nicht heißen, daß Gott sich nicht mehr um seine Menschen kümmere. Er ist der Ferne und zugleich Nahe, der Abwesende und zugleich Gegenwärtige, der – wie man in theologischer Terminologie sagen würde – Transzendente und Immanente. Aber solche Formeln, wie auch die Kategorien von Allmacht, Allwissenheit, Allgegenwart, soll man nicht in die afrikanischen Mythen hineinprojizieren. J. Goetz, der diesem Thema des fernen und nahen Gottes nachging, glaubt, Gott habe sich nicht bloß zurückgezogen aus jener ätiologisch-mythologischen Erklärung der Ursünde (vgl. Erste Runde § 6), sondern auch aus dem positiven Grund, um die Freiheit und Verantwortung der Menschen zu betonen. Er überläßt alles ihnen, ist aber doch immer nahe, wenn es not tut[24]. Wenn es auch unter Gott eine ganze Hierarchie von Natur- und Ahnengeistern gibt, von guten und bösen Mächten und Kräften, an gewissen Orten auch von verschiedenen Gottheiten, zweifelt man doch nicht daran, daß über allem der Eine herrscht, der Mächtige, der da und dort auch Vater genannt wird, der seinen Kindern Regen und Sonnenschein, fruchtbare Familien, fruchtbare Herden, fruchtbare Felder, Frieden und Harmonie schenkt.

Ein anderes Beispiel – neben den Schöpfungsmythen – für unsere schrittweise Entdeckung des afrikanischen Gottesbildes ist das Gebet. Lange Zeit glaubten wir Außenstehende, der „ferne Gott" kümmere sich nicht um die Menschen, weshalb auch diese sich nicht um ihn kümmern und nicht zu ihm beten, sondern nur die Geister verehren. Im bekannten Pastoral-Handbuch von Mgr. A. De Clercq von 1930 stand geschrieben: „Der Luba betet nicht zu Gott und ruft ihn nicht an. Sein Gebet, seine Anrufungen beziehen sich nur auf die Ahnen. Allein auf ihre Dienste zählt man." Dreißig Jahre später gibt der afrikanische Franziskaner P. M. Lufuluabo dazu folgenden Kommentar: „Zur Zeit, als das geschrieben wurde, lehrten mich meine Eltern beten, auf den ersten Fisch verzichten und sagen: ‚Gott, höchstes Wesen, Sonne mit dem strahlenden Feuer, das man nicht anschauen kann, ohne von seinen Feuern verbrannt zu werden, du, der Schild, an dem sich jede Kraft bricht, dieser Fisch ist für dich, der folgende wird für mich sein." Seither sind wir etwas besser über das Gebet der Afrikaner unterrichtet[25].

In meinem ersten Missionsjahr in Tanganyika, 1951, habe ich ein schönes Beispiel dieser totalen Hingabe an den einen Gott erfahren. Da es in jener Zeit auf der Station Mchombe noch keine Missionsschwestern und auch keinen afrikanischen Krankenpfleger gab, mußte ich zwei Tage in der Woche für die Kranken bereitstehen und an jedem dieser Tage 50 bis 80 Patienten mit ihren alltäglichen afrikanischen Krankheiten behandeln. Eines Tages stand ein Junge von vielleicht 20 Jahren an, hochgewachsen, mager, hüstelnd, mit etwas Fieber. Ich fragte ihn, was ihm fehle. Seine Antwort: „Siehst du mir das nicht an?" Es war für mich bald klar, daß er hochgradig lungenkrank war und ich ihm eigentlich nicht mehr helfen konnte. Er war ein Heide, wie er im Büchlein steht, der jetzt in seiner großen Not zum ersten Mal auf die ferne Missionsstation kam. Er konnte unterdessen bei Bekannten in der Nähe wohnen. Ich gab ihm etwas Stärkungsmittel mit und versprach ihm, nach einigen Tagen zu ihm ins Gehöft zu kommen. Das tat ich und brachte ihm wiederum Stärkungsmittel und etwas Schnupftabak. Gleichzeitig versuchte ich, ihn auf die Taufe vorzubereiten. Aber bevor ich ihn etwas lehrte, interessierte es mich zu erfahren, was er von Gott wisse. Ich fragte: „Du, risasi ya ngombe, was meinst du, wie viele Götter gibt es wohl?" Er antwortete entschieden: „Es kann keine Götter geben. Es gibt nur einen Gott!" Neue Frage: „Was meinst du, was tut Gott?" Er sann etwas nach und sagte: „Anatuangalia: er schaut uns an." Eine so schöne Antwort, wie sie wohl wenige Christen geben würden! Dieser Heide, müde, todkrank vor der Hütte hockend, lebte also unter dem Blick Gottes, in der Gegenwart Gottes. Ich antwortete ihm: „Deine Antwort ist sehr schön. Dieser Gott, den du kennst und verehrst, ist auch der Gott der Christen, der Gott aller Menschen. Er hat für die Menschen Dinge getan, die du noch nicht kennst." Ich begann ihm von Jesus zu erzählen. Er hörte nur zu, staunte und glaubte.

Über eine solche Individualmystik hinaus gibt es auch – wie bereits gesagt – eine Gemeinschaftsmystik. Man weiß sich in der Gemeinschaft der Sippe, des Stammes geborgen, geeint, gestärkt, nicht nur in den gemeinsamen Festen und Nöten, sondern im Glauben an die gemeinsame Lebenskraft, die von Gott ausging, durch die Reihe der Ahnen in die jetzige Generation strömt, durch das Gute, das man tut, vermehrt, durch das Böse vermindert wird und durch die jetzt Lebenden auf die Nachkommen übergeht.

In der Person des Häuptlings, besonders bei den Stämmen mit stark entwickeltem Königtum, ist diese Lebenskraft akkumuliert, weshalb diese Figuren über eine von Gott her kommende Autorität verfügten, die im heutigen demokratischen System ihresgleichen sucht. Bei den Übergangsriten, Geburt, Reifefeiern, Ehe, Tod, wird diese Lebenskraft immer neu ins Bewußtsein eingeprägt, nicht durch theoretisches Lernen, sondern durch Mythen und Lieder, durch Feste und Feiern, durch lebendiges Erfahren und Aufnehmen[26].

Damit ist implizit, unausdrücklich, der Gedanke ausgesprochen, daß Gott mit seinem Volk in einer Art Bundesverhältnis steht, mit ihm geht und lebt, mit ihm Geschichte macht, wenn auch das Schwergewicht des afrikanischen Denkens nicht in der Zukunft, sondern in den Anfängen, in der Urzeit liegt. Da sieht man das Modell, nach dem man sich zurücksehnt, das Gott wieder einmal herstellen wird.

§ 7. Dieses Bild des Gottesglaubens in Afrika müßte für jeden Einzelfall verifiziert und nuanciert werden. Man kann nicht ausschließen, daß einzelne Stämme mehr oder weniger in den Tag hinein leben, sich höchstens um ihre verstorbenen Sippenahnen kümmern, von denen man Blut und Land bekommen hat. Man kann auch sagen, daß die Religion der Afrikaner, vor allem der Ackerbauern, nicht jenseitig, sondern diesseitig ist, nicht eschatologisch, sondern geschichtlich, nicht theozentrisch, sondern anthropozentrisch oder, vielleicht besser gesagt, soziozentrisch, um die Gemeinschaft der Lebenden und Verstorbenen sich drehend[27]. Über Gott spekuliert man nicht um seinetwillen, sondern insofern er sich den Menschen zuwendet. Worum sich der afrikanische Mensch zunächst kümmert, sind Heil und Leben. Aber das hat mit Gott zu tun.

Die Frage wird aber noch radikaler gestellt. Es geht um die eigentliche *Interpretation des Gottesglaubens*, um dessen Anerkennung oder Verwerfung. Es gibt marxistische und nicht-marxistische Schriftsteller, weiße wie schwarze, die überzeugt sind, daß alle Religion, somit auch die afrikanische, auf Illusion beruhe, jetzt in den letzten Zukkungen liege und bald von selbst absterben werde[28].

Auf ähnliche Weise argumentieren Ethnologen, die zum voraus annehmen, daß Schöpfungs- und andere Mythen auf symbolische Weise gesellschaftliche Probleme und Fragen lösen, auf die die Realität keine Antwort gibt, daß dies aber mit eigentlicher Religion nichts zu tun habe, und die deshalb Lévi-Strauss zustimmen, daß nämlich „die Mythen keine transzendenten Gefälligkeiten erweisen, an die sich die eigenen vagen Sehnsüchte einfach anhängen ließen“[29]. Es ist hier nicht der Platz, über solche a-priori-Standpunkte zu diskutieren. Man würde auf verschiedenen Ebenen, des Glaubens und der Wissenschaft oder gar der Ideologie, aneinander vorbeireden.

Ernster ist der Einwand zu nehmen, diese Hochgott-Gestalten seien ursprünglich unpersönliche Kräfte oder bestenfalls Urahnen gewesen, die sich dann, vielleicht unter dem Einfluß des Christentums, zur jetzigen Stellung entwickelt hätten. Die afrikanischen Bischöfe und Theologen würden jetzt aus Chauvinismus „ihre“ Religion hochschrauben und verteidigen. Sie sei aber durch einen breiten Graben getrennt von der Meinung der Fachanthropologen[30]. Diese Aussage ist jedenfalls stark übertrieben. Wir haben uns in der obigen Darstellung des Hochgottglaubens keineswegs nur auf Afrikaner wie Mbiti,

Mulago, Idowu, Lufuluabo berufen, sondern auch auf anerkannte westliche Afrikanisten wie Baumann, Rattray, Griaule, Mitchell, Doke, Goetz, Zahan, Thomas[31]. Man kann also die Frage über Ursprung und Sinn des afrikanischen Gottesglaubens als „Quaestio disputata“ offenlassen, aber seine guten Gründe haben, für den oben dargelegten Sachverhalt einzustehen. Der Umstand, daß Gott da und dort „Vater“, „Großvater“ genannt wird, weist keineswegs auf seinen Ursprung aus dem Ahnenkult her. Es handelt sich hier einfach um analoge Begriffe, die sinnvoll auch auf Gott angewandt werden können. Im übrigen vergesse man nicht, daß auch der jüdische Jahwe-Elohim, dem Namen und der Sache nach, eine lange Entwicklungsgeschichte hatte (vgl. Erste Runde § 15, Vierte Runde § 13 und 14). Das beweist noch nichts gegen die Echtheit der Religion, sagt aber, daß diese, wie der Mensch selbst, eine lange evolutionäre Phase durchlaufen haben kann.

3. *Das Ergebnis*

§ 8. Nachdem wir uns die religiösen Vorstellungen der drei afrikanischen Kulturschichten, der Pygmäen, der Hirtenvölker, der Ackerbauern und Jäger, vorgeführt haben, können wir den Schluß daraus ziehen: wir haben es hier mit einer tiefen, selbstverständlichen, das ganze Leben des Menschen durchdringenden, *echten Religion* zu tun, die zwar aus einem vielfältigen Gebilde besteht, aber in den meisten Fällen eine hierarchische Spitze aufweist, Gott, der vor den Menschen war, die Menschen hervorbrachte, auf geheimnisvolle Weise bei seinen Menschen weilt. Das trat vor allem klar hervor bei den Pygmäen und Hirtenvölkern, aber auch bei den Ackerbauern und Jägern. „Der Afrikaner ist unheilbar religiös ... Sein Weltbild ist unverständlich ohne die Gegenwart dessen, der darüber steht, jenseits der Welt, und der doch alles zusammenhält.“[32] „Wer Gott, die Ursache aller Dinge, leugnet, würde in Afrika südlich der Sahara nicht als normales Wesen angesehen werden.“[33]

Diese in tiefen Urzeiten verwurzelte Religion mag ihren Ursprung einer Erfindung, einer Vernunftfolgerung, der damaligen Menschen verdanken. In den Schöpfungsmythen wird freilich stark betont, Gott selber habe sich den Menschen vertraut gemacht. Theologisch ist gar nichts gegen eine solche Art Offenbarung auch außerhalb des biblischen Raumes einzuwenden, im Gegenteil. Wir werden auf die Frage zurückkommen (Vierte Runde § 5-9). Man muß auch feststellen, daß diese afrikanische Religion, kaum aus dem Dunkel der Geschichte herausgeholt und erforscht, im grellen Licht der modernen Wissenschaft und Säkularisierung zu verblassen und zu vergehen droht. Auch darauf werden wir zurückkommen (Vierte Runde § 22).

Die Arbeitshypothese, wonach Gott mit diesen Völkern in Afrika einen eigentlichen Bund geschlossen hätte und als Folge davon bei den Afrikanern ein besonderes Erwählungsbewußtsein vorhanden wäre, kann in dieser Art – auch wenn wir jene erwähnten Einzelfälle offenlassen – nicht aufrechterhalten werden. Die Texte, die zur Bildung diese Hypothese führten (oben § 2), ließen sich nicht erhärten.

Nichtsdestoweniger kann man sagen, daß der Bundes- und Erwählungsgedanke unausdrücklich, unkategorial, vorliegt. Man fühlt sich als Volk Gottes, geborgen in der Harmonie der Sippe, der Natur und der unsichtbaren Welt. Aus religiösen wie soziologischen Gründen entwickelt man ein ausgeprägtes Gruppenbewußtsein, pflegt einen ausgesprochenen Ethnozentrismus (vgl. unten § 25-26). Man kann also sagen, daß die afrikanischen Völker intensiv den Schöpfungsbund leben (vgl. Erste Runde § 5-7), auch wenn sie von einem zusätzlichen und ausdrücklichen Bunde in der Art des Abraham- oder Mose- oder Jesusbundes keine Kenntnis haben.

Es ist in der Tat bezeichnend, daß die drei bisher veröffentlichten „Bantu-Bibeln", die afrikanisches Traditionsgut darstellen, sich in sehr ausführlicher Beschreibung der Schöpfung, des Urzustandes der Menschen, des Sündenfalles ergehen, aber nichts von einer neuen Erlösung oder einer neuen Heilsgeschichte auf Grund eines neuen Bundes zu wissen scheinen[34]. Man kann auch bei afrikanischen Katechisten feststellen, daß sie endlos lang und mit ungeheurer Phantasie über die Schöpfungsgeschichte zu berichten wissen. Immerhin, es ist schon viel, daß die afrikanischen Menschen von Urzeiten an und sehr bewußt in der Gegenwart des Schöpfergottes standen und in ihm für ihr Leben den letzten Sinn fanden.

§ 9. Diese Einsicht muß für die *Missionsmethode* verschiedene Konsequenzen haben, die leider erst später zur Auswirkung kommen. Bis vor wenigen Jahrzehnten dachte die Mehrzahl der Missionare über das afrikanische Heidentum, wie es seit der Zeit der Entdeckung üblich war (vgl. Zweite Runde § 12-13). Man verurteilte es, ohne es zu kennen. Ethnologen beklagten sich mit Recht, daß ihre Forschung bei den Missionaren nichts bedeute und daß sich diese keine Mühe gäben, die Werte der afrikanischen Kultur ins Christentum einzubauen.

Inzwischen hat sich die neue Einsicht durchgesetzt. Aber die Erkenntnis, daß die Geschichte des abendländischen Christentums nicht die einzige Heilsgeschichte und seine Religion nicht die einzig wahre Religion ist, hat, wie F. Köster schreibt, zugleich eine Krise der Mission ausgelöst. Die kommende Chance des Christentums liege nun in einer noch zu suchenden und zu entfaltenden afrikanischen Gestalt[35].

Das ist tatsächlich der Weg der Gegenwart. Schon das II. Vatikanum hat anstelle der rein äußerlich verstandenen Akkommodation das viel radikalere Modell der Inkarnation des Evangeliums in die verschiedenen Kulturen empfohlen und entsprechend von der legitimen Pluriformität in Liturgie, Theologie und Spiritualität gesprochen[36]. Zehn Jahre später haben die Bischofssynode 1974 und „Evangelii nuntiandi“ (vor allem in Nr. 63) 1975 diesen Gedanken noch viel schärfer ausgesprochen. Die afrikanischen Bischöfe an jener Synode erklärten nachher in einer gemeinsamen Verlautbarung, die Idee der Akkommodation sei außer Kurs geraten, heute gehe es um die Theologie und Praxis der Inkarnation[37]. Seither hat man sich in vielen Gesprächen und Studienwochen darum bemüht, Wege zur Praxis zu finden, zuletzt im Internationalen Kolloquium in Kinshasa 1978, zu dessen Eröffnung Kardinal Malula das Leitwort gab: „Unser Problem und unsere Aufgabe ist es, die Botschaft Christi ihres westlichen Gewandes zu entkleiden, damit sie in ihrer originellen Schönheit, als echte Religion Christi, aufleuchte.“ Man war darum höchlich erstaunt und entrüstet, als die zuständige Römische Kongregation in ihrer Botschaft zu diesem Kolloquium lauter Ängste und Warnungen ausdrückte und zum Schlusse zugestand, man könne „innerhalb des Rahmens der unersetzlichen Werte der Philosophia perennis und der Patristik die nötigen Anpassungen vornehmen“[38]. Das tönt wie in den guten dreißiger Jahren. Afrika aber geht dem Jahr 2000 entgegen!

B. Asien

1. Die Ureinwohner

§ 10. Mit Asien betreten wir den wichtigsten Raum der „Weltausstellung“. Nicht nur der Oberfläche, nicht nur der Vielfalt der Religionen, auch der Menschenmasse nach ist Asien der bedeutendste Kontinent. Mit 56 % der Weltbevölkerung überwiegt er alle andern Kontinente zusammen. Wir können also vor allem hier nur mit Hilfe der Satellitenschau einige Überblicke zu gewinnen versuchen.

Unter Ureinwohnern verstehen wir für unsern Zweck einfach jene religiösen Gruppen, die schon vor den klassischen asiatischen Hochreligionen bestanden und deren Werbung widerstanden haben. Man kann auch hier wie in Afrika grob drei Schichten sehen, als erste die Restgruppe der *Pygmäen,* die in verschiedenen Forschungsetappen bekannt geworden sind.

Die Pygmäen auf den Andamanen-Inseln in Südost-Asien, ein Negrito-Stamm, galten früher als ein typischer Fall von Religionslosigkeit. Dann geschah es, daß E. H. Man als englischer Kolonialbeamter zu ihnen kam, 11 Jahre unter ihnen lebte, ihre Sprache studierte und dieses Völklein von innen kennenlernte. 1883 veröffentlichte er seinen aufsehenerregenden Bericht. Danach kennen sie ein Höchstes Wesen, Puluga, das niemals geboren wurde und nie sterben wird. Es hat die ganze Welt, alle unbelebten und belebten Wesen ins Dasein gerufen und auch den Menschen erschaffen, weiß alles, kennt auch die Gedanken des Herzens. Gott wird erzürnt durch Sünde, Falschheit, Diebstahl, Mord, Ehebruch. Die Winde sind sein Atem, der Donner sein Grollen, die Blitze Ausdruck seines Zornes. Er fühlt Mitleid mit denen, die traurigen Herzens sind, und läßt sich herbei, ihnen zu helfen. Man traut ihm auch – wie jedem Lebewesen – zu, Frau und Kinder zu haben. Man ruft zu ihm in der Not, aber es hat sich noch kein Ritualismus mit überlieferten Gebeten, Festen und Zeremonien entwickelt[39].

Nicht weniger Aufsehen erweckte A. Lang mit seinen Berichten über die Ureinwohner Australiens, die ebenfalls ein Höchstes Wesen anerkennen als Anordner, Wächter, Belohner, Bestrafer des sittlichen Verhaltens, und zwar nicht nur in diesem, sondern auch in einem jenseitigen Leben. Er wohnte früher auf Erden, die Menschen wurden nicht krank und mußten nicht sterben. Jetzt aber lebt er über dem blauen Himmel und sieht von dort, was auf der Erde vorgeht. Er ist gütig und wohlwollend. Die Ältesten und Häuptlinge einiger Stämme berufen sich auf die Autorität, die sie von Gott erhalten hätten. Man glaubt auch, daß gewisse Sänger, eine Art Propheten, von Gott inspiriert seien. Die verschiedenen Stämme nennen Gott auch „Unser Vater" (die Wotjobaluk), „Vater des ganzen Volkes" (die Mukjawaraint). Bei den Kurnai ist überhaupt kein anderer Name für Gott bekannt als „Unser Vater". Die Euahlayi rufen ihn in den Geheimzeremonien an als „Allvater, dessen Gesetzen alle Stämme gehorchen". Hier gibt es Initiationsfeiern: in ihnen wird alle Kenntnis über das Höchste Wesen vermittelt, daraus soll gutes Verhalten folgen. Im furchterregenden Heulen und Sausen des Schwirrholzes glaubt man die Stimme Gottes zu vernehmen[40].

Also auch hier: ein Gott, der ferne und doch nahe ist, der mit seinem Volke geht, zu ihm steht, mit andern Worten: der mit seinem Volk einen „Bund" geschlossen hat.

Ähnliches wäre zu sagen über die Semang-Pygmäen in den Urwäldern von Malaysia, von den Negritos auf den Philippinen usw., aber die erwähnten zwei Beispiele können genügen.

§ 11. Auch von den alten *Hirtenvölkern,* die den riesigen Raum von Sibirien über die Mongolei bis nach China bewohnen, ist Interessantes zu berichten. Die Altai-Tataren in Südsibirien haben ihren alten Glauben fast unverändert bis heute erhalten, während die Turk-Völker den Islam oder das orthodoxe Christentum angenommen haben. Die Altai-Tataren kennen ein kompliziertes Weltbild: in der obersten Himmelsschicht wohnt der „Gnädige Herr Himmel": Tengere Kaira Kan. Er leitet von dort aus die Geschicke des Weltalls. Aus ihm entstanden durch Emanationen andere Gottheiten. In den Schöpfungsmythen redet man von Versuchungsszene und Sündenfall, wobei eine verbotene Speise und eine Schlange im Spiele stehen. Nachher schämten sich die Menschen und verbargen sich hinter einem Baum. Es folgt die Verfluchung der Menschen und des Teufels. Gott zieht sich zurück. Dieser ethnologisch sehr alte Bericht steht in nächster Verwandtschaft mit der Genesis. Der „Gnädige Herr Himmel" wird auch Vater genannt, sogar Vater und Mutter des Menschenge-

schlechtes. Er ist Schöpfer des Weltalls, schaltet und waltet mit Macht, ist väterlich besorgt für seine Menschen. Er überwacht die Sittlichkeit und ermahnt die Menschen, mit den schwachen Wesen, den Kindern, Kälbern, Lämmern, gut zu sein. Er ermuntert zum vertrauensvollen Gebet: „Wenn ihr mich anruft, so werdet ihr auf meinem Schoß sitzen." In Sprichwörtern sagt man: „Die Hand des Menschen ist hilfreich, die Hand Gottes ist mächtig." „Ohne Sand kein Fluß, ohne Gott kein Volk."[41]

Auch von den Abakan-Tataren, den Hunnen und Kirgisen haben wir sehr alte Berichte. Im Jahr 176 v. Chr. schreibt der Großkhan Motun an den Kaiser von China, der Himmel habe ihn auf den Thron erhoben, durch den Segen des Himmels und die Tüchtigkeit seiner Soldaten habe er den Sieg über eine Reihe von Völkern errungen und diese Völker zu einer einzigen Familie vereint. Aus diesem und aus ähnlichen Texten geht hervor, daß dem „Himmel" die Leitung des Reiches wie der Menschen zugeschrieben wird: er faßt seine Pläne zum voraus und führt sie zu gegebener Zeit durch die Menschen aus. Seinen Fügungen muß der Mensch Gehorsam leisten, sonst würde er ins Unglück stürzen. Da solche Zeugnisse von einem denkenden und wollenden Himmel reden, kann an dessen persönlichem Charakter kaum gezweifelt werden. Man richtet auch Gebete und Opfer an den Himmel und an die Geister. Im 7. Jahrhundert v. Chr. sprachen Herrscher in Dokumenten von sich selber so: „Ich, der Gottgleiche, vom Himmel eingesetzte Weise ... Gottes Gesalbter ... Mit der Gnade des Himmels habe ich mein Volk geordnet und organisiert ... Wir kämpften, und der Himmel war uns gnädig. Wir mit 2000 Mann zerstreuten jene mit 6000 Mann. Die Feinde hatten uns nicht bemerkt. Der Himmel muß sie mit Rücksicht auf uns mit Blindheit geschlagen haben ... Ich bin ein armer, einfacher Tatar. Mein einziges Gebet ist, daß, solange es dem Himmel gefällt, mich am Leben zu erhalten, ich geführt werde, mein Bestes zu tun für mein Volk." Der Himmelsherr hat also eine klar soziale Funktion für die Erhaltung und Führung des Khans und seines Volkes[42], man könnte sagen: er ist der Bundesgott des Volkes.

Der bekannte Djingis Khan, der zwischen 1206 und 1227 die Mongolen einte und China angriff, berief sich ständig auf seine Sendung vom Himmel und auf die Unterstützung durch den Himmel. Vor seinem Marsch nach China ermunterte er seine Getreuen mit den

Worten: „Der Himmel hat mir Sieg gewährt über jeden Widersacher und hat mich die höchste Stufe des Glückes ersteigen lassen. Wenn ihr tapfer kämpft, so wird derselbe Himmel uns einen glorreichen Triumph über China gewähren. Die Mongolen werden den höchsten Wohlstand erlangen, und unser Name wird niemals untergehen unter den Nationen.“ Er anerkannte also den Himmel als Herrn über alle Völker, vor allem über „sein Volk“, als Wächter über Gut und Bös, als Herrn über Leben und Tod. Er war seiner Sendung durch den Himmel so sicher, daß er jeden Widerstand gegen seine Eroberungspläne als Frevel gegen den Himmel betrachtete. Solcher Widerstand mußte mit rücksichtsloser Gewalt gebrochen werden. Zwischen 1211 und 1223 tötete er mit seinen Leuten in China an die 18 Millionen Menschen. Im ganzen soll er an die 30 Millionen Menschen niedergemacht haben, auch wenn diese Angaben weit übertrieben sein mögen.

Sein zweiter Nachfolger, Kuyuk (1246-1258), antwortete dem Päpstlichen Delegaten Johannes de Piano Carpini auf die Frage, warum sie so viele Menschen, auch Christen, getötet hätten: „Djingis Khan und Kagan haben nur den Befehl Gottes ausgeführt. Jene Völker haben sich arrogant gezeigt und unsere Gesandten getötet. Es war dann der ewige Gott, der jene Menschen gestraft und vernichtet hat. In der Kraft Gottes sind uns alle Gebiete vom Aufgang der Sonne bis zum Niedergang übertragen. Wenn nicht auf Befehl Gottes, wie könnte jemand derartiges vollbringen?“ Man glaubt, Sätze aus dem Alten Testament zu lesen! Die Mongolen kannten auch Gebete, Opfer, Frühlings- und Herbstfeste zu Ehren des Himmels. Kuyuk fügt in der Antwort an den Delegaten noch bei: „Du sagtest in deinem Brief, wenn ich die Taufe empfinge und Christ würde, so wäre das gut, und du hast mir eine dahingehende Aufforderung übersandt. Diese deine Aufforderung haben wir nicht verstanden.“ Rom hatte inzwischen Zeit zu erkennen, daß die Bekehrung der Mongolen und Chinesen nicht so leicht erfolgt[43].

Zusammenfassend interpretiert W. Schmidt die Schöpfungsmythen der asiatischen Hirtenvölker als „das Hohelied eines siegesfreudigen Optimismus, mit dem diese Völker, die künftigen Herrschervölker der Weltgeschichte, das Weltgeschehen von seinen ersten Anfängen an betrachten“[44].

Freilich – und da zeigt sich die ganze Problematik des nationalistisch verengten religiösen Denkens! – wie Djingis Khan, so verstanden auf der andern Seite auch die chinesischen Kaiser, vor allem seit der Sung-Dynastie im 13. Jahrhundert, ihre Religion sehr im politisch-nationalistischen Sinn, mit starker Abwehr gegen alles Fremde. Man betonte den Glauben an den Himmel und die Gottheiten, welche durch den Kaiser, „den wahren Sohn des Himmels", dem Volk Einheit und Frieden gewährten. Dieses Denken hielt bis in dieses Jahrhundert hinein an, wo es dann zuerst in der demokratischen, dann in der kommunistischen Revolution durch einen säkularisierten Messianismus ersetzt wurde[45].

§ 12. Wir müssen noch kurz von einer dritten Gruppe reden, die man irgendwie neben die afrikanischen *Ackerbauern und Jäger* stellen könnte. Man nannte sie einfach Primitive, Animisten, Urbevölkerung. Sie haben sich seit Jahrhunderten, Jahrtausenden gegen die sie umkreisenden Hochreligionen abgeschirmt und sich in ihrer Eigenart erhalten. Sie kennen keine Tempel, keine heiligen Bücher, keine großen Gründergestalten und wurden deshalb als minderwertig betrachtet. Solcher Art sind etwa die Bihl in Indien, bei denen P. Charles de Plœmeur einen missionarischen Durchstoß erreicht hat[46], oder die Jörai auf dem Hochplateau von Vietnam, die – bei allen Fehlern – Gott und den Menschen so sympathisch waren, daß P. J. Dournes seinem Buch über sie den Titel gab: „Gott liebt die Heiden"[47]. Im Unterschied zu den Hochreligionen sind diese Gruppen für die Evangelisierung sehr zugänglich. Aus ihnen rekrutiert sich zum großen Teil die Kirche Asiens.

Wir greifen nur ein Beispiel heraus, das die Analogie zu Afrika klar aufzeigt. Es handelt sich um die Toba-Batak in Nord-Sumatra, die wie eingekeilt zwischen muslimische Stämme überlebten, sich nun aber mehrheitlich der protestantischen und katholischen Kirche angeschlossen haben. Ein Mitglied dieses Stammes, A. B. Sinaga, der jetzige Bischof von Sibolga, hat eine Doktordissertation über den Hochgottglauben seiner Väter geschrieben[48]. Aus vielen Schöpfungsmythen geht hervor, daß Mulajadi naBolon wirklich Schöpfer ist. Er kam nie ins Dasein und wird nie sterben. „Am Anfang" schuf er die Erde und alles, was existiert. Es gibt auch andere Gottheiten, von ihm geschaffen. Der erste Mensch kam aus einem Ei hervor. Zuerst lebten sie in einem glücklichen Land, mit einem Lebensstrom, einem Lebensbaum, und Gott war ihnen nahe. Dann beteten die Menschen nicht mehr, zeigten sich stolz, und Gott zog sich zurück. Aber er wacht nach wie vor über die Sittlichkeit der Menschen. Der ganze Adat (Brauchtum) ist heilige Ordnung. Gott ist vor allem nahe, wenn Not herrscht. Man erwartet von ihm Gesundheit, Fruchtbarkeit, Hilfe in allen Schwierigkeiten. „Wenn Gott hilft, dann wird der Tautropfen zur Speise." „Wenn Gott hilft, dann werden die Alten wieder jung." Man kennt viele Feste und Zeremonien, auch eine Art Taufe mit Namengebung. Durch die Religion sucht man den Urzustand wieder zurückzugewinnen.

2. Der Hinduismus

§ 13. Wenn wir schon für Afrika sagten, es sei für Nicht-Afrikaner schwer, jene Religionen voll zu kennen und richtig zu deuten, so gilt das noch viel mehr für die Hochreligionen Asiens. Man kann ein 500seitiges Buch über den Hinduismus lesen und „versteht" nachher nicht viel mehr als vorher. Man muß in diesen Religionen leben, atmen, beten, schweigen und allmählich merken, was gemeint ist.

Der Hinduismus – 80 % der über 600 Millionen Inder bekennen sich zu dieser Religion – steht nicht vor uns wie ein starres Denkmal, sondern wie eine geheimnisvoll lockende Gestalt, nicht als ein Lehrsystem, sondern als ein Lebensweg, wie ein Dschungel, in dem nur der Eingeweihte die Fülle des Lebens entdeckt, wie ein Vulkan, in dem es stets brodelt und zischt. Wir nehmen uns keineswegs vor, den Hinduismus als solchen zu beschreiben. Wir möchten nur antönen und aufzeigen, wie auch hier das Geheimnis Gottes und das Volk Gottes zusammengehen[49].

Der Hinduismus zeichnet sich wie das Judentum aus durch eine ganze Anzahl *Heiliger Bücher*. Die älteste Sammlung sind die Veden, je nach den Autoren zwischen 1500 und 1200 oder zwischen 1200 und 600 v. Chr. verfaßt und meist erst viel später aufgeschrieben. Diese sind wieder aufgeteilt in vier Sammlungen, den Rig-Veda, den Yajur-Veda, den Sama-Veda und den Atharva-Veda. Der Rig-Veda bildet die Grundlage. Er ist in den andern Sammlungen weitgehend aufgenommen, weiter ausgeführt, für den Opferkult und die täglichen Nöte entfaltet. Er besteht aus über 1000 psalmenartigen Hymnen. Man sagt von ihnen, daß sie nicht von „Autoren", sondern von „Sängern" stammen, nicht „verfaßt", sondern „geschaut" wurden.

R. Panikkar, ein katholischer Priester, durch Studium und praktische Erfahrung ein erstklassiger Fachmann des Hinduismus geworden, stellt in einem fast 1000seitigen Buch eine Blütenlese der Veden zusammen, um die vedische Erfahrung wie in einem Bukett dem modernen Menschen zu überreichen. Für ihn sind die Veden ein Monument von allgemein religiöser, aber auch von tief menschlicher Bedeutung. Die einen sehen in den Veden den Ausdruck eines primitiven Geistes, andere die höchste Manifestation der Wahrheit, die endgültige und unüberschreitbare Offenbarung[50]. Sie bilden jedenfalls nicht nur das erste religiöse, sondern überhaupt das älteste Schriftdokument Indiens.

Später kamen dazu die Vedanta, wiederum in drei Sammlungen aufgeteilt und vorwiegend in Prosa, in Form von – meist schwer verständlichen – Gesprächen geschrieben. Sie handeln über den Menschen, die Unsterblichkeit, die Seligkeit, die Mystik, das Leiden. Die Upanishaden dienen vor allem der Weisheit, dem Glauben; die Brahma-Sutra der Erkenntnis, der Logik; die Bhagavad-Gita („Der Sang des Herrn") der Disziplin, dem religiösen Leben. Diese letztere gilt als das populärste Buch, als Kompendium des Hinduismus, etwa das, was bei den Christen – bei allen Unterschieden, auf die wir später eingehen werden (vgl. Vierte Runde § 10-12) – das Evangelium ist. Hier wird Gottes persönliche Liebe zu den Menschen spürbar. Sie gehört heute zur Weltliteratur, zu den Werken, die ein aufgeschlossener Mensch gelesen haben muß. Sie ist nach den einen im 2., nach andern im 5. oder 8. Jahrhundert n. Chr. entstanden.

Man kann die überschwenglichen Lobpreisungen, welche die Hindus der Bhagavad-Gita widmen, verstehen. Endlos werden hier Tod und Leben, Gut und Bös, Wahrheit und Irrtum, Verderben und Seligkeit, aber auch Gottes Allgegenwart und Allwirksamkeit besungen:

> „Ich bin der Anfang der Welt und ihr Ende.
> Es gibt nichts Höheres als mich.
> All dies ist aufgefädelt an mir
> wie eine Perlenreihe an der Schnur.
> Ich bin der Geschmack im Wasser,
> das Licht im Mond und in der Sonne.
> Ich bin der Ton im Äther und die Mannheit im Menschen.

Ich bin der Duft in der Erde, die Helligkeit im Feuer,
der Lebensodem in allen Lebewesen.
Wisse mich als den ewigen Samen aller Existenzen.
Ich bin die Einsicht der Einsichtigen,
der Glanz der Glänzenden, die Stärke der Starken ...
Von mir ist das All durchdrungen
durch meine verborgene Natur.
Alle Wesen leben in mir, doch ich leb' nicht in ihnen ...
Wie die Luft im Äther sich bewegt, so sind alle Wesen in mir.
Ich bin der Vater dieser Welt, die Mutter, der Erhalter.
Ich bin das Ziel, der Träger, der Herr,
der Zeuge, der Wohnort, die Zuflucht und der Freund.
Ich bin der Anfang und das Ende, der Grund, der Rastplatz,
das unvergängliche Samenkorn.
Ich bin Unsterblichkeit und auch der Tod,
ich bin das Sein und das Nicht-Sein."

(VII, 4-11; IX, 4-6; 16-19)

Obwohl diese Bücher nicht wie das Alte und Neue Testament von einer „Kirche" offiziell anerkannt wurden, so gelten sie doch als „Heilige Schriften", als Wort Gottes an die Menschen. Sie werden auch mit entsprechender Ehrfurcht gelesen oder, besser gesagt, gesungen und angehört. Die Sammlung wird nicht unbedingt als abgeschlossen betrachtet. Auch neuere Texte, z. B. des Philosophen und Staatspräsidenten S. Radhakrishnan, werden zu den Vedanta gezählt. Auch wir Christen haben das Wort Gottes in diesen Schriften sehr ernst zu nehmen (vgl. Vierte Runde § 10-12).

§ 14. Um das viel umstrittene *Gottesbild* im Hinduismus einigermaßen zu begreifen, muß man von der Geschichte ausgehen. Vielleicht um 6000 v. Chr. (wie indische Autoren sagen) oder um 1000-2000 v. Chr. (wie europäische Autoren vorwiegend meinen) sind die Arier, der Rasse und der Sprache (Sanskrit) nach mit den Griechen, Römern, Germanen verwandt, in Indien eingedrungen. Sie zerstörten die dort vorliegende Indus-Zivilisation, die einen Stand wie jenen von Mesopotamien erreicht hatte. Dann bildete sich allmählich aus einer Mischung des arischen Himmelsgottes mit den Götterbildern und dem Opferkult der dravidischen Kultur der Hinduismus heraus.

Man hat schon viel vom hinduistischen Polytheismus geredet, in dem man zwischen 33 und 3339 Götterdarstellungen unterscheiden kann. Er hätte sich dann über den Henotheismus (daß man einen Gott als Höchstes Wesen anerkannte, ohne die andern Gottheiten zu leugnen) zum Monotheismus entwickelt. Aber man neigt heute eher dazu, den Monotheismus schon für den Anfang anzunehmen und in den vielen Namen und Göttergestalten Ausdruck der vielen Funktionen und Manifestationen des einen Gottes zu sehen. Das will nicht heißen, daß sich im Volksglauben nicht die Vorstellung vieler Götter entwickelte. A. C. Bose hat für diesen eigenartigen Monotheismus die Benennung „advaitischer, vedischer Theismus" eingeführt. Der heutige gelehrte Hindu jedenfalls zweifelt nicht an der Wirklichkeit des einen höchsten und universalen Geistes, in dessen Schweigen und Geheimnis er zu gelangen sucht. Aber er toleriert weise das Volk, das hoffend und betend zu den Göttern aufschaut[51]. Man führt zum Beweis für den ursprünglichen Monotheismus auch das Zitat des Rig-Veda an: „Vielfach benennen, was nur eines ist, die Dichter" (I, 164, 46), und jenes andere: „Weder Sein noch Nicht-Sein, weder Luft noch Firmament, weder Tod noch Unsterblichkeit, weder Tag noch Nacht waren da: das Eine atmete ruhig, auf sich selbst beruhend, und nichts war da außer ihm" (X, 129).

Ist „dieses Eine" ein persönlicher Gott oder eine unpersönliche Urmaterie? S. Radhakrishnan hat die Vereinbarkeit beider Aspekte auf folgende Weise erklärt: „Die überpersönliche und die persönliche Auffassung des Wirklichen (= Gott) stellen den absoluten und relativen Weg dar, die eine Wirklichkeit auszudrücken. Wenn wir den Nachdruck auf Wirklichkeit legen, reden wir von dem absoluten Brahman; wenn wir ihr Verhältnis zu uns Menschen deuten wollen, vom persönlichen Bhagavan, dem erhabenen persönlichen Gott."[52]

Dieses ewige Ur-Prinzip, Brahman, manifestierte sich in den drei Gottheiten, die man schon „Hindu-Trinität" genannt hat: Brahma, Vishnu und Shiva, welche die Funktion der Schöpfung, der Erhaltung und der Zerstörung ausüben, aber zusammen ein Gott sind. Je nach Gegenden und Gemeinschaften rückte die eine oder die andere dieser drei Gottheiten in den Vordergrund. So ist Vishnu an vielen Orten zum höchsten Gott geworden. Er wird angerufen als Ewiger, Unvergänglicher, Schöpfer, Heilbringer, Erlöser, Freund, der schließlich die Menschen in sein Reich aufnehmen wird. Seine Verehrer beten Litaneien mit 108 bis 1008 Namen für Vishnu. Aber er erweist seine

Gnaden vor allem durch seine „Inkarnationen“ (avatara). In ihnen macht sich Vishnu gegenwärtig, um den Menschen in der Not zu helfen, vor allem gegen die bösen Geister, und sie zur endgültigen Befreiung zu führen. In vielen Mythen wird die Gegenwart Vishnus in einem Fisch, einer Schildkröte, einem Eber, einem Zwerg, vor allem in Propheten beschrieben. Die bekannteste „Inkarnation“ ist Krishna. Er wurde nicht auf gewöhnliche Weise geboren, sondern kam aus der Seite seiner Mutter heraus. Bei seiner Geburt erbebten alle Berge. Später führt er einen heldenreichen Kampf, zerstört alles, was sich ihm widersetzt, und kehrt dann heim zum Vater-Gott. Er wird nicht Sohn Gottes genannt, wohl aber Bote Gottes, Mittler Gottes, Brücke zu Gott. Vor allem in der Bhagavad-Gita werden die Großtaten Krishnas besungen. An gewissen Stellen könnte man für Krishna Christus einsetzen, mit dem Unterschied jedoch, daß in Krishna nicht ein menschgewordener Gott, sondern ein vergöttlichter Mensch zu sehen ist[53], und daß es sich bei Krishna nicht um eine historische, sondern eine mythologische Gestalt handelt.

§ 15. Der Hinduismus ist, wie schon gesagt, nicht eine Religion, ein Lehrsystem. Man kann nicht theologische Fragen über schöne und widersprüchliche Aussagen der Heiligen Bücher mit Hindus diskutieren. Man läßt es einfach stehen und versucht, ihre Gotteserfahrung mit ihnen zu teilen, mit ihnen den *hinduistischen Lebensweg* zu gehen.

Das zentrale Thema kreist um das Bemühen, alles auf die letzten Elemente zurückzuführen, auf Atman, das Selbst, und schließlich zu entdecken, daß dieser immanente Atman mit dem transzendenten Brahman eins ist. Diese Einheit wird nicht in einem Prozeß diskursiven Denkens erfaßt; sondern in einem „Innewerden“ wird man in den Ozean des göttlichen Seins eintauchen, völlig darin untergehen und so das Menschenideal der Hindu verwirklichen, wie es wiederum die Bhagavad-Gita besingt:

> „Wenn ein Mensch alle Begierden aus seinem Denken entfernt
> und seinen Geist vollkommen zur Ruhe gebracht hat,
> dann ist er in Einsicht gefestigt. Er ist weise, der
> in Leiden nicht verwirrt und in Freuden nicht übermütig wird,
> frei von Leidenschaft, Furcht und Zorn,
> ohne besondere Vorliebe für irgend etwas.

Weder jubiliert er, wenn ihn unverhofftes Glück trifft,
noch trauert er, wenn ihn Unglück befällt,
da er alle seine Sinne von den Gegenständen zurückzieht,
wie die Schildkröte ihre Glieder in sich zurückzieht" (II, 54).

Man könnte meinen, hier Texte aus der „Imitatio Christi" zu lesen![54]

Wie im Christentum, nimmt auch hier das Thema Sünde und Vergebung einen zentralen Platz ein[55]. Man weiß um das Prinzip der guten moralischen Ordnung, um den moralischen Imperativ, der das ganze private und soziale Leben umfängt. Man kann es auch „theanthropokosmische Totalität" nennen. Alle Dinge sind aufeinander bezogen, stehen in- und miteinander. Wer sich in diese Ordnung hineinstellt, handelt gut. Andernfalls stört er die Ordnung und vermehrt die sündige Lage der Welt. Der sündige Mensch verfällt der Dunkelheit, gewärtigt Strafe im Diesseits und im Jenseits. Seine einzige Hoffnung bleibt Gottes Erbarmen. Darum der ständige Refrain: „Möge sein Licht unsere Sünden wegscheuchen" (Rig-Veda I, 97). Wem die Sünde vergeben ist, der „wird wachsen in der Kraft, er wird leben durch hundert Frühlinge, hundert Herbste, hundert Winter" (RV X, 161, 4). Sein Segen wird auch auf alle Glieder seiner Gemeinschaft übergehen.

Die Mittel zur Vergebung der Sünde sind Opfer, Gebet und das heilige Bad. Wenn keine Opfer mehr dargebracht würden, würde die Sonne nicht mehr aufgehen, der Regen nicht mehr vom Himmel fallen, die Ernte nicht mehr auf den Feldern reifen (RV VII, 34,6; X, 160,3). Für das heilige Bad gibt es mehrere Tausende von anerkannten Wallfahrts- und Gnadenorten entlang den Flüssen Indiens, vor allem des Ganges. Schon das Aussprechen des Namens Ganges reinigt den Sünder, ein Bad darin oder das Trinken von Gangeswasser reinigt die Familie rückwirkend auf sieben Generationen. So sind Millionen von Hindus ständig unterwegs auf Wallfahrt. Man muß z. B. in Benares die Menschenmassen, Männer und Frauen, Alte und Junge, gesehen haben, die morgens vor Sonnenaufgang die Treppen zum Ganges hinuntersteigen, ins schmutzige Wasser treten, Hände und Augen zum Himmel erhebend, untertauchend, Wasser über sich gießend, in einem Fläschchen Wasser mit nach Hause nehmend, nachher im Kreis zusammensitzend, Blumen und Öllichter in der Hand, Lieder singend, überzeugt, daß sie nun gereinigt und Brahman näher gekommen sind.

In klassischer Weise führen diese hinduistische Lebensweise die Sanyasi („Mönche"), auch Sadhu („Heilige") oder Swami („Herr") genannt. Man schätzt ihre Zahl auf zwei bis fünfzehn Millionen. Die meisten befinden sich ständig unterwegs, von Gnadenort zu Gnadenort. Die einen haben ihren Körper mit Asche oder mit allerhand Farben überschmiert, gehen z. T. vollkommen nackt umher, reden kein Wort, besitzen buchstäblich nichts, suchen nur die völlige Einheit mit Gott. Andere tragen das safranfarbene Mönchskleid, sitzen versunken am Wegrand oder am Flußufer. Andere kommen in vornehmen Seidenroben in großen Wagen dahergefahren, bewohnen Paläste, halten gelehrte Ansprachen über den Hinduismus. Die meisten sind auf lose Weise einer Gemeinschaft angeschlossen. Der Initiation zum Mönchsleben geht ein langes Fasten voraus. Dann werden alle Haare des Körpers entfernt, und es folgt eine Art symbolische Leichenverbrennung: der Kandidat errichtet sich selber einen Scheiterhaufen, legt sich darauf. Von nun an ist er der Welt gestorben. Nach dem Tode wird er nicht mehr verbrannt, sondern begraben werden. Dann erhält er vom Guru (Lehrer) einen persönlichen Mantra (Vers aus den Heiligen Schriften), einen neuen Namen und ein neues Kleid. Wenn das Mönchstum als Gradmesser des religiösen Lebens bezeichnet wird, dann hat der Hinduismus nicht um seine Zukunft zu fürchten[56] – wobei freilich noch die Säkularisierung ihr Wort mitreden wird (vgl. Vierte Runde § 22).

Man versteht es nun, wenn die Konzilserklärung über die nichtchristlichen Religionen folgendes über den Hinduismus aussagt: „Von den ältesten Zeiten bis zu unseren Tagen befindet sich bei den verschiedenen Völkern eine gewisse Wahrnehmung jener verborgenen Macht, die dem Lauf der Welt und den Ereignissen des menschlichen Lebens gegenwärtig ist, und nicht selten findet sich auch die Erkenntnis einer höchsten Gottheit oder sogar eines Vaters. Diese Wahrnehmung und Erkenntnis durchtränkt ihr Leben mit einem tiefen religiösen Sinn ... so erforschen im Hinduismus die Menschen das göttliche Geheimnis und bringen es in einem unerschöpflichen Reichtum von Mythen und in tiefdringenden philosophischen Versuchen zum Ausdruck und suchen durch aszetische Lebensform oder tiefe Meditation oder liebende und vertrauende Zuflucht zu Gott Befreiung von der Enge und Beschränktheit unserer Lage" (Nostra aetate, Nr. 2).

Zur Illustration einige Texte aus den Veden[57]:

Eröffnungsvers

Ich preise Gott, das göttliche Feuer,
den Priester, Diener des Opfers,
den Darbringer der Gaben, den höchsten Geber aller Güter.
(Rig-Veda I, 1,1)

Furchtlosigkeit

Vor dem, was wir fürchten, mach uns, Herr, furchtlos.
Du Freigebiger, steh uns bei mit deiner Hilfe,
treibe fern den Mißgünstigen, den Feind.

Indra, du großzügiger Spender, wir rufen dich an,
mögen wir an allen Geschöpfen, den zwei- und den vierfüßigen,
Freude haben.
Laß nicht die Waffen unserer Feinde uns überwältigen,
zerstöre alle bösen Geister.

Führe uns in eine offene Welt, o Weiser,
in himmlisches Licht, zu Furchtlosigkeit und Segen.
Deine Arme sind stark, o mächtiger Herr.
Wir stellen uns in deine unbegrenzte Zuflucht.

Möge die Atmosphäre, die wir einatmen,
Furchtlosigkeit in uns hinein atmen:
Furchtlosigkeit auf Erden und Furchtlosigkeit im Himmel!
Möge Furchtlosigkeit uns behüten hinten und vorne.
Möge Furchtlosigkeit uns umgeben oben und unten.

Mögen wir ohne Furcht sein vor Freund und Feind,
mögen wir ohne Furcht sein vor dem Bekannten und dem Unbekannten,
mögen wir ohne Furcht sein bei Tag und bei Nacht!
Laß die ganze Welt meinen Freund sein!
(Atharva-Veda XIX, 15)

Wir lassen die Frage offen, wie weit es sich hier um ein Gebet zu Gott oder nicht eher um eine Art Schutzmagie handelt.

Bitte um Sündenvergebung

Leuchte hell auf, Gott, und jage weg
unsere Sünde; laß deine Gnade auf uns niederstrahlen.
Möge der Herr unsere Sünden wegbrennen.

Wir bringen dir unsere Gaben dar
für fruchtbare Felder und heimelige Heime.
Möge der Herr unsere Sünde wegbrennen!

Mögen Hohepriester von dir hervorkommen, Herr!
Mögen auch wir in dir neu geboren werden!
Möge der Herr unsere Sünde wegbrennen!

O Herr, dessen Antlitz allüberall leuchtet,
begleite uns sicher wie in einem Boot.
Möge der Herr unsere Sünde wegbrennen!

Rette uns sicher, wie in einem Boot
über den Strom, vom Dunkel zum Licht.
Möge der Herr unsere Sünde wegbrennen!

(Rig-Veda I, 97)

Bittgebet

Sei uns nahe in Freundschaft.
Rette uns und hilf uns,
zeige dich gnädig, o Herr.

Sei gegenwärtig, o Herr,
Großartiger, Herrlicher,
gieße über uns deine wertvollen Gaben.

Höre jetzt unser Rufen,
leihe uns dein Ohr,
beschütze uns vor der Ansteckung der Sünde!

Zu dir, strahlender Gott,
bringen wir dieses Gebet.
Scheine über unsere Freunde mit Segen!

(RV V, 24)

Gott, aller Menschen Bruder

O Herr, vornehmster der Vornehmen,
weisester und bester Mittler,
mögen wir ein angenehmes und wirksames Gebet aussprechen!

Wer unter den Menschen ist dein Bruder?
Wer bringt dir heilige Verehrung dar?
Wer bist du, Herr? Von wem hängst du ab?

Du bist aller Menschen Bruder
und unser lieber Gefährte, o Herr,
der Freund, dessen Namen wir anrufen für unsere Freunde!
(RV I, 75)

§ 16. Man kann nicht über den Hinduismus reden, ohne das *Kastenwesen* zu erwähnen. In den obigen Gedichten fiel einem eine große Weltoffenheit auf: „Laß die ganze Welt meinen Freund sein . . . Gott, du bist aller Menschen Bruder . . .“ Es wäre nun aber falsch, sich alle Hindus als eine große Gemeinschaft von Brüdern und Freunden vorzustellen, im Gegenteil, die Religion spaltet sie in einige Tausend unüberschreitbare Kasten[58].

Im geschichtlichen Anfang hatte die Kastenidee mit Farbe zu tun. Für die weißen Arier, die gelben Mongolen, die braunen Draviden, die fast schwarzen Ureinwohner mußte eine gesellschaftliche Lösung gefunden werden, denn verschiedene Rassen vertragen sich – leider – immer schwer. Sollten die einen die andern ausrotten, wie es die weißen Einwanderer in Amerika mit den Indianern machten? Oder sie unterjochen, wie es in der Kolonialzeit in Afrika und Asien geschah? Oder alle zu einer idealen Gemeinschaft zusammenschweißen – wofür es in der Geschichte noch kein Modell gibt? Oder als Notlösung eine getrennte, aber geregelte Koexistenz finden, wie eine Art „Apartheid“ in Südafrika? Das alte Indien wählte diese letzte Formel. Aus Achtung und Toleranz wollte man jeder Gruppe ihre Eigenart zuerkennen und ihr die je eigene Aufgabe zuweisen. Aber das System artete in Intoleranz und Unterdrückung aus.

Es gibt vier Hauptkasten:
– die Brahmanen: die Priesterklasse, die sich mit Studium und Erklärung der Heiligen Bücher beschäftigt und die Durchführung der heiligen Riten zum Wohl des Volkes besorgt;
– die Kshatriya: die Klasse der Soldaten und Verwalter, welche die gute Ordnung im Staat aufrechterhalten;
– die Vaishya: die Klasse der Händler und Bauern;
– die Sudra: die Klasse der Arbeiter und Diener der andern.

In jeder Kaste gibt es wieder Hunderte von Unterkasten, deren jede mit einer Fülle von Riten und Gesetzesvorschriften abgegrenzt und gekennzeichnet ist. Das ganze tägliche Leben, Essen, Arbeit, Gesellschaftsformen, Eheschluß, Gebrauch der Ehe, das Gehen auf die Toilette usw., gestaltet sich in jeder Kaste verschieden.

Die Brahmanen, alle aus der Arier-Rasse, fühlen sich als das Herrenvolk, die Privilegierten, die von Gott Geliebten, das „auserwählte Volk". Die untersten Kasten und die Kastenlosen sind der Verachtung, der Unreinheit, der Unberührbarkeit ausgesetzt. Sie tragen das Kainsmal. M. K. Gandhi kämpfte mit allen friedlichen Mitteln für die Aufhebung dieser unmenschlichen Schranken: „Der eine Gott will die Brüderschaft aller Menschen!" Seit ihm nennt man die Kastenlosen „Harijans" = „Kinder Gottes". Die Verfassung des unabhängigen Indiens hat die Kastenschranken aufgehoben, aber praktisch wirken sie sich immer noch stark aus. Die Kirchen hatten bei den Kastenlosen mehr Erfolg und taten viel, um ihnen den sozialen Aufstieg zu ermöglichen. Aber selbst innerhalb der Kirche überlebt noch viel Kastenspannung und Kastendenken.

Das ganze System wird religiös gestützt durch die Idee des „Karma". Die Materie, aus der einer geboren ist, die Umwelt, in der er lebt, die Summe seiner eigenen Handlungen: das alles bestimmt sein Schicksal, das er annehmen und durchtragen muß. Jeder kann das Leben nur mit den Karten spielen, die er bekommen hat! Im Grunde ein tiefer Fatalismus, den zu sublimieren die Religion hilft. Es bleibt die Hoffnung, auf dem Weg allmählicher Läuterung im Strom der Wiedergeburten die vollständige Einheit mit Gott zu erreichen.

Man wundert sich nicht, wenn marxistische Religionskritiker hier einen typischen Fall von Entfremdung auf Grund der Religion feststellen und dieses System anprangern, so etwa W. Ruben, der das Kastenwesen mit K. Marx eine „Religion selbstquälerischer Askese" nennt, eine Ideologie für Könige und Despoten, eine Trostpille für die Ausgebeuteten. Die Einheit Indiens werde erst kommen, wenn die säkularisierte Geistigkeit herrsche und die Wissenschaft den Sieg über die Religion erlangt habe[59].

Nicht nur Marxisten, auch Christen müssen einen solchen Fall von „auserwähltem Volk" und die religiöse Untermauerung des Kastenwesens bedauern.

Im übrigen kommt der Gedanke eines ausdrücklichen Bundes mit Gott im Hinduismus nicht vor, wohl aber das Wissen um die Nähe Gottes, nicht so sehr mit dem Volk in seiner Geschichte als mit dem Einzelmenschen in seinem aszetischen und mystischen Leben. Die

Heiligen Bücher des Hinduismus entsprechen mehr der alttestamentlichen Weisheitsliteratur. Es fehlen geschichtliche Bücher wie die des Mose und der Könige.

3. Der Buddhismus

§ 17. Wir müssen uns damit begnügen, den Buddhismus mit einigen wenigen Zügen zu umreißen. Seine *geschichtliche Erscheinung*[60] geht auf Siddhartha Gautama, später Buddha („der Erleuchtete") genannt, zurück. Er lebte wahrscheinlich zwischen 560 und 480 v. Chr. Seine adeligen Eltern wollten ihrem einzigen Sohn alles Leid ersparen, alles Glück schenken. Doch wurde genau er vom Schmerz über die Vergänglichkeit alles Seins überwältigt und fand am Leben nichts als Ekel. Heute würde man sagen: er erlebte die Frustration des Lebens bis auf den Grund. Mit 29 Jahren verließ er den Palast, um als wandernder Eremit auf die Suche nach der Wahrheit zu gehen. Erst nach sieben Jahren strengster Abtötung wurde ihm bei Buddh-Gava, unweit von Patna, die plötzliche Erleuchtung geschenkt, die fortan sein Leben bestimmen sollte. Nach einigem Zögern entschloß er sich, die heilbringende Wahrheit über Ursprung und Überwindung des Leidens der Welt zu verkünden. Mehr als 40 Jahre lang durchzog er Nordindien und gewann viele Anhänger. Seine Weisheitslehren sind erst etwa 500 Jahre nach seinem Tod in drei Sammelbänden aufgeschrieben und noch später im heiligen Buch Dhammapada (Gedicht des Gesetzes) zusammengefaßt worden. Es ist darum schwer, den ursprünglichen Gehalt seiner Lehre herauszufinden.

Gegenüber dem Hinduismus mit der bedrückenden Obermacht der Brahmanen und dem ängstlich befolgten Opferritualismus wollte Buddha eine Gemeinschaft ohne Priester, ohne Kasten, ohne Opfer, scheinbar sogar ohne Gott. Mit modernen Worten könnte man sagen: er hat die Religion von Klerikalismus und Legalismus befreit und sie radikal säkularisiert. Er lehnte es förmlich ab, sich einen Gott vorzustellen, der in unser Leben und in unsere Geschichte eingreift und den man um Schutz anruft. Man muß darin deutlich eine Reaktion gegen die Mißbräuche einer gewissen Gottesverehrung sehen, die mit so viel äußeren Werken sich Gottes zu bemächtigen sucht. Für ihn zählt nur die menschliche Wirklichkeit, mit der man durch völlige

Entsagung an alle illusorischen Sehnsüchte und Leidenschaften fertig zu werden hat. Er predigte keine Wahrheiten, Glaubenslehren, sondern wies einen Weg zur Befreiung, den jeder einzelne durch sein persönliches Bemühen zu geben hat. Wohlwollen und Mitleid mit allen leidenden Wesen gelten auf diesem Weg als sehr wichtig. Dadurch wurde der Buddhismus die Weltreligion der Liebe und Brüderlichkeit und Toleranz.

Am Ende des Heilsweges wartet das „Nirwana", das man zu schnell mit dem „Nichts" übersetzt hat. Es bedeutet vielmehr wörtlich das „Aushauchen", „das Verwehen" und sachlich die Befreiung, die Aufhebung allen Leides, die Unsterblichkeit, die Ewigkeit, das ewige Glück. Es wird auch umschrieben mit Ausdrücken wie: Hafen der Zuflucht, kühle Höhle, die andere Küste, das Unsagbare. Meint Buddha damit bloß einen Zustand oder aber „Sein bei Gott"? Die Frage bleibt offen. Jedenfalls ist es etwas Transzendentes, ein letzter Wert, auf den sich der Mensch mit seinem ganzen Streben ausrichtet. Wahrscheinlich deutet man den „buddhistischen Atheismus" besser als Schweigen über Gott. Dem Buddhisten kommt unser christliches Reden über Gott fast vor wie Blasphemie. Es kann Gott nie gerecht werden. Für ihn ist Gott „undenkbar und unbenennbar". Als einziges zählt die Gotteserfahrung. Wie absurd, über Gott zu reden ohne Gotteserfahrung! Wer aber die Erfahrung Gottes gemacht hat, braucht nicht mehr, kann nicht mehr über ihn reden. Für uns Christen, die wir Bände über orthodoxen Glauben schrieben und jahrhundertelang andere Gläubige mißverstanden, verurteilten, verfolgten, eine heilsame Mahnung! Man darf freilich nicht übersehen, daß es später auch im Buddhismus zu einer Art Scholastik mit viel Gerede über Gott gekommen ist.

In den verschiedenen Jahrhunderten breitete sich der Buddhismus über Ceylon, Südost-Asien bis nach China und Japan aus. Viel mehr als der Hinduismus ist er eine missionarische Religion gewesen und eine eigentliche Weltreligion geworden. In Indien selber jedoch wurde er später wieder durch den Hinduismus und vor allem durch den eindringenden Islam fast ausgerottet. In den buddhistischen Ländern sieht man tausendmal die Statue des Buddha, klein oder groß, in Stein oder Metall, in Häusern und in Pagoden, immer Ruhe, Sammlung, Loslösung, Kraft ausstrahlend und heute noch die Geistigkeit jener Völker prägend.

§ 18. In der neuern Zeit werden wir geradezu überrascht von der *modernen Stoßkraft* des Buddhismus. In Indien hat Ambedkar von 1956 an eine eigentliche Bewegung unter den „Unberührbaren" ausgelöst, um sie aus der unwürdigen sozialen Stellung im Hinduismus zu befreien. In kurzer Zeit haben rund 3 1/2 Millionen von ihnen den Buddhismus angenommen[61].

Im Japan der Nachkriegszeit mit der totalen Ernüchterung, dann mit dem neuen wirtschaftlichen Aufschwung und zugleich mit der radikalen Säkularisierung hat der Buddhismus, der vorher zu einer Art magischer Praktiken degeneriert war, es verstanden, im richtigen Augenblick mit den richtigen Mitteln sich zu erneuern und dem Volk Werte anzubieten, auf die es gut ansprach. Unter der Führung von gewissen prophetischen Figuren sind innerhalb des Buddhismus an die 400 „neue Religionen" entstanden, die dem modernen Menschen geben, was ihm fehlt: in der anonymen und platten Gesellschaft eine erfahrbare, fast patriarchalische Heilsgemeinschaft; in der Sinnlosigkeit des Alltagslebens neue Hoffnung und Zukunftserwartung; in der Interesselosigkeit gegenüber Staat und Mitmensch neues Engagement für soziale und missionarische Tätigkeit. Diese Religionen zählten schon vor 15 Jahren über 35 Millionen Anhänger.

Eine der bekanntesten und dynamischsten ist die Soka gakkai, gegründet von Makiguchi und Ikeda auf Grund der nichirenischen Tradition. Im Gegensatz zur Toleranz anderer Bewegungen halten sie fest an einem fast faschistischen Fanatismus als *dem* Heilmittel gegen den Zerfall. Sie leiten viele soziale Werke, unterstützt von finanzstarken Männern, auch aus der Politik. Sie werben mit modernen Mitteln um Gefolgschaft und brauchen dabei auch drohende, zornige Worte wie die Propheten. Sie kämpfen politisch gegen die Korruption, treten ein für den Weltfrieden, durch intensives gemeinschaftliches Gebet suchen sie die hilflose Einsamkeit des Alltags zu überwinden. Sie betrachten Japan als das heilige Buddha-Land. In der Endzeit werden alle Völker nach Japan als dem Mittelpunkt der Erde wallen. Dieser chauvinistische Unterton der eschatologischen Prophetie wurde eine Zentralidee des Nichirenismus. Man ist überzeugt, daß das Buddha-Gesetz dem ganzen Volk und der ganzen Menschheit Heil bringe[62]. Ob eine solche Überzeugung von der biblischen Erwählungs- und Sendungsidee beeinflußt ist oder aus eigener Einsicht entstand? Jedenfalls haben wir es hier mit einer interessanten Parallele zum jüdisch-christlichen Glauben zu tun.

Wie sehr die asiatischen Religionen im Westen gegenwärtig und tätig sind mit Zentren für Zen, Yoga, Transzendentale Meditation usw., fällt jedem auf, der in den westlichen Städten die Augen offen hält. Es stimmt, daß damit viel Mißbrauch und Kommerzialismus betrieben wird. Aber das hebt nicht auf, daß sie etwas bieten, wonach der technisierte und säkularisierte Mensch wieder ein geheimes Heimweh hat[63] – und das er eigenartigerweise im Christentum nicht zu finden scheint.

4. Der Islam

§ 19. Das Heilige Buch der Muslime, der Koran, ist im Westen wenigstens dem Namen nach besser bekannt als die Bücher der andern asiatischen Religionen. Das kommt nicht zuletzt daher, daß man vom Mittelalter an beständig mit dem Islam in Auseinandersetzung stand und den Koran zu widerlegen suchte.

Der Islam[64] wird, im Gegensatz zum Hinduismus und Buddhismus, mit Recht eine nachchristliche Religion genannt, und zwar nicht nur im zeitlichen Sinn (Mohammed starb 632 n. Chr.), sondern auch inhaltlich. In jener Zeit gab es in Arabien ziemlich viele Juden, aber auch Christen, freilich verschiedene Riten und streitende Gruppen, die Mohammed nicht gerade ein Modell christlicher Einheit vorlebten. Immerhin kannte er durch sie Bruchstücke des Alten und des Neuen Testamentes und hat darin nicht wenige Anleihen gemacht.

Die *Botschaft* des Korans gipfelt im Bekenntnis zum einen Gott, dem barmherzigen und gütigen. Ich sage bewußt: die Botschaft, nicht die Lehre. Denn Koran (Qur'an) heißt nicht bloß Lesung, sondern Vortragung, Verkündigung, Predigt. Gemäß dem Glauben der guten Muslime wurde der Koran von Gott selber dem Mohammed in Offenbarungen übergeben. Das Original liegt auf einer Tafel geschrieben auf einem Tisch im Himmel (Sure 85, 21). Er ist also im strengsten Sinn Gottes Wort, Gottes Gabe. Wer ihn in den Mund nimmt und vorträgt, empfängt eine Art Kommunion mit Gott. Nach muslimischem Glauben ist Gott nicht Mensch, sondern „Buch geworden". Darum stützt sich der Islam nicht so sehr auf den Propheten, sondern auf den Koran. Die Vorlesung des Buches gilt nicht zunächst den Gläubigen, sondern Gott selber, der dessen erster Adressat ist. Mit ihm führt Gott eine Art Selbstgespräch. Darum wird soviel Gewicht darauf gelegt, den Koran nur in seiner Ursprache zu rezitieren. Ich habe in Ostafrika da und dort Kinder von Koran-Schulen getroffen, die ganze Suren wie am Schnürchen aufsagten, aber kein Wort arabisch verstanden.

Inhaltlich besteht der Koran mit 114 Kapiteln oder Suren aus psalmenähnlichen Preisliedern, vorwiegend aber handelt es sich um Predigten, die Mohammed hielt und die nach seinem Tode aus dem Gedächtnis der Leute oder aus kleinen Manuskripten gesammelt und veröffentlicht wurden. Wie damals Mose, so hat auch Mohammed den von Geistern und Göttern überwucherten Ein-Gott-Glauben wiederhergestellt, und zwar mit der unerbittlichen Kraft des Propheten. Allah ist transzendenter als der „Vater" Jesu Christi, aber barmherziger als der Jahwe des Mose. Jede Sure beginnt mit den Worten: „Im Namen des barmherzigen und gütigen Gottes". Immer wieder wird die Güte, aber auch die Allmacht und Gerechtigkeit Gottes besungen. Die Dringlichkeit der Botschaft beruht darin, daß Gott bald kommen und Gericht halten wird. Mit sehr anschaulichen Bildern wird das Los der Erwählten im Himmel und der Verdammten in der Hölle beschrieben:

„Wenn dereinst die Katastrophe des Gerichtes hereinbricht:
sie wird, was hoch ist, niedrig machen, und was niedrig, erhöhen.
Wenn die Erde hin und her geschüttelt wird
und die Berge vollständig zerbröckeln
und zu Staub werden, der sich überall ausbreitet,
und ihr Menschen auf Grund dessen, was ihr in eurem Erdenleben getan habt,
in drei verschiedene Gattungen zerfällt:
die von der rechten Seite,
sie sind es, die Gott nahestehen in den Gärten der Wonne.
Auf golddurchwirkten Sesseln liegen sie behaglich einander gegenüber,
während ewig junge Knaben unter ihnen die Runde machen
mit Humpen und Kannen voll Wein und einem Becher voll Quellenwasser,

mit einem Getränk, von dem sie weder Kopfweh bekommen noch betrunken werden.
Und großäugige Huris haben sie zu ihrer Verfügung,
in ihrer Schönheit wohlverwahrten Perlen zu vergleichen,
dies zum Lohn für das, was sie in ihrem Erdenleben getan haben.
Und die von der Linken:
sie befinden sich in sengender Glut und heißem Wasser
und im Schatten von schwarzem Rauch,
der weder kühl ist noch wohltuend.
Sie führten vordem ein Wohlleben
und verharrten in der gewaltigen Sünde des Unglaubens ...
Dem die Schrift mit dem Verzeichnis seiner Taten von hintenher gegeben wird,
der wird ach und weh schreien und im Höllenbrand schmoren.
Er war zu Lebzeiten froh und unbeschwert im Kreis seiner Angehörigen,
und meinte, daß es immer so bleiben würde.
Aber nein! Sein Herr durchschaute ihn wohl und achtete auf das, was er tat.
Warum glauben die Leute denn nicht,
und warum werfen sie sich nicht in Anbetung nieder, wenn ihnen der Koran vorgetragen wird? (Aus Sure 56 und 84)

Das rechte Leben des „Islams" (= Hingabe an den Willen Gottes) beruht auf den fünf Säulen: das tägliche Gebet, die Fasten im Monat Ramadan, Almosengeben (für die Armen und für die Bedürfnisse des heiligen Krieges), Bekenntnis des Glaubens und Wallfahrt nach Mekka wenigstens einmal im Leben. Jedermann, der islamische Länder besucht hat, weiß, daß diese Punkte sehr ernst genommen werden.
Wir drucken noch zwei kurze Suren ab, die Eröffnungs-Sure, die jeder Muslim auswendig kennt und immer wieder aufsagt, und „Das Lob des Wohltuns":

„Lob sei Gott, dem Herrn der Menschen in aller Welt,
dem Barmherzigen und Gütigen,
der am Tage des Gerichtes regiert!

Dir dienen wir, und dich bitten wir um Hilfe.
Führe uns den geraden Weg,
den Weg derer, denen du Gnade erwiesen hast
und die nicht dem Zorne Gottes verfallen sind und nicht irre gehen!" (Sure 1)

Das Lob des Wohltuns

„Im Namen des barmherzigen und gütigen Gottes.
Beim Morgen und bei der Nacht, wenn alles still ist:
Dein Herr hat dir nicht den Abschied gegeben und verabscheut dich nicht.
Und das Jenseits ist besser für dich als das Diesseits:
Dein Herr wird dir dereinst so reichlich geben,
daß du zufrieden sein wirst.
Doch auch schon im diesseitigen Leben hat er dir Gnade erwiesen.
Hat er dich nicht als Waise gefunden und dir Aufnahme gewährt?
Dich auf dem Irrweg gefunden und recht geleitet,
dich bedürftig gefunden und reich gemacht?
Gegen die Waise sollst du deshalb nicht gewalttätig sein,
und den Bettler sollst du nicht anfahren,
aber erzähle deinen Landsleuten wieder und wieder von der Gnade deines Herrn." (Sure 93)

Wie weit in der Lehre Mohammeds Spuren christlicher Glaubenswahrheiten ausfindig zu machen wären, z. B. über den Heiligen Geist, über Jesus, den Propheten, dessen Geburt aus der Jungfrau Maria, über Gericht und Auferstehung, Paradies und Hölle, darauf können wir hier nicht eingehen. Es genügt noch zu erwähnen, was das Konzil zum Islam sagte: „Mit Hochachtung betrachtet die Kirche die Muslim, die den alleinigen Gott anbeten, den Lebendigen und in sich Seienden, Barmherzigen und Allmächtigen, den Schöpfer Himmels und der Erde, der zu den Menschen gesprochen hat. Sie bemühen sich, auch seinen verborgenen Ratschlägen sich mit ganzer Seele zu unterwerfen, so wie Abraham sich Gott unterworfen hat, auf den der islamische Glaube sich beruft ..." (Nostra aetate, Nr. 3; vgl. auch Lumen gentium, Nr. 16).

§ 20. Der Islam ist nicht bloß eine Angelegenheit des einzelnen Gläubigen, sondern vor allem der gläubigen *Gemeinschaft,* der Umma. Man unterscheidet klar zwischen „Haus des Islams" (Dar-ul-Islam) und „Haus des Unglaubens" (Dar-ul-Kufr). Die Juden und Christen werden als „Volk des Buches" zwar nicht verachtet, aber immerhin als minderwertig betrachtet; für die Polytheisten aber, die Ungläubigen, kennt man nur Verachtung.

Der Islam ist nicht bloß eine Religion, sondern eine soziopolitische Gemeinschaft. Leute aus verschiedenen Stämmen hatten damals ihr Land verlassen, um Mohammed zu folgen. So mußte er aus diesen heterogenen Elementen eine neue Gemeinschaft schaffen, nicht mehr auf Grund des Blutes, sondern des Glaubens. Es ist ihm auf erstaunliche Weise gelungen, eine Art „Superstamm" zu konstituieren. Zwar weiß Mohammed um die ursprüngliche Gemeinschaft aller Menschen: „Die Menschen waren ursprünglich eine einzige Gemeinschaft. Dann, nachdem sie uneins geworden waren, ließ Gott die Propheten als Verkünder froher Botschaft und als Warner auftreten" (Sure 2,213). Diese ursprüngliche Einheit war begründet in der Religion, die mit der Schöpfung gegeben war: „Richte nun dein Antlitz auf die einzig wahre Religion. Das ist die natürliche Art, in der Gott die Menschen erschaffen hat. Die Art und Weise, in der Gott die Menschen erschaffen hat, kann man nicht abändern. Das ist die richtige Religion. Aber die meisten Menschen wissen es nicht" (Sure 30, 30).

In der neuen Gemeinschaft des Islams ist alles gut. Die Umma wurde das wirksamste Heilmittel gegen die traditionellen Rivalitäten zwischen den Stämmen und gegen den zersetzenden Individualismus der Araber. Man glaubt mit Stolz an die Sonderstellung der Muslime in der Welt: „Und so haben wir euch zu einer in der Mitte stehenden Gemeinschaft (umma) gemacht, damit ihr Zeugen über die Menschen seiet und der Gesandte über euch Zeuge sei" (Sure 2, 143). Bis heute gelingt es dem Islam, von Westafrika bis Indonesien Völker verschiedener Rassen und Kulturen zu einer Einheit zusammenzuschmieden, die wohl das Gemeinschaftsbewußtsein der heutigen Christen um ein beträchtliches übersteigt. L. Gardet sagt: „Die stärkste einigende Kraft der Umma liegt vielleicht in der affektiven Ordnung. Sie wird vorerst im Herzen der Gläubigen erfahren. Sie nährt sich aus dem persönlichen und kollektiven Stolz, der Welt des Islams anzugehören;

sie entwickelt daraus bestimmte Verhaltensweisen und Lebensgrundsätze, die den Gläubigen bewegen, sich in jedem Land zu Hause zu fühlen, wo die Predigt des Korans gegenwärtig ist."[65] Freilich schließt eine Einheit eine starke Pluriformität nicht aus. Zwischen dem Islam etwa in Westafrika, in Arabien, in Indonesien kann man gewaltige Unterschiede feststellen.

Diese Gemeinschaft als solche besitzt auch eine starke missionarische Strahlkraft. Man kennt im orthodoxen Islam weder Klerus noch Berufsmissionare. Jeder Muslim bezeugt seinen Glauben, redet gut über seine Gemeinschaft, fühlt sich verantwortlich für die Modellhaftigkeit dieser Gemeinschaft und sucht so, andere dafür zu gewinnen[66]. Schon Mohammed stärkte dieses Selbstbewußtsein der Gläubigen, indem er sie auch von den „Leuten der Schrift" (Juden und Christen) abhob: „Ihr Gläubige seid die beste Gemeinschaft, die unter den Menschen entstanden ist. Ihr gebietet, was recht ist, ihr verbietet, was verwerflich ist, und ihr glaubt an Gott. Wenn die Leute der Schrift ebenfalls glauben würden wie ihr, wäre es besser für sie. Es gibt zwar Gläubige unter ihnen. Aber die meisten von ihnen sind Frevler" (Sure 3, 110; vgl. auch 3, 113 f.).

Wir haben hier also wiederum ein klassisches Beispiel, wie ein – diesmal supranationales – Volk sich in ganz besonderer Weise als „Volk Gottes" fühlt, sich auserwählt und mit einer Sendung für alle andern Völker ausgestattet weiß.

§ 21. Der Islam hat – wie das Christentum – seine Gemeinschaft immer als sehr exklusiv verstanden. Wer draußen steht, gilt nichts. Sie sind jedoch eingeladen, ins „Haus des Islam" einzutreten. Kein Muslim aber darf austreten, das wäre sein gesellschaftlicher Tod. Der Islam anerkennt die Theokratie und damit auch die Verbindung der Religion mit der *Macht.* Wie die Tora im Alten Testament, so ist auch der Koran zugleich Staatsgesetz, wenn auch auf je verschiedene Weise in den heutigen modernen Staaten. Die Religion bedient sich für ihre eigenen Zwecke der Macht. Man hat zwar schon viel Einseitiges und Falsches über den „heiligen Krieg" gesagt, aber man kann ihn nicht wegleugnen. Er wurde nicht geführt, um anderen den Islam aufzuzwingen, wohl aber um die Herrschaft der Umma über die Nicht-Muslime auszudehnen. Wo der Islam dank seiner strammen Organisation und seines starken Zusammengehörigkeitsbewußtseins als

Minderheit über das Volk herrschte, wie in Nordnigeria, Nordkamerun, im Südsudan, versuchte er nicht nur die Statistiken zu seinen Gunsten zu fälschen, sondern er hat auch jene Stämme ausgebeutet und dadurch eine Antipathie gegen sich geschaffen. Diese Stämme haben erst im Christentum ihre Identität gefunden[67].

Seit dem Jahre 1947 – Teilung Indiens in Indien und Pakistan, Teilung Palästinas, beide Vorgänge mit blutigen Wirren begleitet – erleben wir eine auffallende Radikalisierung des islamischen Bewußtseins und der politischen Tätigkeit der entsprechenden Staaten. Wir müssen diese Entwicklung mit Geduld und Verständnis betrachten, sie sehen als elementaren Ausbruch von Gefühlen, die lange verdrängt blieben, als Erwachen eines Riesen, der lange betäubt und ohnmächtig dalag, als Reaktion gegen die gewaltsame Bevormundung durch den Westen, die zur Zeit der Kreuzzüge begann, im Kolonialismus weiterdauerte – alle islamischen Staaten von Marokko bis Singapur (mit Ausnahme des Iran!) waren Kolonien – und durch die kapitalistische Welthandelsstruktur immer noch seine Macht ausübte. Jetzt erfolgt der Gegenschlag in einem revolutionären politisch-wirtschaftlich-kulturellen Aufbruch[68].

Das alles kann eine tiefe innere Zerrissenheit der islamischen Welt nicht verdecken. Die Elite, die Jahr für Jahr von den Universitäten kommt, möchte Modernisierung, auch Säkularisierung. Die Masse, von den meist ungebildeten religiösen Führern gelenkt, hängt am Alten. Moderne Länder wie Tunesien, wo die Frauen die gleichen Rechte genießen wie die Männer und die Polygamie verboten ist, werden von diesen Kreisen als „Länder des Unglaubens“ hingestellt. Man darf freilich nicht übersehen, daß die Schiiten (Iran!), die sich durchwegs hierarchischer, autoritärer, integralistischer gebärden als die Sunniten, nicht die Mehrheit der islamischen Welt ausmachen.

Der gegenwärtige islamische Aufbruch liegt also vor allem auf der politisch-wirtschaftlich-kulturellen Ebene. Eine entsprechende religiöse Erneuerung geht damit nicht Hand in Hand. Es fehlt an führenden Theologen und Mystikern, die den Kern bewahren, aber die Form in vielem erneuern und der modernen Zeit anpassen würden. Dem Islam wird eine radikale Krise nicht erspart bleiben. Das ist für Christen kein Anlaß zur Schadenfreude, sondern vielmehr zur Hoffnung, daß der Dialog zwischen beiden Religionen wachse und beide mit der gegenseitigen brüderlichen Hilfe den Weg in die moderne Zeit finden (vgl. auch Zweite Runde § 11 und Vierte Runde § 22).

Auf die Darstellung anderer asiatischer Religionen, wie Taoismus, Konfuzianismus, Jainismus, Shintoismus usw. müssen wir aus Raumgründen verzichten.

C. Amerika

§ 22. Wann und wie die Indianer nach Amerika gelangten, darüber liegen nur unbewiesene Arbeitshypothesen vor. Ihre eigentliche *Geschichte* begann am 12. Oktober 1492 mit ihrer Entdeckung durch Christoph Kolumbus. Er selber und die andern Männer der Conquista lebten und handelten aus einem starken christlichen Glauben. Kolumbus stützte sein einzigartiges Sendungsbewußtsein auf einen utopischen Messianismus, auf eine Mystik der Entdeckung. Er hoffte, durch die zu entdeckenden Reichtümer dann in der Lage zu sein, daß Heilige Land zurückzuerobern. Er glaubte, durch die Verkündigung des Evangeliums in jener Welt die Wiederkunft des Herrn zu beschleunigen. Selten hat ein Mensch seine Sendung derart als Erfüllung einer biblischen Verheißung verstanden wie er[69]. Auch von Fernando Cortés, dem Eroberer Mexikos, dem hervorragendsten aller Conquistadoren, weiß man, daß er sehr fromm war, immer ein Bild der Mutter Gottes bei sich trug, jeden Tag der Messe beiwohnte, im übrigen aber seinen Leidenschaften frönte und als Politiker keine Skrupel kannte.

Diese Spanier trafen hier auf die verschiedenen Indianerstämme mit einer sehr alten Kultur, die Maya, Inka, Azteken usw. Verweilen wir etwas bei den Azteken in Mexiko[70]. Eine Generation vor der Eroberung lebte dort der König Nezahualcoyotl, eine Perle der mexikanischen Kultur. Er hatte keinen Sohn und rief verschiedene Götter an, ohne Erfolg. Das brachte ihn zur Einsicht, daß nur ein Gott allmächtig und gütig sei. Er zog sich zurück, betete und fastete 40 Tage lang. Am Ende kam ein Bote und brachte ihm die Botschaft vom Sieg über die Feinde und von der Geburt eines Sohnes. Darauf baute er diesem Gott, „dem unbekannten Gott", der Ursache aller Ursachen, einen Tempel. Das gewöhnliche Volk freilich kannte und verehrte mehrere

Götter, unter denen der Kriegsgott Huitzilopochtli an oberster Stelle stand. Die Azteken, mit entwickelter Landwirtschaft – sie kannten schon Bewässerungsanlagen – und Stadtkultur, mit straffer militärischer Verwaltung, galten als sehr religiös. Sie praktizierten eine Art Opfer-Kommunion, eine Art Beichte, eine Art Taufe, durch die dem neugeborenen Kind die Ursünde weggewaschen wurde. Eine gut organisierte und hochgeachtete Priesterhierarchie führte die verschiedenen Riten aus, wozu man psalmenähnliche Lieder sang. Mord, Ehebruch, Sakrilegien wurden mit dem Tode bestraft. Man glaubte auch an ein ewiges Leben mit Himmel und Hölle. Man war überzeugt, das Land auf Weisung Gottes erobert und gewonnen zu haben. Man bewahrte deshalb das Zeichen Gottes in einer Art Bundeslade und faßte keine Beschlüsse, ohne Gott gefragt zu haben. Man meint, eine Kopie des alttestamentlichen Bundesvolkes vor sich zu haben! Schließlich erwartete man, daß der mythologische Gott Quetzalcoatl eines Tages wiederkehren werde, um die goldenen Tage der Urzeit wiederherzustellen. Als dann die Spanier mit Cortés ankamen, glaubte man, in ihnen Söhne oder Brüder dieses Gottes zu sehen. Deshalb wurden sie so freundlich aufgenommen.

Auch die Maya und andere Stämme kannten eine ähnliche Erwartung. Von verschiedenen Stämmen wird berichtet, daß sie jahrhundertelang wanderten in der Hoffnung, ein Land der Ruhe und des Friedens zu finden. Die Guarani in São Paolo tanzten noch 1912 tage- und nächtelang in der Erwartung, ins verlorene Paradies hineintanzen zu können, bis sie erschöpft aufgaben[71].

Die spanischen Eroberer und Missionare sahen in all dem nur Aberglaube, Götzendienst, teuflische Nachäffungen. Sie kamen ja aus dem Land der Inquisition und der Zeit der Gegenreformation. Man wollte keine falschen Kompromisse und glaubte, Gott zu gefallen, wenn man die Götzen vernichte und die Kirchen aus den Steinen der zerstörten Tempel, auf die Ruinen der Teufelsreligion aufbaue.

§ 23. Die Indianerreligion hat sich indessen – da, wo die Indianer noch überleben – viel länger erhalten, als man meinte. Auch in der *Gegenwart,* auch bei Stämmen, die seit rund 400 Jahren katholisch sind, wie etwa die Aymara auf dem Hochplateau von Peru, mit zwei Millionen einer der größten Stämme, entdeckt man heute mit besserer Kenntnis, daß die alte Religion noch mehr als das Christentum

das Denken des Volkes bestimmt[72]. Der katholische fremde Priester tauft die Kinder, spendet die andern Sakramente, unterrichtet eine Lehre: das nimmt man alles an. Aber der traditionelle „Priester" führt die Initiation durch, die zählt, verhandelt in allen konkreten Nöten des Lebens mit der Gottheit und hält die Einheit der sakralen Ordnung mit vielen Riten bei Aussaat und Ernte, bei Geburt und Tod aufrecht. Man lebt so in einem starken Gefühl der Einheit mit den Stammesmitgliedern und mit Gott. Erst heute versuchen die Missionare, eine Brücke zwischen dieser Religion und dem Christentum zu bauen.

Über die Religion der heute noch lebenden nichtchristlichen Indianerstämme, die meist auf kleine Reste zusammengeschrumpft sind, hat wiederum W. Schmidt das Material gesammelt. Die Lenape[73] glauben alle an den „großen Geist", der auch „Unser Vater" genannt wird. Man sagt von ihm, er sei „ganz Licht, bekleidet mit dem glänzendsten Tag, mit einem Tag von vielen Jahren". Der Regenbogen ist sein Kleidersaum. Nach der Schöpfung wohnte er in vertrauter Gemeinschaft mit den Menschen auf Erden. Er hatte sie in allen Dingen unterrichtet, für sie die sittlichen Gebote aufgestellt, ihnen die heiligen Zeremonien zu feiern befohlen. Dann aber zog er sich zurück. Trotzdem bleibt er nahe. Alle Wohltaten, Licht, Wärme, Gesundheit, Fruchtbarkeit, Erfolg im Krieg, kommen von ihm. Wenn auch die Geister, die „manitowak", im Vordergrund stehen, schließt das ein inniges Verhältnis zum „Vater" nicht aus. Besonders beim Jahresdankfest feiert man zwölf Tage und zwölf Nächte lang zu seiner Ehre. Das Jenseits heißt „Lebensland", man stellt es sich vor als eine Insel von hinreißender Schönheit.

Von den Siyot oder Wishosk[74] lebten um 1910 nur noch 150 Vertreter. Sie sagten von Gudatrigakwitl, dem höchsten Wesen und Schöpfer: „Er arbeitet nicht mit seinen Händen, was immer er denkt, kommt ins Dasein." Die Menschen starben, weil sie schlecht waren. Er ermahnt sein Volk: „Wenn eine Festlichkeit ist, ruft mich an. Wenn einige nicht lieben, was ich sage, so laßt sie gehen. Aber jenen, die meine Unterweisung annehmen und sie ihren Kindern weitergeben, denen wird es gutgehen. Wenn immer es euch schlechtgeht, ruft mich an. Solange Menschen leben und ein Alter seinem Sohn von mir erzählt, ist es, als wenn ich da wäre."

Die Wintun[75] sind überzeugt, daß ihr Gott, Olelbis, „der oben

Wohnende", alles auf dieser Erde sieht, daß er seinem Stamm näher ist als die Gottheiten der andern Stämme. Er nimmt den ersten Platz ein im Denken der Wintun. Das Leben ist nicht vorstellbar ohne ihn. In Schöpfungs- und Urzeitmythen werden auch Lehren für die Menschen von heute übermittelt. Da heißt es z. B.: als nach einer langen Trockenheit endlich wieder Regen kam, da habe Olelbis zuerst einen alten Mann trinken lassen, der am meisten unter dem Durst gelitten habe, und dann die andern, und er selbst sei erst zuletzt zum Trinken gegangen. – Jedermann versteht, was gemeint ist.

Die Feuerland-Indianer galten ebenfalls lange Zeit als religionsloses Volk. Sie sind dann aber gründlicher erforscht worden als jedes andere Urvolk[76]. Ein Stamm dieser Gruppe, die Yamana, das südlichste Volk der Welt, nennt das höchste Wesen Watauinewa, „der Uralte". Oft aber spricht man von ihm auch als „mein Vater". Alle Ereignisse des Lebens werden mit ihm in Verbindung gebracht. Er hat höchste Macht, ist Gesetzgeber und Wächter der Sittlichkeit, gütig und hilfreich, aber auch unerbittlich im Strafen. In der Jugendweihe werden die Jungen mit Berufung auf ihn sehr konkret zu altruistischem und sittlichem Tun ermahnt.

Bei den Arapaho[77], aus der Algonkin-Gruppe, betet der Vorsteher der Sonnentanzfeier, die sieben Tage dauert, auf folgende Weise: „Mein Vater, Mann da oben, du Schöpfer, du Geber der Speisen, höre! Sei nahe uns armen Wesen, die geistiger und körperlicher Segnungen bedürftig sind. Mögen die Menschen, die hier in diesem Zelte versammelt sind, gesegnet sein. Mein Vater, erbarme dich unser. Erinnere dich, daß wir deine Kinder sind seit der Zeit, da du den Himmel und die Erde geschaffen hast. Mein Großvater, du Licht der Erde, bitte, schau heute hernieder auf dein armes bedürftiges Volk, damit, was immer sie deinetwegen tun, dir gefalle. Unser Vater, Mann da oben, hier ist die Pfeife, die du uns gegeben hast als ein Zeichen deiner großen Liebe. Gib, daß wir einander besser lieben. Habe Erbarmen mit uns allen und laß uns aufstehen in Sicherheit. Vor allem laß die Nation zunehmen, so daß deine heiligen Zeremonien fortgeführt werden können. Mögen wir kämpfen mit dem Bösen und es besiegen. Wir bitten dich, uns das zu gewähren." Jetzt wird die Pfeife unter den Priestern zum Rauchen herumgereicht.

Bei mehreren Stämmen findet man den Glauben vor, daß der große Geist am Ende der Zeiten auf die Erde zurückkehre, begleitet von allen Geistern der Toten. Alle Menschen werden dann zusammen leben, alle Dinge werden dann recht gemacht werden. Es wird lauter Glück sein[78].

D. Ergebnis

§ 24. Wenn Religion nicht beschrieben werden kann, sondern an lebendigen Menschen beobachtet und vor allem erlebt werden muß, so ist es noch viel schwerer, Religion in einer Kurzfassung zu formulieren. Es bleibt immer ein Notbehelf. Immerhin ist aus dieser Dritten Runde klargeworden: was wir schon für Afrika festgestellt haben (oben § 8), hat sich für Asien und Amerika wiederholt und bestätigt. Überall erheben Volk um Volk, von Kontinent zu Kontinent, Herz und Hände zum Himmel und halten ihre Kinder an, es auch zu tun. Überall, bei den verschiedensten Kulturschichten, trafen wir auf das Bewußtsein von einem Urgeheimnis, einer letzten Wirklichkeit, einem mehr oder weniger klar erkannten höchsten Wesen, das man Gott nennt. Dieser Gott ist fern und doch nahe, geheimnisvoll und doch das Selbstverständlichste der Welt, mit Schauer umgeben und doch wie ein Vater angerufen.

Bei den Pygmäen, Hirtenvölkern, Ackerbauern und Jägern der drei Kontinente entdeckt man, bei allen Unterschieden, diesbezüglich geradezu auffallende Ähnlichkeiten. Religion ist hier der tragende Grund und Sinn des Lebens, der Sittlichkeit, des Glücks, das vorwiegend auf das Diesseits ausgerichtet ist. Von einer „Vertröstung“ auf das Jenseits kann kaum die Rede sein. Bei den Hochreligionen, wo das primitive, fast naive Denken etwas verlorenging, wurde die Idee dieser höchsten Wirklichkeit vertieft, aber auch komplizierter und abstrakter gemacht. Hier wurde die Jenseitsbeziehung viel mehr in den Vordergrund gerückt. Man verzehrt sich im Warten auf eine andere Stufe des Lebens.

Über die eigene persönliche Erfahrung mit Religion und die philosophisch-theologische Reflexion hinaus bestärkt dieser Befund a posteriori, daß alle Völker religiös sind, daß also Religion mit dem Menschen zu tun hat, mit seiner Natur gegeben ist, ihm keine Ruhe läßt. Freilich stellen sich hier verschiedene Fragen über die Interpretation und die Zukunftsperspektiven dieser Religionen. Diese Fragen werden uns in der Vierten Runde beschäftigen. Hier wollten wir nur den Religionen an sich nachgehen und den Gott der Völker, wie er religionswissenschaftlich zu erfassen ist, darstellen.

Während man für die Hochreligionen den geschichtlichen Anfang mehr oder weniger kennt, liegt für die andern Religionen der Ursprung im Dunkel. Sie reichen in die Urzeiten zurück. Auf Grund ihrer Mythen geht das Gott-Mensch-Verhältnis auf den Schöpfungsanfang zurück. Daraus kann natürlich nicht empirisch bewiesen werden, daß es so war. Aber ebensowenig kann das Gegenteil bewiesen werden. Jedenfalls: so tief wir Licht in die Menschheitsgeschichte werfen können, sehen wir, daß Gott schon immer da war als Gott der Völker. Kein Volk, das ihn nicht gesucht und gefunden oder dem er sich nicht geoffenbart hätte.

Dem Gott der Völker entsprechen die Völker Gottes. Wie fühlten sie sich als „seine" Völker? Beim begrenzten Horizont der alten Zeit machte man sich wenig Gedanken, wie sich „unser" Gott zu den Gottheiten der andern Stämme verhalte. Es genügte zu wissen, daß er „unser" Gott ist, „uns" erschaffen hat, „uns" nahe ist. Praktisch stellte man ihn sich als Stammesgott vor, der diesem „seinem" Volke eine bevorzugte Stellung unter den andern Völkern verlieh. Mit ihm lebte man in einem ungeschriebenen Bundesverhältnis (vgl. oben § 8).

Wo ein ausgeprägteres Bundes-, Erwählungs-, Sendungsbewußtsein vorliegt, zeigt es meistens einen unsympathischen Exklusivismus, sogar eine aggressive Seite gegenüber den „andern", die man nicht gleicherweise als Gottesvolk betrachtete, so bei den Masai (oben § 2) und Galla (§ 4) in Afrika, bei den Tataren und Hunnen (§ 11) in Asien, bei den hinduistischen Brahmanen (§ 16) und der islamischen Umma (§ 20). Wir werden im folgenden Kapitel dieser Spur weiter nachgehen und sehen, daß das Gottesvolk-Bild mit vielen menschlichen, auch irrigen Elementen umrankt ist, wie auch das Gottesbild selber nicht so rein und klar dasteht, wie es in unserer verkürzten Darstellung den Eindruck erwecken konnte.

II. Die Völker Gottes

§ 25. Wie wir eben gesehen haben, erwies sich Gott zu allen Zeiten, an allen Orten, wenn auch in verschiedener Klarheit, als Gott der Völker. Aber auch die Menschen ihrerseits empfinden sich als Völker Gottes. Hier fließt nun freilich viel Menschliches, sogar Widergöttliches in diese so göttliche Weltanschauung ein.

Wie der einzelne Mensch Ausgangspunkt und Maß der Liebe zu den andern ist – „Liebe deinen Nächsten wie dich selbst" (Mk 12, 31) –, so auch jedes Volk. Dieses normale Selbstwertgefühl eines Volkes kann aber in verschiedenen Graden auftreten. In der gesunden Form nennt man es Patriotismus. Freilich tendiert dieser oft zu Übersteigerung, zu blinder Bewunderung des eigenen Volkes und zu entsprechender Geringschätzung der andern Völker. Dann heißt er Chauvinismus. Er scheint offenbar recht verbreitet zu sein, so daß man schon sagte: „Eine Nation ist eine Gruppe von Menschen, die geeint sind durch den gemeinsamen Irrtum über ihre Vorfahren und die gemeinsame Geringschätzung ihrer Nachbarn." Das kann bis zur krankhaften Xenophobie, dem Fremdenhaß, führen. Alle drei Formen kann man dem Sammelbegriff *Ethnozentrismus* unterstellen, dem wir für unseren Zusammenhang etwas nachgehen müssen[79].

Ethnozentrismus kann umschrieben werden als Geisteshaltung, in der eine Gruppe von Menschen sich als Zentrum aller Dinge nimmt und die andern Menschen beurteilt und einstuft nach dem Bezug zu sich selber. Konkret äußert es sich meist im positiven Vorurteil gegenüber der eigenen, und im negativen Vorurteil gegenüber der fremden Gruppe. Man hält sich und sein Volk für tüchtiger, gescheiter, arbeitsamer, ehrlicher, einfach in jeder Hinsicht als den andern überlegen. In der eigenen Gruppe fühlt man sich „zu Hause", unter den andern „in der Fremde", und man hält Distanz. Es handelt sich hier offenbar um einen irrationalen Herdeninstinkt. Man stellt auch bei Tieren ein ähnliches Verhalten fest. Die unbekannte Umgebung wird in spontaner Reaktion als gefährlich angesehen. Der Fremde wird zum Feind. Je nachdem zeigt man dann das Flucht- und Rückzugsverhalten oder die Aggression.

Das ganze Phänomen hat aber noch tiefere Wurzeln. Nur in der Gegenüberstellung zum anderen, zum Fremden, konstituiert sich die eigene Identität. Wäre man allen Menschen gegenüber gleicherweise offen, lebte man plötzlich in einer anonymen Masse, nicht mehr in einer Heimat. Es sollen gar nicht alle gleichgeschaltet werden. „Ethnozentrismus stellt sich so als eine Grundstruktur menschlichen Verhaltens dar. Ohne die Fremden, gäbe es kein Eigenes ... Soziale Probleme, die sich aus der gegenseitigen Fremdheit ergeben, sind daher konstituierend für die Integration jeder Gesellschaft. Sie können nicht beseitigt, sie können für die Betroffenen lediglich gemildert werden.“[80]

Religion spielt in diesem ganzen Komplex eine große Rolle. Sie stellt die höchste Stufe der Selbstidentität eines Menschen, folglich auch eines Volkes dar. Das Tragische liegt nun aber darin, daß Religion, statt die Völker unter dem Gott der Völker zu einen, oft, sehr oft, fast immer mißbraucht und in den Dienst eines übersteigerten Ethnozentrismus gestellt wurde. Das ist eines der Hauptergebnisse der bisherigen drei Runden und eine Belastung der Religion als solcher. In der Ersten Runde zeigte sich, wie die Juden im Namen Jahwes die Völker Kanaans rücksichtslos ausrotten zu müssen glaubten (§ 21). Der beklemmende Eindruck der Zweiten Runde kam daher, daß das „auserwählte Volk“, die Kirche, gegen die „andern“ vorwiegend Aversion und Aggression zeigte (§ 19). In der Dritten Runde kamen wir zu einem ähnlichen Schluß (§ 24). Auch heute noch bildet die Religion, sogar die Konfession, ein wesentliches Element der nationalen Identität eines Volkes, z. B. der Islam für Pakistan, der Hinduismus für Indien, der Buddhismus für Thailand, der Katholizismus für Polen, der Calvinismus für Südafrika[81]. Religion wirkte und wirkt sich sehr oft aus als Kraft nationaler Einheit, aber zugleich auch als Ferment der Spannung und Spaltung. Hier muß noch ein gehöriger Gesinnungswandel erfolgen, um dem eigentlichen Sinn der Religion und der Absicht des Gottes der Völker gerecht zu werden. Das ganze ist weitgehend ein Informationsproblem, d. h., der Fremde ist einem deshalb fremd, weil man zu wenig über ihn weiß; und ein Reflexionsproblem, d. h., man hat nur über sich und sein Volk, nicht über die andern nachgedacht. Bei vermehrtem Kontakt und besserer Kommunikation können nun die ungesunden Formen des Ethnozentrismus überwunden werden, indem man von beiden Seiten die eigenen Werte relativiert und sie ins größere Gesamt integriert. Diesen Prozeß zu fördern ist die eigentliche Absicht dieses Buches.

§ 26. Doch unterdessen müssen wir noch die allgemeinen Überlegungen über den Ethnozentrismus etwas konkretisieren, und zwar zunächst anhand der *südlichen Völker* (eine geographische Bezeichnung, um die unsympathische Benennung „Naturvölker“, „primitive Völker“ umgehen zu können), womit wir aber auch die nichtchristlichen Völker meinen.

Wohin man schaut, trifft man ein ausgeprägtes Stammesdenken. Das geht so weit, daß viele Stämme sich in verabsolutierender Form einfach „Menschen“ nennen[82]. So die als Bogenschützen gefürchteten „Wute“ (= Menschen) im Hinterland Kameruns, oder die „Khoi-Khoin“ (= Menschen an sich) im südlichen Afrika, für die ihre Nachbarn „Hottentotten“ (= Stotterer) sind. Eine Gruppe der hamitischen Einwanderer in Ostafrika nennt sich ohne Hemmungen „Hadendoa“ (= Herrenvolk). Ähnliche Fälle findet man überall in Amerika, Afrika und Asien, z. B. in Irian Jaya (Indonesien) die Jakaj, die Asmat, die Kaeti, was alles „Menschen“ bedeutet.

Mit dieser Bezeichnung hebt man sich ab einerseits von der Pflanzen- und Tierwelt, aber ebenso von den benachbarten Stämmen. Man beachtet nicht so sehr die gemeinsame Menschennatur, sondern das Unterscheidende, Absondernde. Nicht nur die Juden nannten alle andern verächtlich „gojim“, und die Griechen alle andern „barbaroi“. Dasselbe taten die Chinesen: sie nannten alle Fremden „daszy“ (Barbaren). Die Dinka nennen ihren Nachbarstamm „Niam-Niam“ (= Die Vielfresser). Die Eskimo erhielten diesen Namen von den Algonkin-Indianern: er heißt „Rohfleischesser“. Viele Namen von Indianerstämmen bedeuten einfach „die Feinde“.

Für manche, wenn nicht für alle alten Kulturen hörten die „Menschen“ auf an der Grenze des Dorfes, der Sprache, des Stammes. Für jene andern hatte man nur Spott, Verachtung. Sie galten als Diebe, Säufer, Faulenzer, Unzüchtige, Giftmischer, Menschenfresser – natürlich immer gegenseitig!

Jeder Stamm glaubt sich auch im Zentrum der Welt. Er erfährt ja seine eigene Geschichte, die sich auf der Drehscheibe der Welt abspielt. Alles andere liegt außerhalb, ist weniger wichtig. In Indien sagen viele, ihr Haus stehe „im Zentrum der Welt“. Vor allem sieht man in den Tempeln das Zentrum der Welt, die Verbindungsstelle, den „Nabel“ zwischen dem Menschlichen und Göttlichen. In der Grabeskirche zu Jerusalem steht auf einem Stein in Griechisch geschrieben: „Hier ist der Nabel der Welt." In Java werden die Fürsten „paku alam" oder „paku buwono" (= Nagel der Natur, Nagel der Welt) genannt[83]. Der Fürst als höchste Manifestation des Göttlichen hatte alles in dieser Gemeinschaft zusammenzuhalten.

Durch das ganze Ritual der Stammesgebräuche wird die heilige Gemeinschaft dieser Gruppe und ihre Verbindung mit den Ahnen und mit Gott aufgebaut und gewährleistet. Die Nicht-Stammesmitglieder stehen außerhalb dieses Blutkreislaufes. Sie haben anderes Blut, anderes Land, andere Sitten, andere Sprache. Man bildete zwei getrennte Welten, auch wenn sie „Nachbarn" waren. Jeder Stamm fühlte *sich* als Volk Gottes. Was es mit den andern für eine Bewandtnis hatte, ging einen nichts an.

Es wäre in diesem Zusammenhang ein interessantes Kapitel zu schreiben über das weitverbreitete Phänomen der „Heilbringer", die dem Ethnozentrismus eines bestimmten Stammes konkrete Form und Bestätigung geben, indem sie in urgeschichtlicher Zeit als Kulturheroen „diesem" Volk wichtige Kenntnisse für das praktische Leben, für die Jagd, den Ackerbau, den Gebrauch der Waffen usw. brachten; oder die in geschichtlicher Zeit sogenannte Schwarmgeist-Bewegungen auslösten, meistens mit Berufung auf das Alte Testament, auf den Exodusbericht mit seinen prophetischen Visionen und Verheißungen und so den Gedanken des Bundes mit Gott ausdrücklich betonend; oder die noch in Zukunft erwartet werden und das Volk in einen messianischen Taumel versetzen. Es muß genügen, darauf hingewiesen zu haben[84] und wenigstens zwei Fälle von solchen Bewegungen zu erwähnen, die Mau-Mau-Bewegung in Kenya und den Kimbangismus in Zaire[85].

In jener Zeit pries man den Mau-Mau-Führer J. Kenyatta als den von Gott erwählten Propheten, als Mose, der sein Volk aus der kolonialen Sklaverei herausführen sollte. Mit ihm begann ein neuer Bund Gottes mit „seinem" Volk. „Gott sagte Kenyatta in einer Vision, er werde seine Nachkommenschaft vermehren wie die Sterne am Himmel, und alle Nationen werden in ihm gesegnet sein. Kenyatta glaubte, und Gott schwor es ihm bei seiner Allmacht." Kenyatta mußte dann für einige Zeit ins Gefängnis, aber wurde darauf erster Staatspräsident des unabhängigen Kenya. – Gleicherweise beruft sich die Kirche des Propheten Simon Kimbangu in ihren Erklärungen und Dokumenten immer auf die Allianz mit Mose und auf die Verheißungen Christi, die sich 1921 an S. Kimbangu erfüllten. Er sei der „andere Tröster“ gewesen, den Jesus in Aussicht gestellt habe. Die Anhänger zählen heute über drei Millionen. Sie besitzen ein ungeheures Erwählungs- und Sendungsbewußtsein. 1969 wurde diese Kirche in den Ökumenischen Rat der Kirchen aufgenommen.

§ 27. Ähnliche Auffassungen von einer unkritischen Überbewertung der eigenen völkischen und religiösen Gemeinschaft finden wir auch in Geschichte und Gegenwart der *westlichen Völker*, womit wir praktisch die christlichen Völker meinen. Wir können hier dieses Phänomen nur mit einigen Blitzlichtern beleuchten.

Hinter dem ganzen Aufbruch des neuzeitlichen Imperialismus und Nationalismus stand die Idee eines außergewöhnlichen, religiös überhöhten, oft ausdrücklich israelitischen Sendungsbewußtseins[86]. Einen typischen Fall davon sehen wir im späten portugiesischen Kolonialismus unter Salazar, als eine eigentliche Mystik des Kolonialismus aufblühte. Zeitungen schrieben: „Wir müssen im portugiesischen Volk immer den Traum, das Bewußtsein, den Stolz für das Empire erhalten. Afrika ist mehr als bloß ein auszubauendes Gebiet, es ist unsere moralische Rechtfertigung, unser Daseinsgrund als Macht. Ohne Afrika wären wir eine kleine Nation. Mit Afrika sind wir eine Großmacht.“ Salazar begründete in seinen Reden die Opfer für die Übersee-Gebiete: „Unsere Bereitschaft zum Heroismus stützt sich auf das edle Wissen um unsere Mission als ein auserwähltes Volk, als ein evangelisierendes Volk.“ Ein Bischof ermunterte die Soldaten: „Nach den Juden findet man kein anderes Volk, das so klare Zeichen einer besonderen göttlichen Berufung, die in der Geschichte zu verwirklichen ist, offenbarte wie Portugal. Die Eroberung der überseeischen Gebiete mußte seine eigene Integrität vollständig machen. Sie geschah nicht bloß aus politischen Motiven, sondern aus der spezifisch christlichen Absicht, den Glauben auszubreiten.“[87]

Für das Italien des Risorgimento (der Einheits- und Freiheitsbewegung des letzten Jahrhunderts) hören wir im Priester, Philosophen und Staatsmann V. Gioberti (1801-1852) einen typischen Sprecher. Eine seiner Hauptschriften handelt über den „moralischen und bürgerlichen Vorrang der Italiener“, worin er seinem Traum und seiner Hoffnung Ausdruck gibt, das geeinte Italien werde als Führernation auftreten und die dunkle Welt mit dem Licht seines christlichen Glaubens erleuchten[88].

Diese Verquickung einer religiös-kulturell-politischen Sendung stand auch im Hintergrund aller kolonialen Bestrebungen Großbritanniens. K. Hammer, der diese Zusammenhänge erforschte, macht es zu seiner tragenden These, daß dieses Sendungsbewußtsein direkt oder indirekt von der Bibel mit dem alt- und neutestamentlichen Erwählungsglauben herstamme[89]. In der gesamten Literatur Englands der vergangenen Jahrhunderte traten immer wieder die Gedankengänge auf, England sei der Hort der Freiheit, sei mit seinem anglikanischen Glauben frei vom Aberglauben der Katholiken, sei darum vom Himmel auserwählt, um über die andern zu herrschen.

Ähnliche Überlegungen machten auch in Deutschland die Runde. Als Kaiser Wilhelm II. am 27. Juli 1900 eine deutsche Truppe verabschiedete, welche die Chinesen für den Botschaftermord bestrafen sollte, entwickelte er eine alttestamentliche Schlachtentheologie. Zwei Tage später sprach er vom Sieg des Mose über die Amalekiter, um auf diese Weise die deutschen Soldaten im kolonialen Einsatz zu stärken. Eine solche Theologie wurde auch im Ersten Weltkrieg wieder gelehrt. Auf beiden Seiten sprach man vom Weltgericht über die Feinde[90]. Das gleiche geschah noch im Zweiten Weltkrieg. Zuvor hatte der „Führer“ seine Geopolitik entworfen und seine Weltpläne unter dem Gesichtspunkt der Interessen des arischen Volkes gemacht. Als dann infolgedessen der neue Krieg ausbrechen „mußte“, haben die Kirchen die politischen Entscheidungen mit religiösen Motiven unterbaut und die Soldaten zum Gehorsam gegenüber dem „Führer“ aufgerufen. Der Sieg über Polen und Frankreich wurde je mit langem Glockengeläute gefeiert. Noch 1944 wurden in bischöflichen Verlautbarungen die deutschen Soldaten als Martyrer betrachtet, die gegen den „gottlosen Bolschewismus“ kämpfen[91]. Man blieb also dem ethnozentrischen Denken verhaftet: unser Volk ist Gottes Volk, unser Krieg ist gerecht, unsere Grenzen sind heilig, unsere Regierung handelt in Gottes Autorität. Man war damals noch nicht so weit, eine kritische Distanz zum Regime einzunehmen, wie es heute von vielen Kirchen in Lateinamerika und anderswo praktiziert wird.

Die Ideologie des „auserwählten Volkes“ wirkte ebenfalls als moralische Triebfeder bei den vielen Auswanderern nach Amerika. Man sah in jenen lockenden Kontinenten das neue „verheißene Land“, das neue Kanaan, das neue Jerusalem, durch Gottes Hand „seinem“ Volk gegeben, das er durch das Meer aus der alten Armut herausführen wollte, um mit ihm einen Bund zu schließen. „Magnalia Christi Americana“ (Christi Großtaten durch die Amerikaner) hieß ein Buch des Pastors Cotton Mather aus dem 17. Jahrhundert[92]. In einem neuen Buch mit dem bezeichnenden Titel „The almost chosen people“ (Das beinahe auserwählte Volk) wird diese Ideologie, die in Abraham Lincoln den klassischen Ausdruck findet, weiter dargestellt[93]. Man schränkt sogar innerhalb der Amerikaner das Erwählungsbewußtsein nochmals ein. Es galt im vollen Sinn nur für die WASP-Leute (White Anglo-Saxon Protestants). Eine neueste Untersuchung faßt rückblikkend zusammen: „Die Gründer der amerikanischen Nation beriefen sich nicht auf einen oberflächlichen Glauben. Sie bezogen ihre Inspiration aus der biblischen Tradition. Die neue Republik sollte nicht bloß ein Vertrag zwischen Menschen sein, sondern ein neuer Bund mit Gott. Denn Amerika war das neue Israel, das verheißene Land, in das Gott sein Volk geführt hatte, eine auserwählte Nation, von Gottes Vorsehung ausgesondert. Eine einzigartige Tradition verband die Propheten Jesaja und Amos, Jesus und Abraham Lincoln ... Wenn sie ein auserwähltes Volk waren, dann auch eine Nation unter Gottes Gericht. Der Bund mit Gott war zugleich die Garantie für Gottes Segen und eine Erinnerung an Gottes Gebote.“[94] In diesem gleichen Geiste wurde von den gläubigen Präsidenten der USA auch das Eingreifen in den Zweiten Weltkrieg und die nachher entfaltete Weltpolizei-Funktion gesehen[95].

So könnte man Volk um Volk hernehmen. Man könnte sprechen vom Chauvinismus der Franzosen, die – schon vor der Ära De Gaulle – dieses Wort lieferten, das inzwischen international geworden ist. Man könnte daran erinnern, daß sogar die kleine Schweiz sich gern von Hilty sagen ließ: „Es gibt außer derjenigen der Israeliten keine Spezialgeschichte, die so deutlich zeigt, wie Glück und Unglück der Völker von der Anerkennung ewiger sittlicher Machtgebote abhängen, wie die Geschichte der Schweiz.“ Man könnte aufzeigen, wie im Nationalbewußtsein der Polen der Katholizismus einen wesentlichen Bestandteil bildet und das Volk zusammenschweißt und anfeuerte im jahrhundertelangen Kampf gegen die Türken, die Russen, die Preußen, die Kommunisten[96]. Man könnte nachweisen, wie im System der Nationalen Sicherheit in manchen lateinamerikanischen Staaten die

Ideen von Gottesvolk, Gottesordnung, christlicher Zivilisation mißbraucht werden, um sich vor dem „gläubigen Volk“ leichter zu rechtfertigen[97]. Man dürfte schließlich nicht den Messianismus schon im alten „heiligen Rußland“ übersehen, der von der kommunistischen Führung geschickt ausgenützt wird, um den „sowjetischen Patriotismus“ des „großen russischen Volkes“ gegenüber der „reaktionären Ideologie des amerikanischen Imperialismus“ abzuheben. Neuere Biographien weisen übrigens nach, daß K. Marx stark dem jüdischen Sendungsbewußtsein verhaftet war, so daß der marxistische Messianismus seine Wurzeln letztlich in der alttestamentlichen Prophetie hätte[98].

§ 28. Doch es mag genügen. Was wir aufzeigen wollten, liegt klar vor uns, nicht als aprioristische Behauptung, sondern als allseitig belegte These. Als *Ergebnis* der bisherigen Runden kann man also festhalten: die meisten Völker, in allen Kontinenten, hegen und pflegen einen ausgeprägten Ethnozentrismus, der meistens religiös unterbaut, überhöht wird. Sie anerkennen eine Gottheit als tiefsten Grund ihrer eigenen Identität. Sie leben folglich im Bewußtsein einer Art Bund mit Gott, sie sehen sich als ganz besonderes Volk, als Volk Gottes, ausdrücklich oder unausdrücklich als auserwähltes Volk.

Plötzlich geht einem auf, daß die Idee der Auserwählung durch Gott, eines Bundes mit Gott, nicht ausschließlich, nicht einmal ursprünglich mit Israel zu tun hat. Ältere Völker als jene Nomadenstämme am Sinai glaubten schon, Gott besonders nahe zu stehen. Nach Einsicht in diese Ergebnisse ist es wohl an der Zeit, neu über die Bundestheologie nachzudenken[99], zumal das bisherige Auserwählungsbewußtsein in den meisten Fällen sehr eng und exklusiv, oft zum Schaden der anderen, also unmenschlich und ungöttlich, verstanden und gelebt wurde (vgl. oben § 24-27). Solche Erwählungsüberzeugungen müssen als Ideologie entlarvt und mitsamt ihrer „göttlichen“ Begründung ad absurdum geführt werden. Eine echte Erwählungstheologie jedoch, die sich wirklich auf Gott, den Gott aller Völker, berufen darf, könnte ein neues Leitbild ergeben für die Größe und Einheit der heutigen Menschheit. Bisher meinte jedes Volk, *der* Stern am Himmel zu sein. Es geht nun darum, alle Sterne, die helleren und die weniger hellen, gesamthaft zu bewundern und die Herrlichkeit des neuen Universums zu entdecken.

Vierte Runde
Wie wir Christen heute alle Völker verstehen

Eine theologische Deutung

I. Die Herausforderung

§ 1. In diesem vierten und letzten Teil treten wir *die wichtigste und zugleich schwierigste Runde* an. Bisher gingen wir auf Datensammlung aus, jetzt wird es um Datenverarbeitung gehen, woraus eine neue Schau zu erfolgen hat.

In der Ersten Runde wurde uns klar, daß Gott sich im Alten und Neuen Bund ein besonderes Volk auserwählt hat, um mit ihm „seine" Geschichte zu machen. In der Zweiten Runde mußten wir feststellen, daß das „auserwählte Volk" des Neuen Bundes – wie schon vorher jenes des Alten Bundes – sich sehr exklusiv verstand, weshalb es von den anderen „nicht auserwählten Völkern" eher als Schrecken statt als Segen empfunden wurde. In der Dritten Runde machten wir die Entdeckung, daß die meisten Völker ethnozentrisch denken und sich aus profanen und religiösen Gründen für ein besonderes Volk, ein Volk Gottes, ausgesprochen oder unausgesprochen für ein „auserwähltes Volk" halten.

Wir hatten bisher kritische Fragen, die sich am Ende jeder Runde ergaben oder hätten ergeben können, gar nicht gestellt oder sie aufgeschoben. Jetzt können wir sie nicht mehr länger übergehen. Im Gegenteil, je lauter die Fragen werden, desto interessanter wird der Dialog, desto mehr gelingt uns vielleicht eine neue Schau und kommen wir über den toten Punkt hinaus, an dem wir am Ende der Dritten Runde standen.

§ 2. Die Herausforderung zum neuen Denken erfolgt nicht bloß aus wissenschaftlicher Reflexion, sondern zunächst einfach von der

neuen Lage in der Welt her. Man muß zwar vorsichtig sein mit dem Reden von „neuen“ Situationen. „Nichts Neues unter der Sonne“, sagte schon der Prediger im Alten Testament (Koh 1, 10). Zu allen Zeiten meinten die Menschen, im Zentrum der Geschichte und auf dem Höhepunkt der Entwicklung zu stehen. Trotzdem, wenn wir die Welt der Nachkriegsjahrzehnte überblicken, können wir mit Recht in verschiedener Hinsicht von neuen und erstmaligen Situationen sprechen.

Verkehrstechnisch liegt die früher so ferne Welt der andern Kontinente wie eine Nachbarstadt neben uns und lädt zum interkontinentalen Tourismus ein. In sieben Stunden und weniger fliegt man von Europa nach Amerika, Afrika oder Asien. Nachrichtentechnisch ist die Zeitdistanz auf Null reduziert. Im gleichen Augenblick, wo der Präsident der USA oder der Papst eine wichtige Rede hält, oder wo die Olympischen Spiele oder eine Weltmeisterschaft über die Bühne gehen, kann man es in allen Stuben der Welt hören und sehen. In einer solchen Welt kann man nicht mehr wie früher beziehungslos nebeneinander oder gar feindlich gegeneinander leben. Durch diese neue Weltlage wurde eine ungewöhnliche Gesprächs- und Verbrüderungsbereitschaft ausgelöst. Die junge Generation spürt das und wandert und fühlt sich überall zu Hause.

Gleichzeitig hat auch der so lange unangefochtene Superioritäts- und Hegemonieanspruch des weißen Mannes nicht nur durch die Entkolonialisierung ein jähes Ende gefunden, sondern er ist durch eine tiefe politische Identitätskrise und einen heftigen Kulturschock abgelöst worden. Lange Zeit Krone der Schöpfung, Herr der Welt, Inhaber der einzigen göttlichen Offenbarung, Urheber der einzig gültigen Kultur, entdeckt sich nun der westliche Mensch plötzlich in der gleichen Haut mit allen Menschen, in seiner Größe und Kleinheit wie alle anderen. Das kommt ihm schmerzlich zum Bewußtsein, wenn er in den UN vom afro-asiatischen Block in die Minderheit versetzt wird, wenn er von den Ölstaaten in eine demütigende Abhängigkeit getrieben wird, wenn er mit seinen eigenen Problemen nicht mehr fertig wird: mit der Wirtschaft, die unter Inflation und Arbeitslosigkeit leidet; mit den Städten, denen man entfliehen möchte, weil selbst die alten Paläste und Monumente von den Abgasen angefressen werden; mit den Gewässern, in denen die Fische sterben und die Menschen nicht mehr baden können; mit den Pillen und den künstlich präparierten Nahrungsmitteln, von denen man abhängig wurde und vor deren Folgen man uns warnt; mit dem Terrorismus und der Kriminalität, die in erschreckender Weise überhandnehmen. Dazu die radikale Frage um Sein oder Nichtsein überhaupt. Wenn die südlichen Völker von der Hungerbombe bedroht sind, so die westlichen und östlichen nicht weniger von der Atombombe, die als Höhepunkt der menschlichen Intelligenz zugleich brutal die Zwiespältigkeit der menschlichen Existenz von heute entlarvt[1].

In einer solchen Lage wird man bescheiden und mürbe, reif, die gegenseitige Gleichheit, Abhängigkeit, Ergänzungsbedürftigkeit anzuerkennen. Man sucht Zusammenschluß. Trennende Barrikaden werden weggeräumt. Auf Privilegien wird stillschweigend verzichtet. Die ganze Menschheit weiß sich schicksalsverbunden, kommt sich vor wie die auf Gedeih und Verderb aufeinander angewiesene Raumschiffbesatzung des Planeten Erde.

§ 3. Ganz ähnliche Überlegungen kann man bezüglich der *neuen Lage in der Kirche* anstellen. Auch hier drängt die aufgezwungene Koexistenz von der bisherigen Ablehnung und Absonderung zu Toleranz, zu Dialog, zu neuen Synthesen in religiösen Belangen. Die größte Aufforderung der gegenwärtigen Geschichte liegt darin, die Menschheit zur religiösen Begegnung, zur Anerkennung der allumfassenden Führung Gottes, zur Gemeinschaft aller Völker Gottes zu bringen[2]. Das Konzil hat diesen Gedanken im Eröffnungsabschnitt der Kirchenkonstitution ausgedrückt: „Die gegenwärtigen Zeitverhältnisse geben dieser Aufgabe der Kirche (Zeichen für die Vereinigung mit Gott und für die Einheit der ganzen Menschheit zu sein) eine besondere Dringlichkeit, daß nämlich alle Menschen, die heute durch vielfältige soziale, technische und kulturelle Bande miteinander verbunden sind, auch die volle Einheit in Christus erlangen."

Dieser Ausbruch aus der mittelalterlichen „Christianitas" (vgl. Zweite Runde § 3), dieser Aufbruch in die Weltgemeinschaft wird durch entsprechende Krisen gefördert – denn meist ist ja der Mensch, so lehrt die Geschichte, nur unter Druck, nicht unter eigener Einsicht bereit, sich neue Haltungen anzueignen. Nicht nur die westliche Welt, auch die westliche Kirche steht gegenwärtig in schweren Krisen, Krise des Glaubens und der Glaubwürdigkeit, Krise der Autorität und der Berufe, Krise der Missionen und der kirchlichen Institutionen. Kenner der Lage drücken sich in Vorträgen oder im persönlichen Gespräch recht düster aus: „Die Kirche in unserem Lande steht am Ende mit ihrem Latein ... Allwetterlage: allgemeine Depression zu Stadt und zu Land, auf der Ebene der Pfarrei, der Diözese, der Bischofskonferenz, kein Leben, kein Schwung, die Jungen wollen sich mit dieser Kirche nicht mehr identifizieren ... Der kirchliche Apparat funktioniert besser als je, er wird die Krise der Kirche überleben und nicht einmal gemerkt haben, daß inzwischen das Kirchenvolk ausgewandert ist ... Über das Christentum in unserem Land kann man nur das Leichentuch legen. Aber selbst im Leichentuch steckt noch die Hoffnung auf Ostern ...“

Dieses Unbehagen kommt nicht bloß daher, daß die kirchliche Gegenwart schwer auf uns lastet, sondern auch daher, daß uns bei einer kritischen Geschichtsbetrachtung die so glorreiche Vergangenheit der Kirche zerfällt (vgl. Zweite Runde), daß uns der so selbstsichere Boden unter den Füßen entzogen wird, weil wir plötzlich neben dem Christentum eine ganze Anzahl anderer Religionen sehen, die sich selbst ebenso ernst nehmen wie wir uns.

Der so vorsichtige P. Rohner: „Es ist heute große und chique Mode geworden, vom ‚Elend des Christentums‘ zu sprechen und nachzuweisen, daß und wie sehr die Kirche in Geschichte und Gegenwart versagt hat und ihrer Sache untreu geworden ist, wie sie durch ihre Praxis kein Vorbild, sondern Ärgernis für die menschliche Gemeinschaft geworden ist. Ich will in diesen Chor nicht einstimmen, so wenig ich das Faktum leugnen und beschönigen will, an das man als Christ nur mit Scham und Trauer denken kann.“[3] Er fügt gleich bei: daß die Kirche trotzdem den Mut hat, weiterhin ein Idealbild des Menschen nach dem Evangelium vorzustellen und als unverrückbares Heil vor Augen zu halten, das ist ihre große Leistung.

Der bedächtige J. Ratzinger: „Dem modernen Bewußtsein drängt sich die Gewißheit göttlichen Erbarmens auch über die Grenzen der rechtlich verfaßten Kirche hinaus mit einer so elementaren Wucht auf, daß darin letztlich gar kein Problem mehr liegen kann; um so mehr wird aber dann eine Kirche fraglich, die über anderthalb Jahrtausende hin den Anspruch der Heilsausschließlichkeit nicht nur geduldet, sondern zu einem wesentlichen Element ihres Selbstverständnisses erhoben und zu einem Teil ihres Glaubens selbst gemacht zu haben scheint.“[4]

Diese „Gewißheit göttlichen Erbarmens über die Grenzen der Kirche hinaus", mit allen Konsequenzen, ist freilich noch kaum für alle Christen eine Selbstverständlichkeit, für manche eher ein Skandal. Man muß hier mit der Ungleichzeitigkeit rechnen: es wurden nicht alle zum gleichen Zeitpunkt und im gleichen Maß „aufgeklärt". Wenn schon die moderne Massenkommunikation ganz allgemein vielen Menschen ihr gewohntes Weltbild zerstört und dadurch verunsichernd, deprimierend wirkt, einen Zustand der Heimatlosigkeit schafft, Frustration und geradezu panische Angst vor dem Vakuum auslöst, wie uns Fachleute sagen[5], so zeigen sich Folgen eines solchen Prozesses noch viel radikaler, wenn das beliebte religiöse Weltbild in Frage gestellt wird[6].

Statt sich in dieser Krise wehmütig zu bejammern oder sich mit Galgenhumor darüber weg zu lachen oder sie mit düsterem Pessimismus durchzustehen, tut man besser daran, sie als Wachstumskrise zu verstehen, als normale Phase des Lebens, und sie entsprechend zu meistern. Die „primitiven" Völker begehen solche Phasen – Geburt, Reife, Ehe, Tod – mit Übergangsriten. Könnte man nicht auch den Versuch machen, die gegenwärtige Kirchenkrise mit einem „Übergangsritus" zu feiern? Vielleicht gingen einem dabei neue Lichter auf. Man könnte erkennen, daß während uns die Töpfe unserer Sicherheit in Scherben zerbrechen, Gott seiner Kirche eine neue und größere Zukunft bereitet hat[7].

Wir haben uns so lange an alten Schemen festgeklammert. Als sich nach Galilei und Kopernikus das biblische Weltbild nicht mehr halten ließ, wollte man wenigstens das mittelalterliche Kirchenbild retten, das stark vom hierarchischen und exklusiven Prinzip beherrscht war. Theologen, die hier durchzubrechen versuchten, bekamen die Folgen zu spüren (Zweite Runde § 8). Die Schultheologie blieb sich deshalb vom 17. bis in die Mitte des 20. Jahrhunderts weitgehend gleich. Sie hat es den angehenden Priestern leichtgemacht, mit den „adversarii" der Vergangenheit fertig zu werden, aber schwer, sich mit den Ideen der neuen Zeit auseinanderzusetzen und den Glauben in diese Zeit von heute hineinzutragen[8].

Inzwischen aber hatte das moderne Denken mit seinem größeren Horizont schon längst Breschen in unser System geschlagen. Geben wir einem gläubigen Sprecher des modernen Denkens das Wort. A. J. Toynbee bekennt, daß er als Historiker a priori argwöhnisch sei gegenüber jeder These, die behauptet, Gott habe nur ein Volk zu einer bestimmten Zeit mit einer einzig wahren Offenbarung gewürdigt. Das sei eine unannehmbare Verengung der Wahrheit, daß Gott der Gott aller seiner Geschöpfe ist. Es gebe kein logisches Argument, nicht anzunehmen, das „auserwählte Volk", wenn ein solches je lebte, sei nicht Israel, sondern z. B. das Volk der Chinesen gewesen. „Ist nicht jedes Geschöpf eines großen Wahnes schuldig, das sich vermißt zu glauben, Gott könne sich durch einen Bund, den er mit einem oder mehreren seiner Geschöpfe an einem bestimmten Punkt in Raum und Zeit schließt, dazu herablassen, diese einzelne Begegnung zur Krönung der Geschichte seiner Schöpfung zu machen?"[9] – Auch wenn der Historiker nicht über Gottes Entscheidungen zu befinden hat, so geben seine Überlegungen doch zu denken. Toynbee spricht geradezu von einer Verketzerung religiöser Ideen und Institutionen. Nichts ist dem heutigen Denken mehr zuwider als die Alternative: hier alles Recht und alle Wahrheit, dort alles Unrecht und aller Irrtum, ganz abgesehen davon, daß auf diese Weise die heutigen religiösen Fragen nicht gelöst werden.

§ 4. Aber kann die Kirche solchem „modernen Denken" blindlings Gefolgschaft leisten? Hat sie nicht ihren eigenen Standpunkt zu vertreten? Gewiß, aber sie kann dabei von den neuen Realitäten nicht absehen. Wir haben oben „Christologie von innen und von außen" unterschieden (Erste Runde § 26). In ähnlicher Überlegung hat man auch schon von der „Ökologie der Theologie" gesprochen[10], von den Umweltbedingungen, von denen Theologie mehr, als sie meint, beeinflußt wurde und wird. Dann aber wird sofort klar, daß die heutige Theologie einen Hauptimpuls von den nichtchristlichen Religionen her zu erwarten und die Kirche eine *neue Chance* darin zu sehen hat, den Nichtchristen, der Zweidrittelmehrheit der Menschheit[11], die unsere neuen Nachbarn geworden sind, ein neues prophetisches Wort zu sagen. Die Christenheit soll sich nicht mehr als Block gegenüber den andern Blöcken betrachten, sondern als deren Inspirator und Interpreten. So könnte die Kirche der aufeinander angewiesenen, aber so zerstrittenen Menschheit neue zündende Ideen, neue einigende Leitbilder geben.

Wenn schon die Kirche nach ihrer beliebten Selbstdefinition „universales Sakrament des Heiles" ist oder „Zeichen des Heils für alle" (vgl. unten § 19 und 27), dann muß sie vor allem an ihre Partner denken, denen sie allzu lange in Anti-Haltung begegnete (Zweite Runde), ihnen ein neues Wort des Heiles ausrichten und sich selber und die eigene Sendung im Blick auf diese „anderen“ verstehen. Nicht nur wirtschaftlich, auch religiös bildet das Nord-Süd-Gefälle eine Grundstruktur der kommenden Welt[12]. Der politische Westen und das christliche Abendland haben ihre Rolle noch nicht ausgespielt, nur muß sie fortan viel mehr im Blick auf die anderen, die eine Menschheit, gespielt werden. Dadurch könnte das „alte“ Abendland über sich selber hinauswachsen und sich in echter Gemeinschaft mit der „jungen“ Welt selber wieder verjüngen.

Um dieses neue Wort zu sagen, braucht es keine neue Offenbarung, wohl aber eine neue Interpretation der Offenbarung, eine neue Stufe der christlichen Reife, in moderner Sprache ausgedrückt, die Entladung einer neuen Stufe der Rakete.

Damit ist nicht gesagt, daß es nicht schon früher, vor allem in den ersten Jahrhunderten (vgl. Zweite Runde § 9) und wiederum im 16. und vom 19. Jahrhundert an Theologen gab, welche diese neue Einsicht ahnend vorwegnahmen. Aber diese Pioniere[13] haben in ihrer Zeit wenig Gehör gefunden, wie auch das „Parlament der Religionen“, das 1893 in Chicago gehalten wurde mit der Begründung, daß „niemals vorher die Christenheit in so engen, offenen und entscheidenden Kontakt mit den andern Weltreligionen kam“, keine weiteren Wellen geschlagen hat[14].

Das Konzil hat dann aber für diese latenten Ideen die Schleusen geöffnet. Es hat zu vielen Fragen nicht das letzte Wort gesprochen, aber es gab Freiheit und Mut, neue Worte zu sagen. Wenn K. Rahner zu diesem Konzil bemerkt, es sei ein „Konzil am Anfang einer neuen Zeit und so der Anfang eines Anfanges, der von der nachkonziliaren Kirche gemacht werden muß“[15], so gilt das in besonderer Weise für unsere Frage. Hier hat die nachkonziliare Theologie gewaltig aufgearbeitet und hat die Kirche schon erstaunliche Initiativen für den Dialog mit den andern Religionen ergriffen[16], wenn auch natürlich erst ein geringer Teil jener Masse davon ergriffen ist. Aber damit, daß einige Theologen und Spezialisten sich mit jener nichtchristlichen Mehrheit der Menschheit beschäftigen, ist der Sache noch nicht Genüge getan. Die Kirche als solche muß das neue Verständnis der Nichtchristen ins eigene Selbstverständnis und damit in die Verkündigung einbauen. Sie kann die „Aufklärung" nicht den Anthropologen und Touristen überlassen, die der Tiefe des Geheimnisses nie gerecht würden[17].

Nichts wäre unzeitgemäßer und unheilvoller, als sich gegenüber dieser Ausrichtung „auf alle" zu verkrampfen, sich in der Mystik des „heiligen Restes" zu gefallen, zu einer Sekte von introvertierten, fundamentalistischen, fanatischen Christen zu werden – wie wir es zu lange in der Geschichte waren und nicht länger sein sollen. Die Öffnung zu den nichtkatholischen Christen, diese innerchristliche Ökumene scheint im Horizont der Weltreligionen plötzlich wie ein Randproblem, das man möglichst rasch endgültig bereinigen sollte, um dann gemeinsam und um so lauter die Botschaft des Heiles an alle auszurufen.

Mit dieser neuen Interpretation betätigt sich die Kirche nicht so sehr traditionserhaltend als vielmehr traditionsschaffend, wie es ihrem innersten Wesen entspricht[18]. Man kann nicht annehmen, daß die Tradition, die in den lebendigsten Zeiten der Kirche jeweils sehr schöpferisch war, in ihrem jetzigen Stand plötzlich erstarren sollte, und das in der heutigen so dynamischen Zeit. Christus hat uns das Evangelium nicht als einen Stein hinterlassen, sondern als ein Brot, das wir immer neu segnen, brechen, austeilen und austeilend vermehren sollen. In M. Pomilios Buch „Das fünfte Evangelium" wird die Lebendigkeit dieses Evangeliums sehr gut aufgezeigt. Wie damals die vier Evangelisten und mit ihnen die ersten Christen zwar die eine Botschaft weitergaben, sie aber entsprechend dem Milieu je neu nuancierten und promulgierten, so müßte heute jede christliche Generation „ihr" Evangelium schreiben und damit bei den Menschen ihrer Zeit ankommen[19]. In dem Fall wird das Evangelium der heutigen christlichen Generation eine bedingungslose Frohbotschaft an alle Völker der Welt sein. Das alles wird in dieser Vierten Runde noch weiter ausgeführt werden.

Die Bischöfe der europäischen Länder pflegten sich bisher für ihre Konferenzen an erzkatholische Orte wie Fulda, Lourdes, Einsiedeln, Rom zu begeben. Das wollte gewiß nicht bedeuten, daß man sich aus der Welt zurückziehe und sich nur mit innerkirchlichen Problemen beschäftige. In Zukunft aber wird man sich noch vermehrt mit der Welt, mit der Menschheit, mit den Religionen, mit den Strukturen der Wirtschaft und Politik befassen und alle eigenen Probleme unter diesem Gesichtspunkt sehen müssen. Warum könnte man darum nicht erwarten – so utopisch das klingen mag –, daß in einer nahen oder fernen Zukunft die Bischöfe sich nicht bloß als einzelne, sondern auch als regionale oder in kleinen Ländern als nationale Bischofskonferenz einmal nach Fortaleza oder Kinshasa oder Benares oder Kyoto begeben zum Zeichen dafür, daß jede Ortskirche auf Pfarrei-, Diözesan- und Landesebene immer nicht nur Dunkelkammer ist, wo man die eigene Röntgenaufnahme macht und studiert, sondern zugleich auch Aussichtspunkt auf die Welt und Zeichen für die Welt?

Bevor wir uns nun eingehend mit den Religionen beschäftigen, sind zwei Vorbemerkungen zu machen.

Erstens: wenn ich hie und da Koran und Bibel als heilige Bücher, Mohammed und Christus als religiöse Gestalten, Jahwe und Allah als Gottheiten usw. nebeneinanderstelle, so bin ich mir voll bewußt, daß es sich nicht um gleiche Größen handelt. Aber nachdem man bisher vorwiegend das Unterscheidende und Trennende herausstellte, geht es jetzt vor allem darum, das Gemeinsame und Verbindende bewußtzumachen.

Zweitens: ich möchte sehr betonen, daß die Konfrontierung der Religionen mit der Säkularisierung und mit der bedrohten Menschheit als bleibender Horizont stets vor Augen stehen muß, auch wenn das nicht ständig gesagt und aus arbeitstechnischen Gründen erst später in einem eigenen Abschnitt behandelt wird (unten § 22 und 23).

II. Die Religionen

1. *Offenbarung auch in andern Religionen?*

§ 5. Die Titel dieses ganzen Teiles über die Religionen sind alle mit einem Fragezeichen versehen. Fragen bedeuten in diesem Zusammenhang viel mehr als eine bloße Redeweise. Sie verraten eine *Grundhaltung der Fundamentaltheologie* von heute[20]. Wo der Mensch keine Fragen fühlt, erwartet er auch keine Auskunft. Und selbst wo der Glaube Antwort gibt, bleiben noch Fragen. Die Kirche als „Hüterin

der vollen Wahrheit" pflegte zu sehr bloß in Ausrufzeichen zu reden, ohne von den Fragen der Menschen auszugehen. Jugendliche einer ganz katholischen Stadt sagten mir: „Die Kirche gibt uns vorfabrizierte Antworten auf Fragen, die für uns keine Fragen sind, aber auf unsere eigentlichen Fragen geht sie nicht ein."

Inzwischen sind uns viele Aussagen des Glaubens, die unsere Väter nie in Frage zu stellen wagten, zu Fragen geworden. Es fällt heute schwer, unfehlbare heilige Bücher anzunehmen; Männern bedingungslosen Gehorsam zu leisten, die ausgeben, im Namen Gottes zu reden; zu glauben, daß die göttliche Offenbarung auf den biblischen Raum beschränkt und seit dem Tode der Apostel abgeschlossen sei. Die Offenbarungstheologie, die übrigens im Lauf der Jahrhunderte schon sehr verschiedenartige Modelle hervorgebracht hat, muß heute eine radikale Anpassung vornehmen[21].

Die früher so selbstsichere Apologetik mit ihren klassischen Werken eines F. S. Hettinger, A. M. Weiß, H. Felder, die mit Schrifttexten, Prophezeiungen und Wundern die Glaubwürdigkeit der Offenbarung, die Gottheit Christi, die Göttlichkeit der Kirche so weit bewiesen, daß bis zum eigentlichen Glauben nur noch ein kleines Sprünglein zu machen blieb, diese Art Apologetik wurde zu Grabe getragen ohne Hoffnung auf Auferstehung. Ihre Nachfolgerin, die Fundamentaltheologie, gibt sich viel bescheidener. Nicht daß sie belanglos geworden wäre. Im Gegenteil, nachdem lange Zeit Dogmatik und Moral die Theologie beherrschten, dann die Exegese ihr Hoch erlebte, wird heute Fundamentaltheologie zur gefragtesten theologischen Disziplin. Denn der kritische Mensch von heute fragt nicht so sehr nach Einzelaussagen des Glaubens, vor allem nicht mehr nach den Kontroverspunkten zwischen Katholiken und Protestanten, sondern nach den letzten Grundlagen des Glaubens selbst, nach der Wirklichkeit Gottes angesichts der überwältigenden Wirklichkeit der Welt, nach der Gottheit Christi angesichts der handgreiflichen Menschlichkeit seiner Kirche, nach der Möglichkeit und Tatsächlichkeit einer Offenbarung Gottes angesichts der Zweifel der Menschen. Mit der „philosophia und theologia perennis" ist diesem Menschen nicht mehr viel zu helfen. Bezeichnenderweise gibt es heute noch kein klassisches Werk der Fundamentaltheologie, sondern nur Ansätze, „Quaestiones disputatae". Jeder Fundamentaltheologe muß heute seinen eigenen Weg gehen[22].

Auch der einzelne Christ muß seinen Glaubensweg weitgehend mit sich selber ausmachen. Die bloße Autorität der Kirche hilft nicht mehr einfach über alle Glaubensschwierigkeiten hinweg. Früher sah man in dieser Kirche die Stimme, die lehrte, den Leuchtturm, der die Richtung wies. Heute ist diese Kirche selbst von außen und von innen kontestiert. Kein geringerer als Papst Paul VI. hat in „Evangelii nuntiandi“ diese sehr realistische Feststellung gemacht: „Der Glaube ist heute fast immer mit dem Säkularismus, ja mit dem militanten Atheismus konfrontiert. Er wird so ein vielen Prüfungen ausgesetzter und bedrohter Glaube, noch mehr, ein belagerter und umkämpfter Glaube“ (Nr. 54).

Das eigentlich Bedrohende und Bedrückende für den Glaubenden liegt heute nicht mehr darin, daß er wie früher der Polemik ausgesetzt wäre und leidenschaftlich mit Gegenangriff antworten könnte, sondern daß man Religion als von der Wissenschaft und von den gesellschaftlichen Strukturen als überwunden betrachtet und man sie deshalb gar nicht mehr bekämpft. Man läßt sie stillschweigend ausleben und zu Grabe sinken.

In dieser Lage läßt sich der Christ nicht mehr den Glauben durch eine Autorität vorschreiben, wohl aber durch das glaubwürdige Zeugnis der glaubenden Gemeinde als sinnvolle Lebensinterpretation anbieten. Er will einen Glauben nicht als Gegensatz zur Wissenschaft, sondern als andere Seite der Wissenschaft. Man kann mit den alten Katechismus-Formeln – das gleiche gilt auch für die Dogmen – für den praktischen Glaubensvollzug nicht viel anfangen. Man zieht den induktiven Stil vor, die „Mystagogie“, die behutsame Einführung ins Geheimnis. Das schließt nicht aus, im Gegenteil, macht es sehr nützlich, zuletzt die wesentlichen Aussagen in heutiger Sprache in einer „Kurzformel des Glaubens“ zusammenzufassen[23], nicht mehr wie ein Kursbuch mit exakten Angaben aller Züge, sondern eher wie ein Kompaß, der uns hilft, bei der Überfahrt über das weite Meer die Orientierung nicht zu verlieren. Schließlich haben auch die Apostel nicht einfach auf Anhieb hin geglaubt. Sie sind drei Jahre mit Jesus gegangen, haben gehört, was er lehrte, beobachtet, wie er lebte, gestaunt über das, was er tat. Aber selbst sie haben lange Zeit „nichts verstanden“, blieben „Ungläubige“, so daß Jesus seine liebe Mühe mit ihnen hatte (Mk 8, 21; 9, 19). Wir müssen also unter uns und vor allem mit den Nichtchristen behutsam über den Glauben reden, sonst wird es ein Reden in Formeln, und dann würde man besser daran tun, vom Buddhismus das Schweigen über Gott zu lernen (vgl. Dritte Runde § 17).

§ 6. Nun treten wir an die eigentliche Kernfrage heran: ist Religion, und mit ihr Gott, eine Erfindung des Menschen, eine Projektion seiner selbst in den Himmel, und damit Selbstvergötterung (L. Feuerbach, K. Barth), ein System zur Beruhigung und Vertröstung der sozial Unterdrückten (K. Marx), ein Luftschloß, eine selbst fabrizierte Kompensation des Menschen, der in seinem Herzen nie befriedigt ist (S. Freud), oder aber stammt Religion aus der Initiative eines wirklichen Gottes, aus dem, was wir *Offenbarung* nennen?[24]

Man kann als Antwort auf diese Frage keine Seinsaussage, sondern nur eine Glaubensaussage machen. Die meisten Menschen glaubten und glauben, daß ihr Leben seinen Sinn nicht in sich selber wie in einer Nußschale trägt, sondern über sich selber hinaus offen ist, nach einem letzten Geheimnis ausgreift, wodurch der Mensch erst voll zu sich selber kommt. Die Menschen glauben auch, daß dieses Urgeheimnis, das man Gott nennt, tatsächlich existiert, vor ihnen da war, sie geschaffen und gerufen hat, dem sie sich als Antwort in Gebeten und Riten und in der ganzen Ausrichtung ihres Lebens übergeben (vgl. die ganze Dritte Runde).

Was für den traditionellen Menschen selbstverständlich war, ist dem modernen fragenden Menschen ein Problem geworden. Das Selbstverständlichste wird ihm das Unbegreiflichste. Aber auch dieser moderne Mensch, der in seinem Fragen vor lauter Bäumen den Wald nicht mehr sah und in seinem existentiellen Vakuum unterging, erfährt eine Tendenzwende, hält wieder Ausschau nach dem letzten Sinn des Lebens. Er kann nicht ohne Gott sein. Auch wer Gott abschreibt, wird von ihm nicht abgeschrieben. Auch wer sich gottlos nennt, wird Gott nicht los, denn er trägt die Gottebenbildlichkeit in sich! K. Marx spottete noch über die Philosophen, welche die Welt nur interpretieren, während die Kommunisten sie verändern. Der tschechische Philosoph Vítězslav Gardavský zog den Schluß aus der neuen Lage: die Welt müsse in der Tat verändert werden, aber das Problem sei damit nicht gelöst. Die Hals über Kopf veränderte Welt müsse auch interpretiert werden, wenn sie nicht an sich selber zugrunde gehen wolle. Der mürbe und müde Mensch hält wieder Ausschau nach einem Urgrund, Urhalt, Urziel und verlangt darnach, sich in einem letzten Urvertrauen dem zu übergeben, der den Menschen so klein und so groß, auf Gott hin, erschaffen hat[25].

Wie nun dieser geheimnisvolle Gott sich dem Menschen offenbart, wie der Schweigende redet, das bleibt wiederum – so wenig man die Tatsache selber leugnen will – ein tiefes Geheimnis. Wir brauchen ein äußeres, wunderbares Eingreifen Gottes, sein Erscheinen und sein Reden, seine Offenbarung, „die wie ein Keil in die Welt geschoben wird“ (F. Rosenzweig), nicht zu leugnen, müssen es aber auch nicht unbedingt annehmen[26]. Gott hat seine eigenen Wege, sich verständlich zu machen, ohne sein Geheimnis preiszugeben. Der Mensch kann in innerer Einsicht plötzlich etwas erkennen, das für ihn sicherer wird als eine äußere Wahrnehmung. Das ist „seine Einsicht“. Da aber der transzendente und zugleich immanente Gott immer mit am Werk ist, bewirkt er, daß jene (des Menschen) Einsicht zugleich „seine (Gottes) Eingebung“ ist, gnadenhaft überhöht, da in der gegenwärtigen Heilsordnung nichts menschlich Gutes geschieht, das nicht immer im Bereich der Gnade, der freien Selbstmitteilung Gottes liegt.

Nach der kurzen Epoche der „Gott-ist-tot-Theologie“ und der Klimax der Säkularisierung kam plötzlich die Wende zur neuen Gotteserfahrung, die den Vordergrund der öffentlichen religiösen Szene total veränderte und zu einem Hauptthema der Theologie geworden ist[27]. Wir verstehen wieder leichter, daß Gotteserfahrung ein größeres Ereignis darstellt als äußerer Ablauf der Menschengeschichte. Das will freilich nicht besagen, daß man jetzt wieder aufatmen und die Religionskritik ruhig hinter sich lassen könnte. Sonst wäre die neue Gotteserfahrung naiv, un- und vorkritisch und würde in der Welt lächerlich wirken, statt sich der Welt zu bezeugen.

Ein konkretes Beispiel aus der neuen Geschichte kann uns den Zugang zur Offenbarung erschließen. Im „Geistlichen Tagebuch“ schreibt Papst Johannes XXIII. während seiner Exerzitien zu Beginn des Konzils als letzte Eintragung, er habe Gott für zwei große Gnaden seines Lebens besonders zu danken, erstens, daß er das Pontifikat mit innerer Ruhe annehmen, zweitens, daß er den guten Eingebungen (ispirazioni) des Herrn immer mit Schlichtheit und Vertrauen folgen konnte. Er konkretisiert das und enthüllt, daß er vor der Ankündigung des Konzils am 25. Januar 1959 nie daran gedacht habe, es sei wie eine plötzliche Eingebung über ihn gekommen, er sei selber am meisten darob überrascht gewesen[28]. Aus solchen und wohl auch aus persönlichen ähnlichen Erfahrungen kann jeder das Phänomen der biblischen Offenbarung besser verstehen.

Dieses Beispiel sagt aber auch etwas aus über den Inhalt der Offenbarung. Diese will nicht bloß Wahrheiten vermitteln, über die man reden, sondern auch Impulse geben, in deren Kraft man handeln soll. Sie will nicht ein System von Wahrheiten aufstellen, sondern den Lauf der Geschichte gestalten und als sinnvoll deuten. Ferner ist zu bemerken, daß Offenbarung nicht ohne weiteres Original-Wahrheiten liefert. Wir haben schon im Zusammenhang mit Schöpfung und Bund gesehen (Erste Runde § 6 und 20), daß Israel die meisten Inhalte von den Nachbarvölkern bezog, sie jedoch in einem neuen Licht sah und klar unter den Herrschaftsbereich des einen Jahwe stellte. Zuletzt und als Höhepunkt meint Offenbarung, daß über alle Wahrheiten und Impulse hinaus Gott „sich selbst" mitteilt (Dei Verbum, Nr. 2 und 6) und sich als Gefährten, Bundesgott, Vater unseres Herrn Jesus Christus kundtut.

§ 7. Die Frage nach der Sicherheit der Offenbarung und nach der Irrtumslosigkeit der die Offenbarung enthaltenden Heiligen Schriften hängt mit dem Begriff der *Inspiration* zusammen[29]. Für die Privatoffenbarungen hat man gewisse Kriterien bezüglich Person, Inhalt, Auswirkungen aufgestellt, um wahre von falschen zu unterscheiden[30]. Für die Heilige Schrift muß es wohl eine noch größere Klarheit geben. Im Alten Testament wird wiederholt diesen Autoren, besonders den Propheten, die im Namen Gottes redeten, ein besonderer Beistand des Geistes Gottes nachgesagt (Hos 9, 7; Mich 3, 8; Ez 2, 2; 11, 5). Im Neuen Testament heißt es, diese Schriften seien „vom Heiligen Geist geschrieben" (Hebr 3, 7; 2 Petr 1, 21). Das führte vom 5. Jahrhundert an zur Aussage, Gott sei der eigentliche Verfasser der Heiligen Schrift, was denn in der Schultheologie mit der Vorstellung von der wörtlichen Inspiration auf die Spitze getrieben wurde, als ob der Autor gleichsam nur auf Diktat Gottes hin geschrieben hätte und jedes Wort den Stempel der göttlichen Autorität trüge.

Diese Auffassung verträgt sich schlecht mit den geschichtlichen Wirklichkeiten. Einerseits zeigte die Geschichte des Kanons der heiligen Bücher sowohl im Alten Bund wie auch in den ersten Jahrhunderten der christlichen Zeit eine gewisse Unsicherheit. Man wußte nicht genau, welche Bücher zur Heiligen Schrift gehörten. Anderseits wirft die Entstehung dieser Schriften im Lauf von vielen Jahrhunderten viele Fragen auf (vgl. Erste Runde § 4). Was heute *ein* Buch ist, z. B. die Genesis, verrät verschiedene Autoren. Waren nun die ursprünglichen Autoren inspiriert, oder war es jener, der ihre Texte sammelte und das heute gültige Buch zusammenstellte? Waren die Propheten inspiriert, als sie ihre Worte vortrugen, oder ihre Schüler, welche die Worte niederschrieben, oder jene Autoren, die Jahrhunderte später die Texte veröffentlichten, oft aber auch erweiterten und anpaßten? Ähnlich verhält es sich mit den Psalmen. Gibt es ferner nicht in der Heiligen Schrift viele ungereimte und extrem verschiedene Auffassungen, so daß man nicht von den einzelnen Stellen, sondern nur bei ihrem Vergleich und Ausgleich von Harmonie und Irrtumslosigkeit sprechen kann? Man kommt nicht aus dem Fragen heraus.

K. Rahner hatte den Mut, schon vor dem Konzil auf diese verzwickten Fragen eine Antwort zu versuchen. Er startete 1958 die Buchreihe „Quaestiones Disputatae“ und begann genau mit dem Thema über die Schriftinspiration. In der Einführung betont er, Theologie habe nicht bloß rückblickend und wiederholend zu reden, sondern den lebendigen Prozeß der Überlieferung je voranzuführen, neue Fragen zu stellen und neue Antworten zu geben. Wie er dann Inspiration deutet, bleibt bis heute die Grundlage für eine annehmbare Erklärung.

Man kann ungefähr so sagen: Gott hat von Anfang an sein Volk geleitet und ihm seine Wahrheit vermittelt. Er „inspirierte“ nicht so sehr entweder den ersten Autor oder den letzten Sammler, sondern lenkte den ganzen Entstehungsprozeß der Schrift. Gott wollte und schuf ferner seine Kirche. Dabei bestellte er die Urkirche als Fundament und Norm aller Kirchlichkeit. Indem nun die Urkirche die Schriften des Alten und Neuen Testaments als „Wort Gottes“ übernahm und sie als konstitutives Element ihres Selbstverständnisses erklärte, hat sie eine Tat gesetzt, hinter die man nicht zurückgehen kann, ohne die Kirche als solche in Frage zu stellen.

Das macht verschiedene Abstriche an der traditionellen Schultheologie, aber rettet das Wesentliche. Für mich als glaubenden Christen wird in der Schrift als ganzer Wahrheit ohne wesentlichen Irrtum vermittelt; wird das richtigste Gottesbild – denn voll können wir Gott nie erfassen – dargestellt, das in Jesus Christus seinen Höhepunkt gefunden hat; wirkt beim Lesen oder Hören der Schrift derselbe Geist Gottes „inspirierend" und macht mir klar, daß seine Führung von damals als Modell genommen werden kann für seine Führung heute.

§ 8. Damit ist schon das Stichwort gefallen: *Offenbarung und Inspiration auch heute?* Daß es Privatoffenbarungen und göttliche Eingebungen an glaubende Menschen geben kann (vgl. Johannes XXIII.), wurde nie in Zweifel gezogen. Stehen sie im gleichen Rang mit der Offenbarung in der Heiligen Schrift? Worin besteht genau der Unterschied – außer der amtlichen Anerkennung der einen und nicht der andern durch die Kirche? Vielleicht tut man besser daran, das „Mehr-oder-weniger", das „Besondere" nicht mit theologischen Ausdrücken abzugrenzen, sondern es der freien Verfügung Gottes zu überlassen. In Jesus Christus hat freilich die Selbstmitteilung Gottes ihren Höhepunkt gefunden, so daß nach ihm ihn überbietende Offenbarungen schlechthin undenkbar sind. Ein Mehr als Christus kann es nicht geben. In ihm hat die letzte, die endgültige Zeit bereits begonnen. „Daher ist die christliche Heilsordnung, nämlich der neue und endgültige Bund, unüberholbar, und es ist keine neue öffentliche Offenbarung mehr zu erwarten vor der Erscheinung unseres Herrn Jesus Christus in Herrlichkeit" (Dei Verbum, Nr. 4). Das aber darf uns nicht zur Meinung verleiten, als ob der damals sich offenbarende Gott sich nun ins Schweigen zurückgezogen hätte. Zur Entfaltung und zur Erläuterung der Jesus-Offenbarung wirkt er ständig in uns durch seinen Geist, der uns „in alle Wahrheit einführen wird" (Joh 16,13). Die jüdisch-christliche Offenbarung kann nur glaubhaft gemacht werden als Kulmination der überall und immer wirksamen Offenbarung Gottes. Ein Gott, der sich nur damals kundtat, aber dann sein Gespräch mit den Menschen abgebrochen hätte, wäre kein geschichtlicher und kein wirklicher Gott. Diese Annahme des allgemeinen Phänomens der Offenbarung ist eine gesunde Mittellösung zwischen den zwei extremen Auffassungen einerseits, daß es nur im Alten und Neuen Testament echte Offenbarung gab, und anderseits, daß es überhaupt keine Offenbarung gab, daß die einzige Botschaft, die Gott hinterließ, die sei, daß er keine Botschaft gesandt habe[31]. Das allgemeine Phänomen bietet die Grundlage für den Sonderfall.

Die zwei Bücher von G. Moran[32] zeigen klar die neue Optik. Im

Buch von 1966 zieht er aus der biblischen Offenbarung den Schluß, daß es auch heute Offenbarung geben müsse; im Buch von 1972 beginnt er mit der gegenwärtigen Offenbarung und behandelt am Schluß den Sonderfall der biblischen Offenbarung. Er geht so weit zu sagen: Wenn Jeremia und Jesus heute wiederkämen, würden sie nicht sagen: „Lest meine damaligen Texte", sondern: „Schaut auf die täglichen Ereignisse und bemüht euch, deren Sinn zu enthüllen."[33]

Die „gegenwärtige Offenbarung" wird, soweit sie innerhalb der Kirche geschieht, mit dem Fachausdruck der kirchlichen Tradition umschrieben. Diese soll also, wenn sie schon „Offenbarung" sein will, nicht bloß retrospektiv-konservierend verstanden werden, sondern als ein stets lebendiger Entwicklungsprozeß. Man kann zwar die Offenbarung mit Jesus Christus als endgültig abgeschlossen bezeichnen, aber ebensogut sie als endgültig aufgeschlossen sehen. Das Dynamische oder, neutestamentlich ausgedrückt, das Pneumatische des Evangeliums kommt genau darin zum Ausdruck, daß es nicht zu einer isoliert historischen Größe der Vergangenheit wird, sondern daß es den offenbarenden Herrn bleibend in seiner Kirche und in der ganzen Menschengeschichte gegenwärtig macht[34].

§ 9. Diese verschiedenen Überlegungen und Abklärungen haben nun die Antwort auf die eigentliche Frage vorbereitet: *Offenbarung auch in den andern Religionen?* Wenn Gott ein sich zu allen Zeiten offenbarender Gott ist, dann ist er es auch an allen Orten, bei allen Völkern, in allen Religionen. Denn Völker und Religionen decken sich (vgl. die Dritte Runde). Wenn Gott sich den Völkern offenbaren will, dann tut er es in und durch die Religionen[35].

Die Frage stellt sich der Theologie neu als Folge der Ausweitung des Horizontes auf diese andern Religionen. Noch vor 20 Jahren begnügten sich die meisten Handbücher und Monographien mit der ekklesiozentrischen Darstellung der jüdisch-christlichen Offenbarung[36]. Die Religionswissenschaft war da der Theologie weit voraus. M. Müller schrieb schon um die Jahrhundertwende, er halte es für die „schlimmste Ketzerei" anzunehmen, Gott habe sich nur einem Volk, den Juden, geoffenbart[37]. Das würde doch heißen, er hätte die Nicht-Juden und Nicht-Christen, von Anfang an bis heute die große Mehrheit der Menschheit, verkannt und verachtet. Wirklich, so etwas kann man Gott nicht zumuten!

Heute darf man annehmen, daß sich Welt- und Heilsgeschichte zeitlich und räumlich decken. Wo immer Menschen ihr Leben sinnvoll zu gestalten suchen, sich um ein besseres menschliches Dasein bemühen, dadurch nach ihrem Gewissen und somit auch nach ihrer Religion leben, da geschieht Heil. Das Suchen nach Heil aber kommt bereits vom schöpferischen und sich offenbarenden Gott. Gott ergreift immer die erste Initiative. Der Mensch handelt in Re-Aktion, als Ant-Wort auf Gottes Wort. Somit deckt sich Heilsgeschichte mit Offenbarungsgeschichte. Es gibt also Heilserfahrungen und Offenbarungsgeschehen vor, neben und nach der jüdisch-christlichen Ära. In allen Religionen gibt es auch faktisch „Alte“, „Weise“, „Seher“, „Propheten“, „Sprecher Gottes“, die in besonderer Weise erleuchtet waren, das Leben religiös deuteten und dafür sorgten, daß diese religiöse Schau sich von Generation zu Generation erhielt (vgl. Dritte Runde).

Natürlich gibt es in dieser Offenbarung Gottes in allen Religionen verschiedene Entwicklungsstufen und wachsende Eindeutigkeit, vom unausdrücklichen Ahnen um einen letzten Sinn des Lebens über die ausdrücklichen Worte eines „Propheten“ zu den religiösen Riten eines Volkes, zur alttestamentlichen Offenbarung und der einmaligen Selbstmitteilung Gottes in Jesus Christus und ihrer Vollendung in der Parusie.

Man kann begrifflich weiterhin unterscheiden, aber nicht mehr so selbstverständlich ausscheiden und sagen, die Juden und Christen besäßen – je nach Autoren – die historische, die übernatürliche, die kategoriale Offenbarung, die Heiden „nur“ die kosmische, die natürliche, die transzendentale. Bei allen Unterschieden zwischen biblischer und nicht-biblischer Offenbarung – um derentwillen P. Rossano vorschlägt, das eine „Offenbarung“, das andere „Erleuchtung“ zu nennen[38] – können wir historische, übernatürliche, kategoriale Offenbarung bei den nichtchristlichen Religionen keineswegs mehr zum voraus ausschließen.

Von der Theologie müssen diese Einsichten auch auf die Ebene der pastoralen Praxis hinunterdringen. In den jungen Kirchen scheint das bereits weitgehend der Fall zu sein. Für meinen Vortrag „Die neue Theologie der Religionen und Katechese“ am Internationalen Kongreß für Missiologie an der Universität Urbaniana 1975 hatte ich an acht höhere katechetische Zentren, vier in Afrika, vier in Asien, geschrieben und zwei Fragen gestellt:

– Hat man in den Katechismen jenes Landes bis vor 20 Jahren von den nichtchristlichen Religionen gesprochen, und wenn ja, in welchem Ton? In drei Fällen war die Antwort: „Ja, aber nur im polemischen Ton!" In fünf Fällen sprach man überhaupt nicht davon, sondern setzte beim Unterricht über das Christentum beim Hörer eine religiöse „tabula rasa" voraus.
– Redet man in den Katechismen von heute darüber und in welchem Ton? Antwort: in einem Fall nein, in den andern Fällen: „Ja, und zwar in einem positiven Ton, indem man die vorchristliche religiöse Erfahrung der Katechumenen als Ausgangsbasis nimmt, um sie zur christlichen Erfüllung zu bringen."

Auch in den westlichen Kirchen wäre es heute angezeigt, den jungen Christen die Augen zu öffnen für die Großtaten Gottes in den andern Religionen. Es müßte also in den Religionsunterricht auch eine Religionen-Kunde integriert werden, wozu bereits Hilfsbücher vorhanden sind[39].

Die Anerkennung von Offenbarung in den andern Religionen kann als großes Ereignis in der Kirchengeschichte betrachtet werden. Bis jetzt hörten wir Christen nur unser eigenes Instrument mit der Hauptmelodie und merken gar nicht, daß es begleitet wird von der herrlichen Fülle und Vielfalt eines ganzen Orchesters. Die Wirkung dieses Orchesters wird freilich erst zur Geltung kommen, wenn es nicht Musik um der Musik willen bleibt, d. h., wenn sich die Religion nicht bloß mit schönen Interpretationen der Welt begnügt, sondern auch für konkrete Maßnahmen zur Veränderung der Welt den nötigen Takt und Ansporn verleiht.

2. *Das Alte Testament und die andern heiligen Bücher?*

§ 10. Zuerst *einige Vorfragen.* Wenn wir hier in erster Linie von den „Buch-Religionen" sprechen, so muß man sich der Relativität der Schrift gegenüber der mündlichen Überlieferung bewußt bleiben. Die letztere hat zeitlich und bedeutungsmäßig Priorität vor der ersten. Ohne mündliche Tradition keine Schrift. Die meisten Schriftautoren haben nicht „ihre" Botschaft geschrieben, sondern sie sammelten die mündliche Tradition – im Alten Testament oft Jahrhunderte, im Neuen Testament Jahrzehnte nach der ersten Verkündigung –

und gaben ihr die bleibende Form. Religionen, die keine heiligen Bücher besitzen, weil ihre Vertreter vor Zeiten die Schrift gar nicht kannten, brauchen deshalb durchaus nicht geringer geachtet zu werden.

Wir beschränken uns in diesem Vergleich auf das Alte Testament, da dieses, wie die andern Religionen, Vorläufer und Lehrmeister auf Christus hin ist (vgl. Zweite Runde § 9). Das Neue Testament teilt zwar als Buch das Schicksal der andern heiligen Bücher, nimmt aber vom Inhalt her doch eine einmalige Sonderstellung ein (vgl. unten § 15 bis 17).

Wir müssen auch nicht so tun, als ob hier das Alte Testament stände und dort die andern heiligen Bücher. Denn der quantitativ wohl größere Teil des Alten Testamentes stammt aus andern heiligen Büchern oder mündlichen vor- und außerjüdischen Traditionen, wessen wir uns gar nicht mehr bewußt waren. Es hat vor 30 Jahren Aufsehen erregt, als M. Smith nachwies, daß in alten Texten der Nachbarvölker Israels folgende Elemente bereits vorhanden waren: Ein Gott wird aus der Vielzahl der Götter ausgesondert und empfängt besondere Verehrung; die Tätigkeit dieses Gottes in der Natur und in der Geschichte seines Volkes wird hervorgehoben; er gilt als gerecht und gnädig, belohnt das Gute und bestraft das Böse; seine Beziehungen zu den Menschen beruhen auf einer Art Vertrag oder Bund; er schickte seine Propheten, die in seinem Namen Belohnung oder Gericht verkündeten[40].

Das will nicht heißen, daß die Religion des Alten Testamentes bloß ein Untertitel der babylonischen Religiosität sei, wohl aber, daß die Einholung der Religionen der andern Völker durch das Alte Testament „zum Kühnsten gehört, was religiöses Menschheitsdenken gewagt hat. Der Polytheismus der Patriarchenzeit wird nicht als solcher verurteilt und abgewiesen, sondern als Auftakt, Ansatz und Vorgeschichte der Jahwe-Religion überformt und assimiliert. Aus der vertieften Kenntnis des lebendigen Gottes wird den Deutern der Urgeschichte klar, daß der gleiche lebendige Gott ‚auf bunte und vielfältige Weise zu den Vätern gesprochen hat' (Hebr 1,1). Es war echte Religion unterwegs."[41]

Wenn unser Bemühen darauf ausgeht, die lange verkannten Religionen aufzuwerten, so muß doch ein für allemal gesagt sein, daß sie, die bisher verteufelt waren, jetzt nicht hagiographisch und triumphalistisch verhimmelt werden sollen. Wir sind gegenüber dem eigenen Christentum kritischer geworden, wir sollen nicht gegenüber den andern Religionen unkritisch sein. Das will heißen: wie im Alten Testament Seiten stehen, die wir lieber nicht darin sähen, die wir nur mit dem „literarischen Genus“ erklären und entschuldigen können (vgl. Erste Runde § 21), so gibt es auch in den andern heiligen Büchern vieles, das uns komisch und kraus, wenn nicht gar abscheulich vorkommt. Und wie man im praktischen Leben des Volkes Israel viel Untreue und Sünde, viel Irriges und Exzentrisches vorfindet (Erste Runde § 16, 22, 23), so muß man sich nicht wundern, auch in den andern Religionen und ihrer Volksfrömmigkeit viel Menschliches und Dämonisches zu entdecken. Gott scheint all dem gegenüber recht tolerant zu sein. Im Grunde aber zeigt er sich um so radikaler, indem er aus aller Unheilsgeschichte Heilsgeschichte zu machen versteht.

§ 11. Wer nun den Vergleich zwischen dem Alten Testament und den andern heiligen Büchern machen will, kann *verschiedene Standpunkte* einnehmen. Außenstehende werden kaum je in der Lage sein, den heiligen Büchern Asiens voll gerecht zu werden. Es braucht dazu ein ungewöhnliches Einfühlungsvermögen in die Sprache, ins Denken und Fühlen des betreffenden Volkes. Während früher die asiatischen Christen und Priester „ihre“ Religionen nicht kannten, sich gegen sie abschirmten, wächst nun dort eine neue Generation von christlichen Fachkennern heran, die z. B. den Hinduismus von innen kennen und entsprechend schätzen. Ich denke etwa an R. Panikkar oder die Kreise um die Zeitschriften Jeevadhara (Alleppey) und Vidyajyoti (Delhi). Das läßt viel hoffen für die Begegnung mit den Religionen.

Der Vergleich kann auf zwei Ebenen stattfinden. Rein phänomenologisch kann man die verschiedenen Bücher vom literarischen und religionswissenschaftlichen Standpunkt aus vergleichen, ihre Stilmittel, ihren Wortschatz, ihren Rhythmus usw. untersuchen oder einzelnen konkreten Themen, Gott, Geist, Heil usw., in den je verschiedenen Büchern nachgehen[42]. Solange man bei bloßen Feststellungen bleibt, hat niemand etwas einzuwenden, ist aber auch niemand viel geholfen. Wissenschaft läßt kalt. Sobald man aber Werturteile formulieren und Einstufungen vornehmen und z. B. sagen möchte, im Koran oder in den Upanishaden gebe es viele langweilige und unsinnige Stellen, das Alte Testament sei ihnen überlegen, rührt man ans Emotionale und erregt Widerspruch.

Das gilt noch viel mehr, wenn man den Vergleich auf religiöser Ebene vornimmt. Jedem liegt seine eigene Religion am nächsten. An ihr läßt er nicht rütteln. Das ist gut so. Von der religiösen Wirkung her gesehen, könnte man nicht ohne weiteres behaupten, die Bibel hätte eine größere Strahlungskraft auf die Christen ausgeübt als andere heilige Schriften auf ihre Verehrer. Es geht also letztlich um Glaubensentscheidungen, die freilich zum Teil auch durch die je eigene kulturelle Verwurzelung jeder Religion bedingt sind. Der Christ darf glauben, daß in Jesus Christus die Heilsgeschichte ihre unüberbietbare Spitze erreicht hat. Man kann es aber dem Muslim nicht verwehren, wenn auch er glaubt, daß in Mohammed die letzte und höchste Offenbarung gekommen ist. Man kann nur, nicht mehr in Fanatismus, sondern in gegenseitiger Achtung, den je andern Standpunkt als Glaubensentscheid anerkennen und versuchen, in einer größeren Schau eine Synthese zu finden (vgl. unten § 14 und 33).

Mit all diesen Vorbehalten gebe ich einige Urteile wieder über einen möglichen Vergleich. Ein Professor für Altes Testament in Rom: „Das Alte Testament ist mit den andern Religionen vergleichbar und ihnen zugleich himmelhoch überlegen. Toto coelo differunt." Ein indischer Student in Rom: „Ehrlich gesagt, der Rig-Veda kann ohne weiteres dem Alten Testament gegenübergestellt werden. Bezüglich Sündenvergebung z. B. hat er eine reichere und tiefere Schau." Ein Professor der Ethnologie in Rom: „Die traditionellen Afrikaner waren überzeugt, ein überlegenes Volk zu sein. Ihre Tradition hat sich bewährt. Wenn man ihre ganze Lebensauffassung gründlich studiert, kann man sagen: das ist genau das Alte Testament, nur kannten die Afrikaner Gott sei Dank nicht die Hekatomben von Opfern, die der alttestamentliche Gott zu fordern schien. Die Afrikaner leben eine Religion des Ostermysteriums ohne Christus. Wie in ihren Initiationsriten Tod und Auferstehung gefeiert wird, das findet man im Alten Testament nicht. Während im Alten Testament der Gedanke der Auferstehung erst spät Eingang findet, wußten die Afrikaner schon immer, daß der Tote geheimnisvoll in der Gemeinschaft weiterlebt, daß man im Leben, im Tode und nach dem Tode in der Hand Gottes ist. Deshalb fand Afrika so leicht den Weg zum Christentum."

§ 12. Obwohl viele Fragen also offenbleiben, kann man dem Alten Testament in manchen Belangen eine gewisse *Modellfunktion* nicht absprechen. Die andern Religionen mögen Träger einer Offenbarung, Kanäle der Gnade, in Gottes Heilsplan vorgesehene Wege des Heiles sein[43]. Das Alte Testament ist doch offenbar noch mehr. Mit Ausnahme des Islams, der z. T. von der Bibel inspiriert wurde, hat keine andere Religion den Monotheismus mit einer theologisch so klaren und moralisch so fordernden Deutlichkeit durchgesetzt und als die kommende Form der Menschheitsreligion angekündigt wie das Alte Testament (vgl. die folgenden drei Paragraphen)[44].

Ein weiterer Pluspunkt für das Alte Testament ist auch seine ausgeprägte messianische Erwartung, die mit dem wandernden Abraham beginnt, in den Propheten den höchsten Ausdruck findet und schließlich – nach christlichem Glauben – in Jesus Christus erfüllt wird. Zwar sind Hoffnung auf Befreiung vom Übel, Erwartung von Heil, mit einem Wort, Utopien, wesentliche Kategorien aller Religionen. Die ganze Religionsgeschichte zeigt auf, wie nichts das Leben derart mit Spannung laden kann wie erhoffte bessere Zukunft[45]. Aber gleichzeitig brachten viele Religionen dem Menschen eine Haltung der Ergebenheit, der Vertröstung auf Wunder von oben bei und verfremdeten so seine eigentliche Erwartung (vgl. unten § 22). Die asiatischen Religionen waren vorwiegend im zyklischen Denken gefangen, die afrikanischen erwarteten die Rückkehr der Urzustände. Beide Gruppen kannten also keinen klaren Durchbruch in eine neue kommende Zeit. J. S. Mbiti sagt, erst das Christentum und der Wandel zur Moderne habe der Zeit in Afrika die Zukunftsdimension verliehen. „Dies ist vielleicht die dynamischste und zugleich gefährlichste Entdeckung der afrikanischen Völker im 20. Jahrhundert. Ihre Hoffnungen sind aufgestachelt und richten sich auf die Zukunft.“[46] Das Alte Testament ist hingegen von Anfang an gekennzeichnet durch seine Zukunftserwartung. „Das Alte Testament kann nicht anders denn als Buch einer ins Ungeheure anwachsenden Erwartung gelesen werden. Allein um dieses Umstandes willen muß dem Alten Testament im Rahmen der allgemeinen Religionsgeschichte eine Sonderstellung eingeräumt werden.“[47]

Bei aller Anerkennung der bleibenden Bedeutung des Ersten Bundes, der im gläubigen Judentum weiterbesteht (vgl. Röm 11, 7.8), liegt, vom christlichen Standpunkt aus gesehen, der besondere Vorzug des Alten Testamentes darin, daß seine Geschichte auf den Messias zulaufen sollte. In ihm, Jesus Christus, fand es seine Erfüllung, nicht aber sein Ende (vgl. Erste Runde § 31). Indem die Christen die Schriften Israels mit „alt“ bezeichneten, wurden diese „neu“: man entdeckte deren neue Dimension auf Christus hin. Sie waren nicht das letzte Wort. Das neue und letzte Wort sollte kommen im Wort Gottes, im Logos. Durch seine Beziehung auf Christus hin wurde das Alte Testament absolut, für alle Zeiten gültig als Modell des planenden Handelns Gottes.

Seine Probleme und Erwartungen erwiesen sich nun als Probleme und Erwartungen der gesamten Menschheit. Rückblickend werden nun viele Stellen neu begriffen. Das Christentum wird nicht als neue Religion dem Judentum beigefügt, sondern es ist die neue Lesung der Schrift Israels. In ihm kommt die Religion Israels zu ihrer eigenen Wahrheit für die Völker[48]. Wenn also das Alte Testament in seiner „Einzigartigkeit“ in manchen Belangen entmythologisiert wurde, behält es doch gegenüber den andern Religionen seine ganz spezifische Funktion, um derentwillen Gott in einer „besonderen“ Weise hinter der Entstehung und Geschichte dieser Schriften stand (vgl. oben § 7).

Damit darf der Gedankengang noch nicht abgebrochen werden. Muß nicht ein analoger Vorgang mit den andern heiligen Büchern geschehen? Tragen nicht alle heiligen Bücher eine implizite Offenheit für eine neue Interpretation auf Christus hin in sich? Wenn die nicht an Christus Glaubenden diese Frage nicht positiv beantworten können, so dürfen doch die Christen jener Länder die Inspiration haben, die heiligen Bücher ihres Volkes als eine Art Altes Testament zu lesen und zu deuten. Sie können vielen Aussagen einen neuen Sinn geben, auf den ein Hindu oder Buddhist nicht stoßen kann. Wiederholt geschieht es heute, daß Christen, die aus dem Hinduismus stammen, versuchen, die Bhagavat-Gita als Christen zu lesen, und viele neue Einsichten daraus gewinnen, aber von daher auch die Bibel dann besser verstehen[49].

Jetzt versteht man, daß die besten Theologen Indiens 1974 zu einem gut vorbereiteten Kongreß in Bangalore zusammenkamen, um sich zu fragen, welches die Stellung und die Funktion der heiligen Schriften des Hinduismus für die Kirche sein könnte, ob ihre schönsten Stellen nicht in der christlichen Liturgie Verwendung finden könnten, nicht anstelle, sondern in Ergänzung zum Alten Testament, um den Christen bewußtzumachen, daß Gott ein Gott aller Völker sei, daß er auch zu den Vätern in Indien von alters her gesprochen habe und er sie heute zur volleren Wahrheit in Christus führen wolle. Die Zeit war noch nicht reif für diese Ideen, die in einem 700seitigen Bericht veröffentlicht wurden. Trotzdem, die Ideen liegen in der Luft, sie arbeiten weiter. Die Zeit wird kommen, wo das Heilswirken Gottes in seiner ganzen Breite erkannt und anerkannt werden wird[50]. Solche Durchbrüche geschehen meist nur unter Schwierigkeiten und gegen Widerstände, wie schon damals der Übergang von der Juden- zur Heidenkirche (Erste Runde § 34 und 35).

3. *Jahwe und die andern Gottheiten?*

§ 13. Jahrhunderttausendelang hatte jede Gruppe der nomadisierenden und räumlich getrennten Menschen „ihren“ Gott oder mehrere Gottheiten. Diese gehörten als wesentlicher Bestandteil zu ihrem Selbstverständnis. Sie brachten Glück oder verhängten Strafe. Ihnen brachte man Gebete und Opfer dar. Mit den Nachbarvölkern stand man meist auf Kriegsfuß und ebenso mit deren Gottheiten. Man fühlte sich erhaben über die einen und die andern. Ethnozentrismus in Reinkultur! (Vgl. Dritte Runde § 25 und 26.)

In einem aufs ganze gesehen recht späten Zeitpunkt, vor ungefähr 3200 Jahren, ist ein heilsgeschichtlich wichtiges Ereignis geschehen: Gott hat sich als Jahwe, mit dem Gottesnamen der Midianiter, dem Mose geoffenbart und ihn gesandt, die Josefsippe aus Ägypten herauszuführen. Als Folge davon legte dann Mose ihnen nahe, Jahwe auch als den eigenen Gott anzuerkennen, was sie am Sinai feierlich taten. Sie haben dadurch den „Gott der Väter“ nicht verleugnet, sondern vielmehr erkannt, daß beide im Grunde identisch sind (Ex 3,6). In ähnlicher Identifikation nahmen sie auch den Gott El der Kanaanäer an, während sie von Baal nur die Attribute als Regen- und Wettergott auf Jahwe übertrugen (vgl. Erste Runde § 3). In einem nicht ganz durchsichtigen, spannungsreichen Prozeß – auch hier eine Art Evolution – ist so Jahwe aus einem unbedeutenden *Stammesgott zum Gott der Völker* geworden, und hat zu diesem recht späten Zeitpunkt die Bewegung zum Monotheismus hin begonnen.

Am Beginn dieser Geschichte, beim Bundesschluß am Sinai, stellte sich Jahwe mit ausschließlichen Forderungen vor: „Ich bin der Herr, dein Gott, der dich aus dem Lande Ägypten, dem Hause der Knechtschaft, geführt hat. Du sollst keine andern Götter neben mir haben! . . . Denn ich, der Herr, dein Gott, bin ein eifersüchtiger Gott" (Ex 20, 2-5).

In einer ersten Phase entwickelte sich Jahwe zum Nationalgott der Juden. Ein Stamm nach dem andern schloß sich diesem Gott an. Auch wenn das Volk immer wieder der Versuchung verfiel, andere Götter anzurufen, die Führer und die Propheten holten es immer wieder zum einen Jahwe zurück, denn „alle Götter der Völker sind Götzen", sang David in seinem Dankeshymnus (1 Chr 16, 26); „alle Götter der Heiden sind nichtig", wiederholte der Psalmist (Ps 95, 5); infolgedessen „sollen zurückweichen und zuschanden werden, die auf Götzenbilder vertrauen, die zu Gußbildern sagen: ‚Unsere Götter seid ihr' ", predigte Jesaja (Jes 42, 17).

In einem weiteren Schritt erkannte man, daß dieser starke Nationalgott zugleich Universalgott, der Gott aller Völker sei. Es werden „alle Völker, alle Inseln" aufgerufen, Jahwe zu singen. Er ist der Gott, der Völker erwählen und verwerfen kann (Jes 41, 1-7), der darum alle Enden der Erde aufruft, ihre Götzen zu verlassen und sich zu ihm zu bekehren (Jes 45, 20-25; 51, 4). Darin liegt die fast zerreißende Spannung dieser Religion, daß die Israeliten ihren Nationalgott zugleich als Weltgott zu verkünden hatten oder, richtiger gesehen, daß der Weltgott in besonderer Weise der Nationalgott der Juden sein wollte. Wir haben schon früher festgestellt, daß die Spannung nicht so leicht zum Ausgleich kam, daß sich fast beständig zwischen „dem Volk" und „den Völkern" eine Kraftprobe abspielte (vgl. Erste Runde § 24 und 25). Die Anerkennung des Gottes Abrahams bei vielen Völkern als der eine und einzige Gott kam erst durch die Ausbreitung des Christentums.

§ 14. Muß aus dieser religiösen Evolutionsgeschichte nicht noch ein Schluß für heute gezogen werden? Daß nämlich der eine und wahre Gott schon immer unter hundert Namen allgegenwärtig und allwirksam war, daß er sich aber jetzt, zu diesem späten Zeitpunkt der Geschichte, als Jahwe offenbaren wollte, um endlich die Völker aus ihrer Isolierung und Feindlichkeit herauszuholen und zur einen

Menschheit machen? Wir dürfen annehmen, daß schon im Gott Adams, im Gott Noachs, im Gott des Melchisedek, im Gott der Väter, im Gott der Midianiter, im Gott aller Völker, immer der wahre Gott gesprochen hatte, der sich aber jetzt in seiner Identität enthüllte. Muß man dann aber nicht diesen Prozeß heute weiterführen und erklären, daß die *Göttlichkeit aller Gottheiten der vielen Völker* identisch ist mit der Göttlichkeit des wahren und einzigen Gottes und somit in Gott aufgehoben ist, wie die Gottheiten der Väter, Abrahams, Isaaks und Jakobs, in Jahwe aufgehoben sind?

Faktisch kann es gar keine „Götter" geben, sondern nur viele Namen und Vorstellungen für den einen und wahren Gott. Es gibt nur eine Transzendenz. Der erste Grund, warum der Mensch so geschaffen ist, daß er immer nach Gott Ausschau hält; das letzte Ziel und die Erfüllung, die der Mensch unaufhaltsam anstrebt; die geheimnisvolle Gnade, die ihm auf seinem Weg durch die Zeit gütig beisteht: das ist immer der eine und einzige Gott, der Mächtige und der Gnädige. Die Völker, aus den Kerkerzellen ihres kümmerlichen Daseins herausblickend, sahen alle den gleichen Himmel, auch wenn sie, durch Distanzen und Feindschaften getrennt, meinten, es sei nur „ihr" Himmel. Dürfen wir also heute nicht verkünden, daß Allah der Araber, Mungu und Nzambi der Afrikaner, Brahman und Kami der Asiaten, daß alle Namen denselben Gott bedeuten, daß somit auch der Gott der Christen nicht die andern Gottheiten eliminieren, wohl aber sie auf ihren gemeinsamen Nenner und ihre echte Größe zurückführen will? Das Schlagwort „Alle haben denselben Gott" kann falsch, aber auch richtig verstanden werden. Auf der Ebene der Phänomenologie, des durchschnittlichen Bewußtseins der Gläubigen, stimmt es nicht. Deshalb können sich Menschen an diesem Satz ärgern. Auf der Ebene der Reflexion der Theologie stimmt er – mit der Reserve, die im folgenden Abschnitt gemacht wird! –, und es liegt an uns, diese Überlegungen zum Allgemeingut zu machen[51].

Leider haben wir in der Geschichte nicht nur einen kulturellen, sondern auch einen theologischen Kolonialismus praktiziert, indem wir versuchten, den Indianern, Afrikanern, Asiaten „unsern" Gott, also den Gott der Kolonisatoren, aufzudrängen, statt „ihren" Gott als den überall Wesenden und Wirkenden zu deuten. Wie viele innere Spannungen und Gewissenskonflikte, wie viele äußere Streitigkeiten und Kriege hätten erspart bleiben können, wenn man schon immer diese neue, weite, wahrhaft göttliche Schau gehabt hätte. Unsere traditionelle enge, menschliche Schau war ebenso unchristlich wie antichristlich. Wir können also heute von ihrem Gott ausgehen und ihn bestätigen, freilich auch kundtun, daß dieser Gott vieles getan hat, wovon sie noch keine Kenntnis haben, manches aber auch nicht getan hat, von dem sie bisher meinten, er habe es getan.

In letzter Analyse kommt freilich die richtige Schau Gottes nicht so sehr von der Vergangenheit, sondern von der Zukunft her: nicht die vielen menschlichen Namen, welche die Völker Gott gaben und die nie Gottes Wesen ausschöpfen, sind unter sich identisch, sondern die Identität geschieht in einer künftigen Integration des einen von allen Menschen erfahrenen und vielfältig benannten Göttlichen. Bei diesem Werdeprozeß haben die Christen eine besondere Führungs- und Zeugnisrolle zu spielen.

Aus dem ganzen ist klargeworden, daß es verschiedene Stufen der Gotteserkenntnis gibt. Auch insofern kann der Satz „Alle haben denselben Gott“ falsch sein. Wenn ein afrikanischer Pygmäe, ein asiatischer Hindu, ein europäischer Christ „Gott“ sagen, meinen sie – nach unserer theologischen Interpretation – zwar den numerisch einen und selben Gott, aber zugleich dem Gehalt nach einen sehr verschiedenen Gott. Auch in einem gewöhnlichen Christen und einem begnadeten Mystiker rührt dasselbe Wort „Gott“ verschiedene Tiefen an. Und selbst der Mystiker bleibt immer unterwegs und leidet darunter, daß er nie ganz Gott erreicht, denn „Stückwerk ist unser Erkennen“ (1 Kor 13, 9). Die Konzilserklärung über die nichtchristlichen Religionen wußte um diese verschiedenen Stufen auf dem Weg der Gotteserkenntnis: „Von den ältesten Zeiten bis zu unseren Tagen findet sich bei den verschiedenen Völkern eine gewisse Wahrnehmung jener verborgenen Macht, die dem Lauf der Welt und den Ereignissen des menschlichen Lebens gegenwärtig ist, und nicht selten findet sich auch die Anerkenntnis einer höchsten Gottheit oder sogar eines Vaters“ (Nostra aetate, Nr. 2). Also: unpersönliche Mächte (man könnte auch sagen: letzte Werte, nach denen jemand sein Leben ausrichtet) – Hochgott – Vater: das sind verschiedene Stufen der Verdeutlichung dessen, was Gott den Menschen sein will. Die Christen sind aufgerufen, stets „voranzuschreiten in der Erkenntnis Gottes“ (Kol 1,10), immer mehr „erfüllt zu werden bis hin zur ganzen Fülle

Gottes“ (Eph 3, 19), und dann dieses höhere Gottesbild und die tiefere Gotteserfahrung den andern Menschen mitzuteilen.

4. Jesus Christus und die andern Heilserwartungen?

§ 15. Auf unseren Erkundungsfahrten über die religiöse Landschaft unseres Planeten haben wir schon verschiedene Erkenntnisse gesammelt:
– daß die meisten Völker ihr Leben nach religiösen Werten ausrichten und meist eine mehr oder weniger klar erkannte höchste Gottheit verehren (Dritte Runde);
– daß viele Völker in letztlich unableitbarer Hoffnung Heil erwarten und nicht selten vage Vorstellungen von gottgesandten Heilbringern kennen (Dritte Runde, vor allem § 26);
– daß Jesus Christus für die Christen Abschluß und Erfüllung des Alten Testamentes und Haupt seiner Kirche aus allen Völkern ist (Erste Runde § 27 – 32).

Damit stehen wir vor der *zentralen Frage:* wie verhält sich Jesus Christus zu den Religionen? Tritt er auf als einer ihrer vielen Heilbringer und Erlöser? Kommt er als ihr Ende und ihre Erfüllung? Gerät er in Zorn wie damals in Jerusalem, um auch ihre Tempel von soviel Aberglauben und religiös verbrämtem Egoismus zu reinigen? Enthüllt er sich als ein Geheimnis, das schon immer auch in ihnen gegenwärtig und wirksam war?

Wir haben bisher die Religionen unter vielen Gesichtspunkten aufgewertet und damit das Christentum automatisch in seinem historischen Heilsexklusivismus gewissermaßen abgewertet. Eine Kirche, die um des Heiles aller Völker willen da ist, kann nur Freude daran haben, die Religionen nun mehr im Strahlungsbereich des Heiles zu sehen, als dies vorher der Fall war. Jedoch dürfen wir nun nicht ins andere Extrem fallen und Jesus Christus einfach nivellieren. Damit würden wir der Menschheit einen schlechten Dienst erweisen. Aber bilden wir uns bloß ein, Christus eine ganz besondere Stellung einräumen zu müssen? Entspricht das nicht einfach nur unserem traditionellen christlich-westlichen Provinzialismus und Hegemoniestreben?

Wir spüren sogleich, daß solche Fragen sehr aktuell wie auch sehr delikat sind. Ist Jesus Christus bloß für das christliche Denken das Allerheiligste, während die andern Religionen noch im Vorhof stehen, auf das Allerheiligste bezogen, oder entspricht eine solche Interpretation der tatsächlichen Gegebenheit? Wir müssen hier wiederholen, was wir schon oben sagten (§ 5 und 6): wir können diesbezüglich nichts behaupten und beweisen, sondern es nur im Glauben bekennen, nach diesem Glauben leben und ihn so als glaubwürdig erweisen. Niemand kann uns diesen Glauben übelnehmen, wie auch wir es niemandem zur Last legen können, wenn er diesen Glauben (noch) nicht annehmen kann. Wir berühren hier tiefste Geheimnisse der Freiheit Gottes und des Menschen, die wir seit der Konzilserklärung über die Religionsfreiheit (Dignitatis humanae) ernster nehmen als früher.

§ 16. So kann man sein *Glaubensbekenntnis über Jesus Christus* unter dem zur Frage stehenden Gesichtspunkt so formulieren (vgl. auch Erste Runde § 30)[52]:

Ich glaube an Jesus von Nazaret, in dem sich Jahwe ein menschliches Gesicht, eine sichtbare und hörbare geschichtliche Gegenwart gegeben und sich ganz und darum auf unüberbietbare Weise geoffenbart hat als Vater unseres Herrn Jesus Christus. Dieser Christus, Sohn Gottes, hat durch sein Leben, Sterben und Auferstehen Heilstaten gesetzt, welche die Lage der Menschheit grundlegend und auch rückwirkend bis zu den Anfängen der Menschengeschichte zum Guten verändert haben. In ihm steht nun jedem Menschen der Weg zum Vater offen. In ihm wird jede verborgene Hoffnung nicht nur garantiert, sondern überboten. Seinetwegen können wir sicher sein, daß unser Verlangen nach letzter Erfüllung nicht eine lebenslange Illusion ist, die mit dem Tode stillschweigend verlöscht, sondern wir können die Gewißheit haben, wirklich in Gott aufgehoben zu sein im Leben, im Tode und nach dem Tode.

Jesus Christus inspirierte durch seinen Geist schon immer auch die Gründer und Propheten der Religionen. Er atmet in ihren Schriften, er erfüllt die Herzen aller Suchenden und Glaubenden mit seiner Inbrunst und Zuversicht. Er war allen Missionaren, wenn sie an die andern Gestade kamen, schon immer voraus und hat dafür gesorgt, daß jene Menschen schon je zum Heile gelangen konnten. Er hat sich identisch erklärt mit allen Menschen, vor allem mit den Niedrigen, so daß alle Unterschiede der Rasse, des Geschlechtes und des sozialen Standes bedeutungslos werden. In ihm ist der ganzen Schöpfung ein Zentrum gegeben, um das sich alles konzentriert, der Punkt Omega, auf den alles hinausläuft. Je mehr die Menschen in Geschichte und Zukunft zu sich selber kommen, desto mehr werden sie das tiefste Geheimnis der Geschichte schauen und sich selber in Jesus Christus sehen, zur Herrlichkeit Gottes, des Vaters. Amen.

§ 17. Ein solches Glaubensbekenntnis ist nicht Ausgangspunkt, sondern Endpunkt eines langen Weges und einer langen christlichen Erfahrung. Es soll nicht auswendig gelernt und als Formel gesagt, es kann nur dankend nachgesagt werden von dem, der sich im Geiste dazu bereit fühlt. Gegenüber Andersgläubigen soll es behütet oder höchstens als Ausdruck meines Glaubens und als Zeichen des Vertrauens bezeugt werden.

Wie aber, wenn Andersgläubige dann sagen, daß sie in ihrer Religion *ähnliche Inkarnationen Gottes* kennen? Wir haben schon im Zusammenhang mit dem Hinduismus von solchen „avatara" gesprochen (Dritte Runde § 14). Aber nicht nur Hindus, auch einzelne katholische Theologen Indiens drücken die Meinung aus, daß sie eine Vereinnahmung der Religionen für Christus nicht annehmen können. Gott habe diese Religionen um ihretwillen, nicht bloß im Blick auf Christus gewollt. Sie werfen den westlichen Theologen vor, noch sehr „provinziell", nicht genügend „katholisch" zu denken, „in einer fröhlichen Unwissenheit über die andern religiösen Traditionen zu theologisieren", den kommenden theologischen Pluralismus noch nicht ernst zu nehmen[53]. Auch in Afrika sind schon wiederholt Stimmen laut geworden, die einen kommenden „schwarzen Messias" forderten, um sich endlich auch religiös von der westlichen Bevormundung frei zu machen. Bereits haben sich einzelne Staatsführer als solche Messiasse ausgegeben, aber ihr unrühmliches Ende hat die Hoffnungen allzubald als falsch enthüllt.

Ganz abgesehen von möglichen und verschiedenartigen Theophanien in den Religionen, kann man sich die Frage stellen, ob es notwendig zu einem inneren theologischen Widerspruch führt oder ob es nicht möglich gewesen wäre, daß Gott sich in Palästina in Jesus Christus, aber auch anderswo, zu andern Zeiten, in andern Gestalten inkarniert hätte, um auch andern Völkergruppen sich ganz mitzuteilen.

Der christliche Glaube bestätigt uns den einen und keinen andern Fall. Die bekannte Inkarnation Vishnus in Krishna kann nicht danebengestellt werden, denn bei Jesus handelt es sich um eine historische, bei Krishna um eine mythologische Gestalt. Es gibt offenbar innere Gründe gegen die Möglichkeit verschiedener wirklicher Inkarnationen Gottes. Während im asiatischen zyklischen Denken kaum etwas gegen eine solche Hypothese vorgebracht werden könnte, hat im biblischen und auch im westlich-christlichen Denken Geschichte eine viel größere Bedeutung. Jedes geschichtliche Ereignis ist einmalig und erreicht damit seinen unvertauschbaren, irgendwie absoluten Wert. Vor allem kann die absolute Selbstmitteilung Gottes, die in Jesus geschah, nicht einfach vervielfältigt werden, sonst gäbe es zwei Absolute, und die ganze Geschichte, mit Einschluß der Parusie, wäre gespalten. Nun aber hat der eine und einzige Gott schon mit seiner Selbstmanifestation als Jahwe (= der für sein Volk Daseiende) eine Bewegung zum Monotheismus und damit zur Sammlung aller Menschen unter dem einen Gott begonnen (vgl. oben § 13 und 14). Um so mehr will er durch sein einzigartiges und unüberbietbares Eintreten in die Geschichte in Jesus Christus die Menschheit einen und nicht durch andere, ähnliche Inkarnationen die Menschheit spalten. Der Prophet Ezechiel kündete an, daß der Messias die Stämme Israels zusammenführen und die zwei Reiche einen werde (Ez 37, 21-28). Tatsächlich aber tat Jesus viel mehr. Er sollte sterben „nicht bloß für sein Volk allein, sondern um alle zerstreuten Kinder Gottes zur Einheit zusammenzuführen" (Joh 11, 49-52). Gerade um jegliche Diskriminierung zu vermeiden, sieht man nur die Wahl zwischen einmaliger Inkarnation mit universaler Bedeutung – und zwar nicht in einem der angesehenen Völker, sondern im geringsten Volk der damaligen Welt – oder aber Inkarnation in jedem Menschen. In Jesus Christus ist das eine und das andere wahr geworden, insofern dank ihm nun alle Menschen, an die das Wort Gottes ergeht, „Götter sind" (vgl. Ps 82, 6 und Joh 10, 34 f.), und er allen, die ihn aufnehmen, Vollmacht gibt, „Söhne Gottes zu werden" (Joh 1, 12).

§ 18. Es bleibt also dabei: für meinen Glauben ist das Christusereignis nicht bloß ein quantitatives Mehr in der religiösen Entwicklung der Menschheit, nicht bloß eine überaus schöne Blume im vielfältigen Garten der Religionen, sondern eine qualitativ absolut neue Initiative

und Offenbarung Gottes, ein in seiner Art einmaliges Ereignis in der Heilsgeschichte. Diesen Anspruch müssen wir bei aller Versöhnungstendenz den Religionen gegenüber aufrechterhalten.

Unter dem Vorbehalt der erwähnten geheimnisvollen Gegenwart und Wirksamkeit des Logos in allen Religionen können wir nun auch über den *Heilswert der Religionen* reden[54], wobei es nicht bloß um die Heilsmöglichkeit des einzelnen nichtchristlichen Menschen, vielleicht trotz seiner Religion, geht, sondern eigentlich um die Frage, welche Funktion die Religionen als solche, als Institutionen, im Heilsplan Gottes haben mögen. Man kann so überlegen: die tägliche Erfahrung zeigt uns, daß der Mensch ein religiöses Wesen ist, das in den schmerzlichen Grenzsituationen des Lebens – Krankheit, Mißerfolg, Tod – und selbst in der Freude, die nie voll und nie bleibend ist, fragend und hoffend über sich selbst hinausschaut und vor einem letzten Geheimnis seines Lebens ergriffen wird. Derselbe Mensch ist auch sozial verfaßt. Er wird darum sein religiöses Fühlen und Streben in religiösem Tun äußern. Dieses wiederum wird sich im Clan- und Stammesverband in bestimmten Gebeten, Riten und Übungen konkretisieren. Wenn nun der Mensch, um sein Heil zu erlangen, seinem Gewissen zu folgen hat, das Gewissen ihn aber auf diese von den Ahnen überkommenen Riten, also auf eine Religion verweist, so muß man geradezu fordern, daß er diese seine Religion treu lebt. Dann aber, so darf man weiterhin folgern, ist diese Religion im Heilsplan Gottes vorgesehen und gewollt, und der Mensch wird, indem er sie praktiziert, gerettet. Man soll nicht einwenden, daß er nur auf Grund seines inneren Glaubens, nicht wegen der Religion, von Gott angenommen werde. Das würde sich schlecht zusammenreimen mit einer vernünftigen Anthropologie, und dann müßte man logischerweise ebenfalls sagen, daß man nicht durch die Sakramente, sondern nur durch den innern Glauben gerechtfertigt werde, was zugleich wahr und falsch ist. Wir dürfen somit annehmen, daß auch die Religionen eine gottgewollte Funktion ausüben. Sie sind Vorstufe zur Kirche, Kirche „per analogiam", religiöser Raum, in dem Gott, der eine einzige, wohnt und das Heil wirkt, das er in Jesus Christus der gesamten Menschheit zugedacht hat. Man kann demgemäß mit dem Blick auf die nichtchristliche Menschheit von einer allgemeinen Heilsgeschichte sprechen, die sehr ernst zu nehmen ist. Sie begann mit dem „Schöpfungsbund" und wurde keineswegs dadurch entwertet, daß im Volk Israel in der Kirche Christi die besondere Heilsgeschichte begann. Diese zwei Stufen der Heilsgeschichte schließen sich nicht aus, sondern ein. Sie sind aufeinander hingeordnet, bilden zusammen den einen Heilsplan Gottes und offenbaren die Kontinuität seines Heilshandelns.

Der traditionelle Heilspessimismus (vgl. Zweite Runde § 12 und 13) hat vor allem seit dem II. Vatikanum einem wohlberechtigten Heilsoptimismus Platz gemacht. Wenn man Gott und seinen Heilsplan, um dessentwillen er Welt und Menschheit ins Dasein kommen ließ, und das innerste Glücksverlangen aller Menschen, die selbst in der Sünde das Glück suchen, ernst nimmt, kann man schwerlich annehmen, daß das Leben für einen beträchtlichen Teil der Menschen in dunkler Nacht und endgültiger Verdammung enden werde. In dieser Frage können wir zwar keine sicheren Aussagen machen. Die Rettung aller Menschen liegt nicht im Bereich des Wißbaren, wohl aber des Erhoffbaren. Die christliche Hoffnung gibt uns Recht und Pflicht, das Heil aller zu erwarten, was indes die letzte Offenheit über unser Schicksal nicht aufhebt. Insofern ist das Reden von der Hölle als schauerlicher Möglichkeit berechtigt. Wir sind aber anderseits vom Glauben her nicht verpflichtet, die absolute Verworfenheit bestimmter Menschen anzunehmen. Es überwiegt unvergleichlich die Hoffnung, daß das Heil für jeden Menschen erreichbar ist und als Gottes gnädiges Geschenk auch erreicht wird[55].

Das alles gilt nicht bloß von den Menschen, die in ihren Religionen leben, sondern auch von den Menschen in den Ideologien, im Atheismus, insofern sie ihrem Gewissen folgen, was man ihnen keineswegs zum voraus abstreiten kann. So weit reicht Gottes Heil und so weit nimmt Gott den Menschen mit seinem Gewissen ernst.

§ 19. Wenn man vom Heil Christi in und durch die andern Religionen redet, wirft man sofort die Frage nach der Kirche auf. Kann man eigentlich – und in welchem Sinne – dem Satz noch zustimmen, daß außerhalb der Kirche kein Heil ist? (Vgl. Zweite Runde § 9.)

Statt jedoch diesen exklusiven Satz jetzt so zu interpretieren, daß er gerechtfertigt werden kann, halten wir uns hier lieber an den andern Satz, mit dem sich die Kirche im II. Vatikanum selber wiederholt umschrieben hat. Sie versteht sich als „universales Sakrament des Heiles“ oder „als Sakrament des Heiles für alle“ (Lumen gentium, Nr.

48,1,9; Gaudium et spes, Nr.45; Ad gentes, Nr. 1,5), also nicht mehr als ausschließliche Arche des Heiles für die wenigen Privilegierten, die darin sind, sondern als Sakrament, als hinweisendes und bewirkendes Zeichen des Heiles für alle, schlechthin für alle. Das führt uns zum Vergleich zwischen *Kirche und Reich Gottes*[56].

Jesus hat das Reich Gottes angekündigt als freies und umfassendes Angebot Gottes, als Inbegriff alles dessen, was Gott in seiner Güte mit seiner Menschheit vorhat, was die Menschen nur in Freude aufnehmen, worauf sie sich einstellen, umstellen, „bekehren" sollen. Jesus offenbarte durch seine Worte und Taten das Reich: „Geht und sagt dem Johannes, was ihr hört und seht ..." (Mt 11,4). Er wünschte auch von seinen Jüngern, daß sie in allem, was sie tun und sagen, das Reich Gottes verkünden, den Menschen Zuversicht geben und Hoffnung wecken (vgl. Erste Runde § 27). Die Kirche als Gemeinschaft steht da wie das Kirchengebäude im Dorf: als Zeichen, daß dieses Dorf, diese Menschheit, zu Jesus Christus gehört. Die sichtbare Kirche wurde von Jesus gewollt als Keim, als Zeichen, als Angeld für das Reich, als Gemeinschaft jener, die an das Reich Gottes glauben, es bezeugen, erwarten, erhoffen, für sich und für alle.

Die Kirche steht also da als Teil für das Ganze, als Vorahnung für die Wirklichkeit, als das menschlich noch Mangelhafte für das göttlich Vollendete, als das zeitlich Vorläufige für das Endgültige. Die Kirche hat die gesamte Geschichte zu deuten als Heilsgeschichte, die im Reich Gottes offenbar und vollendet wird. Kirche und Reich sind also nicht koextensiv, weder zeitlich, da die Kirche ihren Schwerpunkt in der Geschichte, das Reich in der Zukunft hat, noch räumlich, da die Kirche wohl immer eine kleinere oder größere Minderheitsgruppe ist, aber stellvertretend für alle das Reich erwartet. Wer immer guten Willens ist, seinem Gewissen folgt, seine Religion betätigt, selbst die Atheisten, die Gott – oder ein bestimmtes Gottesbild – ablehnen, aber ihr Leben für höchste Werte, wie Treue, Hingabe, Gerechtigkeit für alle, einsetzen, diese alle leben zwar nicht in der Kirche, aber gehen mit der Kirche auf das Reich Gottes zu. Zur rechten Zeit werden ihnen die Augen aufgehen, und sie werden erkennen, nicht daß sie nackt und sündig sind (Gen 3, 7), sondern daß Gott auch an ihnen Großes getan hat (Lk 1, 49).

Eine solche Schau, die ganz dem Evangelium als Frohbotschaft entspricht, weitet den Horizont und zeigt uns die Kirche in einem neuen

Licht, nicht mehr als exklusive Gemeinschaft der Heilsanwärter, sondern als Vortrupp der gesamten Menschheit auf dem Weg zum Heil, nicht mehr als Predigerin über Gericht und Hölle, sondern als Verkünderin des allgemeinen Heilswillens Gottes, nicht mehr als Verteidigerin ihrer Rechte und Privilegien, sondern als Dienerin der Menschheit und Zeichen des Heils für alle.

Diese universale Schau des kosmischen Christus und des mit ihm gekommenen Reiches Gottes muß nicht bloß gegenüber den andern Religionen gerechtfertigt werden – was nur im Glauben geschehen kann, was wir schon zur Genüge sagten –, sondern auch gegenüber manchen Kirchentreuen, für die es unvorstellbar ist, daß Jesus auch jenseits der sichtbaren Grenzen der Kirche gegenwärtig sein könnte. Jedoch würde sich die Kirche an Jesus vergreifen, wollte sie ihn auf den Kirchenraum einschränken. Seine Gegenwart in der Kirche ist Zeichen und Garantie dafür, daß er mit allen Religionen in einem geheimnisvollen Bündnis steht.

In einem schönen Text hat die Bischofskonferenz Puebla 1979 diesen Sachverhalt zusammengefaßt: „Mittelpunkt der Botschaft Jesu ist die Verkündigung des Reiches, das in ihm selbst gegenwärtig wird und kommt. Dieses Reich ist zwar nicht eine von der Kirche trennbare Realität (Lumen gentium, Nr. 8), doch überschreitet es deren sichtbare Grenzen (Nr. 5). Es besteht in einer gewissen Weise dort, wo immer Gott vermittels seiner Gnade und Liebe regiert, indem er die Sünde besiegt und den Menschen hilft, auf die große Gemeinschaft hinzuwachsen, die er ihnen in Christus anbietet.

Dieses Wirken Gottes findet auch im Herzen der Menschen statt, die außerhalb des sichtbaren Bereiches der Kirche leben (Lumen gentium, Nr. 16; Gaudium et spes, Nr. 22; Unitatis redintegratio, Nr. 3). Dies bedeutet aber in keiner Weise, daß die Zugehörigkeit zur Kirche bedeutungslos sei. Von daher ergibt sich auch, daß die Kirche die Sendung erhalten hat, das Reich anzukündigen und es in allen Völkern zu begründen (Lumen gentium, Nr. 5). Sie ist sein Zeichen. In ihr wird auf sichtbare Weise offenbar, was Gott in der Stille auf der ganzen Welt vollbringt. Sie ist der Ort, an dem sich das Wirken des Vaters aufs höchste konzentriert, der in der Kraft des Geistes der Liebe unentwegt die Menschen sucht, um mit ihnen in seiner unaussprechlichen Liebe sein eigenes dreifaltiges Leben zu teilen. Die Kirche ist auch das Werkzeug, das das Reich zu den Menschen bringt, um sie zu ihrem Endziel hinzuführen. Sie stellt bereits auf Erden Keim und Anfang des Reiches dar (ebd.), den Keim, der in der Geschichte wachsen muß unter dem Einfluß des Geistes, bis zu dem Tage, an dem Gott herrscht über alles in allem (1 Kor 15, 28). Bis zu jenem Zeitpunkt bleibt die Kirche in vielerlei Hinsicht vervollkommnungsbedürftig, Gegenstand der Selbstevangelisierung, der verstärkten Umkehr und Läuterung (Lumen gentium, Nr. 15). Doch ungeachtet dessen ist das Reich Gottes bereits in ihr. Ihre Gegenwart auf unserem Kontinent ist eine frohe Botschaft. Denn sie erfüllt, wenn auch nur ansatzweise, die tiefsten Sehnsüchte und Hoffnungen unserer Völker. Hierin besteht das Mysterium der Kirche: sie ist eine menschliche Realität, die aus begrenzten und armseligen Menschen geformt wird, die jedoch von der unerforschlichen Gegenwart und Kraft des dreifaltigen Gottes, der in ihr leuchtet und die Menschen zusammenruft und erlöst, durchdrungen ist (Lumen gentium, Nr. 4, 8; Sacrosanctum Concilium, Nr. 2). Die Kirche ist noch nicht das, wozu sie berufen ist. Es ist wichtig, diesem Umstand Rechnung zu tragen, um eine falsche und triumphalistische Sicht zu vermeiden. Andererseits darf man nicht zu sehr das unterstreichen, was in ihr an Mängeln vorhanden ist, denn in ihr ist die Kraft des endgültigen Reiches bereits in unserer Zeit gegenwärtig und wirksam."[57]

§ 20. Wenn Jesus Christus derart den zentralen Inhalt des christlichen Glaubens ausmacht, daß seinetwegen das Christentum nicht als eine Religion neben vielen andern dasteht, weil auch Christus nicht als ein Heilbringer neben vielen andern verstanden werden kann, dann führt das weiterhin zur Frage: was ist dann *das unterscheidend Christliche* an der biblischen Offenbarung?

Man müßte hier unterscheiden zwischen Glaubensinhalten und dem Bereich des ethischen Handelns. Bezüglich der Glaubensinhalte hält der Christ fest, daß sein Weltbild „anders" geworden ist: in Jesus Christus glaubt er an den Vater und an dessen unverbrüchliche Liebe zu allen Menschen, an den Geist und dessen Wirken in allen Menschen guten Willens, an die Kirche und deren helfende Sakramente, deren tragende Glaubensgemeinschaft (vgl. oben § 16)[58].

Bezüglich des ethischen Handelns kann man die Frage nicht zu schnell mit dem Hinweis auf Jesu Reden lösen: „Zu den Alten wurde gesagt . . . ich aber sage euch" (Mt 5, 21-48), und daraus mit einem triumphalistischen Gefühl die Überlegenheit der christlichen Moral verkünden. Abgesehen davon, daß wir Christen in Geschichte und Gegenwart keineswegs immer als Modell des evangelischen Lebens auftraten und auftreten, stellen wir bei besserer Kenntnis fest, daß z. B. der Dekalog keineswegs Eigengut des jüdischen Volkes war, daß in andern Religionen Nächstenliebe, Toleranz, Feindesliebe vielleicht ebenso gut gelebt und geübt wird wie im Christentum.

Vor allem seit dem Kongreß der Internationalen Gesellschaft für theologische Ethik in Lund 1966 hat man viel über das Spezifische der christlichen Ethik nachgedacht. Die Frage gehört zum Komplexesten der heutigen theologischen Diskussion, vor allem weil sie nicht bloß mit den Religionen, sondern mit der säkularisierten Welt ausgetragen werden muß. Man kann wohl sagen, daß es inhaltlich nichts spezifisch Christliches gebe, das nicht allgemein menschlich wäre[59]. Entsprechende Themen werden nicht deshalb christlich, weil sie in der Kirche besprochen und verkündet werden. Angesichts der Einheit des Schöpfungs- und Erlösungsplanes Gottes kann man nur die volle Einheit des menschlichen und christlichen Handelns annehmen. Der Mensch selber, wie er von Gott als Sinn und Zentrum der Schöpfung gewollt wurde, muß gelesen werden, um Gottes Entwurf mit dem Menschen herauszufinden. Gottes Gesetz soll nicht als ein Überbau verstanden werden, als eine starre Ordnung von physiologischen und biologischen Strukturen und Abläufen, die nachträglich und zusätzlich dem Menschen auferlegt wurde. Vielmehr trägt der Mensch selber in seinem Gewissen Gottes Gesetz mit sich. Was immer seine optimale Daseinsentfaltung gewährleistet, was seine personale Würde fordert und sie fördert, das entspricht dem Willen Gottes. Man müßte also nicht mehr sagen: „Was dem Willen Gottes entspricht, ist gut“, sondern: „Was gut und im besten Sinn menschlich ist, entspricht dem Willen Gottes.“

Was das Evangelium neu brachte, ist, daß wir durch Jesus bewußt in den neuen und endzeitlichen Zusammenhang des Reiches Gottes und seiner Gnade hineingestellt sind und deshalb mehr Impulse und Kräfte haben (sollen), entsprechend dem Vertrauen, das Gott in den Menschen gesetzt hat, zu leben und so eine bessere, des Menschen und Gottes würdige Welt aufzubauen. Die einzige Sonderstellung der Christen sollte sein, sich zu einem besseren Handeln herausgefordert zu fühlen. So können sie in offener Solidarität mit allen Menschen stehen und zugleich durch ihr dynamischeres Verhalten den tiefsten Grund ihrer christlichen Hoffnung zur rechten Zeit ins Gespräch bringen.

5. Überlebenschancen der Religionen?

§ 21. Nachdem wir viele gemeinsame Werte zwischen Christentum und Religionen entdeckt haben, kann man auch nicht übersehen, daß sie allesamt gegenwärtig in großen Gefahren stehen. Die Krise aller religiösen Systeme äußert sich in Glaubenszweifeln, Austritten, Verfolgungen, in Angst, Sünde, Spaltung, in Bedrohung durch Wissenschaft und Säkularisierung. Wie wird es weitergehen? Die Zukunft der Religionen liegt, wie ihr Ursprung, im Dunkel. Auf dem Markt der Meinungen fallen ihre Aktien jäh.

Allen vordergründigen Anzeichen zum Trotz glauben die Christen, daß die Kirche eine von Christus zugesicherte Zukunft hat, wenn es nicht um ihrer selbst willen wäre, so um der Menschheit willen, welche die Kirche nötig hat[60]. Kann man eine solche Zukunftshoffnung nicht auch auf die Religionen anwenden, die ja nicht mehr als Widerpart, sondern als Partner der Kirche in der voreschatologischen Zeit angesehen werden? Nicht nur der Christ, sondern jeder Mensch ist ja „unheilbar religiös", „ein zur Transzendenz Verurteilter". Zur Konstitution des Menschen gehört die physiologische, die intellektuelle, die emotionale, aber auch noch die religiöse Komponente. Würde einmal ein beträchtlicher Teil der Menschen diese vierte Dimension nicht nur leugnen, sondern tatsächlich nicht mehr in sich tragen, dann gehören sie nicht mehr zur Kategorie der Menschen, sondern zu einem neuen posthumanen Geschlecht[61] (vgl. auch oben § 18 und Erste Runde § 7).

Eine solche zuversichtliche Interpretation kommt jedoch keineswegs einem einlullenden Ruhekissen gleich. Kirchen und Religionen durchqueren heute eine geschichtliche neue Phase, eine *lebensgefährliche Krise* und Krankheit. Sie wird nur dann nicht zum Tode, sondern zur Verherrlichung Gottes dienen (Joh 11, 4), wenn sie als Herausforderung und Bewährungsprobe verstanden und bestanden wird.

§ 22. Die erste Bewährungsprobe, der *Durchgang durch die Säkularisierung*, bleibt keiner Religion erspart[62]. Nach Jahrtausenden, Jahrhunderttausenden des mythologischen Denkens, wo der Mensch seine religiöse Veranlagung sicher, aber auch unkritisch betätigte, sich eine religiöse Superstruktur aufbaute, von der er Heil und Hilfe erwartete, geht heute die Säkularisierung wie ein meteorologisches Tief mit Sturm und Regen durch die Kontinente und fegt vieles an religiösen Mächten und Mythen weg. Die Ideologen der Säkularisierung meinten, diese werde das Ende der Religion herbeiführen, Religion werde verschwinden wie eine Fledermaus, wenn die Morgenröte der Wissenschaft anbreche. Deswegen weigerten sich die Religionen solange wie möglich gegen den Einbruch der Säkularisierung. Aber der Widerstand mußte erlahmen. Die Säkularisierung muß angenommen und durchgestanden werden. Es ist Zeit, die Zweiteilung in heilige und profane Orte, Personen, Handlungen und die Oberherrschaft des Heiligen über das Profane aufzugeben. Das II. Vatikanum hat die Autonomie der irdischen Wirklichkeiten, der Wissenschaft, der Politik, der Wirtschaft, der Kultur usw., anerkannt (Gaudium et spes 36, 56), und „Evangelii nuntiandi" (Nr. 70) ermunterte, das Heilige als tiefste Dimension all dieser Wirklichkeiten zu enthüllen und zu bekennen. Man soll also das Volk klugerweise zur neuen Denk- und Redeweise hinführen und die religiöse Deutung mit der säkularen Bewältigung verbinden, z. B. Wettersegen und Flurprozessionen mit Wetterbericht, Lawinenforschung und Hagelversicherung, Teufelsaustreibung und Hexenverfolgung mit Psychologie des Fanatismus, der Aggression und Verhaltensforschung, Gehorsam gegenüber der gottgewollten Obrigkeit und Almosen geben mit Demokratie und gerechter Wirtschaftsordnung. Dazu muß ergänzend betont werden, daß bei aller säkularen Bewältigung das Beten seinen unverlierbaren Sinn behält, einerseits, um daraus die Kraft zu bekommen, sich zuversichtlich der Welt und ihren Aufgaben zu stellen, anderseits, weil kein Mensch bei allem Planen und Vorsehen je weiß, ob er sich der morgigen Aufgabe noch stellen kann oder ob er nicht schon in dieser Nacht abberufen wird.

Viele Christen, auch Priester, haben die Säkularisierung durchgestanden. Sie haben zunächst wohl eine schwere innere Krise erfahren, mußten viel Ballast abwerfen, aber dann sind sie zu einem nüchternen Mut befreit worden, auf den sie nicht mehr verzichten möchten. Sie fühlen sich nicht mehr als Kinder der Angst und des Gesetzes, sondern der Freiheit und der Freude. Andere freilich sind dabei im Glauben gescheitert und werden wohl nur auf Umwegen und durch gereifte Lebenserfahrungen wieder zum letzten Halt der Religion finden.

Man kann sagen, daß in der westlichen Welt die Säkularisierung einigermaßen durchgestanden ist und daß sie nicht eine tödliche, vielleicht aber eine reinigende Wirkung auf das Christentum ausübte. Die Realität Gott ist heute wieder stärker und tiefer mit der Realität Mensch verbunden als vorher, nicht mehr als ein Gott, der gemäß der anthropomorphen Vorstellungen im Himmel thront und wunderbar in den Ablauf der täglichen Dinge eingreift – ein Gott, den die Atheisten leugnen mußten –, sondern als ein Gott, der letztes Geheimnis des Lebens, absolute Zukunft, Grund zu unserem tapferen Leben und Sterben ist, ein Gott, den selbst Atheisten im Grunde ihres Herzens suchen und anerkennen.

Für die Religionen ist die Säkularisierung noch in vollem Gang. Während sie im Christentum von innen heraus gewachsen ist und letztlich schon im kritischen Handeln und Reden Jesu grundgelegt war, dringt sie hier von außen herein, wie ein Trojanisches Pferd, und trifft auf ein Milieu, das viel weniger auf die Auseinandersetzung vorbereitet ist. Vor allem fehlen in den Religionen die großen Theologen, welche die Säkularisierung auffangen und positiv verkraften könnten. Die religiösen Führer sind hier vorwiegend Vertreter der alten, unkritischen, fundamentalistischen Denkweise, weniger gebildet als die heranwachsende Jugend und die Intelligenz. Das lautlose Auswandern aus den Religionen vollzieht sich hier noch radikaler als im Christentum, auch wenn es äußerlich weniger sichtbar wird, weil diese Religionen zugleich soziale Gebilde sind und so die innerlich Ausgewanderten noch im sozialen Verband bleiben. Aber das Auseinanderfallen der zwei verschiedenen Mentalitäten geht weiter und wird die kommende Krise der Religionen ausmachen.

Nachdem die Christen durch die Bibelkritik und die Säkularisierung mehr oder weniger hindurchgegangen sind, wäre es einer der größten Dienste, den die christlichen Fachleute der nichtchristlichen Religionen (vgl. oben § 11) diesen Religionen leisten könnten, wenn sie bei ihnen behutsam einen ähnlichen Prozeß auslösen und ihn helfend begleiten würden, nicht in der brutalen Weise der damaligen liberalen Bibelkritik, die schockierte und Opposition weckte, sondern auf sachliche Weise, in gläubiger und brüderlicher Haltung, um den Mythos als solchen zu durchschauen, aber den Kern zu retten.

Das will nicht heißen, daß die Säkularisierung im Grunde doch recht harmlos gewesen sei. Sie wirkt weiter und wird zur Folge haben, daß es in Zukunft neben den „religiösen" Menschen immer mehr „weltliche" Menschen geben wird, je nach Veranlagung, Gnade und Sendung. Die „weltlichen" Menschen brauchen die letzte religiöse Orientierung nicht unbedingt und ausdrücklich zu verwerfen. Nur verspüren sie kein Bedürfnis mehr nach religiöser Betätigung. Sie machen ihre Gotteserfahrung in der Welt, in der Natur, in der Rechtschaffenheit, soweit das gelingt.

Das ruft zu einer neuen Stufe der Ökumene: nach der Ökumene unter den Christen und jener mit den Religionen jetzt die mit den „weltlichen" Menschen[63], die wir schätzen, mit denen wir reden und zusammenarbeiten sollen zum Wohl der einen Menschheit. Wir erkennen plötzlich, daß Güte *und* Egoismus durch alle Menschengruppen hindurchgehen, daß so viele „weltliche" Werte im Grunde evangelische Werte waren, aber sich aus Gründen größerer Freiheit von der Kirche losgelöst haben. Man hat in diesem Zusammenhang schon von einem „geplatzten Christentum" gesprochen[64], was dem Christentum scheinbar zum Schaden, der Welt aber zum Guten gereicht. Man kann auch umgekehrt sagen, daß seit der Menschwerdung Christi alle echt menschlichen Werte auch „christliche" Werte sind. Es sollte also nicht Konkurrenz, sondern nur Koexistenz geben. Zudem glauben die Christen, daß alle weltliche Geschichte zugleich Heilsgeschichte ist, daß Jesus sich schlechthin mit jedem Menschen identifiziert und dies einmal die große Überraschung bei der Parusie ausmachen wird (Mt 25, 34-46). Bei diesem letzten Gericht werden wir nicht gefragt werden, wie viele Sakramente wir empfangen, wie viele Wallfahrtsorte wir besucht haben, sondern einzig und allein, wie wir uns zu unseren Mitmenschen in ihrer konkreten leiblichen und psychischen, politischen und sozialen Situation verhalten haben, in denen uns immer, kognito oder inkognito, Jesus begegnet ist.

§ 23. Die zweite Herausforderung an die Religionen, einschließlich der Kirche, ist der *Einsatz für das integrale Heil.* Die Religionen haben gewiß den Zweck, den Menschen auf das Geheimnis Gott zu verweisen, den letzten Sinn des Lebens zu enthüllen, ihm ständig in Erin-

nerung zu rufen, daß er sich mehr vornehme, als bloß auf der Alltagsbühne des Lebens ein paar Jahrzehnte lang seine Rolle abzuspielen. Die Verwiesenheit auf einen letzten Sinn und die endgültige Erfüllung in einem Leben nach dem Leben soll aber der Fülle des Lebens im Jetzt und Hier nicht schaden, im Gegenteil.

Man kann indes nicht bestreiten, daß Religion in der traditionellen Gesellschaft die bestehenden Strukturen der Autorität und Ordnung ideologisch untermauerte, die Einteilung der Menschen in Arme und Reiche, in Stände und Kasten, in Sklaven und Freie als gottgewollt lehrte und mit Almosen und Barmherzigkeit das Schlimmste zu mildern suchte. Man vertröstete die Benachteiligten mit dem Lohn im Jenseits. Eine solche Religion wurde von den Marxisten – mit Recht – Opium genannt. Man kann es nicht verschleiern, daß im vorkommunistischen Rußland, im vorkommunistischen Mozambik und Äthiopien die offizielle Religion diese Funktion ausübte –, womit nicht gesagt sein soll, daß mit dem Systemwechsel alles besser geworden wäre. Die Religionen haben an vielen Orten einen blockierenden, entfremdenden Einfluß auf die Entwicklung des Volkes gehabt. Auch im Christentum hat man zu lange – nicht in der Praxis, wohl aber in der Verkündigung – alles auf das übernatürliche und ewige Heil konzentriert. Noch vor nicht zu langer Zeit erläuterten die Bücher der Spiritualität und Theologie, das Heil bestehe darin, den Glauben anzunehmen, die Sakramente zu empfangen und das ewige Leben zu erhoffen. „Rette deine Seele", war der Kehrreim in allen kräftigen Predigten. Wir hatten das evangelische Heil, Shalom, desinkarniert, spiritualisiert, eschatologisiert.

In einer Welt, wo nach den Statistiken der Weltbank trotz allem Fortschritt 800 Millionen Menschen unter dem absoluten Existenzminimum leben, wo Katastrophen und Kriege ganze Bevölkerungsschichten ausrotten, wo Hilfsaktionen durch Schrullen gewisser Behörden verhindert werden, wo Korruption und Ausbeutung durch die Führungsschicht die Hoffnung des Volkes zerstören, zu Staatsstreichen und neuen Hoffnungen führen, die ihrerseits bald wieder enttäuscht werden, wo die Militärbudgets in den meisten Staaten über dem Erziehungsbudget stehen, wo es an vielen Orten bloß die extremen Formen eines Kommunismus ohne Freiheit oder des Kapitalismus ohne Gerechtigkeit gibt, wo die vierte Welt der Flüchtlinge, der unterdrückten Minderheiten, der politischen Häftlinge zum Himmel schreit, kurz, wo die Menschen und die Menschheit von Strukturen der Unmenschlichkeit, der Ungerechtigkeit, der Unwürdigkeit bedroht sind, da können die religiösen Führer sich nicht aus dieser Unheilswelt zurückhalten, in ihren Tempeln und Kirchen beten und zufrieden sein, weil das Volk mitten in Armut und Ungerechtigkeit wenigstens gläubig bleibt. Da müssen sie, gerade weil sie Gott ernst nehmen, auch die Menschen ernst nehmen und für deren gesamtheitliches Heil einstehen[65].

Die christlichen Kirchen haben diese Zuwendung zur Welt vollzogen. Seit „Gaudium et spes", seit der Bischofssynode 1971, welche erklärte, daß Einsatz für die Gerechtigkeit ein wesentlicher Teil der Evangelisierung selbst sei, also für die Religion konstitutiv, nicht nur eine ihrer Wirkungen ist, und seit „Evangelii nuntiandi" für die katholische Kirche, seit Uppsala, Bangkok, Nairobi und Melbourne für den Ökumenischen Rat der Kirchen, sollte jeder Christ wissen, daß die Nachfolge Christi und die Heimkehr zum Vater über den Weg der mutigen Hingabe für die Brüder führen. Evangelische Liebe kann sich nicht mehr mit Almosen zufriedengeben, sondern meint „im modernen Kontext den echten Fortschritt des Menschen in Gerechtigkeit und Frieden" (Evangelii nuntiandi, Nr. 31). Viele Bischofskonferenzen und Christliche Räte der Kirchen haben inzwischen ihre Stimme erhoben und wie alttestamentliche Propheten schonungslos auf bestehende Ungerechtigkeiten hingewiesen. Sie sind die Stimme jener geworden, die keine Stimme haben.

Auch die (ökumenische) Vereinigung der Theologen der Dritten Welt, 1976 in Dar es Salaam gegründet, macht die Idee der „kontextuellen Theologie" zu ihrem Ceterum censeo. Man will nicht mehr eine abstrakte Theologie, die im Vorlesungssaal doziert wird, die überall gültig ist und nirgends richtig ankommt, sondern eine Theologie, die an den Fronten des Lebens gemacht wird, die das Licht des Evangeliums in einen bestimmten Winkel der Erde wirft und jenen Menschen Kraft und Mut gibt, ihre Situation zu bewältigen, indem sie die Geschichte deuten als den Ort, wo Gott den Menschen herausfordert, und indem sie Geschichte machen, so daß die gegenwärtige und kommende Generation Heil Gottes erfahren kann. „Das Evangelium soll die Gemeinde frei machen, in dieser Welt das neue Jerusalem vorwegzunehmen, mitzuarbeiten an der Schaffung einer vorläufigen, gerechten, freien, humanen Welt, in der nicht der elitäre, sondern der geringste Mensch zum Maßstab barmherzigen Handelns wird."[66] Den Religionen fällt diese „Bekehrung zur Welt" viel schwerer. In ihren Tempeln blickte man jahrtausendelang nur nach oben und nach innen, aber nicht in die Welt mit ihren Spannungen und Hoffnungen. Wie lange noch? Wenn die Religionen weiterfahren, sich nicht um die Welt zu kümmern, wird sich die Welt bald nicht mehr um solche Religionen kümmern. Der moderne Mensch will nicht ein zerrissenes Leben führen. Eine Religion, die ihn vom Leben abwendet, statt es zu deuten und zu verändern, bedeutet ihm nichts mehr. Das Leben steht ihm näher als die Religion. Er spürt instinktiv, daß Religion auf dem Weg über den Menschen zu Gott führen soll. Wenn die Religionen diese Herausforderung nicht verstehen, werden sie zusehends eine Angelegenheit weltentrückter Mönche, die von der Welt bestenfalls geachtet, vielleicht auch belächelt, jedenfalls nicht befragt werden.

Es sind Anzeichen da, die Hoffnung geben. Seit der Weltkonferenz der Religionen für den Frieden in Kyoto 1970, in Löwen 1974, in Princeton 1979, mit den entsprechenden kontinentalen Sekretariaten und ihren Studien zur Friedensforschung, ihren Initiativen zur Friedensförderung ist etwas in Bewegung gekommen[67]. Die Religionen werden allmählich das, was sie sein sollen, nicht ein Überbau, sondern eine Interpretation und eine Kraft, die das Leben lebenswerter machen.

§ 24. Ein Aspekt des integralen Heiles muß noch in besonderer Weise hervorgehoben werden, die *Problematik des Umweltschutzes,* der Ökologie. In den drei Nachkriegsjahrzehnten träumte alles vom „American way of life", verbesserte alles den Lebensstandard (1960 erklärt J. W. Thompson, die Amerikaner müßten ihren Konsum jährlich um 16 Milliarden Dollar steigern, um den Rhythmus der Produktion aufrechtzuerhalten), beutete man unbedenklich die Bodenschätze aus, bis man plötzlich mit Schrecken feststellen mußte, daß wir unsere Biosphäre, in der wir atmen und leben, zerstören, daß wir unser Floß, auf dem wir schwimmen, zu Kleinholz machen. Der Club von Rom hat uns erstmals die Augen vor dieser drastischen Situation geöffnet: wenn die gegenwärtige Zunahme der Weltbevölkerung, der Industrialisierung, der Umweltverschmutzung, der Ausbeutung der Rohstoffe anhält, dann werden wir plötzlich vor absoluten Grenzen

des Wachstums stehen und katastrophale Einschränkungen auf uns nehmen müssen, um überhaupt noch zu überleben[68].

Seither mehrten sich die Kassandrarufe: „Wenn wir die nächsten dreißig Jahre weiter leben wie in den vergangenen dreißig, bereiten wir unseren Kindern das Massengrab" (R. Garaudy). „Nur wer Pessimist genug ist, die ganze Größe der Gefahr zu erkennen, hat überhaupt die Möglichkeit, an ihrer Abwendung mitzuwirken" (W. Röpke). „Wir führen einen rücksichtslosen Eroberungskrieg gegen die wehrlos gewordene Natur. Wir beuten in Jahrzehnten aus, was die Natur in Jahrmillionen aufgebaut hat. Der Wald verbrennt, die Wüste wächst, die Luft ist verpestet, das Wasser wird zu Kloake. Der totale Sieg des technischen Menschen endet mit der totalen Selbstvernichtung" (H. Gruhl)[69].

Die Verantwortlichen wissen, daß man am Turmbau von Babel nicht weiterbauen, sondern vielmehr anfangen sollte, die obern Stockwerke abzutragen, da die Fundamente schon wanken. Aber niemand wagt, den entsprechenden Befehl auszugeben. Der Bürger will leben und sich des Lebens freuen. Keine Partei kann es sich leisten, ihn in seinen Konsumgewohnheiten aufzuschrecken und dadurch Wahlstimmen zu verlieren.

Man lebt in den Tag hinein. Man weiß, daß beim jetzigen Rhythmus in 30 Jahren das letzte Barrel Öl aus dem Boden gesaugt sein wird. Aber statt den Konsum zu drosseln, nimmt er noch jedes Jahr zu. Man weiß, daß gegenwärtig jährlich eine Fläche zweimal so groß wie die Schweiz abgeholzt wird, um Bau-, Acker- oder Weideland zu gewinnen und um Papier zu fabrizieren, und daß bei diesem Rhythmus in 85 Jahren die Wälder, die Speicher des Regens und die Erneuerer der Luft, verschwunden sein werden. Aber dieser Zeittermin liegt zu fern, um jetzt schon dem Raubbau Einhalt zu gebieten. Wir stehen vor der Wahl, uns auf eine gemäßigte Wirtschaftskrise einzustellen mit der Hoffnung, sie durch Phantasie und Forschung zu meistern, oder die ökologische Krise auf die Spitze zu treiben und plötzlich vor einer Katastrophe zu stehen.

Wenn die Politiker nicht klar zu reden wagen, müssen es um so mehr die Kirchen tun. Es geht um Heil und Unheil der Menschheit. Ohne religiöse Motivationen kann man den Lauf der Dinge nicht ändern. Man kann in den Predigten und Volksmissionen ruhig weniger über gewisse Sünden der Vergangenheit wettern, dafür um so mehr den Konsumismus anprangern und den neuen alternativen Lebensstil als Notwendigkeit und als Tugend fordern. „Unter Verzicht attraktiver leben!“ „Anders leben, damit andere überleben!“ Es muß eine Theologie des Umweltschutzes und des Verzichtes entwickelt werden. Wir sehen diesbezüglich noch viele weiße Flächen auf der ethischen und moraltheologischen Landkarte. Man muß die Sünden gegen Leib und Gut ergänzen um jene gegen die Natur. Ein Afrikaner, A. Tévoédjiré, hat ein sinnvolles Buch geschrieben: Die Armut, Reichtum der Völker[70]. Er wünscht weder für Afrika noch für Europa das Elend, wohl aber eine sinnvolle Armut, die viel Überflüssiges abbaue und dafür das Leben als solches wieder mehr genieße. Schon verschiedene Bischofskonferenzen haben entsprechende Texte veröffentlicht. Man soll aber nicht meinen, damit sei es getan.

Man müßte Mut zu utopischen und doch sehr realistischen Lösungen haben. Mir tut es im Herzen weh, wenn ich den chaotischen Straßenverkehr Roms – das gleiche gilt von allen Großstädten – sehe: Kolonnen von Autos (meist mit einer Person), die nicht vorankommen, Lärm von Hupen, woran man sich (je nach Gemütsverfassung) ärgern oder ergötzen kann, Abgase, die sogar die alten Quader der Paläste und Monumente zerfressen, Zeitverlust für die Arbeiter, die abends heimkehren möchten, ein Benzinkonsum, wie es nicht zu verantworten ist! Wann werden in einer Stadt das zivile und kirchliche Oberhaupt eine gemeinsame Kampagne zugunsten des Fahrrades starten und zur Ermutigung selber mit dem Rad durch die Straßen fahren? Das Auto könnte dann noch dienen für Notfälle, für Regentage und für die Ferien.

Noch ein weiteres: Nachdem nun das zweite Entwicklungsjahrzehnt 1970/1980 zu Ende gegangen ist, zu dessen Beginn die Vereinten Nationen die 25 ärmsten Länder aufstellten, denen in besonderer Weise geholfen werden sollte, ihren Rückstand aufzuholen, wäre nun die Idee fällig, ein Ent-Entwicklungsjahrzehnt auszurufen, die 25 reichsten Länder zu deklarieren, die sich in besonderer Weise bemühen sollten, ihren Standard abzubauen, und zwar aus drei Gründen:
– aus wirtschaftlichen Gründen, weil der Raubbau der letzten drei Jahrzehnte so einfach nicht weitergehen darf;
– aus psychologischen Gründen, weil es erwiesen ist, daß in den reichsten Ländern die größte Rate von psychisch angeschlagenen und

frustrierten Menschen, deshalb auch von Ehescheidungen und Selbstmorden vorliegt;
– aus Gründen der Solidarität mit den armen Völkern.

Wer kann den Mut geben zu einer solchen planetarischen Wende, wenn nicht die Religion? Der sympathische heilige Franziskus von Assisi ist mit Bulle des Papstes Johannes Paul II. vom 30. November 1979 zum Patron von Ökologie ernannt worden, weil er die Natur als Geschenk Gottes erkannt, geliebt, besungen hat und mitten in der Armut so fröhlich war. Wird er das Wunder zustande bringen, dem modernen Menschen die Augen zu öffnen und ihm die Freude im einfachen Leben zurückzugeben?

III. Evangelisierung

§ 25. Nachdem wir nun lange über die Religionen gesprochen und sie – wie sich gebührt – aufgewertet haben, ohne deswegen die Einzigartigkeit des Christusereignisses preiszugeben (vgl. oben § 15-17), stellt sich noch die Frage nach der Kirche, nicht so sehr nach ihrer Sonderstellung im Rahmen der Religionen, sondern nach ihrer *Sondersendung gegenüber den Religionen.* Wir fragen also, wie im ganzen Buch, nicht nach dem Innen-, sondern nach dem Außenaspekt der Kirche. Was haben die andern Religionen von ihr zu erwarten?

Die Frage gilt freilich auch in umgekehrter Richtung. Zwar stellen die Stammesreligionen keine missionarischen Ansprüche über ihren bestehenden Verband hinaus. Sie sind ausgesprochen ansässige Religionen, gebunden an „ihren" Gott, beschränkt auf ihre Ahnen. Wenn jemand auswandert, kann er fern vom Stamm und den Ahnengräbern seine Religion nicht mehr praktizieren. Diese Religionen machen also keine „Propaganda". Die Hochreligionen jedoch, oder die Buchreligionen, sind ausgesprochene Wanderreligionen. Sie dehnen sich aus, sei es, daß sie auf friedliebende, mystische Weise bloß durch ihren Kult und ihre Gemeinschaft ausstrahlen und anziehen (z. B. Hinduismus, Buddhismus), sei es, daß sie prophetisch predigen und ausdrücklich missionieren (z. B. Zoroastrismus, Islam).

Das Christentum hat sich von seiner Konstitution und seiner ganzen Geschichte her immer als missionierende Religion verstanden. Es hat sich auch mehr über alle sechs Kontinente ausgedehnt, als jegliche andere Religion. Heute freilich wird es fast in den Schatten gestellt durch zwei andere neue „Missionsmächte", die Wissenschaft und den Marxismus, die mit ihrer sachlichen oder ideologischen Lehre den Lauf um die Welt angetreten haben und ebenfalls globale Ansprüche stellen. Für das Christentum stellt sich die Frage, ob es nach dem Ende der europäischen Hegemonie und nach der Aufwertung der Religionen noch den missionarischen Anspruch aufrechterhalten kann. Warum, wo und wie darf und soll Missionierung oder, mit einem neuen und umfassenderen Wort, Evangelisierung noch weiterhin geschehen?

1. *Warum Evangelisierung?*

§ 26. Wenn wir Evangelisierung nicht nach gewissen Karikaturen der Geschichte verstehen, als massenweise Taufe ganzer Stämme im Frühmittelalter, als allzu starke Verbindung mit dem Kolonialismus und dem Europäismus seit der Entdeckungszeit, sondern sie nehmen als das, was sie ist, als Vermittlung des Evangeliums, des Shalom (Evangelisierung könnte auch Shalomisierung genannt werden), der frohen Botschaft, des Heiles, einer Hoffnung, eines Lebenssinnes, dann braucht sie keine weitere Rechtfertigung. Ein solches Angebot spricht für sich selber. Jeder ehrliche Mensch hält danach Ausschau, da Gott selber den Menschen, im Gegensatz zum Tier, als heilsbegierig erschaffen hat (vgl. oben § 21).

Evangelisierung entspricht nicht der freien Initiative einer Gruppe dynamischer Menschen, sondern muß *von Gott her gesehen* werden. Wenn es wahr ist, daß schon die alttestamentliche Offenbarung einen universalen Charakter trug, auch wenn das damalige auserwählte Volk Mühe hatte, das einzusehen und ernst zu nehmen (vgl. Erste Runde § 24-25); wenn es wahr ist, daß die Selbstoffenbarung des einen und einzigen wahren Gottes als Jahwe den Beginn eines Prozesses der Bewegung aller Religionen zur Einheit hin darstellt (oben § 13-14); wenn es wahr ist, daß das neutestamentliche Christusereignis seinem ganzen Verständnis nach einmalig ist und darum die Tendenz hat, nicht nur privilegierten Gruppen vorbehalten, sondern der ganzen Menschheit bekanntgemacht zu werden (Erste Runde § 29,

34-37; Vierte Runde § 15-17), dann ergibt sich der Schluß aus diesen „göttlichen" Voraussetzungen von selbst.

Gerade weil Gott sich von Anfang an den Vätern auf vielfache Weise geoffenbart, zuletzt aber auf einmalige Weise zur Menschheit gesprochen hat (vgl. Hebr 1, 1 f.), ist er es sich selber schuldig, jetzt diese Einmaligkeit seines Heilshandelns der Menschheit auf dem Weg zur Einheit hin kundzutun, um alle innere Verwirrung und äußere Spaltung zu beheben. Gerade weil er „nach seinem huldvollen Ratschluß das Geheimnis Christi *uns* kundgetan hat", sind *wir* es uns selber schuldig, „diesen überströmenden Reichtum seiner Gnade in den nachkommenden Zeiträumen" allen Völkern kundwerden zu lassen (Eph 1, 9; 2, 7).

Wir können als feste Bestandteile des Heilsplanes Gottes annehmen, daß er alle Menschen retten will und daß er sie in Christus rettet. Aber ob er sie schon in dieser historischen Zeit in die gesellschaftlich verfaßte Kirche führen oder ihnen erst in der Vollendung die volle Einheit manifestieren will, das steht offen. Darüber haben nicht wir zu befinden. Eine realistische Betrachtung der bisherigen Heilsgeschichte und die Tatsache, daß immer noch zwei Drittel der Menschheit den Weg ihrer Religionen gehen und es gegenwärtig keine Anzeichen gibt, daß dieser Zustand unvermittelt geändert werde, lassen eher mit der zweiten Hypothese rechnen, vielleicht damit kein Mensch, auch nicht die Kirche, sich rühmen könne (Eph 2, 9) und damit die absolute Freiheit Gottes und die Freiheit des Menschen gewahrt bleiben. So sehr die Kirche ihr Zeugnis von Christus verkünden soll (vgl. den folgenden Paragraphen), so wenig darf sie sich wichtiger nehmen als Gott, indem sie meinte, nur ihr werkzeuglicher Mittlerdienst könne die Menschen der Religionen zum Heile führen. Da behält sich Gott alle Freiheit vor. Sein endzeitliches Handeln hat bereits begonnen, wo *Er* die Menschen rettet. Die Kirche kann ihm dieses Heilshandeln nicht entreißen, wohl aber soll sie es verkünden. „Die besondere Heilsgeschichte will die ganze allgemeine Heils- und Offenbarungsgeschichte in sich einbringen, durch sich selbst geschichtlich darstellen. Sie strebt also zu einer Ereignisidentität mit der allgemeinen Heilsgeschichte und somit auch zu einer solchen mit der Weltgeschichte, wenn sie auch weiß, daß diese Identifizierung in der Geschichte nie erreicht werden, sondern erst in deren Aufhebung, im Reiche Gottes, ihre Verwirklichung finden."[71]

§ 27. Auch *von der Kirche her gesehen* wird das Motiv der Evangelisierung klar. Wenn sich die Kirche in besonderer Weise als Volk Gottes versteht, dann kann sie das nie sein nur für sich, sondern immer für die andern, für alle. Das ergibt sich aus der ganzen Dynamik des Heilshandelns Gottes und aus der Theologie aller biblischen Berufungen.

In der Art und Weise, wie dieser kirchliche Auftrag für die andern verwirklicht wurde, gab es verschiedene Modelle oder Entwicklungsstufen. Wenn A. Dulles in seinem Buch „Modelle der Kirche" verschiedene Modelle bezüglich des Innenaspektes der Kirche darstellte, könnten wir hier eine ähnliche Reihe von Modellen entwickeln, die dem Außenaspekt entsprechen[72], oder, besser, zwei Reihen, je nachdem, ob man die je verschiedenen theologischen Denkweisen oder die pastoralen Handlungsweisen umschreibt, die sich im Lauf der Geschichte ablösten. Von der theologischen *Denk*weise her kann man sehen:

1. *Das Eroberungsmodell:* es beherrschte die große Missionsära vom 16. bis zum 20. Jahrhundert. Es hat seine Wurzeln in der mittelalterlichen Geistigkeit der „Christianitas" (vgl. Zweite Runde § 3): innerhalb der Gemarken der Christenheit finden wir Glauben, Licht, Kultur, außerhalb Unglauben, Nacht, Barbarei. Aus diesem Denken heraus gab Papst Nikolaus V. 1455 einem christlichen König Freiheit und Vollmacht, „in das Land der Sarazenen, Heiden und andern Feinde Christi einzudringen und es zu unterjochen", während Papst Alexander VI. 1493 die neue Welt in zwei Hälften teilte und dem spanischen bzw. portugiesischen Hof den Auftrag gab, „jene barbarischen Völker zu unterjochen und zum Glauben zu führen" (vgl. auch Zweite Runde § 9-13). So zogen die Missionare jahrhundertelang auf den Schiffen der Kolonialmächte aus, um jene Heidenvölker zu taufen, den Griffen der Hölle zu entreißen, in die Kirche zu führen.

2. *Das Erfüllungsmodell:* es setzte sich im Lauf der letzten Jahrzehnte durch. Man anerkannte nun die Werte jener Religionen und die Möglichkeit, in ihnen gerettet zu werden. Jedoch galten sie als keimhafte, embryonale, Notbehelfreligionen. Sie benötigten die geschichtlich oder endzeitlich erfolgende Erfüllung in Christus. Dieses Modell entspricht dem Denken des II. Vatikanums (z. B. Ad gentes, Nr. 9; Lumen gentium, Nr. 5) und kann mit guten Gründen vertreten

werden. Es entspricht aber noch stark dem Einbahndenken, als ob nur die andern Religionen in der Kirche bereichert würden.

3. *Das Sakramentsmodell:* es wird nicht als Gegensatz, sondern als Weiterentwicklung des Erfüllungsmodells verstanden und stützt sich ebenfalls auf die dem II. Vatikanum teure Idee der „Kirche als Sakrament des Heiles für alle" (vgl. oben § 19). Die Kirche ist also sichtbares und wirksames Zeichen des Heiles für alle, Werkzeug im Dienst des Reiches Gottes, das bereits alle Menschen umfaßt. Das anzustrebende Ziel ist somit nicht, unbedingt alle Menschen in die Kirche zu führen, wohl aber, allen Menschen das Heil Gottes anzukünden und zuzusprechen.

Diesen theologischen Denkweisen entsprechen auch verschiedene pastorale *Handlungs*weisen:

1. *Das Akkommodationsmodell:* es begleitete das Eroberungsmodell und wurde gelehrt und in verschiedenen Graden praktiziert von den Propheten der Anpassung bis zu den neuern Missionstheologen. In der westlichen Welt hat sich um den Kern des Evangeliums eine Fülle von Riten, Traditionen, Gesetzen gebildet. Diese ganze westliche Form des Christentums brachte man mit der Missionierung auch in die Neue Welt, aber erlaubte, mehr aus taktischen Gründen, in äußeren Dingen wie Kleidung, Gesängen gewisse Abstriche zu machen.

2. *Das Inkarnationsmodell:* es begleitete das Erfüllungsmodell, ohne sich in der Theorie, noch weniger in der Praxis, durchzusetzen (vgl. Dritte Runde § 9). Statt den ganzen Troß westlicher Gebräuche in die Neue Welt zu importieren, bringt man den „wesentlichen Kern des Evangeliums" (Evangelii nuntiandi, Nr. 63) – wohlwissend, daß das Evangelium nie im vollen Sinn als kulturloser Kern greifbar ist – dorthin und gibt ihm die Chance, sich aus jenen Kulturen einen neuen Leib zu schaffen, in jenen Völkern seine eigene Geschichte zu machen. Daß der praktischen Durchführung dieser anerkannten Theologie soviel Widerstand entgegengesetzt wird, macht die Spannung der gegenwärtigen Kirchenzeit aus (vgl. unten § 31 und 32).

3. *Das Interpretationsmodell:* es begleitet das Sakramentsmodell, setzt das Inkarnationsmodell voraus, aber betont zusätzlich sehr die Sendung der Kirche als Zeichen für die andern. Die um das Evangelium gesammelte Christengemeinde sieht eine ihrer Hauptaufgaben darin, im Dialog mit den Menschen anderer Religionen und der säkularen Welt deren eigene Heilshoffnungen glaubwürdig zu bestätigen

und zu bestärken, aber auch in eine religiöse Symbiose mit ihnen zu treten, ihnen die christlichen Werte zu vermitteln und, die eigene Bedürftigkeit einsehend, bereit zu sein, von deren Werten bereichert zu werden[73]. Wir können und sollen also nicht einen missionarischen Erfolgsuniversalismus erzwingen, wohl aber einen Interpretationsuniversalismus betätigen.

Einmal mehr muß auch hier ausdrücklich betont werden, daß es nie um bloße Interpretation, sondern immer zugleich um konkrete Veränderung geht, um praxisbezogene Kooperation mit allen Kräften zur Verwirklichung des integralen Heiles. Man könnte insofern über die bisher beschriebenen Modelle hinaus ein weiteres, ein Kooperationsmodell, aufstellen, das die Zukunft für sich haben wird.

Mit diesen sich ergänzenden und verbessernden Haltungen kann und soll die Kirche den andern Religionen gegenüber ihre Mission erfüllen. Nicht nur die Kirche, auch jeder einzelne in der Kirche. Das war die große Einsicht der Bischofssynode 1974, daß man die Kirche nicht einteilen könne in evangelisierende und zu evangelisierende Gruppen – die Welt der Jugend, der Arbeiter, der Frauen usw. –, sondern daß jeder, der zur Kirche gehören will, an der Mission der Kirche teilnehmen, evangelisieren müsse[74]. Alle Evangelisierten müssen evangelisieren, und nur Evangelisierte können evangelisieren!

Jesaja wurde „zum Licht der Völker, damit mein Heil reiche bis an das Ende der Welt" (Jes 49, 6; vgl. Lk 2, 32), Paulus „zum auserwählten Werkzeug, um meinen Namen vor Könige und Völker zu tragen" (Apg 9, 15). Es ist die These dieses Buches, daß solche besonders auserwählte Gestalten nie Monopol-, sondern Modellfiguren sind, daß somit jeder Christ und jede christliche Gemeinschaft zur selben Aufgabe berufen ist. Selbst der wirklich einzigartige Fall, Jesus, ist zugleich Modell für alle, denn wir sind berufen, sein Vorbild nachzuahmen, seinen Fußstapfen zu folgen (1 Petr 2, 21), und wir alle heißen und sind Söhne Gottes (1 Joh 3, 1). Getauft sein in die Kirche heißt somit nicht in erster Linie, gerettet zu werden (das können auch die andern), sondern Anteil zu nehmen an ihrem sakramentalen Zeugnis, dafür Zeuge sein, daß im Namen Jesu allen Völkern Vergebung der Sünden zugesagt ist (Lk 24, 47 f.).

Diese Evangelisierungsaufgabe der einzelnen Christen und der christlichen Gemeinde kann in verschiedenen Stufen erfolgen. Man braucht nicht mit der Tür ins Haus zu fallen und sogleich zu versuchen, die andern zu bekehren und zu taufen. Das konnte und kann bei den Stammesreligionen verhältnismäßig leicht geschehen. Aber bei den Hochreligionen in Asien, wo die große Masse der nichtchristlichen Menschheit lebt, muß man aus der 500jährigen Missionsgeschichte mit ihren minimalen Erfolgen doch etwas lernen. Nicht aus Taktik, sondern aus Theologie soll man je zur rechten Zeit die folgenden „Raketenstufen" zünden:

1. *Im Stellvertretungsgedanken leben:* was immer christliche Gemeinden tun, tun sie – wie Jesus – nicht bloß für sich, sondern für die andern. Die „Berufung für", die „Sendung zu" sind Grundkategorien jeglicher biblischer Berufung. Das meint nicht immer und notwendig ein „Gehen zu", wohl aber sicher ein „Denken an". Schon das bloße christliche Dasein soll als Dienst an den andern verstanden werden. Wie Jesus sich für alle „zur Sünde" gemacht hat (2 Kor 5, 21) und für alle „sich geheiligt hat" (Joh 17, 19), so soll vor allem die sonntägliche Eucharistiefeier immer als Gottesdienst „für alle" gefeiert werden[75].

2. *Das christliche Lebenszeugnis geben:* das ist wichtiger als Wortverkündigung. Was nützt es, Katechismus zu unterrichten, wenn einzelne Christen, christliche Gemeinschaften, christliche Völker ein Ärgernis sind für das Evangelium? Evangelisierung meint ja nicht bloß eine Botschaft, sondern tatsächliche Verwirklichung eines neuen, besseren Lebens. Wie die Gemeinschaften von Jerusalem und Antiochien (Apg 2, 42-47; 4, 32-37; 13, 1-3) sollten alle christlichen Gemeinschaften für die andern Fragezeichen und Ausrufezeichen sein. Ihre alternative Lebensweise sollte Fragen aufwerfen und Antworten geben!

3. *Den Dialog pflegen:* wir haben Muslime, Hindus, aber auch Atheisten in unsern Betrieben, in unsrer Umgebung. Diese stellen zunächst ein soziales und erst dann ein religiöses Problem dar. Man soll an ihnen nicht zuerst Seelsorge, sondern Sozialsorge betreiben, dann freilich auch mit ihnen ins Gespräch kommen, nicht um ihnen die „Bekehrung" aufzudrängen, sondern einfach, um einen Mitmenschen kennenzulernen, aus Achtung vor seinen Werten, seinen Überzeugungen, seiner Freiheit, in Bereitschaft, ihn nicht nur zu belehren, sondern auch auf ihn zu hören, sich gegenseitig zu bereichern und einander näherzukommen. Das sei freilich nicht ein unverbindliches Gerede, sondern immer ein engagiertes Reden und somit Zeugnis.

4. *Die Bekehrung Gott überlassen:* „Der Herr mehrte die Zahl jener, die zum Heil fanden" (Apg 2, 47). Es ist unevangelisch, fast fieberhaft auf Massenbekehrung auszugehen, Schritt halten zu wollen mit der rapiden Bevölkerungsexplosion, wie es die evangelikalen Kreise in ihrem Heilspessimismus tun[76]. Der Eifer für das quantitative Wachstum hat seine Wurzeln leicht in einem verengten, triumphalistischen Ekklesiozentrismus. Ein solches Wachstum soll nicht so sehr als Ziel erstrebt, sondern eher als Konsequenz echten Christseins betrachtet werden, auch als Voraussetzung, um den Heilsdienst an den andern leisten zu können. Also nicht mehr Angst vor der Hölle (vgl. Zweite Runde § 9-13), sondern Liebe zu Gott und den Menschen sollen als echte Triebfedern für die Evangelisierung wirken. Das ist wohl Gottes und der Menschen würdiger.

Es ist eine der Hauptaufgaben der zeitgemäßen Pastoral, die so oft introvertierten, egozentrischen Christen, die in der Kirche bloß die Befriedigung ihrer eigenen religiösen Bedürfnisse suchen, zu „bekehren", zur Umkehr und Ausrichtung „für die andern" zu bringen.

2. *Wo Evangelisierung?*

§ 28. Bisher hat man die Welt, kirchlich gesehen, problemlos eingeteilt in: hier Kirche, dort Mission, was manchen andern Gleichungen entsprach: hier Zentrum, dort Peripherie; hier Modell, dort Kopie, hier reiche, lehrende, gebende Kirche, dort arme, lernende, empfangende Mission. Klar, daß so etwas nicht ein Verhältnis von Gleichheit und Brüderlichkeit aufbaute, sondern eher zu Abhängigkeit, Verdemütigung, innerem Widerstand führte.

Von den vielen Aussagen, die man über die heutige Kirchensituation machen kann, gehören wohl zu den wichtigsten diese zwei: Kirche in sechs Kontinenten, und: Mission in sechs Kontinenten. Daß es heute Kirche in sechs Kontinenten gibt – wobei die beiden Amerika als zwei Kontinente gezählt werden –, ist zunächst eine religionssoziologische Tatsache. Im Lauf unserer Generation verlagerte sich das Schwergewicht der Christenheit von der westlichen in die südliche Welt[77]. Wenn zu Beginn dieses Jahrhunderts noch 85 % der Christen in der westlichen Welt lebten, so werden es zu dessen Ende, also in 20 Jahren, noch 42 % sein, von den Katholiken nur noch 30 %. Die große Mehrzahl der Christen werden also Lateinamerikaner, Afrikaner und Asiaten sein. Man kann rückblickend festhalten, daß das Pontifikat Pauls VI. eigentlich den Übergang von der Westkirche zur Weltkirche markierte. Zahlenmäßig ist es 1970 zur Kippe gekommen: In jenem Jahr lebten schon 51,86 % der Katholiken in Lateinamerika, Afrika und Asien. Bis 1978 hat sich die Proportion zugunsten der Dritten Welt auf 56,65 % erhöht. Entsprechend hat der Papst systematisch einheimische Bischöfe ernannt, so daß heute in Asien 95 %, in Afrika rund 75 % der Bischöfe Landesgeborene sind. Die Bischofssynode 1974 war insofern ein kirchenhistorisches Ereignis, als das Konzil und die ersten drei Synoden noch eindeutig von den westlichen Bischöfen und Theologen gemacht wurden, jene vierte Synode hingegen ebenso eindeutig von den Bischöfen und Theologen der Dritten Welt, deren Beitrag der Papst im Schlußdokument zweimal ausdrücklich hervorhob (Evangelii nuntiandi, Nr. 30, 31). Auch die Reisen Pauls VI. müssen in diesem Zusammenhang gesehen werden: seit der erste Papst, Petrus, nach Rom kam, hat kein Papst je Europa verlassen. Paul VI. aber besuchte gleich auf Anhieb alle sechs Kontinente, um dadurch ein Zeichen zu setzen, daß es nun Kirche in sechs Kontinenten gebe.

Gleichzeitig ist im II. Vatikanum auch die theologische Grundlage für die Existenz der vielen Ortskirchen geschaffen worden, die alle zusammen die eine Kirche Christi ausmachen, aber je über eine relative Autonomie und eine legitime Pluriformität verfügen (Lumen gentium, Nr. 13, 23; Sacrosanctum Concilium, Nr. 37-40; Evangelii nuntiandi, Nr. 63), denn Ortskirche ist nicht bloß ein topologischer, sondern auch ein ekklesiologischer Begriff: sie ist der Ort, wo das Evangelium hier und heute inkarniert, verkündet, gelebt wird, wo ortsbedingte neue Formen und Experimente ermutigt und, falls sie sich bewähren, gutgeheißen werden. Das alles ist in der Konzils- und Nachkonzilszeit in einer Fülle von Abhandlungen und Büchern niedergelegt worden.

§ 29. Nun muß aber beigefügt werden, daß mit der Errichtung der Kirche überall die Mission nicht einfach verdrängt und verschwunden ist. Wenn missionarische Tätigkeit die Erstverkündigung des Evangeliums an Menschen meint, die noch fern sind von Christus (Ad gentes, Nr. 6; Evangelii nuntiandi, Nr. 51), dann muß man gera-

dezu sagen, daß es in den „Kirchengebieten" überall zugleich missionarische Situationen gibt. Darum redet man heute auch von *Mission in sechs Kontinenten*. Für die ehemaligen Missionsländer ist das klar. Auch wenn es dort überall Ortskirchen gibt, so handelt es sich meist um Minderheitskirchen, die – wie das Konzil ausdrücklich sagte – nicht mehr bloß Objekt, sondern selber Träger der Missionierung sein und den vielen Christusfernen in ihrem eigenen Land das Evangelium verkünden sollen (Ad gentes, Nr. 20). Dazu brauchen sie wohl noch für eine längere Zeit die Hilfe der Schwesterkirchen.

Für die altchristlichen Länder kommt es einem eher ungewohnt vor, wieder Mission genannt zu werden. Erstmals haben H. Godin und Y. Daniel 1943 auf Grund einer Analyse in Frankreich diese Aussage gemacht[78] und damit nicht wenig Opposition hervorgerufen. Etwas ähnliches wollte K. Rahner mit dem Ausdruck „Diaspora-Situation des Christentums" sagen: man könne heute nicht mehr mit einem Volkschristentum rechnen, sondern mit einem Wahlchristentum, mit Minderheitsgruppen von Überzeugungschristen, die sich nicht in ein Getto abkapseln, sondern zu einem Ferment-Dasein entfalten, also missionarisch sein sollen[79]. Der Ausdruck selber, Mission in sechs Kontinenten, wurde vom Ökumenischen Rat der Kirchen in der Vollversammlung von Mexiko City 1963 geprägt. Man wollte vor allem damit sagen, daß an den Hochschulen, in den Peripherien der Städte, an den Zentren des Welthandels so wenig vom evangelischen Geist vorhanden und wirksam sei, daß man hier wieder „Mission" betreiben müsse. Der Gedanke stieß in katholischen Kreisen lange Zeit auf Widerstand, bis man heute auch soweit ist, das anzuerkennen. Kein geringerer als Papst Johannes Paul II. hat vor dem Rat der Europäischen Bischofskonferenz erklärt, Europa sei daran, wieder ein Missionskontinent zu werden; das solle freilich nicht Anlaß zu Pessimismus sein, sondern vielmehr als Herausforderung verstanden werden[80]. Infolgedessen wird der Rat der Europäischen Bischofskonferenz für das Treffen in Rom 1981 das Hauptthema „Evangelisierung in Europa" haben.

Es genügt, mit unvoreingenommenen Augen die Wirklichkeit zu betrachten, um sich dieser neuen Situation bewußt zu werden. Wenn im katholischen Wien von 10 % Kirchgängern und 90 % Kirchenfernen gesprochen wird; wenn im katholischen München 1974 52 % der Ehen mit beiden Teilen katholisch sich nicht mehr in der Kirche trauen ließen, 42 % der neugeborenen Kinder nicht mehr getauft wurden, mehr Austritte aus der Kirche erfolgten (6079) als Taufen in die Kirche; wenn in Vorstädten der französischen Städte nur 3-5 % der Leute in die Kirche gehen; wenn in den USA 80 Millionen „unbekirchter Menschen“ (unchurched people) gezählt werden, dann kann man doch nicht umhin, darin wieder missionarische Situationen zu sehen.

Das will nicht heißen, daß all diese Kirchenfernen zugleich Christusferne, religionslose Menschen sind. Sie tragen weiterhin ihre religiösen Fragen mit sich, aber sie suchen selber mit ihnen fertig zu werden. Man könnte sie religiöse Nomaden nennen (sie kommen auch in den nichtchristlichen Religionen scharenweise vor!), die aus ihren seßhaften religiösen Strukturen ausgewandert sind und nun ihren eigenen Weg gehen.

In den letzten wenigen Jahren ist das Bewußtsein um diese kirchlich Distanzierten überall erwacht und hat sich in verschiedenen Büchern niedergeschlagen[81]. Man wartet nun auf pastorale Aktionen, auf neue Initiativen, auf „Missionare“, die nicht nur in Afrika und Asien, sondern auch bei uns systematisch die Grenzen der christlichen Gemeinschaft überschreiten, „mit neuen Methoden und neuer Sprache“ (Evangelii nuntiandi, Nr. 56) auch jenen Fernen Christus wiederum nahezubringen versuchen. Was in den letzten Jahren diesbezüglich in den USA geschehen ist, könnte auch andern Kirchen Inspiration geben[82].

§ 30. Im Lichte dieser neuen Situation sind einige *kirchliche Konsequenzen* zu ziehen.

Zuerst müßte man terminologisch und gedankenmäßig aufhören, von den „Missionen“, gar von „unsern Missionen“ zu reden. Das gab es lange Zeit. Es waren Gebiete, die durch das „jus commissionis“ einem bestimmten Missionsinstitut übergeben waren, damit es dorthin Missionare und Geld liefere und die ganze Verantwortung trage für den Aufbau der Ortskirche. Dieses „jus commissionis“ ist durch eine Instruktion der Kongregation zur Evangelisierung der Völker vom 24. Februar 1969 für alle Diözesen als beendet erklärt worden. Es fällt auch auf, daß Papst Paul VI. in „Evangelii nuntiandi“ zwar sehr die missionarische Tätigkeit, das ist die Erstverkündigung an die Christusfernen, betont, aber nur zweimal, ganz beiläufig, noch den

Ausdruck „die Missionen“ mitlaufen läßt (Nr. 69, 73), während Papst Johannes Paul II. auf seiner Reise in Afrika 1980 in seinen 70 Reden zwar von Missionaren, von missionarischer Tätigkeit, aber kein einziges Mal von „den Missionen“ redet. Es ist irgendwie anachronistisch und für jene Christen geradezu beleidigend geworden, immer noch „von den Missionen“ zu reden, „für die Missionen“ zu beten und zu sammeln, statt mit den Schwesterkirchen verbunden zu sein und ihnen den zwischenkirchlichen Dienst zu leisten. „Die Missionen“ als eine konkrete geschichtliche Form, ausgeführt durch fremde Missionare, gehen ihrem Ende entgegen, die Mission als Erstverkündung geht weiter, und zwar in allen sechs Kontinenten mit erster Verantwortung der jeweiligen Ortskirchen, aber oft noch unter Mithilfe fremder Kirchen.

Nicht alle hören gern das Reden vom „Ende der Missionen“. Aber man kann diese historische Wende nicht übersehen, wenn man nicht Vogel-Strauß-Politik betreiben will. Die Missionare der USA haben in den Jahren 1968 auf 1979 von 9655 auf 6455 abgenommen, also ziemlich genau um ein Drittel. Die 7845 Missionare aus Deutschland weisen eine Altersstatistik auf, deren Schlüsse leicht abzulesen sind: fast ein Drittel, genau 30,94 %, stehen über 70 Jahren, weitere 27,56 % zwischen 60 und 70, und ein gutes Drittel, 41,5 %, zwischen 20 und 60 Jahren[83]. Es ist also eine geschichtliche Tatsache: die „auswärtigen Missionen“ nehmen rapid ab. Sie lassen freilich kein Vakuum zurück, sondern eine Ortskirche, die selber wiederum missionarisch tätig ist. Wenn bisher nur ein Kontinent in den andern missionierte, so entwickeln heute die Kirchen aller sechs Kontinente die missionarische Tätigkeit. Diese ist also versechsfacht worden. Die Missionskrise, von der man redet, ist ein ausgesprochen westliches Phänomen. Die Kirche als ganze ist mehr missionarisch denn je.

Man muß auch fragen: Was haben dann die Missionsinstitute noch für eine Aufgabe? Man kann darauf antworten:
– sie haben ihre historische Aufgabe, um derentwillen sie vor rund 100 Jahren gegründet wurden, erfüllt. Damals gingen sie in kirchliches Niemandsland, heute sehen sie vor sich als Frucht ihrer Arbeit die Ortskirchen;
– sie müssen weiterhin die Zusammenarbeit im Dienst der jungen Ortskirchen leisten für die Zeit und im Maß, als Missionare noch benötigt und willkommen sind. Man muß aber wohl annehmen, daß in

10, 20 Jahren eine ganze Anzahl von Ländern keine Visa mehr geben werden für ausländische Missionare und auch manche Ortskirchen keinen Bedarf mehr haben, jedenfalls nicht in größerem Ausmaß;
– sie müssen für die jungen und die alten Kirchen das missionarische Gewissen sein, damit keine Kirche der Gefahr erliege, zu „verpfarrern" und nur an jene zu denken, die schon in der Kirche sind. Es darf auch keine Ortskirche „nur" Ortskirche sein, sondern sie muß sich immer im Zusammenhang mit der Universalkirche sehen. Die bisherige „Missionshilfe" im Einbahnsystem wird jetzt abgelöst von der Koinonia, vom zwischenkirchlichen Dienst, der sich in gegenseitigem Gebet, in gegenseitigem Interesse, in gegenseitigen pastoralen Inspirationen und in gegenseitiger Hilfe ausdrückt;
– sie müssen neue missionarische Einsätze suchen, wo noch echte Erstverkündigung nötig ist, und nicht vergessen, der Heimatkirche den missionarischen Impuls zurückzugeben, um die „missionarischen Situationen" im eigenen Lande ins Auge zu fassen[84].

Man könnte auch fragen, ob mit der politischen und psychologischen Entwicklung in den fast 20 Jahren seit „Ad gentes" nicht die Zeit gekommen wäre, die "Missionen, die speziellen Unternehmungen . . . in bestimmten, vom Hl. Stuhl bestätigten Gebieten" (Ad gentes, Nr. 6) der allgemeinen Verwaltung der Kirche zu unterstellen. Wenn dann zugleich noch die eigentliche Kurienreform käme mit mehr Dezentralisierung, so daß die nationalen Bischofskonferenzen und die kontinentalen Vereinigungen der Bischofskonferenzen tatsächlich gewisse Kompetenzen hätten, dann könnte die römische Zentralstelle für Evangelisierung eine neue dynamische Aufgabe bekommen, nämlich das missionarische Gewissen für alle Kirchen zu sein, die missionarischen Situationen in allen Kontinenten zu erforschen und den entsprechenden Ortskirchen die nötigen Impulse zu geben und schließlich den zwischenkirchlichen Dienst an personeller und finanzieller Hilfe anzukurbeln und zu koordinieren. Bisher wirkte die Zweiteilung der kirchlichen Gebiete fast wie ein Alibi: Europa und Nordamerika sandten Missionare nach Afrika und Asien, aber kümmerten sich wenig oder nicht um die Christusfernen im eigenen Land. Eine Zentralstelle für Evangelisierung wird also immer nötig sein, um die Tätigkeit der Kirche „ad extra", die Erstverkündigung an die „Noch-nicht-Christen" und die „Nicht-mehr-Christen" zu studieren, zu programmieren, zu animieren.

3. Wie Evangelisierung?

§ 31. Recht und Pflicht zur Evangelisierung, zur Religionsverkündigung und zum Religionswechsel, können nicht in Frage gestellt werden. Sie sind im Evangelium begründet, ebenso im heutigen Verständnis der Menschenrechte, welche Religionsfreiheit einschließen, die freilich auch den andern Religionen zugestanden werden muß. Die Frage dreht sich nur um das Wie. Man könnte auch ein gut begründetes Recht durch ein falsches Wie von innen her aushöhlen.

Wir verstehen hier Evangelisierung im weitesten Sinn, wie sie überall, in allen sechs Kontinenten, von allen Kirchen, von allen in der Kirche, gegenüber allen Menschengruppen (Evangelii nuntiandi, Nr. 51 bis 56) bestätigt werden soll. Dabei spielt die Hierarchie eine besondere Führungsrolle, trägt aber auch eine große Verantwortung für das gute Gelingen.

Es liegt in der Tragik jeder Autoritätsspitze, daß sie leicht den nötigen Kontakt mit der Basis verliert, auch in der Kirche. Ein Bischof in Afrika sagte mir lächelnd: „Bischöfe sind Menschen, die ihre Freunde verlieren, zu vielen Banketten eingeladen werden und die Wahrheit nicht mehr hören." Bischöfe machen aus verschiedenen Gründen bei Priester- und Laienseminaren oft nur einen „acte de présence", halten eine Ansprache – aber hören und fühlen nicht genügend, wie die Basis denkt und redet. Und doch muß sich nicht bloß das Kirchenvolk nach der Hierarchie ausrichten, sondern die Hierarchie auch nach dem Kirchenvolk, das oft besser die Zeichen der Zeit versteht und weiß, was dem Menschen von heute zugemutet werden kann und was nicht mehr, und zwar auf Grund des Evangeliums und der Menschenwürde. Je näher einer der Basis steht, desto mehr kann er sich verpflichtet fühlen, die Brücke zur Spitze herzustellen und die nötigen Informationen an die Spitze zu leiten und dort den nötigen und legitimen Druck auszuüben.

Wenn die Evangelisierung der Welt mit allen guten Mitteln gefördert werden soll, darf sie nicht gleichzeitig durch unglaubwürdige Haltung behindert werden. Solche Haltungen gehören nicht bloß der Geschichte an, sie können auch noch in der nachkonziliaren Kirche vorkommen. Wir wollen mit sechs unschönen Fremdwörtern *Warnsignale* aufstellen und einige solcher Haltungen brandmarken.

1. *Exklusivismus:* Wenn man eines aus der Geschichte lernen soll, dann dies, daß es heute nach dem jahrhundertelangen ideologisch verbrämten Exklusivismus (Zweite Runde) höchste Zeit ist, davon abzugehen und die Grenzen zu öffnen, im Gespräch zu bleiben, unbequeme Ruhestörer nicht einfach auszuscheiden. Es gibt heute viele kirchenferne Christusnahe, wie vielleicht auch kirchennahe Christusferne. Die äußere und brave Zugehörigkeit zur Kirche darf nicht überstrapaziert werden. Neben dem festen Kern der Kirche gibt es heute eine Unzahl religiöser Nomaden, Pendler, Grenzgänger. Ihnen sollen die Türen immer offenstehen, auch wenn es nur um Teilzeit und Teilidentifikation geht. Die Kirche sei auch die Karawanserei für alle auf dem Wege.

2. *Autoritarismus:* Man betont gegenwärtig stark den Gehorsam gegenüber den Bischöfen, ohne genügend zu bedenken, daß die Priester, Theologen, Ordensleute, Laien, bevor sie gehorchen, das Recht und die Pflicht haben, ihre ergänzenden Charismen geltend zu machen, da ansonsten die Kirche bald eine statische und sterile Angelegenheit würde. Vor allem wird Autorität fragwürdig, wenn sie glaubt, sich selber zu genügen, ohne die Meinung der kompetenten Leute gebührend zu berücksichtigen.

3. *Legalismus:* Die Impulse des Konzils mußten ins konkrete Leben übersetzt werden. Aber war es wirklich nötig, die weitherzige Liturgiekonstitution durch Ausführungsbestimmungen mehr und mehr einzuengen, so daß für die legitime Pluriformität, für die Inkarnation in die verschiedenen Kulturen, für das kreative Wirken des Heiligen Geistes praktisch kein Raum mehr übrigbleibt? Eine Ermutigung für jene Priester, die sich um einen persönlicheren und kommunikativeren Vollzug der Liturgie bemühen, ist das kaum. Eher können sich jene bestätigt fühlen, die Sonntag für Sonntag vom ersten Kreuzzeichen bis zum Schlußsegen einfach nur alles ablesen, was vorgedruckt ist, wo man doch gerade diesen behilflich sein müßte, sich etwas zu lokkern, damit sie die in der Liturgie vorgesehenen Möglichkeiten, Texte frei zu formulieren, nutzen und für ihre Gemeinden fruchtbar machen. Es braucht ja nicht alles in allen sechs Kontinenten im Gleichschritt vonstatten zu gehen.

4. *Institutionalismus:* Die Kirche hat im II. Vatikanum die heilige Allianz zwischen Thron und Altar endgültig aufgekündigt. Aber sie droht nun selber eine Machtstruktur zu werden. Wie sind doch in manchen Ländern die Diözesan- und Nationalzentren der Kirche

baulich, personell, aufgabenmäßig aufgestockt worden! Alles will man kontrollieren und zentralisieren. Dabei kennt man doch den allgemeinen Unwillen der heutigen Menschen gegen alles Institutionelle. Zwar ist es gut, daß die Kirche Institution sei, denn nur eine solche, nicht ein Individuum, hat die Kraft, dem gesellschaftlichen Druck standzuhalten und eine gesellschaftskritische Funktion wirksam auszuüben. Aber die Kirche müßte jedenfalls eine herrschaftsfreie Institution sein, mit freier Gefolgschaft, die mit gemeinsamem Verstehen und Entscheiden rechnet.

Auch die römische Kurie bedarf einiger Korrekturen ihres bedrükkenden Zentralismus. Nicht umsonst hat Papst Johannes Paul II. im November 1979 die Kardinäle zusammenberufen und sie gebeten, ihm Vorschläge zu unterbreiten, wie die Kurie ihren „Dienst" an den Bischöfen und Bischofskonferenzen besser im Sinn der Kollegialität leisten und wie ein „besseres Gleichgewicht" zwischen Rom und den Ortskirchen hergestellt werden könnte[85]. Gefaßt wartet man auf Überraschungen. Unterdessen sind nur jene mit dieser Kirche zufrieden, die von den verschiedenen Kirchenmodellen, Kirche als Sakrament, als Wort-Gottes-Gemeinschaft, als Dienstgemeinschaft, als Institution, diesem letzteren den Vorrang geben, die einfach gehorchen wollen und Ruhe und Ordnung wünschen[86].

5. *Sakralismus:* Baut man sich nicht schon wieder inmitten der profanen, „schlechten" Welt seine sakrale Welt auf, fühlt sich darin wohl und läßt die Welt Welt sein? Warum etwa aus Handkommunion, Ordenskleid, eucharistischen Hochgebeten, also aus Sakristeiproblemen, absolute Werte machen und dadurch vielen Leuten Anlaß geben, daran den Gehorsam gegen die Kirche zu messen, und ihnen und sich ein Alibi verschaffen, um die wahren Welt- und Kirchenprobleme nicht zu sehen?

6. *Klerikalismus:* Die Öffnung zu den Laien war eine der Großtaten des Konzils. Was ist aus dieser Schau geworden? An verschiedenen Landessynoden haben die Laien mit neuer Hoffnung und vollem Engagement mitgemacht, und die Kirche schien heutiger, lebensnaher, wirksamer zu werden. Aber dann stutzte man den Laien wieder die Flügel und machte sie tatsächlich flügellahm. Nur in Notfällen, wenn zu wenige Priester vorhanden sind, ist ihnen gestattet, gewisse Funktionen in der Kirche auszuüben. Wenn es sich um Mädchen und Frauen handelt, sind die Grenzen besonders eng gezogen. Man duldet

die Laientheologen und Pastoralassistenten, aber man fördert sie nicht. Sind denn die vielen Laien, die Theologie studieren, eher eine Gefahr als eine Chance? Ist es nicht eine Chance, vom traditionellen Amtsverständnis her für diese neue Zeit der mündigen und gebildeten Laien neue Modelle zu entwickeln? Nicht konservierende, sondern kreative Tradition sollte die Losung sein (vgl. oben § 8).

Viele in der Kirche leiden an dieser Kirche, und viele außerhalb der Kirche ebenfalls. E. Ringel, Psychotherapeut in Wien, sagt, daß viele Menschen ihre Religion verdrängen und darunter leiden, weil sie mit ihren Fragen nirgendwohin gehen können, wo sie sich verstanden fühlen. „Das ist für mich ein starker Beweis, daß zwischen den Vertretern der Kirche und den Menschen eine Barrikade besteht." Ähnliches sagt das Gallup-Institut von den 80 Millionen „unbekirchter Menschen" der USA: 60 % von ihnen kritisieren die kirchlichen Institutionen und sehen in ihnen ein Hindernis, in der Kirche zu leben; 32 % bekennen, daß sie wieder in die Kirche gehen würden, wenn sie hoffen könnten, bei Priestern oder Gemeinschaften Verständnis für ihre Probleme und Zweifel zu finden[87]. Beim gegenwärtigen Zerfall einer fast 2000jährigen Ära steht die Kirche vor der Wahl, die belastenden Elemente eines traditionellen Kirchenbildes aufzugeben oder aber zu einem Rad zu werden, das sich dreht, aber nichts mehr bewegt. Die Kirche mit ihren -ismen verliert die Chance, in der Welt von morgen anzukommen. Jesus und sein Evangelium aber gewinnen immer mehr die Sympathie der Menschheit. Es wäre jedoch schade für die Kirche, wenn sich das Reich Gottes immer mehr außer ihr abspielen würde[88].

§ 32. Daß das Reich Gottes kommen wird, ist Inhalt unseres Betens und Gegenstand der christlichen Hoffnung. Der alljährliche Sieg des Frühlings über den Winter kann auch auf das Reich Gottes angewandt werden und uns in entsprechende Stimmung versetzen. Nach den sechs unschönen Worten für unschöne Haltungen folgen nun sechs schönere, sympathischere Worte, die als *Empfehlungen* für eine gute Verkündigung verstanden werden können. Was sie empfehlen, wird bereits getan. Es braucht nur ermuntert zu werden.

1. *Evangelisierung:* Zusätzlich zu dem, was darüber schon oben gesagt wurde (§ 26-30), ist hier vor allem der neue Akzent gegenüber der Sakramentalisierung gemeint. Natürlich handelt es sich hier nicht

um eine Alternative, sondern um eine Synthese. Aber das Schwergewicht kann verschieden gesetzt sein. Bisher ging die katholische Kirche mit ihrer stark institutionellen Ausrichtung vor allem darauf aus, Katechumenen zu werben, Taufen zu spenden, ihre Reihen zu verstärken. Fortan muß man vermehrt an jene andern denken, die Mehrheit der Menschheit, die man aus Gründen, die Gott kennt, unterdessen nicht christianisieren, wohl aber evangelisieren kann. Der enthusiastische und prophetische Anglikaner John Mott (1865-1955) predigte landauf landab: „Die Evangelisierung der Welt in dieser Generation!“ Was wir erstreben müssen, ist eine Kirche in allen Völkern, aus allen Völkern, aber nicht unbedingt aller Völker[89]. In der Welt des Islam und des Hinduismus z. B. kann man es verantworten, eine Zeugniskirche, aber nicht immer und unbedingt eine katechumenale Kirche sein zu wollen; allen das Reich Gottes auszurufen, aber nicht alle in die Kirche zu rufen. Was nützt der Sache mehr, einzelne Individuen aus ihrem Milieu herauszubrechen, sie zu taufen, einen kleinen unmittelbaren Erfolg zu haben, aber dafür jene Gemeinschaft zu verärgern, oder durch schlichte christliche Gegenwart viele Sympathisanten zu gewinnen und jenes Milieu als ganzes Christus und der Kirche näherzubringen?[90]

In diesem Zusammenhang fällt den Massenmedien eine providentielle Rolle zu. Im Augenblick, wo die Menschenmasse in einer Generation von drei auf sechs Milliarden anschwillt, wo Evangelisierung von Mann zu Mann einfach nicht mehr durchkäme, ist uns durch die Technik die Möglichkeit gegeben, die Massen zu erreichen und mit der Frohbotschaft zu beschenken. Wir können wortwörtlich die Welt in einen Hörraum des Evangeliums verwandeln. Es braucht deshalb neben den „Busch-Missionaren“, die von Hütte zu Hütte, von Dorf zu Dorf gehen, auch „Medienmissionare“, die den Samen des Wortes über die ganze Gegend streuen, überzeugt, daß etwas, vielleicht vieles davon wachsen wird. Für die Sakramentenspendung kann gewisse Zurückhaltung geboten sein, der Evangelisierung aber sollen keine Grenzen gesetzt sein.

Interessant ist, was z. B. Indonesien diesbezüglich tut: Da werden wöchentlich 25 kirchliche Radioprogramme von 85 Stationen über das ganze Land ausgestrahlt, wie auch jeden Morgen die Zeitung „Kompaß“, die größte Tageszeitung mit einer Auflage von 270 000, von Flugzeugen in die 30 größten Städte des Landes getragen wird.

Beide Medien sind „katholisch“ in der Verantwortung und Organisation, aber werden in großer Mehrzahl von Nichtchristen konsumiert. Denn sie verbreiten nicht einfach „katholische“ Inhalte, sondern Nachrichten und Kommentare über Politik, Wirtschaft, Kultur, über Menschenrechte, Toleranz, Brüderlichkeit, Religion, Engagement, Gerechtigkeit. Ähnlich tut es Radio Veritas in Manila für ganz Südostasien und China–Japan. Von Japan laufen jede Woche durchschnittlich 700 Hörerbriefe ein, meist von Nichtchristen. Man ist hier also klüger als in unseren Ländern. Eine Erhebung in der Schweiz hat herausgebracht, daß ausdrücklich religiöse Sendungen nur 1-4 % des Fernsehpublikums erreichen, also jene schon treuen Kirchgänger, die es am wenigsten nötig hätten, noch zusätzlich bedient zu werden[91]. Eine Ausnahme kann eintreten, wenn ein Verkünder ein ganz besonderes Charisma besitzt wie etwa Bischof F. Sheen in den USA oder der Kapuziner P. Mariano, der sich im italienischen Fernsehen während Jahren ein Rekordpublikum von 17 Millionen Hörern aufbauen konnte. Um sich nicht in ein Programmgetto hineinzumanövrieren, müßte man Religion in die täglichen Fragen, in die menschlichen Werte einpacken, wie man es in Asien tut.

2. *Spontaneität:* Bisher verfügte man in den Missionsländern über ein hierarchisch organisiertes System des Apostolates: der Bischof – der Priester – der Katechist. Die Katechisten waren vom Bischof/Priester als deren verlängerter Arm bezahlt und spielten nicht selten den kleinen König in den Gemeinden. Dieses System wurde weitgehend umgestellt auf die Gemeinde mit einer Gruppe von Verantwortlichen, von „Ministerien“, von der Gemeinde angestellt und so weit als nötig bezahlt. Nicht mehr in der Zentralstation, sondern in den Außengemeinden spielt sich das eigentliche Leben der Kirche ab, wo man sich am Sonntag – mit oder ohne Priester – versammelt und ein bis drei Stunden betet, singt, das Evangelium vorliest, es sich erklärt, und wieder singt, wo man die Woche hindurch die Katechumenen unterrichtet, die Kranken besucht, gemeinsame Aktionen unternimmt, um das Leben zu verbessern. Jetzt breitet sich das Christentum spontan aus durch die Strahlungskraft der christlichen Gemeinde.

Hier wäre vieles zu sagen zum Phänomen der kirchlichen Basis-Gemeinschaften, das in Lateinamerika seine ersten aufsehenerregenden Erfolge hatte, es zustande brachte, eine statische, klerikale, sakramentalistische Kirche weitgehend zu erneuern und zu evangelisieren, und das nun mehr oder weniger in allen sechs Kontinenten bekannt ist, durch Gruppen der verschiedenen internationalen Bewegungen oder auch durch unabhängige Ortsgemeinschaften, die alle zusammen Ausdruck einer Bewegung sind, der Bewegung des Geistes in der Kirche. Wir haben hier nicht mehr ein Volkschristentum vor uns als organisierte, soziologisch oft unübersehbare anonyme Größe, sondern ein Glaubenschristentum als echte Bewegung, als spontane Gemeinschaft, als glaubwürdiges Zeugnis. Hier wird die Sache Jesu mit neuer Zuversicht gelebt und weitergegeben. Wie im 19. Jahrhundert, als das Bedürfnis nach allgemeiner Volksschulung aufkam, und der Kolonialismus die fernen Länder erschlossen hatte, geisterfüllte Männer und Frauen viele Institute für die Schulen und die Missionen gründeten, so ruft derselbe Geist heute, wo die Mündigkeit der Laien anerkannt und die Fragwürdigkeit gewisser kirchlicher Institutionen gefühlt wird, die Bewegung der christlichen Basisgemeinschaften ins Dasein, um neues Leben in die Kirche zu bringen, um auch in der Kirche zur alternativen Lebensweise zu ermuntern. Mit Recht schließt R. A. Knox sein dickes Buch über Enthusiasmus ab mit der Aussage: „Das einzige Laster ist Lahmheit, die einzige Tugend ist Begeisterung."[92] Es ist schade, daß sich solche Basis-Gemeinschaften immer mehr ausscheiden in solche, die „nur noch" beten, und andere, die „nur noch" politisch agieren, wobei doch beide Aspekte wesentlich mit zur christlichen Grundhaltung und zur Verwirklichung des integralen Heiles gehören (vgl. oben § 2 und 3).

3. *Inkarnation:* Wenn Christus nicht „Platzangst" hatte, sein gottgleiches Sein zu verlassen und in das irdische Fleisch und die Knechtsgestalt hinabzusteigen (vgl. Phil 2,7), sollte auch die westliche Kirche keine Angst haben, sich mutig in den anderen Kontinenten und Kulturen zu inkarnieren (vgl. oben § 7). Nachdem sie sich in einem langen Prozeß ein westliches Kleid umgelegt hatte, sollte sie ein gleiches Recht auch den anderen Kulturen zugestehen und nicht meinen, das westlich-römische Kleid gehöre zum Wesen des Evangeliums.

Da nun eine Kirche in sechs Kontinenten geworden ist, von denen jeder sein eigenes politisches, kulturelles, somit auch kirchliches Selbstbewußtsein hat, ergibt sich alles andere von selbst. Wohl sind wir Zeuge, wie sich gegenwärtig die einheitlichen und unerbittlichen technischen, wirtschaftlichen, politischen Gesetze und Strukturen über den ganzen Planeten legen. Wenn das auch zu einer planetaren Einheitskultur führen sollte, wäre das eine ungeheure Verarmung, die des einfallsreichen Schöpfergottes und des schöpferischen Menschen nicht würdig wären. Im Gegenteil, je mehr die Menschen sich den Forderungen und Herausforderungen der Einheitsgesellschaft stellen müssen, desto mehr haben sie Bedürfnis und Recht, auch „kontextuell" zu leben, sie selber zu sein, ihre eigenen Werte zu entfalten. Das geschieht vor allem in der Freizeit, im Spiel, in der Liturgie, nicht als a-politischer Rückzug, sondern als neue Stärkung für die Sendung in der Welt. Wir stehen diesbezüglich erst an der Schwelle des dritten Jahrtausends, dem Jahrtausend der Dritten Kirche. Wir werden – hoffentlich bald – noch einige Überraschungen erleben mit lateinamerikanischer, afrikanischer, asiatischer Theologie, Liturgie und mit Kirchendisziplin. Nur in einem großzügigen kulturellen Pluralismus kann die Kirche die Größe und Transzendenz Christi einigermaßen wiedergeben, und nicht bloß zu ihrer geographischen, sondern zu ihrer qualitativen Katholizität gelangen[93].

Seit einiger Zeit redet man in Indien intensiv von Hindu-Christen[94]. Es gibt hier immer mehr Menschen, die im Hinduismus unzufrieden sind, zum Christentum in die Schule gehen, aber ihr soziologisches Milieu nicht wechseln können. Muß das denn sein? Auch Paulus war und blieb ein ganzer Jude, aber die neue Entdeckung, der neue Inhalt seines Denkens und Lebens war Christus geworden. So möchten diese Hindus ganz Hindus bleiben, und doch Christus und schrittweise auch die Kirche annehmen, ohne jedoch ins „Christen-Viertel" überzusiedeln. Solchen Grenzgängern soll man die Türen offenhalten. Es gibt auch umgekehrt Christen, Schwestern oder Priester, die nicht nur in einfachen Ashrams im Hindu-Stil leben, sondern auch auf Zeit in Hindu-Mönchsgemeinschaften wie Rishikesh weilen. Wenn die Juden im festen Glauben an Jahwe alle fremden religiösen Werte, außer der magischen Vereinnahmung Gottes, hochschätzen und in die eigene Religion integrieren konnten[95], warum sollte das nicht auch heute mit dem Christus-Glauben möglich sein?

4. *Ökumene:* Nach einer langen Epoche des Exklusivismus auf Grund eines falsch verstandenen Erwählungsglaubens und einer Phase des Relativismus auf Grund der nivellierenden Religionswissenschaft kommen wir heute zur gesunden Synthese des Ökumenismus, der hier im weitesten Sinn verstanden werden soll.

Ökumene beginnt schon innerkatholisch, mit vermehrten Kontakten und stets wachsender Zusammenarbeit unter den verschiedenen Missionsinstituten, den vielen einheimischen Schwesterngemeinschaften, den neuen Bewegungen Focolari usw. Früher lebten diese Gruppen fast wie in einer verschlossenen Burg. Heute sind die Zugbrücken hinuntergelassen und die Tore geöffnet worden. Man hält sich nicht mehr für *die* Gemeinschaft, zumal sich heute alle echten Christen und Ordensleute gleicherweise auf das Evangelium und das II. Vatikanische Konzil berufen, und von den gleichen Gefahren bedroht sind.

Dann selbstverständlich auch offene Ökumene mit den Mitchristen und mit den Nichtchristen. Von den Dokumenten muß man zu den Taten schreiten, vom Dialog auf höchster Ebene zur Praxis auf Ortsebene. Es geschieht schon sehr viel an gemeinsamen Gesprächen, Gebeten, Handlungen. Die zwischenkirchlichen theologischen Kommissionen haben bereits Stück um Stück der alten Kontroversfragen abgetragen und finden eigentlich, daß man in verschiedenen Fällen heute praktisch eine Kirche sein könnte. Es liegt an den Autoritäten, zu entscheiden, ob solche Schritte pastoral klug wären, ob das Volk auf eine kommende Einheit vorbereitet sei. Man kann aber der radikalen Entscheidung nicht ausweichen, ob die Kirchen den Prinzipien, die zur Spaltung führten, oder aber dem Auftrag, den sie gemeinsam von Christus empfangen haben, treu sein wollen.

Ob man im Gespräch mit den Religionen eine Art „Moratorium" einschalten soll, indem man eine Zeitlang vor allem die „Christologie von unten" erläutert, Jesus als ganz gottverbundene und menschenliebende Gestalt vorstellt, und erst später, wenn der Kairos gekommen ist, auch den Christus der Dogmen bekennt, bleibt dem einzelnen überlassen. Das Problem wird dadurch nur aufgeschoben, nicht gelöst. Früh oder spät muß das Ärgernis des Kreuzes und des Christentums zum Vorschein kommen[96].

Mehr und mehr kann man das Vaterunser als gemeinsames Gebet aller glaubenden Menschen beten, da ja alle denselben Gott haben (vgl. oben § 14 und 15). Es ist umgekehrt auch für die Kirche sinnvoll, die „schönsten Gebete der Welt" zu kennen, sie in der Liturgie oder Paraliturgie zu gebrauchen und sich so mit den Menschen aller Kontinente verbunden zu fühlen. Eine reiche Anzahl Bücher helfen uns dazu[97].

Man müßte schließlich – aber als etwas sehr Wichtiges – daran denken, daß ökumenischer Geist nicht nur in den theologischen, sondern auch in den wirtschaftlichen Gesprächen herrschen sollte, im Nord-Süd-Dialog. D. S. Amalorpavadass machte eine diesbezügliche Bemerkung am Treffen über Ökumenismus in Rom im November 1979. Er erklärte, daß den Theologen der Dritten Welt viele Fragen der Schultheologie wie Fossilien aus vergangenen Zeiten vorkämen. Was sie interessiere, sei, daß von Kontinent zu Kontinent eine menschliche und religiöse Gemeinschaft zustande komme[98]. Tatsächlich soll die Einheit der Menschheit, die im Jahweglauben und im Christusereignis grundgelegt ist (vgl. oben § 13-17), nicht bloß im religiösen Raum verstanden, sondern auf gesamtmenschlicher Ebene gelebt werden.

Alle Menschen, vor allem alle glaubenden Menschen müssen sich beteiligen an der Mit-Kritik an den inhumanen Verhältnissen und an der Mit-Praxis mit anderen gesellschaftlichen Kräften zur Veränderung, zur „neuen Schöpfung". Solange noch 800 Millionen Menschen in absoluter Armut leben und gleichzeitig 450 Milliarden Dollar für militärische Bereitschaft ausgegeben werden, aber weniger als 5 % davon für die amtliche Entwicklungshilfe, kann man nicht von sinnvoller Welt und von menschlicher Ökumene reden. Der Präsident der Nord-Süd-Kommission, W. Brandt, bekannte, daß ihm das Schwerwiegende der gegenwärtigen Situation erst jetzt bei der Erarbeitung dieses Berichtes aufgegangen sei. Ähnliches sagten L. B. Pearson, als er 1969 den Rapport über die Entwicklungslage der armen Länder schrieb, und McNamara, als er vom Verteidigungsminister der USA zum Direktor der Weltbank überwechselte. Wann wird dieses Wissen einmal Allgemeingut und Impuls für konkrete Strukturveränderungen?

5. *„Reverse Mission":* Mit diesem Ausdruck, „Mission in umgekehrter Richtung", wollen die Amerikaner sagen, daß Mission heute nicht mehr eine Einbahnstraße, sondern ein gegenseitiges Geben und Nehmen sein soll. Mission galt bisher als Inbegriff der Aktivität (gehet! – lehret! – taufet! – heilet!), des Gebens und Sich-Vergebens. Jahrhundertelang floß ein riesiges Kapital an Geld, an Menschen, an Eifer von der westlichen Kirche in die Missionen.

Inzwischen haben sich zwei neue Situationen ergeben: Europa mußte von seinem Piedestal hinuntersteigen und geht gegenwärtig durch eine politische, wirtschaftliche, kirchliche Krise (vgl. oben § 2 und 3). Andererseits sind die anderen Kulturen und Kirchen zu ihrer eigenen Identität gekommen, so daß heute ein Austausch zwischen Gleich und Gleich, ein Hin- und Herfluß, ein System mit Gegenverkehr angezeigt ist. Jede Kirche hat viele Dinge zu geben, aber ist auch vieler Dinge bedürftig. Wenn eine Kirche sich einbildete, keine Impulse und Werte von anderen Kirchen nötig zu haben, dann wäre sie eben eingebildet. Im zwischenkirchlichen Dienst, in der gegenseitigen Befruchtung, Anregung, Bereicherung, nicht bloß aus Diplomatie, sondern aus wirklicher Interdependenz, kommt die Koinonia zustande. Die Missionare funktionieren darum heute nicht mehr bloß als nützliche Arbeitskräfte im Dienst der anderen Kirchen, sondern auch als Botschafter, als Austauschstellen zwischen den Kirchen[99].

6. *Optimismus:* Damit ist nicht die glückliche Veranlagung jener Menschen gemeint, die allen Dingen die bessere Seite abgewinnen können, alles rosa sehen – aber von den anderen Menschen nicht ganz ernst genommen werden. Gemeint ist eine Haltung des Glaubens, die trotz allem zuversichtlich bleibt, weil man mit Gott annimmt, daß alle Dinge „gut, sehr gut" sind (Gen 1, 21.31), und weil man an den auferstandenen Herrn glaubt, der die ganze Weltgeschichte, wenn auch nicht ohne Kreuz, mit einem letzten Sinn erfüllt. Diese Zuversicht hat die Kirche, haben wir der Welt zu vermitteln. Das ewige Reden von Krise lähmt, und man tut schließlich nicht einmal mehr, was man tun könnte und sollte. Nur in einem Klima der Zuversicht wachsen die Kräfte und kommen die Inspirationen, die zu jedem großen Unternehmen nötig sind. Die utopische Hoffnung der Propheten, daß Wüste und Steppe jauchzen, blühen, Wasserbäche hervorsprudeln lassen (Jes 41, 18-20; 42, 11; 43, 20), bleibt bloße Utopie nur für jene, die nicht glauben, daß „bei Gott kein Ding unmöglich ist" (Lk 1, 37).

Die Gottesfrage kann nur aus einer Haltung des Urvertrauens positiv gelöst werden (vgl. oben § 6). Die Kirche hat dafür zu sorgen, daß die Menschen die Voraussetzung dafür haben können. Sie darf keinen Menschen fallen lassen. Sie muß allen die Erfahrung der Geborgenheit, des Angenommenseins schenken, wie es das Kind in den Armen der Mutter erlebt. Und wer, auch unter den Erwachsenen, hätte das nicht nötig? Auch die bestbegabten Künstler, Musiker, Schauspieler, Sportler fühlen ihre Grenzen, ihre Unsicherheit, müssen wachsen, brauchen dazu die Sympathie, die Ermunterung des Publikums, des Trainers. Auch „Der Größte", Muhammed Ali, gibt in seiner Autobiographie zu, daß er seinem Freund und Manager sehr viel zu verdanken habe, daß er ohne ihn nicht geworden wäre, was er geworden ist[100]. Auch die lustigsten Menschen, die Clowns, die alle zum Lachen bringen, sind nach der Vorführung tief betrübte Wesen. So Charly Chaplin, so Alighiera Noschese, der König der Nachäffer, der sich am 3. Dezember 1979 in Rom das Leben nahm, nachdem er schon lange unter seinem Leben gelitten hatte, wie er sagte: „Ihr, die ihr kommt, unterhaltet euch. Ich aber bin immer allein und quäle mich ab, indem ich versuche, die anderen zu unterhalten." In dieser Welt der Trostlosen, Freudlosen, Mutlosen, der Sünder, der Frustrierten, der Hoffenden hat die Kirche die Hauptaufgabe, die Erfahrung des Urvertrauens zu ermöglichen, wie es Papst Johannes XXIII. so gut gelungen ist, diesem „unbußfertigen Optimisten", welcher dem Weg der Kirche und der Menschheit einen neuen Horizont geöffnet hat, dessen Worte in die Herzen aller Menschen, auch der nichtglaubenden, gefallen sind, weil er in ihnen allen „Gesichter von Freunden, Gesichter von Brüdern" sah[101].

Diese Zuversicht auf Grund der Glaubensüberzeugung kann sogar mit Erfahrungstatsachen erhärtet werden. Entgegen allem Jammern über die Zerfallserscheinungen der Kirche, bin ich – ohne solche Erscheinungen einfach zu leugnen – der Meinung, daß die Kirche heute bedeutend besser daran ist als vor 30 Jahren. Damals verfügte sie zwar über mehr Macht, Ordnung, Autorität. Heute aber ist sie evangelischer und glaubwürdiger. Wir haben schon in der Zweiten Runde den geschichtlichen Beweis für diese Aussage erhalten (§ 18-20), wo in bezug auf den Außenaspekt der Kirche klar wurde, daß die historisch verhärtete Anti-Haltung plötzlich und fast wunderbar in Dialog-Haltung verwandelt wurde. Hier könnte man den geographischen Beweis in bezug auf den Innenaspekt beifügen und zeigen, wie die Kirche von Kontinent zu Kontinent in den letzten Zeiten inmitten schwieriger Umstände einen viel besseren Stand gewinnen konnte.

In Lateinamerika war die Kirche vor 30 Jahren Teil des Systems, des Feudalismus, des Kapitalismus. Heute hat sie den Mut, kritische Distanz von den Systemen zu nehmen, für Gerechtigkeit und Menschenwürde einzustehen, nicht mehr ihre Privilegien zu verteidigen, sondern für jene zu reden, die keine Stimme haben. In Afrika fuhr sie damals im Kielwasser des Kolonialismus, hatte als Managerin des Schulwesens so viele Konflikte mit den Lehrern, den Kindern, den Eltern, der Regierung zu bewältigen und arbeitete in erbitterter Konkurrenz mit den anderen christlichen Kirchen. Heute ist sie weitgehend von den Schulen befreit, wirkt als Ferment, pflegt den ökumenischen Geist, verfügt gegenüber den Regierungen über eine moralische Macht, daß selbst die zehn marxistisch-leninistischen Staaten mit ihr rechnen müssen. In Asien lebten damals die kleinen christlichen Gruppen in ängstlicher Minderheits- und Gettosituation. Heute entfalten diese Minderheitsgruppen eine neue Dynamik und bringen die Religionen nicht nur mit den Kirchen in Dialog, sondern auch unter sich. Sogar im müden Westen sind viele Kräfte der Erneuerung am Werk, wenn auch mühsamer als etwa in Brasilien. Unter der Decke geschieht in kleinen Gruppen, Gemeinschaften, Bewegungen viel mehr an neuem Leben, als die offizielle Kirche oft weiß. Nicht zu reden von den USA, wo in jener Gallup-Erhebung ein Drittel der Amerikaner aussagte, sich in den letzten Jahren „religiös neu geboren zu fühlen“[102]. Die Lage der Kirche ist also keineswegs hoffnungslos, solange wir nicht hoffnungslos sind! Wir können von diesem kurzen Welt-Überblick her nur J. Delumeau bestätigen, der für Frankreich den Schluß zieht: „Der Gott der Christen war früher viel weniger lebendig, als man gemeint hat, und er ist heute viel weniger tot, als man sagt.“[103]

IV. Die Völker

§ 33. Nachdem wir mit dem Thema „die auserwählten Völker“ in vier Runden durch die biblische, geschichtliche, ethnologische und theologische Wissenschaft gegangen sind und die Frage von allen Seiten angeleuchtet, überblickt, überlegt haben, bleibt noch die Aufgabe, die wichtigsten Ergebnisse zu einer kurzen Synthese, zu einer Art *christlichem Weltbild* zusammenzufassen, wie man es heute redlichen Gewissens vorlegen kann.

Die gesamte Geschichte der Menschheit christlich interpretierend, kann man sagen: Schon die nomadisierenden Gruppen der Menschen, aus dunklen Urzeiten allmählich ans Licht der Geschichte tretend, müssen von allem Anfang an – wie immer die Wissenschaft das Evolutionsgeschehen erklären mag – vom geheimnisvollen Gott und Schöpfer mit Liebe und Huld umfangen und angenommen gewesen sein. Dies trotz aller Sünde, die mit der Zwiespältigkeit der menschlichen Natur gegeben ist. Man kann dieses ursprüngliche Gott-Mensch-Verhältnis Schöpfungsbund nennen (Erste Runde § 8). Es bildet die unumstößliche Grundlage für sinnvolles Leben und endgültiges Heil für alle Menschen und Völker.

In einem aufs Ganze gesehen recht späten Zeitpunkt, vor ungefähr 3200 Jahren, hat Gott sich – so lehrt die Heilige Schrift – dem kleinen Volk der Juden unter dem Namen Jahwe geoffenbart, mit ihm einen Bund geschlossen, es als sein besonderes Volk auserwählt, sich mit dessen Geschichte ganz identifiziert. Damit wurde eine Bewegung ausgelöst, die schließlich zur vollen Einheit der einen Menschheit führen sollte. Denn an diesem einen Volk wurde der Menschheit ein Prototyp für alle Völker Gottes vor Augen gestellt. An ihm sollte sichtbar werden, wie sehr Gott „sein" Volk liebt. Wenn aber Gott Gott ist, konnte er nie der Nationalgott eines Volkes sein, sondern meinte er immer alle Völker. Israel sollte nicht ein Monopol, sondern ein geschichtlich sichtbares und glaubwürdiges Modell dafür sein, wie sehr Gott alle Völker liebt (vgl. Erste Runde § 11-25; Vierte Runde § 13 bis 14).

Israels besonderes Bundesverhältnis mit Gott bedeutete freilich nicht, daß alle seine Heilsgeschichte auch heile Geschichte sein sollte. Denn erstens erwies sich dieses Volk so oft als untreu – auch insofern ein Prototypus, freilich nicht ein Modell! –, und zweitens wird Gott auch als Bundesgott nur im Glauben, nicht in handgreiflicher Erfahrung in der Geschichte wirksam. Er gibt in dieser geschichtlichen Zeit sein letztes Geheimnis nie preis. Er zwingt sich keinem Menschen mit äußerer Evidenz auf, sondern überläßt es jedem einzelnen zu entscheiden, ob er sein Leben mit oder ohne Gottesglauben für sinnvoller hält.

Leider hat Israel seine zeichenhafte Sendung für alle Völker nur halbwegs erfüllt. Was im ersten auserwählten Volk nicht voll gelungen war, sollte im zweiten Gottesvolk, begründet auf Jesu Leben, Sterben und Auferstehen, neu versucht werden. In diesem Volk sollte der Kreis einer Nation deutlich gesprengt und der Horizont geweitet werden, bis an die Grenzen der Erde. Jetzt sollte das wie im Zoom in den Vordergrund gerückte Gottesvolk (vgl. Erste Runde § 11) wieder in den umfassenden Hintergrund der Weltbühne zurücktreten, nicht um darin unterzugehen, sondern um darin als Zeichen, als Interpret, als Animator zu wirken und allen Völkern des ursprünglichen Schöpfungsbundes die Wirklichkeit der Auserwählung und Annahme in Jesus Christus bewußtzumachen (vgl. § 29-30).

Aber auch zum zweiten Male bemächtigte sich menschliches Denken des göttlichen Heilsplanes. Statt die Erwählung, die umfassende Liebe Gottes, affirmativ für alle Völker zu verkünden, wurde sie exklusiv auf die Mitglieder der Kirche eingeengt; statt für die andern, wirkte sie sich gegen die andern aus; statt brüderliche Einheit aller Menschen, brachte sie unschöne Spaltung zwischen jenen drinnen und jenen draußen, zwischen jenen in der Arche und den anderen in der Flut, zwischen den Auserwählten und den Verworfenen (Zweite Runde).

Mit der Öffnung der Horizonte in der neuen Zeit erkennen wir nun verspätet, daß jene andern sich schon immer für Völker Gottes hielten und es auch tatsächlich waren, freilich auch sie meist verengt in Ethnozentrismus und Chauvinismus, wie es für die Zeit, wo die Völker noch getrennt voneinander lebten, verständlich ist (Dritte Runde).

Heute nun scheinen wir in einer privilegierten Phase der Geschichte zu leben. Wir erkennen, daß schon immer alle Völker einen Bund mit „ihrem" Gott, dem einen und einzigen Gott, gehabt und dessen Führung und Heil erfahren haben, auch wenn sie sich dessen nicht gleicherweise bewußt waren wie das Volk Israel oder die Kirche. Keinesfalls konnte es je die Absicht Gottes gewesen sein, daß solche „Bünde" andern Völkern zum Schaden gereichen sollten, wie es etwa im Fall der Weißen in Südafrika oder in Nordamerika geschah (vgl. Zweite Runde § 16-17). Hier wurde Theologie in Ideologie verkehrt. Heute jedenfalls erkennen wir aus den Zeichen der Zeit, daß Gott mit dem Auserwählungsgedanken schon immer auf einen Punkt hinzielte, wo es allen Völkern für alle Völker klarwerden sollte, daß sie alle schon immer von Gott geliebt waren; daß der Schöpfungsbund durch die nachfolgenden Abraham-, Mose- und Jesus-Bünde nie aufgehoben, wohl aber bestätigt, verdeutlicht, überhöht wurde, um immer allen Völkern zugute zu kommen.

Heute kommt also die Bewegung zur Einheit hin zu einem gewissen

Abschluß, die damals begann, als Jahwe sich als Gott dieses Volkes und zugleich als Gott aller Völker offenbarte, und als Jesus Christus als einzigartiges und damit einmaliges Ereignis in die Menschheitsgeschichte eintrat (vgl. Erste Runde § 24-25; Vierte Runde § 13-14, 15 bis 17).

Wir können sagen, daß nun die Heilsgeschichte in eine neue Phase, oder richtiger gesagt, voll in jene von Anfang an, seit dem „Schöpfungs-Bund", gemeinte Phase eintritt, wo es offenbar wird, daß die Auserwählung des auserwählten Volkes modellhaft geschehen ist, damit alle Völker ihr eigenes Auserwählt-Sein entdecken und daß sie zusammenwachsen zu dem einen endzeitlichen Gottesvolk, zusammengesetzt aus allen Völkern der ganzen Menschheit, ganz gleich, welcher religiösen oder auch ideologischen Welt sie angehören. Sie alle sind Gott wohlgefällig, nicht auf Grund ihrer eigenen Gerechtigkeit, sondern aus göttlichem Wohlwollen, durch Gnade Christi. Sie leben alle zusammen schon im Blick auf das Reich Gottes, das auszurufen der eigentliche Auftrag der Kirche ist (vgl. Vierte Runde § 19 und 32).

Der Weg führte uns also von den vielen verstreut lebenden Menschengruppen zu den zwei auserwählten Völkern des Alten und des Neuen Bundes und weiter zur Vielzahl aller auserwählten Völker, nicht mehr als einer zusammenhanglosen Völkermasse, sondern jetzt als Gemeinschaft aller Völker, als geschichtliche, sehr unvollkommene, aber doch wirkliche Vorwegnahme der endzeitlichen Einheit, wo einmal „Gott alles in allem sein wird" (1 Kor 5, 28)[104].

§ 34. Aber wie reimt sich eine solche theologische Interpretation mit der geschichtlichen Wirklichkeit zusammen? Sprechen die Tatsachen der gegenwärtigen Stunde nicht laut gegen eine solche idealistische Weltschau? All diesen Tatsachen zum Trotz und auch wenn wir den anzustrebenden Idealzustand noch keineswegs erreicht haben, kann man sagen, daß alle Zeichen der Zeit darauf hindrängen und daß wir uns tatsächlich in einer erstmaligen und entscheidenden Phase *auf dem Weg zur Völkergemeinschaft* befinden.

Erstmals in der langen Weltgeschichte leben die Rassen, Religionen, Konfessionen nicht mehr territorial voneinander getrennt, in Unkenntnis die je andern belächelnd oder verachtend, sondern sie stehen arbeits-, verkehrs- und nachrichtentechnisch miteinander in täglichem Kontakt. Erstmals in der Weltgeschichte haben alle Menschen das leidenschaftliche Begehren, mit allen andern gleichberechtigte Menschen zu sein, so daß einer ihrer heißesten Redner, der Amerika-Neger Eldridge Cleaver, beschwörend ausruft: „Wir werden Menschen sein! Wir werden es sein, oder die Welt wird dem Erdboden gleichgemacht werden bei unserem Versuch, es zu werden.“[105] Erstmals in der Weltgeschichte ist es geschehen, daß neben den alteingesessenen Herren der Welt, den 57 Gründerstaaten der UN, in 35 Jahren 110 neue Nationen entstanden und nun alle Völker auf der modernen Weltbühne vertreten sind. Erstmals in der Weltgeschichte finden sich alle diese Völker zusammen zu politischen, wirtschaftlichen, kulturellen, religiösen Gesprächen und Veranstaltungen. Erstmals in der Weltgeschichte verfügt der Mensch über die Macht, die Erde zu verändern, den Weltraum zu erforschen, aber auch die Menschheit zu zerstören. Bezeichnenderweise enthüllte Papst Johannes Paul II. in der Homilie zum 1. Januar 1980, bei diesem letzten Schritt zum Jahr 2000, was ihm Wissenschaftler mitteilten, daß es nämlich gegenwärtig 50 000 Atombomben in der Welt gebe, daß aber schon 200 davon genügen würden, um die größten Städte zu zerstören, auf einen Schlag 200 Millionen Menschen zu töten und durch die daraus folgende Umweltvergiftung auch den andern das Überleben zur Qual zu machen. Erstmals in der langen Weltgeschichte stehen wir also vor der Alternative: entweder totale Verbrüderung oder totale Vernichtung, entweder Versöhnung zwischen Ost und West, Ausgleich zwischen Nord und Süd oder Kampf aller gegen alle. Also: Trotz aller Hindernisse und Schwierigkeiten ist die Welt erstmals in der langen Weltgeschichte nicht nur zur Einheit berufen, sondern geradezu zur Einheit verurteilt. Sie wird von Gott so oder so zur Einheit geführt. Das ist biblische Theologie heute.

Teilhard de Chardin hat als einen seiner Lieblingsgedanken die Idee von der „Planetisation der Menschheit“ ausgesprochen[106]. Was er auf Grund seiner Studien über die Evolutionsgeschichte und aus Intuition kommen sieht, wird durch die gegenwärtige Geschichte konkret vor Augen gestellt. Wir fahren nicht mehr in verschiedenen Booten über die Wogen des Meeres, sondern sausen in der gleichen Raumkapsel, unserem Planeten Erde, dem gemeinsamen Schicksal entgegen.

Bei dieser neuen Stufe der Einsicht sind wir angelangt. Es brauchte

1850 Jahre, bis die Christen merkten, daß Sklaverei nicht bloß zu mildern, sondern als mit der Würde des Menschen unvereinbar absolut zu verurteilen sei. Es brauchte weitere hundert Jahre, um aus Einsicht und aus Zwang endgültig auf die europäische Hegemonie und Kolonisation zu verzichten. Es brauchte gleich lange, um die neue heilsgemäßere Auffassung der Religionen durchzusetzen und nun alle Geister im Interesse der Gleichheit und Einheit aller Völker zu mobilisieren.

Im Zusammenhang damit erkennen wir auch, daß jetzt ein neues Zeitalter angebrochen ist, das wir „Weltzeitalter" nennen könnten. Was bisher als Weltgeschichte galt, waren nur die drei Zeitalter – Altertum, Mittelalter, Neuzeit – der europäischen Geschichte. Jetzt stehen wir in der ersten Phase der wirklichen Weltgeschichte und ihrer Herausforderung[107].

Die Kirchen und Religionen haben diese Zeichen der Zeit zu lesen und zum entsprechenden Handeln zu motivieren. Es mangelt nicht an Widerständen jeglicher Art gegen die Einheit, wie Ausbeutung, Unterdrückung, Kriminalität, Terrorismus, Tribalismus, Krieg. Mit dem Erwachen zur Mündigkeit und Gewissensfreiheit verstärkt sich auch das Beharren auf dem eigenen Recht. Mit der Vermehrung der Nationen wird auch die Gefahr zu Kriegen vervielfältigt. Für Westeuropa ist man – nach langen Jahrhunderten! – so weit gekommen, daß man einen Krieg nicht mehr für möglich halten kann. Man muß auch den jungen Nationen Zeit lassen, diese Phase zu erreichen. In all diesem Schrecklichen und Unmenschlichen wird die Sünde sichtbar, die tragische Begleiterin der Menschengeschichte. Aber der Höhepunkt der Sünde, die ungerechte Verurteilung und Tötung Jesu, ist zum Heil der Welt erklärt worden. So weit kann christliche Interpretation der Geschichte gehen. Wenn also die Kirche zum oft sinnlosen Geschehen nichts Sinnvolles zu sagen hätte, würde sie irrelevant und könnte verschwinden. Sie muß mit ihrer Verkündigung den euphorischen Kontrapunkt im melancholischen Konzert der Welt bilden. Sie muß Vorbild, Werkstatt der kommenden Einheit der Menschen sein, und entsprechende Modelle, Leitbilder in Umlauf setzen.

Mit Recht reden heute die Kirchen in einem Zug von „Friede, Entwicklung, Mission" (Synodenpapiere Deutschlands, der Schweiz). Sie spüren ein großes Verlangen nach Einheit und sprechen den Gedanken immer wieder aus, wobei der Ökumenische Rat der Kirchen, der den Mangel an Einheit noch mehr spürt, die Problematik theologisch tiefer durchgearbeitet hat, vor allem in der Weltkonferenz von „Glaube und Kirchenverfassung" in Löwen 1971[108]. Man erkennt, daß nichts die theologische und kirchliche Entwicklung weiter vorantreibt als der Versuch, sich der Herausforderung der Welt zu stellen[109]. Man kann mit gutem Recht sagen, daß mehr als in Glaubensformeln und Sakramentenempfang das unterscheidend Christliche in der Art und Weise liegt, wie der Christ dem Menschen, der Menschheit begegnet[110].

Papst Johannes Paul II. sucht diesem Anliegen zu entsprechen. Von der Ethik herkommend und die Gedanken des Konzils von der Einheit übernehmend (z. B. Lumen gentium, Nr. 1; Gaudium et spes, Nr. 40; Nostra aetate, Nr. 5), machte er sich von Anfang an zum Sprecher nicht nur der katholischen Kirche, sondern des Menschen, der Menschheit. Nur einige seiner klassischen Texte. In seiner Homilie zur Amtseinsetzung: „Mit welcher Ehrfurcht muß man das Wort Mensch aussprechen!" In „Redemptor hominis": „Der Mensch ist der Weg der Kirche" (Nr. 16). Vor den Vereinten Nationen am 2. Oktober 1979: „Der eigentliche Grund meines Daseins und Redens vor dieser Versammlung, wie es einzelne Autoren fordern, ist der Mensch, sind alle Menschen, alle Völker dieser Welt." Die Menschheit ist eine einzige Gemeinschaft, die es mit der Kirche an Katholizität aufnehmen und sie überbieten kann. Aber es fehlt ihr ein Haupt, ein Sprecher. So ist es nicht Anmaßung, sondern ein Dienst, wenn der Papst in diese Lücke springt und sich zum Sprecher der Menschheit macht auf die Einheit hin.

Zur Förderung des Einheitsgedankens braucht es nicht unbedingt neben den schon bestehenden noch neue Strukturen, etwa eine Weltregierung[111], eine Superkirche, eine Einheitsreligion, wohl aber ein neues Denken, die Überwindung alles parochialistischen, nationalistischen, konfessionalistischen Verhaltens; die Bereitschaft, bei aller berechtigten Eigenart einander anzunehmen, zusammenzuarbeiten, einander nicht nur zu dulden (formale Toleranz), sondern einander voll anzuerkennen (inhaltliche Toleranz)[112]; die Überzeugung, daß ideologiefreie Theologie, die Lehren aus der Geschichte, die tatsächlichen Wege der Welt von heute, daß all das auf Öffnung, Weite, Einheit aller Menschen hindrängt.

Vor allem braucht es Pioniere der Einheit, Helden der neuen

Menschheit, die einfach ihren Weg gehen und alles Blöcke-Denken hinter sich lassen. So tat es damals Franziskus von Assisi, der vom Kreuzfahrerheer in Ägypten ohne Hemmungen zum Sultan, zum Feind, ging und damit gute Erfahrung machte (vgl. Zweite Runde § 11). So tat es am 19. November 1977 der ägyptische Präsident Anwar Sadat mit seinem überraschenden Besuch in Jerusalem. Auch wenn der Weg zum Frieden lang ist, bleibt jeder erste Schritt doch bewundernswert[113].

Die Helden der heutigen Zeit sind nicht mehr jene, deren Denkmäler auf den Plätzen der europäischen Hauptstädte stehen. Auf deren Sockel ist meist geschrieben: „Sie dienten ihrem Lande." Sie taten das, indem sie andere Völker besiegten, andere Länder unterjochten und um ihre Nation herum ein Kolonialreich aufbauten. Inmitten der Gräber solcher Helden von Waterloo, Trafalgar usw., Helden der Vergangenheit, des Nationalismus, liegt in der St.-Pauls-Kathedrale von London eine schlichte Platte mit der Aufschrift: „Sir Alexander Fleming." Er hat sein Leben lang verborgen im Labor geforscht und schließlich das Penizillin entdeckt, das ungezählten Menschen das Leben retten sollte. Er ist einer der Helden der Gegenwart, des Universalismus, einer der Friedensstifter des Evangeliums (Mt 5, 9), die Söhne Gottes genannt werden, die nicht bloß nach sinnlosen Kriegen Friedensgespräche aufnehmen, sondern die Kriege verhindern, Leben fördern, Dialog führen, Hoffnung geben, Einheit schaffen.

Wehe, wenn diese Utopie von der neuen Menschheit nur Utopie bliebe. Der tägliche Blick in die Zeitung scheint diese Befürchtung zu bestärken: „15 % der Bevölkerung Ost-Timors verhungert: die internationale Lebensmittelhilfe wurde von der Verwaltung unterschlagen", „Hunderttausende in der Hölle zwischen Kambodja und Thailand", „In Afrika vier Millionen politische Flüchtlinge", „Zu Zehntausenden verlassen die Kubaner ihre Insel", „Querverbindung zwischen den Multinationalen Gesellschaften und dem repressiven System in Brasilien aufgedeckt", „In Prag die Leute der Charta '77 verurteilt", „In Argentinien 30 000 Menschen von der Regierung verborgen oder liquidiert"...

Es braucht Mut, in einer solchen Welt an die Utopie zu glauben und als gewöhnlicher Bürger oder als Politiker die möglichen und nötigen konkreten Schritte zu unternehmen, damit die Wirklichkeit der Utopie näherkomme. Vor allem die Kirchen und Religionen haben ihre Utopie vom Himmel zuerst auf dieser Erde zu beglaubigen. Sie dürfen sich nicht mit Dokumenten und Interpretationen begnügen. Sie müssen ihre Anhänger zum Laufen anfeuern. Nur durch praktisches Tun wird man berechtigt, vom Sinn der Geschichte zu reden. Die Offenbarung Gottes geschieht nicht in Theorie, sondern im Sich-Erinnern an die Taten von damals und im Erweis der Taten von heute. Christologie wird nur echt betrieben in der Nachfolge. Nur wer Ihm Wohltaten spendend, Wunder wirkend, die unmenschlichen Strukturen anklagend, die Gesellschaft verändernd, in alldem auf den Vater vertrauend, nachfolgt, weiß, auf wen er sich eingelassen hat. Durch solche Menschen wird trotz allem die bessere Welt eine Wirklichkeit[114].

Von Jules Verne († 1905) sagte man, er habe die Zukunft erfunden. Tatsächlich hat sich vieles von dem, was er in seinen Büchern „In 80 Tagen um die Erde", „Reise auf den Mond" erträumte, verwirklicht. Heute warten wir auf Menschen, die nicht so sehr die zweifelhaften technischen Errungenschaften weiterentwickeln, sondern die mitten in der verworrenen Gegenwartslage mit Phantasie und Energie neue Leitbilder für eine bessere Zukunft entwerfen und den Weg zur fälligen Einheit der Menschheit konkret erschließen.

Wir leben in der ersten Phase des Weltzeitalters. Wir sind also noch Anfänger, haben noch wenig Erfahrung bezüglich des globalen Lebens. Aber wir werden uns entwickeln und den neuen Lebensstil lernen. Unterdessen sind sich alle Menschen darin bereits verbunden, daß sie sich trotz ihrer religiösen oder ideologischen Beheimatung als Bürger der Fremde vorkommen[115]. Aber darüber hinaus leben sie alle einem Traum, einer Utopie, einer Verheißung: Sie sind alle auserwählte, von einem letzten Geheimnis umwobene Menschen, sie werden sich die Hände reichen, gemeinsam weiterwandern und mehr Heimat finden.

Abkürzungen

AAS	Acta Apostolicae Sedis, Città del Vaticano 1909 ff.
Ad gentes	Dekret des II. Vatikanischen Konzils über die Missionstätigkeit der Kirche.
AER	African Ecclesiastical Review, Musaka/Eldoret, Kenya 1959 ff.
AIF	Agenzia Internationalis Fides, Roma (italien. Ausgabe).
Apostolicam actuositatem	Dekret des II. Vatikanischen Konzils über das Laienapostolat.
Dei verbum	Dogmatische Konstitution des II. Vatikanischen Konzils über die göttliche Offenbarung.
Dignitatis humanae	Erklärung des II. Vatikanischen Konzils über die Religionsfreiheit.
Evangelii nuntiandi	Apostolisches Schreiben Papst Pauls VI. von 1975 über die Evangelisierung in der Welt von heute.
Gaudium et spes	Pastorale Konstitution des II. Vatikanischen Konzils über die Kirche in der Welt von heute.
HK	Herder-Korrespondenz, Freiburg i. Br. 1946 ff.
JEE	Jeevadhara. A Journal of Christian Interpretation. Alleppey, India 1971 ff.
KM	Die katholischen Missionen, Freiburg i. Br. 1881 ff.
LThK	Lexikon für Theologie und Kirche, Freiburg i. Br. ^{2}1957-1968.
Lumen gentium	Dogmatische Konstitution des II. Vatikanischen Konzils über die Kirche.
MS	J. Feiner und M. Löhrer (Hg.), Mysterium Salutis I-V, Einsiedeln 1965-1976.
Nostra aetate	Erklärung des II. Vatikanischen Konzils über das Verhältnis der Kirche zu den nichtchristlichen Religionen.
NZM	Neue Zeitschrift für Missionswissenschaft, Schöneck/Immensee 1945 ff.
OR	Osservatore Romano, Città del Vaticano 1849 ff.
ORI	Orientierung. Katholische Blätter für weltanschauliche Information, Zürich 1936 ff.
Orientalium Ecclesiarum	Dekret des II. Vatikanischen Konzils über die katholischen Ostkirchen.
PG	Patrologia graeca, hg. von J.-P. Migne, 161 Bde., Paris 1857-1866
PL	Patrologia latina, hg. von J.-P. Migne, 217 Bde., Paris 1844-1855
PMV	Pro Mundi Vita. Centrum Informationis, Bruxelles 1964 ff.
Puebla	Schlußdokument der 3. Lateinamerikanischen Bischofskonferenz (Puebla 1979) „Die Evangelisierung Lateinamerikas in Gegenwart und Zukunft“
RH	Redemptor hominis. Antrittsenzyklika Papst Johannes Pauls II. von 1979.

Sacrosanctum Concilium	Konstitution des II. Vatikanischen Konzils über die heilige Liturgie.
SM	K. Rahner und A. Darlap (Hg.), Sacramentum Mundi I-IV, Freiburg i. Br. 1967-1969.
Unitatis redintegratio	Dekret des II. Vatikanischen Konzils über den Ökumenismus.
ZMR	Zeitschrift für Missionswissenschaft und Religionswissenschaft, Münster i. W. 1911 ff.

Literatur

Abba Eban, Dies ist mein Volk. Die Geschichte der Juden, Zürich 1970.
Alonso-Schökel, L., Das Alte Testament als literarisches Kunstwerk, Köln 1971.
Altner, G., Sind wir noch zu retten? Schöpfungsglaube und Verantwortung für unsere Erde, Regensburg 1978.
Amalorpavadass, D. S. (Hg.), Research Seminar on non-biblical scriptures, Bangalore 1975.
Amery, C., Das Ende der Vorsehung. Die gnadenlosen Folgen des Christentums, Hamburg 1972.
Amstutz, J., Kirche der Völker. Skizze einer Theorie der Mission, Freiburg i. Br. 1972.
Ancel, A., Pauvreté de L'Église en l'an 2000, Paris 1973.
Ancilli, E. (Hg.), La mistica non cristiana, Brescia 1969.
Anderson, B. W., The living word of the Old Testament, London 1971.
Anderson, J. N. D., Jesus, Krishna, Mohammed. Christentum und Weltreligionen in der Auseinandersetzung, Wuppertal 1972.
Antes, P.-Ruch, W.-Uhde, B., Islam, Hinduismus, Buddhismus. Eine Herausforderung des Christentums, Mainz 1973.
Aquarone, A.-Vernassa, M., Il regime fascista, Bologna 1974.
Aurelius Augustinus, Der Gottesstaat, deutsch von C. J. Perl, Salzburg 1951/53.

Babel, H., Le secret des grandes religions, Neuchâtel 1975.
Baever, R. P., The Gospel and frontier peoples, South Pasadena 1973.
Balchand, A., The salvific value of non Christian religions according to Asian Christian theologians, Manila 1973.
Balage, H., Christ – saviour of mankind. A Christian appreciation of Swami Akhilananda, St. Augustin 1977.
Barrett, D. A., Schism and renewal in Africa. An analysis of six thousand contemporary religious movements, Oxford 1968.
Baudis, A. (Hg.), Richte unsere Füße auf den Weg des Friedens, Festschrift H. Gollwitzer, München 1979.
Baum, G., Man becoming. God in secular experience, New York 1970.
–, Religion and alienation. A theological reading of sociology, New York 1975.
Baumann, H., Schöpfung und Urzeit des Menschen im Mythus der afrikanischen Völker, Berlin 1936.
Bäumer, R.-Dolch, H. (Hg.), Volk Gottes. Zum Kirchenverständnis der katholischen, evangelischen und anglikanischen Theologie, Festschrift J. Höfer, Freiburg i. Br. 1967.
Beckmann, K. M. (Hg.), Rasse. Kirche und Humanum, Gütersloh 1969.
Beltz, W., Gott und Götter. Biblische Mythologie, Berlin 1975.
Benoit, P., Rivelazione e ispirazione, Brescia 1965.
Benz, E.-Nambara, M., Das Christentum und die nichtchristlichen Religionen. Begegnung und Auseinandersetzung. Eine internationale Bibliographie, Leiden 1960.
Berger, P. L., Das Unbehagen in der Modernität, Frankfurt a. M. 1975.
Bertsch, L. – Schlösser, F. (Hg.), Kirchliche und nichtkirchliche Religiosität, Freiburg i. Br. 1978.
Bettscheider H. (Hg.), Das Problem einer afrikanischen Theologie, St. Augustin 1978.
Beumann, H. (Hg.), Heidenmission und Kreuzzugspolitik in der deutschen Ostpolitik des Mittelalters, Darmstadt 1963.
Beyna, W., Das moderne katholische Lutherbild, Essen 1969.

Bihalji-Merin O. (Hg.), Brücken der Welt, Luzern 1971.
Bitterli, U., Die „Wilden" und die „Zivilisierten". Grundzüge einer Geistes- und Kulturgeschichte der europäischen und überseeischen Begegnungen, München 1976.
–, Die Entdeckung des schwarzen Afrikaners. Versuch einer Geistesgeschichte der europäisch-afrikanischen Beziehungen, Zürich 1970.
Bläser, P. – Wolf, H. H. (Hg.), Zum Thema: Eine Kirche – Eine Menschheit, Stuttgart 1971. (Ital. Ausg.: Consiglio Ecumenico delle Chiese, Unità della Chiesa e unità del genere umano, Bologna 1972.)
Bleeker C. J., Christ in modern Athens. The confrontation of Christianity with modern culture and the non-Christian religions, Leiden 1965.
Bleeker, C. J. – Widengren, G., Historia religionum, 2 Bde., Leiden 1969-1971.
Bluhm, W. T., Ideologies and attitudes. Modern political culture, New Jersey 1974.
Böckle, F., Fundamentalmoral, München 1977.
Böhm, A. (Hg.), Häresien der Zeit, Freiburg i. Br. 1961.
Borne, G. F., Christlicher Atheismus und radikales Christentum, München 1979.
Botkin, J. W. (Hg.), No limits to learning. A report of the Club of Rome, Pergamon Press 1979.
Bourdeaux, M. (Hg.), The Fourth World, London 1972. (Ital. Ausg.: Le minoranze oppresse, EMI, Bologna 1974.)
Braden, S. Ch., Religious aspects of the conquest of Mexico, Durham 1930. – Les livres sacrés de l'humanité, Paris 1955.
Bright, J., Geschichte Israels, Düsseldorf 1966. (Engl. Ausg.: A history of Israel, Philadelphia.)
Brosnan, Th. G. D., The Gospel to the Biron. The other Chosen People. Roma (Univ. Lateranensis) 1976.
Brown, D. A., A guide to religions, London 1975.
Brown, R. McAfee, The ecumenical revolution, New York 1969.
Brueggemann, W., The land, Philadelphia 1977.
Bruzzichelli, P. (Hg.), Quale Chiesa? Assisi 1970.
Bsteh, A. (Hg.), Universales Christentum angesichts einer pluralistischen Welt, Mödling 1976.
–, Der Gott des Christentums und des Islams, Mödling 1963.
Bühlmann, W., Kirche unter den Völkern. Afrika, Mainz 1963.
–, Wo der Glaube lebt. Einblicke in die Lage der Weltkirche, Freiburg i. Br. ^{7}1979.
–, Missionsprozeß in Addis Abeba, Frankfurt a. M. 1977.
–, Alle haben denselben Gott, Frankfurt a. M. 1978.
– (Hg.), Ein Missionsorden fragt nach seiner Zukunft, Münsterschwarzach 1979.
Buijtenhuijs, R., Le mouvement „Mau Mau", La Haye-Paris 1971.
Bultmann, R., Das Urchristentum im Rahmen der antiken Religionen, Zürich ^{3}1963.
Buonaiuti, E., Pellegrino a Roma. La generazione dell'esodo, Bari 1964.
Bürkle, H., Einführung in die Theologie der Religionen, Darmstadt 1977.
Butturini, G. (Hg.), Le nuove vie del Vangelo. I vescovi africani parlano a tutta la Chiesa, Bologna 1975.

Campenhausen, H. von, Aus der Frühzeit des Christentums, Tübingen 1963.
Camps, A., Geen doodlopende weg. Lokale kerken in dialog met hun omgeving, Baarn 1978.
Capovilla, L. F., Decimo Anniversario della morta di Papa Giovanni, Roma 1973.
Caprile, G., Il Concilio Vaticano II, 2 Bde., Roma 1968.
Casiraghi, G., Le nuove società afroasiatiche: secolarizzazione e sviluppo, Bologna 1973.

Châtelet, F.-Mairet, G. (Hg.), Storia delle ideologie, 2 Bde., Milano 1978.
Chenu, B., Dieu est noir. Histoire, religion et théologie des Noris américains, Paris 1977.
Clark, D. E., Jesus the Messiah (for Muslims), Elgin 1979.
Colloque de Cotonou: Les religions africaines comme source de valeurs de civilisation, Paris 1972.
Colloque International de Kinshasa 1978: Religions africaines et christianisme, Kinshasa 1979.
Comblin, J., Theologie des Friedens, Graz 1963.
–, The Church and the National Security State, Maryknoll 1979.
Congar, Y., Eglise catholique et France moderne, Paris 1978.
Conzemius, V., Propheten und Vorläufer, Einsiedeln 1972.
Cornelis, E., Valeurs chrétiennes des religions non-chrétienne, Paris 1965.
Cosmao, V., Dossier nouvel ordre mondial. Les chrétiens provoqués par le développement, Chalet 1978.
Couto, F. J., Hoffnung im Unglauben. Zur Diskussion über den allgemeinen Heilswillen Gottes, Paderborn 1973.
–, Jesus von Nazareth – strafende Macht – Befreiung, Hamburg 1976.
Cox, H., The secular city, New York 1965.
–, Licht aus Asien, Stuttgart 1978. (Engl. Ausg.: Turning East – the promise and peril of the new orientation, New York 1977.)
Cullmann, O., Heil als Geschichte, Tübingen 1965.
Cuttat, J. A., Asiatische Gottheit – christlicher Gott, Einsiedeln (o. J.).

Dammann, E., Grundriß der Religionsgeschichte, Stuttgart 1978.
Daniel, Y., Aux frontières de l'Eglise, Paris 1978.
Daniélou, J., Vom Heil der Völker, Frankfurt a. M. 1952 (Franz. Ausg.: Le mystère du salut des nations, Paris 1946.)
–, Le mystère de l'Avent, Paris 1948.
–, Der Gott der Heiden, der Juden und der Christen, Mainz 1957. (Franz. Ausg.: Dieu et nous, Paris 1956.)
–, Die heiligen Heiden des Alten Testamentes, Stuttgart 1955.
Dantine, W., Schwarze Theologie. Eine Herausforderung der Theologie der Weißen? Wien 1976.
Dawe, D. G.-Carmen, J. B. (Hg.), Christian faith in a religiously plural world, Maryknoll 1978.
Debrunner, H. W., A history of Christianity in Ghana, Accra 1967.
Delumeau, J., Le christianisme va-t-il mourir? Paris 1977.
Demmer, K. (Hg.), Christlich glauben und handeln, Düsseldorf 1977.
Denzinger, H. – Schönmetzer, A., Enchiridion symbolorum, definitionum et declarationum de rebus fidei et morum, Freiburg i. Br. [32]1963.
Desroche, H., Dieux d'hommes. Dictionnaire des messianismes et de l'ère chrétienne, Paris 1969.
Deutsch, K. W., Nationalism and its alternatives, New York 1969.
Dhavamony, M. (Hg.), Evangelization, dialogue and development, Roma 1972.
Dickson K. A.-Ellingworth, P. (Hg.), Biblical revelation and African beliefs, London [3]1972.
Dieterlen, G., Textes sacrés d'Afrique noire, Paris 1965.
Doke, C. M., The Lambas of Northern Rhodesia, London 1931.
Douglas, J., The non violent cross, New York 1968.

Dournes, J., Gott liebt die Heiden, Freiburg i. Br. 1966. (Franz. Ausg.: Dieu aime les païens, Lyon 1963.)
Dulles, A., Revelation theology, London 1979.
–, Models of the Church, New York 1974.
Dumoulin, H. (Hg.), Buddhismus der Gegenwart, Freiburg-München 1970.
–, Christianity meets Buddhism, La Salle, Ill. 1974.
Dupuis, J., Jesus Christ and his Spirit, Bangalore 1977.

Eicher, P., Offenbarung. Zur Präzisierung einer überstrapazierten Kategorie, in: Bitter, G. (Hg.), Konturen heutiger Theologie, München 1976, 108-134.
Eichhorn, W., Die Religionen Chinas, Stuttgart 1973.
Eichrodt, W., Religionsgeschichte Israels, Bern-München 1969.
Eliade, M., The quest. Meaning and history in religion, Chicago 1969. (Franz. Ausg.: La nostalgie des origines, Paris 1971.)
–, Die Schöpfungsmythen, Darmstadt 1977.
–, Geschichte der religiösen Ideen, 3 Bde., Freiburg i. Br. 1978 ff.
Emeis, D., Lernprozesse im Glauben. Ein Arbeitsbuch für die Erwachsenenbildung, Freiburg i. Br. 1971.
Erharter, H. (Hg.), Hoffnung für alle, Wien 1970.
Esposito, R. F., Le buone opere dei laicisti, degli anticlericali e dei framassioni, Roma 1970.
–, La massoneria e l'Italia dal 1800 ai nostri giorni, Roma 1979.
–, Pio IX. La Chiesa in conflitto col mondo, Roma 1979.
Evers, G., Mission, nichtchristliche Religionen, weltliche Welt, Münster i. W. 1974.
Exeler, A.-Emeis, D., Reflektierter Glaube, Freiburg i. Br. 1972.

Falaturi, A.-Petuchowski, J. J.-Strolz, W. (Hg.), Drei Wege zu dem einen Gott, Glaubenserfahrung in den monotheistischen Religionen, Freiburg i. Br. 1976.
Fashole-Luke, E. (Hg.), Christianity in independent Africa, London 1978.
Fattal, A., Le statut légal des non-musulmans en pays d'Islam, Beyrouth 1958.
Feiner, J.-Vischer, L. (Hg.), Neues Glaubensbuch, Freiburg i. Br. ^{11}1974.
Figl, J., Atheismus als theologisches Problem, Mainz 1977.
Fischer, K. P., Der Mensch als Geheimnis. Die Anthropologie Karl Rahners, Freiburg i. Br. ^{2}1975.
Fitzgerald, M. (Hg.), Moslems und Christen – Partner? Graz 1976.
Fohrer, G., Einleitung in das Alte Testamtent, Heidelberg ^{10}1965.
Fourche, T.-Morlinghem, M., Une Bible noire, Bruxelles 1973.
Frankl, V. E., Der Mensch vor der Frage nach dem Sinn, München 1979.
Friedli, R., Fremdheit als Heimat. Auf der Suche nach einem Kriterium für den Dialog zwischen den Religionen, Freiburg i. Br. 1974.
Fries, H., Glaube und Kirche als Angebot, Graz 1976.
Frohnes, G. (Hg.), Kirchengeschichte als Missionsgeschichte, 2 Bde., München 1974 bis 1978.
Fromm, E., Haben oder Sein. Die seelischen Grundlagen einer neuen Gesellschaft, Stuttgart 1976.

Garaudy, R., Appel aux vivants, Paris 1979.
Gerlitz, P., Die Religionen und die neue Moral. Wirkungen einer weltweiten Säkularisation, München 1971.
Giblet, J. (Hg.), The God of Israel, the God of Christians, New York 1961.
Gioberti, V., Primato morale e civile degli italiani, 3 Bde., Torino 1925.

Glasenapp, H. von, Die Religionen Indiens, Stuttgart 1955.
Glazik, J., Mission – der stets größere Auftrag, Aachen 1979.
Goetz, J., Dieu lointain et puissance proches, in: Studia Missionalia 21 (Roma 1972) 21-55.
Goldstein, H., Paulinische Gemeinde im Ersten Petrusbrief, Stuttgart 1975.
Gollwitzer, H., Krummes Holz – aufrechter Gang. Zur Frage nach dem Sinn des Lebens, München 1976.
Gottwald, N. K., The tribes of Yahwe, A sociology of the religion of liberated Israel, Maryknoll 1979.
Gravrand, H., Dialogue avec les religions africaines, Secretariatus pro non christianis, Rome 1968.
Griaule, M., Schwarze Genesis. Ein afrikanischer Schöpfungsbericht, Freiburg i. Br. 1970.
Grillmeier, A., Mit ihm und in ihm. Christologische Forderungen und Perspektiven, Freiburg i. Br. 1975.
Gruhl, H., Ein Planet wird geplündert. Die Schreckensbilanz unserer Politik, Frankfurt a. M. [4]1978.
Grundmann, H., Ketzergeschichte des Mittelalters, Göttingen 1963.
–, Bibliographie zur Ketzergeschichte des Mittelalters, Roma 1967.
Guariglia, G., Il messianismo russo, Roma 1965.
–, Prophetismus und Heilserwartungsbewegungen, Wien 1969.
Gutierrez, G., A theology of liberation, Maryknoll 1973.

Haar, H., Vor dem Bösen ratlos? München 1978.
–, Das Buch des Bundes, Düsseldorf 1980.
– (Hg.), Relevanz der Geschichte in: Theologische Quartalschrift 155 (Tübingen 1975), 173-243.
Hallet, J. P., Afrika Kitabu. Ein Bericht, München 1966.
Hammer, K., Weltmission und Kolonialismus. Sendungsideen des 19. Jahrhunderts im Konflikt, München 1978.
Hammerstein, F. von, Christian-Jewish relations in ecumenical perspective, Geneva 1978.
– (Hg.), Von Vorurteilen zum Verständnis. Dokumente zum jüdisch-christlichen Dialog, Frankfurt a. M. 1976.
Hasenhüttl, G., Herrschaftsfreie Kirche. Sozio-theologische Grundlegung, Düsseldorf 1974.
– (Hg.), Formen kirchlicher Ketzerbewältigung, Düsseldorf 1976.
Hay, M., Failure in the Far East, Wetteren/Belgium 1965.
Hebblethwaite, P., Mehr Christentum oder mehr Marxismus? Frankfurt a. M. 1977.
Hebga, M. P., Emancipation d'Églises sous tutelle. Essai sur l'ère post-missionnaire, Paris 1976.
Heer, F., Gottes erste Liebe. 2000 Jahre Judentum und Christentum, München 1967.
Heinen, W.-Schreiner, J. (Hg.), Erwartung, Verheißung, Erfüllung, Würzburg 1969.
Heislbetz, J., Theologische Gründe der nichtchristlichen Religionen, Freiburg i. Br. 1967.
Hengel, M., Nachfolge und Charisma, Berlin 1968.
–, Juden, Griechen, Barbaren, Stuttgart 1976.
Herbst, K., Was wollte Jesus selbst? Die vorkirchlichen Jesusworte in den Evangelien, Düsseldorf 1979.
Hermann, H., Ketzer in Deutschland, Köln 1978.
Hermann, I., Die Christen und ihre Konflikte, Olten 1970.

Hermann, S., Die Geschichte Israels in alttestamentlicher Zeit, München 1973.
Hermans, M., Erlöser und Heilbringer der Tibeter, Wiesbaden 1970.
Höffner, J., Christentum und Menschenwürde. Das Anliegen der spanischen Kolonialpolitik im Goldenen Zeitalter, Trier 1947.
–, Pastoral der Kirchenfremden, Bonn 1979.
Holböck, F.-Sartory, Th., Mysterium Kirche, 2 Bde., Salzburg 1962.
Hollenweger, W. J., Erfahrungen der Leibhaftigkeit. Interkulturelle Theologie, München 1979.
Hoppenworth, K., Islam contra Christentum, Bad Liebenzell 1976.
Huber, W.-Liedke, G. (Hg.), Christentum und Militarismus, Stuttgart 1974.

Idowu, E. B., Olodumare. God in Yoruba belief, London 1962.
Ishanand Vempeny, Inspiration in the non-biblical scriptures, Bangalore 1973.

Jacquemont, P. (Hg.), Le temps de la patience, Paris 1976.
Jahn, J., Wir nannten sie Wilde. Aus alten und neuen Reisebeschreibungen, München 1964.
Jaki, St. L., The road of science and the ways to God, Chicago 1978.
Jaroš, K., Die Stellung des Elohisten zur kanaanäischen Religion, Freiburg i. Ue. 1974.
–, Ägypten und Vorderasien, Wien-Stuttgart 1976.
Jastrow, J., Storia dell'errore umano, Verona 1942.
Jedin, H. (Hg.), Handbuch der Kirchengeschichte, 7 Bde., Freiburg i. Br. 1962-1979.
Jeremias, J., Jesu Verheißung für die Völker, Stuttgart 1956.
Johnston, W., The inner eye of love. Mysticism and religion, London 1978.
Jungk, R., Der Jahrtausendmensch. Bericht aus den Werkstätten der neuen Gesellschaft, München 1973.
Jungk, R.-Mundt, H. J. (Hg.), Der Weg ins Jahr 2000, München 1968.

Karrer, L., Der Glaube in Kurzformeln, Mainz 1978.
Karrer, O., Das Religiöse in der Menschheit und das Christentum, Freiburg i. Br. 1934.
Kasper, W., Glaube und Geschichte, Mainz 1970.
– (Hg.), Absolutheit des Christentums, Freiburg i. Br. 1977.
Kattmann, U. (Hg.), Rassen. Biologisch-sozialkundliches Arbeitsbuch, Wuppertal 1973.
Katz, J., Exclusiveness and tolerance. Studies in Jewish-Gentile relations, New York 1962.
Kaufmann, G. (Hg.), Tendenzen der katholischen Theologie nach dem II. Vatikanischen Konzil, München 1979.
Kaufmann, H., Afrikas Wege in die Gegenwart, Graz 1963.
Keel, O.-Küchler, M., Synoptische Texte aus der Genesis, Freiburg i. Ue. 1971.
Kehl, M., Kirche als Institution, Frankfurt a. M. 1976.
Klages, G.-Heutger, N., Weltreligionen und Christentum im Gespräch, Hildesheim-New York 1977.
Klinger, E., Offenbarung im Horizont der Heilsgeschichte, Einsiedeln 1969.
– (Hg.), Christentum innerhalb und außerhalb der Kirche, Freiburg i. Br. 1976.
Klostermaier, K., Hinduismus, Köln 1965.
Knauer, P., Der Glaube kommt vom Hören. Ökumenische Fundamentaltheologie, Graz 1978.
Köhler, O., Bewußtseinsstörungen im Katholizismus, Frankfurt a. M. 1972.
König, F. (Hg.), Christus und die Religionen der Erde, 3 Bde., Wien [3]1961.
Köster, F., Afrikanisches Christsein, Einsiedeln 1977.

Kraft, Ch. H., Christianity in culture. A Study in dynamic biblical theologizing in cross-cultural perspective, Maryknoll 1979.
Kuhn, H. (Hg.), Interpretation der Welt, Würzburg 1965.
Kühn, J., Toleranz und Offenbarung, Leipzig 1923.
Kühner, H., Der Antisemitismus der Kirche, Zürich 1976.
Kümmel, W. G., Theologie des Neuen Testamentes nach seinen Hauptzeugen Jesus, Paulus und Johannes, Göttingen 1969.
Küng, H., Christ sein, München 1974.
–, Existiert Gott? Antwort auf die Gottesfrage der neuen Zeit, München 1978.
Kunnumpuram, K., Ways of salvation. The salvific meaning of nonchristian religions according to the teaching of Vatican II, Poona 1971.

Laburschagne, C. J., The incomparability of Yahweh in the Old Testament, Leiden 1966.
Lapide, P., Auferstehung – Ein jüdisches Glaubenserlebnis, Stuttgart 1978.
Latourelle, R., Teologia della rivelazione, Assisi 1967.
Leakey, R. E. – Lewin, R., Origins, London 1977.
Lecler, J., Toleration and the Reformation, 2 Bde., London 1960.
Ledergerber, K., Geburt der Menschheit. Ein neues Bewußtsein entwickelt sich, München 1978.
Leeuw, G. van der, Die Bilanz des Christentums, Zürich 1947.
–, Phänomenologie der Religion, Tübingen 1956.
Leeuwen, A. van den, Christentum in der Weltgeschichte, Stuttgart 1966.
Légaut, M., Meine Erfahrung mit dem Glauben, Freiburg i. Br. [10]1979.
Lehmann, K. (Hg.), Theologie der Befreiung, Einsiedeln 1977.
Le Saux, Sagesse hindoue – mystique chrétienne, Paris 1965. (Deutsche Ausg.: Indische Weisheit – christliche Mystik, Luzern-München 1968.)
Lichtenberg, J. P., From the first to the last of the Justs. A study of the history of the relations between Jews and Christians throughout the centuries, Jerusalem 1971.
Lindbeck, G. A., Le catholicisme a-t-il un avenir? Paris 1970.
Linde, H. van der – Fiolet, H. (Hg.), Neue Perspektiven nach dem Ende des konventionellen Christentums, Wien 1968.
Lissner, I., Aber Gott war da. Das Erlebnis der letzten unerforschten Wälder der Erde, Olten 1958.
Lohfink, N., Das Siegeslied am Schilfmeer. Christliche Auseinandersetzung mit dem Alten Testament, Frankfurt a. M. 1965.
Lohse, B., Epochen der Dogmengeschichte, Stuttgart 1963.
Lombardi, R., Chiesa e Regno di Dio, Brescia 1976.
Lonergan, B., Theologie im Pluralismus heutiger Kulturen, Freiburg i. Br. 1975.
Lortz, J., Die Reformation in Deutschland, 2 Bde., Freiburg i. Br. [5]1965.
Loth, H. J.-Mildenberger, M.-Tworuschka, U., Christentum im Spiegel der Weltreligionen, Stuttgart 1978.
Lotz, J. B., Wider den Unsinn. Zur Sinnfrage unseres Zeitalters, Frankfurt a. M. 1977.
Lufuluabo, F., Valeur des religions africaines selon la Bible et selon Vatican II, Kinshasa 1968.
Lynn, A. de Silva, Of the self in Buddhism and Christianity, Colombo 1975.

Machovec, M., Jesus für Atheisten, Stuttgart 1972.
Maloney, G. A., The Cosmic Christ. From Paul to Teilhard, New York 1968.
Mann, U., Theogonische Frage. Die Entwicklungsphasen des Gottesbewußtseins in der altorientalischen und biblischen Religion, Stuttgart 1970.

–, Das Christentum als absolute Religion, Darmstadt ^{3}1974.
Marquard, L., The peoples and policies of South Africa, Oxford 1962.
Marstin, R., Beyond our tribal gods, Maryknoll 1979.
Mattam, J., Land of the Trinity. A study of modern Christian approaches to Hinduism, Bangalore 1975.
Maurier, H., The other Covenant. A Theology of paganism, New York 1968. (Un humanisme africain, Bruxelles 1965.)
Maximos IV Sayegh (Hg.), The Eastern Churches and catholic unity, New York 1963.
Mbiti, J. S., African religions and philosophy, London 1969. (Deutsche Ausg.: Afrikanische Religion und Weltanschauung, Berlin 1974.)
–, New Testament eschatology in an African background, Oxford 1971.
McCarthy, D. J., Treaty and covenant, Rome 1978.
McKenzie, J. L., The two-edged sword. An interpretation of the Old Testament, New York 1966.
Mehden, F. R. von der, Religion and nationalism in Southest Asia, Madison 1963.
Meinhold, P., Die Religionen der Gegenwart, Freiburg i. Br. 1978.
Mensching, G., Toleranz und Wahrheit in den Religionen, Heidelberg 1955.
–, Buddha und Christus – ein Vergleich, Stuttgart 1978.
–, Der offene Tempel. Die Weltreligionen im Gespräch miteinander, Stuttgart 1974.
Mensen, B. (Hg.), Die Begegnung des abendländischen Christentums mit anderen Völkern und Kulturen, St. Augustin 1979.
Metz, J. B., Glaube in Geschichte und Gesellschaft, Mainz 1977.
Metzger, M., Grundriß der Geschichte Israels, Neukirchen-Vluyn ^{4}1977.
Meuter, G. de, Your God is my God, London 1965.
Mildenberger, M., Heil aus Asien? Hinduistische und buddhistische Bewegungen im Westen, Stuttgart 1974.
Mintjes, H., Social justice in Islam, Amsterdam 1977.
Mirgeler, A., Kritischer Rückblick auf das abendländische Christentum, Freiburg i. Br. 1961.
Mische, G. P., Towards a human world order. Beyond the National Security Straitjacket, New York 1977.
Mitchell, R. C., African primal religions, Niles/Ill. 1977.
Mobley, H.W., The Ghanaian's image of the missionary, Leiden 1970.
Molinski, W. (Hg.), Die vielen Wege zum Heil. Heilsanspruch und Heilsbedeutung der nichtchristlichen Religionen, München 1969.
Moltmann, J., Umkehr zur Zukunft, München 1970.
–, Die ersten Freigelassenen der Schöpfung, München 1971.
–, Der gekreuzigte Gott, München 1972.
–, Kirche in der Kraft des Geistes, München 1975.
Monni, P., ONU: Quale libertà? Trent'anni di dibattito sulla libertà religiosa, Roma 1979. [1972.
Motan, G., The present revelation. The research for religious foundations, New York
Morra, Marxismo e religione, Milano 1976.
Mühlen, H., Entsakralisierung. Ein epochales Schlagwort in seiner Bedeutung für die Zukunft der christlichen Kirchen, Paderborn 1970.
–, Morgen wird Einheit sein. Das kommende Konzil aller Christen, Paderborn 1974.
Mulago, V., Un visage africain du christianisme. L'union vitale bantu face à l'unité vitale ecclesiale, Paris 1962.
Mulders, A., Missionsgeschichte, Regensburg 1960.
Müller, A. (Hg.), Missionare im Lernprozeß. 10 Jahre Seminararbeit der Missionszentrale der Franziskaner, Mettingen 1979.

Müller-Fahrenholz, G., Heilsgeschichte zwischen Ideologie und Prophetie. Profile und Kritik heilsgeschichtlicher Theorien in der ökumenischen Bewegung zwischen 1948 und 1968, Freiburg i. Br. 1974.
Muschalek, H., Urmensch Adam. Die Herkunft des menschlichen Leibes in naturwissenschaftlicher und theologischer Sicht, Berlin 1963.
Muskens, M. P. M., Matters in Nation building. The Catholic Church in Indonesia, Aachen 1979.
Mußner, F., Christus, das All und die Kirche, Trier 1968.

Nambiaparambil, A. (Hg.), Guidelines for inter-religious dialogue, Varanasi 1977.
Neal, M. A., A socio-theology of letting go. The role of the First World Church facing Third World peoples, New York 1977.
Nelson, J. R.-Pannenberg, W. (Hg.), Um Einheit und Heil der Menschheit, Frankfurt a. M. ^{2}1976.
Neuner, J. (Hg.), Christian revelation and world religions, London 1967.
Nigg, W., Das Buch der Ketzer, Zürich 1949.
Nolan, A., Jésus avant le christianisme, Paris 1979. (Engl. Ausg.: Jesus before Christianity, London 1977.)
Nosipho Majeke, The rôle of the missionaries in conquest, Johannesburg 1952.
Nothomb, D., Un humanisme africain, Bruxelles 1965.
Nouailhac, A. M., La peur de l'autre. Dossier racisme, Paris 1972.
Nys, H., Le salut sans l'Evangile, Paris 1966.

Oberhammer, G. (Hg.), Offenbarung, geistige Realität des Menschen, Wien 1974.
Ohle, K., Das Ich und das Andere, Stuttgart 1978.
Ohm, Th., Die Liebe zu Gott in den nichtchristlichen Religionen, München 1950.
–, Asiens Nein und Ja zum westlichen Christentum, München 1960.
Overhage, P.-Rahner, K., Das Problem der Hominisation, Freiburg i. Br. 1965.

Paillard, J., Christ unter Atheisten, Frankfurt a. M. 1971.
Panikkar, R., Religionen und die Religion, München 1965.
–, The unknown Christ of Hinduism, London 1964.
–, The Vedic experience. An anthology of the Vedas for modern man and contemporary celebration, London 1977.
Papa, B., Tensioni e unità della Chiesa, Bari 1976.
Paret, R., Der Koran, übersetzt von, Stuttgart 1962.
Parrinder, G., Le Upanishad, la Gita e la Bibbia, Roma 1964.
Paus, A. (Hg.), Suche nach Sinn – Suche nach Gott, Graz 1978.
Pentecost, E. C., Reaching the unreached, South Pasadena 1974.
Pereira de Queiroz, M. L., O messianismo no Brasil e no mundo, São Paolo 1965.
Pesch, O. H. (Hg.), Einheit der Kirche – Einheit der Menschheit. Perspektiven aus Theologie, Ethik und Völkerrecht, Freiburg i. Br. 1976.
Pestalozzi, H. A., Nach uns die Zukunft. Von der positiven Subversion, Bern 1979.
Petuchowski, J. J., Melchisedech, Urgestalt der Ökumene, Freiburg i. Br. 1979.
Pfammatter, J.-Furger, F. (Hg.), Judentum und Kirche: Volk Gottes, Einsiedeln 1974.
Philberth, B., Christliche Prophetie und Nuklearenergie, Zürich 1961.
Pinay, M., Complotto contro la Chiesa, Madrid 1962.
Plischke, Völkerkundliches zur Entstehung von Stammes- und Völkername, in: *Hesch, M.* (Hg.), Kultur und Rasse, München 1939, 394-407.
Pol, W. H. van de, Das Ende des konventionellen Christentums, Wien 1967.
Pomilio, M., Il quinto Evangelio, Milano ^{4}1975.

Poulat, E., Catholicisme, démocratie et socialisme. Le mouvement catholique et Mgr. Benigni, Tournai 1977.
Puebla, Die Evangelisierung Lateinamerikas in Gegenwart und Zukunft, Bonn 1979. (Ital. Ausg.: L'evangelizzazione nel presente e nel futuro dell'America Latina, Bologna 1979.)
Puech, H. Ch. (Hg.), Histoire des religions. Encyclopédie de la Pléjade, 3 Bde., Paris 1970-1976.
Puyo, J.-van Ersel, P., Voyage à l'intérieur de l'Eglise catholique, Paris 1977.

Rad, G. von, Theologie des Alten Testamentes, 2 Bde., München 1965/66.
Radhakrishnan, S., The Hindu view of life, London [17]1974.
Rahner, H. (Hg.), Die Märtyrerakten des zweiten Jahrhunderts, Freiburg i. Br. 1941.
Rahner K., Schriften zur Theologie, I-XIV, Einsiedeln 1954-1980.
–, Sendung und Gnade, Innsbruck [4]1966.
–, Das freie Wort in der Kirche, Einsiedeln 1955.
–, Über die Schriftinspiration, Freiburg i. Br. [2]1958.
–, Vorfragen zu einem ökumenischen Amtsverständnis, Freiburg i. Br. 1974.
–, Grundkurs des Glaubens. Einführung in den Begriff des Christentums, Freiburg i.Br. 1976.
– und *Lehmann, K.*, Marsch ins Getto? Der Weg der Katholiken in der Bundesrepublik, München 1973.
– und *Ratzinger, J.*, Das Christentum und die nichtchristlichen Religionen, Nürnberg 1965.
Rattray, R. S., Religion and art in Ashanti, Oxford 1927.
Ratzinger, J., Der Gott des Glaubens und der Gott der Philosophen, München 1960.
–, Das neue Volk Gottes. Entwürfe zur Ekklesiologie, Düsseldorf 1969.
– (Hg.), Dienst an der Einheit, Düsseldorf 1978.
Raunig, W. (Hg.), Schwarzafrikaner: ihr Weltbild, Innsbruck 1980.
Rennstich, K., Mission und wirtschaftliche Entwicklung, München 1978.
Ricard, R., La „conquête spirituelle" du Mexique, Paris 1933.
Richard-Molard, G., Le troisième peuple, héraut d'espérance, Paris 1977.
Richardson, A., An introduction to the theology of the New Testament, London [4]1969.
Riedweg, F., Ende des Säkularismus, Regensburg 1978.
Roest Crollius, A. A., The word in the experience of revelation in Qur'an and Hindu scriptures, Rome 1974.
Rohner, P. (Hg.), Mitmenschlichkeit – eine Illusion? Die Weltreligionen im Blick zur Gemeinschaft, München 1973.
Rolfes, H., Der Sinn des Lebens im marxistischen Denken, Düsseldorf 1971.
Rossano, P., Il problema teologico delle religioni, Roma 1975.
Rowly, H. H., The biblical doctrine of election, London 1970.
Ruben, W., Die Entwicklung der Religion im alten Indien, Berlin 1971.
Ruether, R., Nächstenliebe und Brudermord. Die theologischen Wurzeln des Antisemitismus, München 1978.
Rüstow, A., Ortsbestimmung der Gegenwart. Eine universalgeschichtliche Kulturkritik, 2 Bde., Erlenbach 1950-1952.

Samartha, S. J. (Hg.), Faith in the midst of faiths. Reflections on dialogue in community, Geneva 1977.
Sanon, A., Tierce-Eglise, ma mère. La conversion d'une communauté païenne au Christ, Paris 1970.

Savramis, D., Religionen, Düsseldorf 1972.
Schär, H., Erlösungsvorstellungen und ihre psychologischen Aspekte, Zürich 1950.
Schatz, O. (Hg.), Hat Religion Zukunft? Graz 1971.
Schedl, C., Geschichte des Alten Testamentes, V: Die Fülle der Zeit, Innsbruck 1964.
–, Muhammad und Jesus. Die christologisch relevanten Texte des Korans, Wien 1978.
Schlette, H. R., Die Religion als Thema der Theologie, Freiburg i. Br. 1964.
Schlosser, K., Die Bantubibel. Schöpfungsberichte der Zulu, Kiel 1977.
Schmid, H. H., Die Steine und das Wort. Fug und Unfug der biblischen Archäologie, Zürich 1975.
Schmidlin, J., Papstgeschichte der neuesten Zeit III, München 1936.
Schmidt, W., Der Ursprung der Gottesidee. Eine historisch-kritische und positive Studie, 12 Bde., Münster i. W. 1926-1955.
Schmidt, W. H., Alttestamentlicher Glaube in seiner Geschichte, Neukirchen ^{2}1976.
Schmitz, H. J., Frühkatholizismus bei A. von Harnack, R. Sohm und E. Käsemann, Düsseldorf 1977.
Schnackenburg, R., Gottes Herrschaft und Reich, Freiburg i. Br. 1959.
– (Hg.), Die Kirche des Anfangs, Festschrift H. Schürmann, Freiburg i. Br. 1978.
Schoen, U., Determination und Freiheit im arabischen Denken heute, Göttingen 1976.
Schoonenberg, P., Covenant and creation, London 1968. (Deutsche Ausg.: Bund und Schöpfung, Einsiedeln 1970.)
Schröder, Ch. M. (Hg.), Die Religionen der Menschheit, 26 Bde., Stuttgart 1960 ff.
Schroeder O., Aufbruch und Mißverständnis. Zur Geschichte der reformkatholischen Bewegung, Graz 1969.
Schult, A., Urgeschichte der Menschheit. Die biblische Schöpfungsgeschichte im Lichte der Mysterienweisheit, Wuppertal (o. J.).
Schultz, H. J. (Hg.), Wer ist das eigentlich – Gott? Luzern 1970.
Schultz, U. (Hg.), Toleranz. Die Krise der demokratischen Tugend und Vorschläge zu ihrer Überwindung, Reinbek 1974.
Schumann, O. H., Der Christus der Muslime. Christologische Aspekte in der arabisch-islamischen Literatur, Gütersloh 1975.
Schwager, R., Brauchen wir einen Sündenbock? Gewalt und Erlösung in den biblischen Schriften, München 1978.
Schwarzenau, P., Der größere Gott. Christentum und die Weltreligionen, Stuttgart 1977.
Seale, M. S., The desert Bible. Nomadic tribal culture and Old Testament interpretation, London 1973.
Seifart, A., Der Gott der politischen Theologie. Die Entwicklung der Gottesdiskussion vom kämpfenden Nationalgott bis zur christlich motivierten Strategie des Guerilla-Krieges, Einsiedeln 1978.
Sequeira, A. A., Sin and forgiveness in the early Vedic period, Rome Academia Alfonsiana 1979.
Shorter, A., African Christian theology. Adaptation or incarnation? London 1975.
Sider, R. J., Rich Christians in an age of hunger, London 1977.
Siegmund, G., Buddhismus und Christentum, Frankfurt a. M. 1968.
Sinaga, A. B., The Toba-Batak High-God, Diss. Leuven 1975.
Sinda, M., Le messianisme congolais et ses incidences politiques, Paris 1972.
Singleton, M., Let my people go: A study of the catholic Church in West-Nigeria, PMV, Brussels 1974.
–, Ancêtres, adolescants et l'absolu: un essai de contextualisation, in: PMV Bulletin, N. 68, 1977.

Smend, R., Einleitung in das Alte Testament, Neukirchen 1978.
Smith, M., Ancient near Eastern texts related to the Old Testament, Ed. I. A. Pritchard 1950.
Sperna-Weiland, J. (Hg.), Antworten. Vergleich der großen Weltreligionen in Wort und Bild, Zürich-Köln-Lahr 1977.
Spitteris, J., La critica Bizantina del primato romano nel secolo XII, Roma 1979.
Staffner, H., The open door. A Christian approach to the world religions, Bangalore 1978.
Stehle, H., Die Ostpolitik des Vatikans, München 1975.
Stirnimann, H., Existenzgrundlagen und traditionelles Handwerk der Pangwa, Freiburg i. Ue. 1976.
Stuhlmueller, C., God in the witness of Israel's election, in: *Matczak, S. A.* (Hg.), God in contemporary thought, New York 1977, 349-378.
Sundermeier, Th. (Hg.), Christus, der schwarze Befreier, Erlangen 1973.
Surgy, P. de (Hg.), Recherches et réflexions sur libération humaine et foi, Paris 1975.

Talmage, F. E., Disputation and dialogue. Readings in the Jewish-Christian encounter, New York 1975.
Tempels, P., La philosophie bantoue, Paris 1949.
Tévoédjiré, A., La pauvreté, richesses des peuples, Paris 1978.
Theißen, G., Soziologie der Jesusbewegung, München 1977.
Theunis, J. M., Buitenlandse arbeiders in Nederland, Baarn 1979.
Thiel, J. F., Ahnen – Geister – Höchste Wesen. Religions-ethnologische Untersuchungen im Zaïre-Kasai-Gebiet, St. Augustin 1977.
Thielicke, H., Wie die Welt begann. Der Mensch in der Urgeschichte der Bibel, Stuttgart 1963.
Thils, G., Propos et problèmes de la théologie des religions non chrétiennes, Tournai – Paris 1966.
Thoma, C., Christliche Theologie des Judentums, Aschaffenburg 1978.
Thomas, L. V.-Luneau, R., La terre africaine et ses religions, Larousse 1975.
–, Les sages dépossédés, Paris 1977.
Tort, P.-Désalmand, P. (Hg.), Sciences humaines et philosophie en Afrique, Paris 1978.
Toynbee, A. J., Wie stehen wir zur Religion? Die Antwort eines Historikers, Zürich 1958.
–, Studie zur Weltgeschichte. Wachstum und Zerfall der Zivilisationen, Zürich 1949.
–, Menschheit – woher und wohin? Plädoyer für den Weltstaat, Stuttgart 1969.
–, Das Christentum und die Religionen der Welt, Gütersloh 1959.
– (Hg.), Auf diesen Felsen. Das Christentum, Grundlagen und Weg zur Macht, Wien 1970.
Tracy, D.-Küng, H. (Hg.), Towards Vatican III, Dublin 1978.
Trevor, M., Prophets and guardians. Renewal and tradition of the Church, London 1969.
Trutwin, W., Erinnerung und Hoffnung. Eine Einführung in die Welt der Bibel, Düsseldorf 1977.
Tworuschka, U.-Zilleßen, D. (Hg.), Thema Weltreligionen. Ein Diskussions- und Arbeitsbuch für Religionspädagogen und Religionswissenschaftler, Frankfurt a. M. 1977.
Tyrell, F. M., Man: believer and unbeliever, New York 1974.

Vandana, Sr., Gurus, Ashrams and Christians, London 1978.
Vaux, R. de, Histoire ancienne d'Israel, 2 Bde., Paris 1971-1973.

Vicedom, G., Die Weltreligionen im Angriff auf die Christenheit, München 1958.
–, Mission im ökumenischen Zeitalter, Gütersloh 1967.
Vinatier, J., Les chemins d'Emaüs. De la religion populaire à la foi du peuple de Dieu, Paris 1977.
Volz, P., Das Dämonische in Jahwe, Tübingen 1924.
Vries, W. de, Rom und die Patriarchate des Ostens, Freiburg-München 1963.
VV.AA., Revelation in Christianity and other religions. Studia Missionalia, Vol. 20, Roma 1971.
–, Des africanistes russes parlent de l'Afrique, Paris 1960.
–, Homo religiosus. L'expression du sacré dans les grandes religions, Louvain 1978 ff.
–, Les Moines chrétiens face aux religions d'Asie, Vanves 1974.
–, Théologies du Tiers Monde. Du conformisme à l'indépendance. Le colloque de Dar es Salaam et ses prolongements, Paris 1977. (Engl. Ausg.: The emergent Gospel, Maryknoll 1977.)
–, Europäische Theologie herausgefordert durch die Weltökumene, Genf 1976.

Waardenburg, J., Classical approaches to the study of religion. Bibliography, The Hague-Paris 1974.
Waldenfels, H., Absolutes Nichts. Zur Grundlegung des Dialoges zwischen Buddhismus und Christentum, Freiburg i. Br. 1976.
– (Hg.), „Denn ich bin bei euch." Perspektiven im christlichen Missionsbewußtsein heute, Festschrift J. Glazik und B. Willeke, Einsiedeln 1978.
Welte, P. H., Die Heilsbedürftigkeit des Menschen, Freiburg i. Br. 1976.
Westermann C., Theologie des Alten Testamentes in Grundzügen, Göttingen 1978.
Wetter, G. A., Der dialektische Materialismus, Freiburg i. Br. ^{5}1961.
Wiederkehr, D., Perspektiven der Eschatologie, Einsiedeln 1974.
–, Glaube an Erlösung. Konzepte der Soteriologie vom Neuen Testament bis heute, Freiburg i. Br. 1976.
Wiesel, E., Adam oder das Geheimnis des Anfangs. Brüderliche Urgestalten, Freiburg i. Br. 1980.
Wildiers, N. M., Weltbild und Theologie, Einsiedeln 1974.
Wilkinson, T. S. (Hg.), Ambedkar and the neo-buddhist movement, Madras 1972.
Wolf, W. J., The almost Chosen people, Doubleday 1959.

Yang, C. K., Religion in Chinese society, Berkeley 1961.

Zaehner, R. C., Hinduism, Oxford 1966.
–, Inde, Israel, Islam, religions mystiques et révélations prophétiques, Brügge – Paris 1965.
Zago, M. (Hg.), Semi del Vangelo. Studi e interventi dei vescovi d'Asia, Bologna 1975.
Zahrnt, H., Warum ich glaube. Meine Sache mit Gott, München 1977.
Zulehner, P. M., Religion ohne Kirche? Wien 1969.

Anmerkungen

Erste Runde: Wie das auserwählte Volk entstand

1 *Muschalek,* Urmensch. *Overhage-Rahner,* Das Problem der Hominisation. *Leakey – Lewin,* Origins. *Toynbee,* Menschheit – woher und wohin? Für die näheren bibliographischen Angaben siehe das Literaturverzeichnis.

2 Der Gottesstaat II 246.

3 *Leakey – Lewin,* Origins 120 f.

4 *Kaufmann,* Afrikas Wege 44-62.

5 Vgl. die Bücher: *de Vaux,* Histoire ancienne d'Israel; *Bright,* Geschichte Israels; *Metzger,* Grundriß der Geschichte Israels; ferner die drei Bücher von *Jaroš* im Literaturverzeichnis. – Für die Zusammenstellung der drei folgenden Paragraphen bin ich Prof. K. Jaroš, Linz, sehr zu Dank verpflichtet.

6 Vgl. *Schmidt,* Alttestamentlicher Glaube. *Eichrodt,* Religionsgeschichte Israels. *Jaroš,* Die Stellung des Elohisten.

7 Vgl. *Eißfeldt, Fohrer, Smend,* je mit dem Buch: Einleitung in das Alte Testament.

8 *Schmidt,* Die Sterne und das Wort 28 f.; *Schoonenberg,* Covenant and creation (Einführung).

9 So tut es das weitverbreitete Buch von *P. G. van Breenen,* Called by name, New Jersey 1976.

10 *Schmid,* a.a.O.; *Fesforazzi,* La Bibbia 168-179; *Bultmann,* Das Urchristentum; *Schult,* Urgeschichte; *Eliade,* Die Schöpfungsmythen 227 f.; *ders.,* La nostalgie des origines; *ders.,* Le mythe de l'éternel retour; vgl. auch die ganze Dritte Runde.

11 *Zimmer,* Indische Mythen; *Baumann,* Schöpfungsmythen; *Eliade,* The yearing for paradise in primitive traditions, in: Daedalus 88 (Cambridge 1959) 255-267.

12 *K. Rahner,* Ätiologie, in: LThK I 1011 f.

13 *P. Houée,* Développement rural, libération humaine et salut en Jésus-Christ, in: *de Surgy,* Recherches et réflexions 37-60.

14 *J. Ratzinger,* Schöpfungsglaube und Evolutionslehre, in: *H. J. Schutz* (Hg.), Wer ist das eigentlich – Gott? Luzern 1970, 232-245, *Rahner,* in: *Overhage-Rahner,* Das Problem der Hominisation 13-90, *Thielicke,* Wie die Welt begann 17-48, 111-127. Für die

heutige Erklärung der Erbsünde vgl. *M. Flick – Z. Alszeghy,* Il peccato originale, Brescia 1972.

[15] *Rahner-Imhof,* Ignatius 37 f. Vgl. auch *K. Lehmann,* Transzendenz, in: LThK X 316-319.

[16] *B. O. Küppers,* Wie die toten Moleküle einst den Sprung ins Leben lernten, in: Die Welt, 2. Juni 1979.

[17] *Gollwitzer,* Krummes Holz 211-228; *St. Jaki,* The road of science and the ways to God, Chicago 1978.

[18] *Pfammatter-Furger,* Judentum und Kirche 20.

[19] *K. Rahner,* Über das Verhältnis von Natur und Gnade, in: Schriften I 323-345; *ders.,* Christologie im Rahmen des modernen Selbst- und Weltverständnisses, in: Schriften IX 227-241; *ders.,* Erlösungswirklichkeit in der Schöpfungswirklichkeit, in: Sendung und Gnade 51-87; *Schoonenberg,* Covenant and creation 109.

[20] *K. Rahner,* Schöpfungslehre, in: LThK IX 470-474; *ders.,* Die Christologie innerhalb einer evolutiven Weltanschauung, in: Schriften V 183-221; *Maloney,* The cosmic Christ.

[21] Der Prolog in Joh, die Christushymnen in Kol 1,15-20; Eph 1, 3-12.

[22] *VV.AA.,* Europäische Theologie herausgefordert durch die Weltökumene, Genf 1976.

[23] *Rahner,* Erlösungswirklichkeit 68.

[24] Die Erzählung vom Sündenfall, in: *Lohfink,* Das Siegeslied 81-101; vgl. *Böckle,* Fundamentalmoral 133-142.

[25] Vgl. *J. Michl – K. Rahner,* in: LThK VIII 822-834; *Comblin,* Theologie des Friedens 162-172.

[26] *Von Rad,* Theologie des Alten Testamentes I 175.

[27] *Daniélou,* Die heiligen Heiden des Alten Testamentes, bes. 73-90; vgl. auch *Schlette,* Die Religionen 77 f.; O. *Biehn – H. Junker,* Sintflut, in LThK IX 787-789.

[28] *Daniélou,* Le mystère de l'Avent 29-32.

[29] Vgl. *Pfammatter-Furger,* a.a.O. 20; *Keel-Küchler,* Synoptische Texte 25-27.

[30] *Von Rad,* a.a.O. 178.

[31] *S. Hermann,* Storia d'Israele 57-60.

[32] *De Surgy,* Recherches sur l'espérance chrétienne 26; *M. S. Seale,* The desert Bible. Nomadic tribal culture and Old Testament interpretation, London 1974.

[33] Vgl. *Petuchowski,* Melchisedech, Urgestalt der Ökumene.

[34] *Daniélou,* a.a.O. 29-59; *J. Schmid,* in: LThK I 57 f.

[35] *Eichrodt,* Theologie I 178-205; *de Vaux,* Histoire I 325-337; *Gollwitzer,* Krummes Holz 303-305; *Keel-Küchler,* a.a.O. 25-27.

[36] Für unsern Zweck ist es nicht nötig, auf die vielen Wiederholungen und Unterschiede einzugehen, die sich in Exodus und Deuteronomium finden. Bald wird der Bund am Berg Sinai (Ex 19; 34,2), bald am Horeb (Ex 17,6; 33,6; Dtn 5,2) geschlossen. – Zum Thema Wüste vgl. *G. Greshake,* Die Wüste bestehen, Freiburg i. Br. 1979.

[37] Die Werke von *Eichrodt, de Vaux, McCarthy, von Rad, Schoonenberg* im Literaturverzeichnis; *Lohfink,* Das Siegeslied 11-43; *McKenzie,* The two-edged sword 133-155; *Bright,* Geschichte Israels 133-139; *H. Cazelles,* Bund, in: SM I 642-652; *V. Hamp,* Bund, in: LThK II 770-774. – Für diesen Teil hatte ich ein nützliches Gespräch mit Prof. R. Koch, Alphonsianum, Rom.

[38] Die Werke von *Rowly, Stuhlmueller; Comblin,* Theologie des Friedens 137-173; *R. Schnackenburg,* Erwählung, in: LThK III 1061-1063.

[39] Gedanken aus *Brueggemann,* The land; *Gottwald,* The tribes of Jahwe.

[40] Vgl. das Werk von *McCarthy;* ferner *K. Baltzer,* Das Bundesformular, Neukirchen 1960.

[41] *Schalom Ben-Chorin,* Die Tafeln des Bundes, Tübingen 1979 (Vorwort). Zum ganzen vgl. *Böckle,* Fundamentalmoral 167-184; *Lohfink,* Das Siegeslied 151-173; *R. Koch,* Vers une morale de l'Alliance, in: Studia Moralia 6 (Roma 1968) 7-58.
[42] Vgl. *Comblin,* a.a.O. 84-110; *Schwager,* Brauchen wir einen Sündenbock? 64-80; *H. Frederikson,* Jahwe als Krieger, Lund 1945; *P. Volz,* Das Dämonische in Jahwe.
[43] *M. Villey,* La croisade. Essai sur la formation d'une théorie juridique, Paris 1942, 25-27; *Seifart,* Der Gott der politischen Theologie. Vgl. auch die ganze Zweite Runde.
[44] *Gottwald,* The tribes of Jahwe 191-235, 660.
[45] *Bright,* Geschichte Israels 215-220.
[46] *R. Koch,* Die Gotteserfahrung der Propheten, in: Studia Moralia 15 (Roma 1977) 323-344.
[47] *Schedl,* Geschichte des Alten Testamentes V 386 f.; *von Rad,* a.a.O. (der 2. Band).
[48] *J. de Fraine,* Judaismus, in: *Haag,* Bibel-Lexikon 890-892.
[49] *W. Vogels,* Covenant and universalism, in: ZMR 57 (1973) 25-32; *Stuhlmueller,* God in the witness of Israel's election.
[50] *Petuchowski,* Melchisedech 33 f.
[51] Weitere derartige Stellen in *E. Mveng,* Afrikas Beitrag zum Universalismus in der Bibel und im Koran, in: *Falaturi* u.a. (Hg.), Drei Wege 207-217; *M. Greenberg,* Die Menschheit, Israel und die Nationen in hebräischer Überlieferung, in: *Nelson-Pannenberg,* Um Einheit und Heil der Menschheit 23-48; *Keel-Küchler,* Synoptische Texte 25 bis 27.
[52] *H. Groß,* Der Universalitätsanspruch des Reiches Gottes nach dem Alten Testament, in: *VV.AA.,* Kirche und Bibel, Festschrift E. Schick, Paderborn 1979, 105-119, bes. 108 f.
[53] *Moran,* The present revelation 248: „The choice of Israel is not an exclusive, but an inclusive one. She is chosen because all are being chosen . . ." Vgl. auch *Giblet,* The God of Israel 3-22; *J. Jeremias,* Jesu Verheißung für die Völker.
[54] *C. Thoma,* in: *Pfammatter-Furger,* Judentum 108. Vgl. auch *J. Neuner,* in: *Holböck-Sartory,* Mysterium Kirche II 830-834.
[55] Vgl. die Übersicht über diese Arbeiten bei *Küng,* Christ sein 137-157; *D. Wiederkehr,* Kontexte der Christologie, in: *Pfammatter-Furger* (Hg.), Zugänge zu Jesus. Theologische Berichte VII, Zürich 1978, 11-62. Es werden hier die Christologien von E. Schillebeeckx, H. Kessler, J. B. Metz, J. Moltmann, H. Küng, K. Rahner, W. Kasper dargestellt und bewertet.
[56] *Kümmel,* Theologie des Neuen Testamentes 24-35; *Schnackenburg,* Gottes Herrschaft; *Nolan,* Jésus avant le christianisme 37-46, 63-120.
[57] *J. Guhrt,* Bund, in: Theolog. Begriffslexikon, Wuppertal 1967, I 159 f.
[58] *Wiederkehr,* Glaube an Erlösung 37.
[59] Weiter ausgeführt in *Bühlmann,* Wo der Glaube lebt 166-169: Kontestation in der Kirche.
[60] *J. Jeremias,* Abba. Studien zur neutestamentlichen Theologie und Zeitgeschichte, Göttingen 1966; *ders.,* Die Gleichnisse Jesu, Göttingen [4]1956; *K. Herbst,* Was wollte Jesus selbst? Die vorkirchlichen Jesusworte in den Evangelien, Düsseldorf 1979.
[61] *M. Hengel,* Nachfolge und Charisma 96-99.
[62] *Wiederkehr,* a.a.O. 27-38; *Nolan,* a.a.O. 123-133; *de Surgy,* Recherches et réflexions 187-233.
[63] *S. G. F. Brandon,* Jesus and the zealots, Manchester 1967.
[64] *Klinger,* Offenbarung 215; *J. Schmid,* Das Evangelium nach Matthäus, Regensburg 1959, 390-397: Der Missionsbefehl des Auferstandenen.
[65] *Wiederkehr,* a.a.O. 39-43; *Kümmel,* a.a.O. 52-76; *K. Rahner,* Kirchliche Christologie zwischen Exegese und Dogmatik, in: Schriften IX 197-226.

[66] *Chr. Maurer,* Die Einheit der Menschheit in biblischer Sicht, in: *Nelson-Pannenberg,* a.a.O. 49-74, bes. 73 f.; *H. Schürmann,* Jesu ureigener Tod, Freiburg i. Br. 1975, 56-65; *Moltmann,* Der gekreuzigte Gott 228 f.; *Kümmel,* a.a.O. 76-105.
[67] *Von Rad,* a.a.O. 348.
[68] Mitteilung von Prof. L. Alvarez Verdes, Alphonsianum, Rom.
[69] *C. Thoma,* Christliche Theologie des Judentums, Aschaffenburg 1978.
[70] *Von Rad,* a.a.O. 349.
[71] *Von Rad,* a.a.O. 339-412.
[72] *Kümmel,* a.a.O. 121-226; *K. H. Schelkle,* Israel und die Kirche im Neuen Testament, in: *R. Schnackenburg* (Hg.), Die Kirche des Anfangs 607-614.
[73] Vgl. Kommentar von *K. Jaroš* zur Erklärung der französ. Bischöfe über die Judenfrage vom 16. April 1973, in: Theolog.-praktische Quartalschrift 123 (Linz 1975) 56 bis 58.
[74] *Kümmel,* a.a.O. 111-121; *J. Blinzler,* Judenchristentum, in: LThK V 1171-1174; *Papa,* Tensioni e unità 235-240.
[75] *K. Kertelge,* Gemeinde und Amt im Neuen Testament, München 1972; *Y. Congar,* Un peuple messianique, Paris 1975; *Goldstein,* Paulin. Gemeinde; *G. Theißen,* Soziologie der Jesus-Bewegung; *F. Hahn,* Das Problem des Frühkatholizismus, in: Evangelische Theologie 38 (1978) 340-357; *Schmitz,* Frühkatholizismus; *Schnackenburg,* Gottes Herrschaft 181-245; *D. Van Damme,* Gottesvolk und Gottesreich in der christlichen Antike, in: *Pfammatter-Furger,* Judentum und Kirche 157-168; *K. Hruby,* Die Trennung von Kirche und Judentum, ebd. 135-156.
[76] *Papa,* Tensioni e unità; *Jacquemont,* Le temps de la patience 60-94; *J. Daniélou,* Das Christentum als missionarische Religion, in: *Toynbee,* Auf diesem Felsen 293 bis 299; *Bultmann,* Das Urchristentum 191-205; Das Urchristentum als synkretistisches Phänomen.
[77] *H. von Campenhausen,* Die Entstehung der Heilsgeschichte. Der Aufbau des christlichen Geschichtsbildes in der Theologie des 1. und 2. Jahrhunderts, in: Saeculum 21 (Freiburg i. Br. 1970) 189-212, bes. 211 f.

Zweite Runde: Wie sich das neue auserwählte Volk verstand

[1] Il trionfo della Santa Sede e della Chiesa contro gli assalti dei novatori. Vgl. dazu *H. Fries,* Wandel des Kirchenbildes, in: MS IV/1,269-272.
[2] *H. Stirnimann – L. Vischer,* Papsttum und Petrusdienst. Kritische Erwägungen, Frankfurt a. M. 1975; *M. Kehl,* Kirche als Institution, Frankfurt a. M. 1976, 106-109; Ekklesiologie unter Ideologieverdacht; *I. Hermann,* Die Christen und ihre Konflikte.
[3] Vgl. Literaturverzeichnis.
[4] Vgl. *Rahner,* Das freie Wort in der Kirche.
[5] *Caprile,* Il Concilio Vat. II, 240 f.
[6] *Conzemius,* Propheten und Vorläufer 136-158.
[7] *H. Fries,* a.a.O. 223-285, vor allem 235-249; *Jedin,* Handbuch, passim, vor allem III/1,97-110: Vom Regnum Francorum zum Imperium christianum, und 497-506: Die abendländische Christenheit (F. Kempf); *P. Griolet,* Chiesa e cristianità, in: *Châtelet,* Storia delle ideologie 293-308; *H. Tüchle,* Mittelalter, in: LThK VII 494-497.
[8] *Fries,* a.a.O. 249.
[9] Vgl. *J. Daniélou,* Théologie du Judéo-Christianisme, Tournai 1958.

[10] *Schelkle,* Israel und die Kirche im Neuen Testament. Ferner die Bücher im Literaturverzeichnis von Hammerstein, Heer, Kühner, Lichtenberg, Talmage, Pfammatter-Furger.
[11] *Talmage,* Disputation 5-18.
[12] *E. Iserloh,* Die Juden in der Christenheit des Mittelalters, in: *Jedin,* Handbuch III/2, 717-728.
[13] *Küng,* Christ sein 160 (mit reicher Lit.).
[14] *Kühner,* Der Antisemitismus 191.
[15] *Katz,* Exclusiveness and tolerance, betont sehr diesen Aspekt.
[16] *Heer,* Gottes erste Liebe 465 f.; *Pinchas Lapide,* in: *Loth,* Christentum im Spiegel 189 f.; HK März 1980, 143. Ferner das Buch von *R. Ruether.*
[17] *Hammerstein,* Von Vorurteil zum Verständnis 7 f.
[18] Man denke etwa an die Jesusbücher der Juden J. Klausner, D. Flusser, P. Lapide, Sch. Ben-Chorin. Diese Angaben verdanke ich Rev. Jorge Mejìa, Sekretär der römischen Juden-Kommission: Via dell'Erba 1, 00193 Roma.
[19] *E. Berkovits,* Judaism in the post-Christian era, in: *Talmage,* a.a.O. 284-295.
[20] *H.-G. Koch,* Judentum im Gespräch. Interview mit Prof. J. Petuchowski, in: HK Oktober 1978, 501 f.
[21] *R. Leys – L. Abramowski,* in: LThK VII, 885-889; *Grillmeier,* Mit ihm und in ihm 219-224 (Häresie und Wahrheit. Eine häresiologische Studie als Beitrag zu einem ökumenischen Problem heute).
[22] Vgl. im Literaturverzeichnis die Bücher von Grundmann, Nigg, H. Hermann, Böhm, Hasenhüttl-Nolte. Ferner *Jedin,* Handbuch III/2, 263-273; *L. Sala-Molin,* La polizia della fede: l'inquisizione, in: *Châtelet,* Storia delle ideologie I, 371-383.
[23] Vgl. neben *Jedin,* Handbuch IV, 3-446, vor allem *Lortz,* Die Reformation in Deutschland, 2 Bände, hier: I, 381-437. – Vgl. *Beyna,* Das moderne kath. Lutherbild.
[24] *R. Aubert,* Die modernistische Krise, in: *Jedin,* Handbuch IV/2, 435-506; *J. Schmidlin,* Papstgeschichte der neuesten Zeit III, München 1936, 138-178.
[25] *Trevor,* Prophets and guardians 204 f.; *Capovilla,* Decimo anniversario 38-42.
[26] *De Vries,* Rom und die Patriarchate des Ostens 183-423; *ders.,* Die Päpste von Avignon und der christliche Osten, in: Orientalia Christiana Periodica 30 (Roma 1964) 85-128.
[27] Vgl. *Jedin,* Handbuch I, 187-211, 245-480; *Schlette,* Die Religionen 22-27; *H. Chadwick,* Early Christian thought and the classical tradition, Oxford 1966.
[28] Stromata I: PG 8, Sp. 718. – Vgl. Gal 3,24 f.
[29] *M. Schmaus,* Katholische Dogmatik, München ^{5}1958, III/1, 820-829; *J. Beumer,* in: LThK III, 1320 f.
[30] Enchiridion ad Laurentium: PL 40, Sp. 245: „Ita ergo se res habebat: jacebat in malis, vel etiam volvebatur, et de malis in mala praecipitabatur totius humani generis massa damnata; et adjuncta parti eorum qui peccaverant angelorum, luebat impiae desertionis dignissimas poenas." Vgl. dazu *Lohse,* Epochen der Dogmengeschichte 115 bis 121 (Augustinus); *Rahner,* Heilswille Gottes, in: SM II, 656-664.
[31] De Civitate Dei XVIII, 47. Zum ganzen vgl. *Y. Congar,* Ecclesia ab Abel, in: *M. Reding* (Hg.), Abhandlungen über Theologie und Kirche, Düsseldorf 1952, 29-108.
[32] Im neuen Stundengebet, Zur Kirchweihe der Lateranbasilika, 9. November.
[33] *Denzinger-Schönmetzer,* Enchiridion n. 1351.
[34] *Mayer,* Geschichte der Kreuzzüge, vor allem 256-265.
[35] *Daniel-Rops,* Histoire de l'Église du Christ III, 479-483.
[36] *E. Benz,* Ideen zu einer Theologie der Religionswissenschaft, Wiesbaden 1960, 21. Zum ganzen vgl. *Hoheisel,* Das Christentum 387; *M. Grabmann,* Die Geschichte der katholischen Theologie seit dem Ausgang der Väterzeit, Darmstadt 1961, 49-53.

[37] „Orthodoxae fidei lumini, haereticorum vindici, in virtute Ss. Nominis Turcarum fulmini." Als bezeichnend für die Haltung, wie man damals „im Kampf gegen die Heiden, Mohammedaner, Juden, Häretiker und Gottlose" mit Freude sein Leben für Gott und die Kirche hingab vergleiche das Buch: *M. Tanner,* Societas Jesu usque ad sanguinis et vitae profusionem militans, in Europa, Africa, Asia et America, contra Gentiles, Mahometanos, Judaeos, Haereticos, pro Deo, Fide, Ecclesia, pietate sive vita, et mors eorum qui ex Societate Jesu in causa fidei et virtutis propugnatae, violenta morte toto orbe sublati sunt. Pragae 1675.

[38] *Beumann,* Heidenmission und Kreuzzugsgedanken, vor allem 138 f., 177-274.

[39] Ein typischer Fall z. B. P. Carolus Orazio di Castorano: vgl. *A. Camps,* Castoranos „Brevis aparatus et modus agendi ac disputandi cum Mahumetanis" in China, in: *Waldenfels,* Denn ich bin bei euch 155-160.

[40] *Schedl,* Muhammed und Jesus, vor allem 5 f., 556-566; ferner *Schuhmann,* Der Christus der Muslime.

[41] *Jedin,* Handbuch I, 334-336; *H. von Campenhausen,* Das Martyrium in der Mission, in: *Frohnes,* Kirchengeschichte I, 71-85.

[42] *H. Rahner,* Die Martyrerakten 18-20, 72, 42 f.

[43] *Mulders,* Missionsgeschichte 116-123; *H. Löwe,* Pirmin, Willibrord und Bonifatius. Ihre Bedeutung für die Missionsgeschichte ihrer Zeit, in: *Frohnes,* Kirchengeschichte II, 192-226. Es ist bezeichnend, daß *C. Raabe* (Hg.), Sankt Bonifatius. Gedenkgabe zum 1200. Todestag, Fulda 1954, auf seinen 686 Seiten auf diesen Aspekt seiner Verkündigung und seines Todes gar nicht zu sprechen kommt.

[44] 1 Celano 55, 42. Vgl. *P. Oktavian,* Das Leiden Christi im Leben des heiligen Franziskus von Assisi, in: Collectanea Franciscana 30 (Roma 1960) 353-397, bes. 365-379 (Die Sehnsucht des heiligen Franziskus nach dem Martyrium); *L. Iriarte,* Die missionarisch-franziskanische Spiritualität, in: *Bühlmann,* Ein Missionsorden 63-82.

[45] *F. Russo,* I protomartiri francescani, Padova 1948; *D. Zangari,* I sette santi Frati francescani martirizzati a Ceuta, Napoli 1926.

[46] *Iriarte,* a.a.O. 74.

[47] *Von Campenhausen,* a.a.O. 83.

[48] *Bühlmann,* Kirche unter den Völkern, Afrika 11-17. Ferner die Bücher von *Bitterli, Friedli, Hammer, Jahn* sowie die Ausführungen, mehr vom rassischen Standpunkt aus, im folgenden Kapitel § 15-17.

[49] *T. Filesi e Isidoro de Villapadierna,* La „Missio antiqua" dei cappuccini nel Congo (1645-1835). Studio preliminare e guida delle fonti, Roma 1978.

[50] *Mudimbe-Boyi Mbulamwanza,* Testi e immagini. La missione del Congo nelle relazioni dei cappuccini italiani 1645-1700, Thèse Lubumbashi 1977.

[51] *P. Chiocchetta,* Il „Postulatum pro Nigris Africae centralis" al Concilio Vaticano I e i suoi precedenti, in: Euntes Docete (Romae 1960) 408-447; Mgr. Augouard, 28 années au Congo, Evreux 1934, I, 77.

[52] *L. A. Mettler,* Christliche Terminologie und Katechismus-Gestaltung in der Mariannhiller-Mission 1910-1920, Schöneck 1967, 213.

[53] *Bühlmann,* Missionsprozeß; *ders.,* Wo der Glaube lebt 140-143.

[54] *Fasholé-Luke,* Christianity in independent Africa 542 f., 426-442. Vgl. die frühere Analyse von *S. Hertlein,* Christentum und Mission im Urteil der neoafrikanischen Prosaliteratur, Münsterschwarzach 1962.

[55] Collectanea S.C.P.F., Romae 1907, I, 42 f. Zum ganzen Problem des Ritenstreites vgl. LThK VIII, 1322-1324.

[56] *M. Hay,* Failure in the Far East VIII f., 6, 97, 147, 152.

[57] AAS 1940, 24-26. Vgl. auch Agenzia Fides 3. 3. 1976.

[58] Der Text stammt ursprünglich aus Gen 14,21 und hat hier einen ganz andern Sinn:

der besiegte König von Sodom sagt zu Abraham: „Gib mir nur die Leute, die Habe aber nimm dir."

[59] *J. Brodrick,* Saint François Xavier, Paris 1954, 110-113, 137, 159 f.; *W. Bühlmann,* Pionier der Einheit. Anastasius Hartmann, Zürich 1966, 54; *C. Nicolet,* Vita del Beato Luigi Maria Chanel, Roma 1889, 240, 243; *J. P. Jordan,* Bishop Shanahan of Southern Nigeria, Dublin 1948, 120 f.

[60] Über dessen eigenartige Geschichte vgl. *Bühlmann,* Alle haben denselben Gott 26 bis 39. In diesem Buch wird auch beschrieben, was seither an Kontakten auf allen Ebenen geschah.

[61] OR 21. 5. 1964.

[62] Weitere Auskünfte in *W. Bühlmann,* Die christliche Terminologie als missionsmethodisches Problem, Schöneck 1950, 274-277.

[63] *Loth,* Christentum im Spiegel 199 f., 323 f.; vgl. schon früher *Th. Ohm,* Asiens Nein und Ja zum westlichen Christentum; *Bühlmann,* Missionsprozeß.

[64] Vgl. die Bücher von *Bitterli, Höffner;* ferner W. *Bühlmann,* Die Rechte der Person und der Nation und ihre Bedeutung für die Mission, in: NZM 1957, 192-207, 241 bis 255; *H. Clastres,* Selvaggi e civili nel Settecento, in: *Châtelet,* Storia delle ideologie II, 159-173.

[65] Belege bei *Bühlmann,* a.a.O. 192-203.

[66] *L. Hanke,* All mankind is one. A study of the disputation between B. de Las Casas and Juan Ginés de Sepùlveda on the religious and intellectual capacity of the American Indians, N. Illinois U. P. 1974. Ferner *E. Dussel,* Dall'indio ‚rude' al ‚buon selvaggio', in: Concilium 10, 1979, 83-97.

[67] *J. J. Rousseau,* Discours sur l'origine et les fondemens (!) de l'inégalité parmi les hommes, Amsterdam 1759.

[68] *G. T. Raynal,* Histoire philosophique et politique des établissements et du commerce des Européens dans les deux Indes, Paris 1762. Vgl. *Bitterli,* Die „Wilden" 433, 270-288.

[69] Belege bei *Bühlmann,* Alle haben denselben Gott 20-22.

[70] *D. J. Roginski,* Arts of the East. The exotic white man, in: Philippine Airlines, Wingtips, July-Sept. 1977, 5-9.

[71] *A. B. Ziegler,* Thomas Wilson, Bischof von Sondor und Man. Ein Beitrag zur Geschichte der englischen Literatur des 18. Jahrhunderts, Freiburg i. Ue. 1972. Bezüglich der verschiedenen Mythen über die Neger vgl. *M. J. Herskovits,* Myth of the Negro past; *G. Fitzhugh,* Sociology of the South, 1847; *D. Curtin,* The atlantic slave trade, Madison 1969.

[72] *W. R. Jones,* Is God a white racist? New York 1973.

[73] *Chenu,* Dieu est noir 117; *Jordan,* White over black.

[74] *Nosipho Majeko,* The rôle of the missionaries, im Vorwort; vgl. auch das Buch von *Sundermeier.*

[75] Vgl. *D. Rees,* Soviet strategic penetration of Africa, London 1977; *R. Nixon,* The real war, New York 1980.

[76] Die Bücher von *Muller, Marquard; Beckmann,* Rasse 158-187; *H. M. Grosse-Oetringhaus,* Kirche in Südafrika: Theologie der Herrschaft – Theologie der Befreiung, in: ZMR 1978, 52-72; *M. Weber,* Die protestantische Ethik und der Geist des Kapitalismus, in: Gesammelte Aufsätze I, Tübingen 1972, 17-206; *ders.,* Die israelische Eidgenossenschaft und Jahwe, a.a.O. III, 1-280. Für die Landidee vgl. *G. H. Calpin,* At last we have got our country back, Capetown 1968; *K. Schoeman,* Promised land, London 1979.

[77] *Wilkins – Strydom,* The Super-Afrikaners; *R. Meyer – B. Naunde,* Gelofdedag: Christus fees of Baals fees? Braamfontein 1971.

[78] Catholic commitment on social justice, Pretoria 1977.
[79] *Kattmann,* Rassen 9; *L. Harding,* Die Südafrika-Politik der UNO und der Kirchen. Studie zum Konflikt im südlichen Afrika, München 1977; *B. Hinwood,* Race. The reflection of a theologian, Rome 1964. Vgl. auch den jährlichen Überblick über die Rassenbeziehungen vom South African Institute of Race Relations in Johannesburg.
[80] *Denzinger-Schönmetzer,* Enchiridion 2901-2980.
[81] *Machovec,* Jesus für Atheisten 27.
[83] *Wetter,* Der dialektische Materialismus 301-312, 625-641.
[84] *Daniel,* Aux frontières 56, 83.
[85] Internationale Dialog-Zeitschrift, Freiburg i. Br. 1968 ff.; *Garaudy-Metz-Rahner,* Der Dialog, oder: Ändert sich das Verhältnis zwischen Katholizismus und Marxismus? Hamburg 1966.
[86] AAS 1963, 299 f.
[87] Einige dieser Informationen verdanke ich P. Balbo Andrea vom Sekretariat für die Nicht-Glaubenden. Zum ganzen vgl. *G. Girardi* (Hg.), L'ateismo contemporaneo, 4 vol., Roma 1967-1969; ferner die Bücher von *Figl, Hebblethwaite, Morra.*
[88] *Jacquemont,* Le temps de la patience 98-110.
[89] Vgl. Puebla, Nr. 402-412.
[90] *Rolfes,* Der Sinn des Lebens im marxistischen Denken.
[91] Vgl. *Bühlmann,* Alle haben denselben Gott 143-158. Concilium 6, 1979.
[92] *Stehle,* Ostpolitik 404.
[93] HK 1979, 287 f.
[94] *M. Pinay,* Complotto contro la Chiesa, Madrid 1962. Vgl. dazu *Heer,* Gottes erste Liebe 20, 509 f.
[95] *Kühn,* Toleranz und Offenbarung 72-83, 453-473; ferner das Buch von *Schultz.*
[96] *Toynbee,* Studie zur Weltgeschichte 303 f., 334 f.
[97] *Moltmann,* Der gekreuzigte Gott 24.
[98] *Heer,* a.a.O. 520 f. Vgl. auch die Bücher von *Mirgeler, Hebga, Schmitz;* ferner *Rüstow,* Ortsbestimmung der Gegenwart I, 152-154.
[99] *F. Fanon,* Die Verdammten dieser Erde (rororo aktuell 1209-1210) 239.

Dritte Runde: Wie die andern Völker sich selber sehen

[1] Zum Beispiel *Ch. M. Schröder,* Die Religionen der Menschheit; Homo religiosus. L'expression sacré dans les grandes religions, Louvain 1978 ff.; *H.-Ch. Puech,* Histoire des religions (im Lit.-Verz.).
[2] Vgl. *W. Schneider,* Die Religion der afrikanischen Naturvölker, Münster i. W. 1891; *Chr. Pesch,* Gott und Götter, Freiburg i. Br. 1890; *H. Schell,* Apologie des Christentums, in: Religionen und Offenbarung, Paderborn 1901; *A. Le Roy,* La religion des primitifs, Paris 1909; *P. V. Cathrein,* Die Einheit des sittlichen Bewußtseins der Menschheit, 3 Bde., Freiburg i. Br. 1914; *J. Riem,* Die Sintflut in Sage und Wissenschaft, Hamburg 1925.
[3] Bei der Darstellung der Religion der Pygmäen und der Hirtenvölker stütze ich mich stark auf die 12 Bände „Ursprung der Gottesidee" von W. Schmidt. Das will keineswegs heißen, daß ich mit ihm in die Arena steige, um so viele Auffassungen anderer Gelehrten zu bekämpfen, noch daß ich seine Ausführungen über Alter, Ursprung, Abhängigkeiten der Religion der verschiedenen Völker einfach unterschreibe. Man muß unterscheiden zwischen religionskundlichem Material, das bis heute wertvoll bleibt, und religionsgeschichtlicher Deutung oder Konstruktion, von der man sich distanzieren

kann. W. Schmidt bleibt trotz aller Abstriche ein Hüne seiner Wissenschaft, dem man vieles zu verdanken hat. Vgl. die neueste Würdigung *St. Pajak,* Urmonotheismus und Uroffenbarung bei W. Schmidt, St. Augustin 1978; *J. Henninger*, P. W. Schmidt: 25 Jahre nach seinem Tod, in: Anthropos 74 (Freiburg i. Ue. 1979) 1-5. – Ich anerkenne hier gern die Hilfe, die mir bei dieser Runde zuteil wurde durch die Benützung der Bibliothek des Anthropos-Institutes in St. Augustin bei Bonn und durch die Gespräche mit den Mitgliedern des Institutes.

[4] Zitat bei *F. Snowdon,* Black in antiquity: Ethiopiens in the Graeco-Roman experience, Cambridge 1970, 146.

[5] *P. Giovanni Antonio Cavazzi da Montecucculo,* Istorica descrizione de' tre Regni Congo, Matmaba et Angola situati nell' Etiopia inferiore occidentale, Bologna 1687, I, Nr. 156.

[6] Bei *Schmidt*, Ursprung VII 324. Erstmals kommt in diesem Band VII im Zusammenhang mit den ostafrikanischen Hirten (und nur hier!) im Sachverzeichnis das Stichwort „Auserwählte Völker" vor, mit 11 Belegen!

[7] *Hallet,* Afrika Kitabu 117.

[8] *Debrunner,* A history of Christianity in Ghana 1, 5 f.

[9] *Zahan,* in: *Puech,* Histoire des religions III, 646 f.

[10] In: Colloque International de Kinshasa 1978, 88.

[11] Vgl. *Baumann,* in: *H. Baumann – R. Thurnwald – D. Westermann,* Völkerkunde von Afrika, Essen 1940.

[12] Vgl. auch *W. Schmidt*, Handbuch der vergleichenden Religionsgeschichte, Münster i. W. 1930, 56; ferner die Bände II bis VI, Ursprung der Gottesidee, über die Urvölker Asiens, Afrikas und Amerikas.

[13] *Schmidt,* Ursprung IV, 17-219. Das Zeugnis von Trilles muß man mit Vorsicht aufnehmen, da er gewisse Dinge konstruiert zu haben scheint. Vgl. *K. Piskaty*, in: Anthropos 62 (1957) 33-48.

[14] *Schmidt,* a.a.O. 220-302.

[15] A.a.O. 336-404.

[16] *Schmidt,* Ursprung VII, 11-162.

[17] A.a.O. 321-431, bes. 427.

[18] A.a.O. VIII, 1-93, bes. 30.

[19] *Nothomb,* Un humanisme africain, bes. 89-98; *B. Zuure*, L'âme du Murundi, Paris 1932.

[20] *C.E.E.B.,* Noms théophoriques d'Afrique, Bandundu 1977. Vgl. jedoch die Reserven, die *R. Friedli* zu diesen theophorischen Namen anbringt, in: *Waldenfels,* Festschrift Glazik 261-271. Wir werden in § 7 auf die umstrittene Frage des Hochgottglaubens zurückkommen.

[21] *Griaule,* Schwarze Genesis 10.

[22] *Dieterlen,* Textes sacrés 7.

[23] *Baumann,* Schöpfung und Urzeit 162 f., 97.

[24] *J. Goetz,* Dieu lointain et puissance proches 21-55.

[25] *Lufuluabo,* in: African Eccles. Review 1962, 250. Ferner die Bücher von *Nyom, Mbiti* im Lit.-Verz. Ferner Vierte Runde, Anm. 97.

[26] Vgl. die Bücher von *Tempels, Mulago, Lufuluabo, Eliade* im Lit.-Verz. Ferner, als eines der vielen Bücher über das heilige Königtum in Afrika: *Irstam Tor*, The king of Ganda, Stockholm 1944.

[27] *Thiel,* Ahnen 175 f.

[28] Typisch für diese Haltung ist *Okot p'Bitek,* African religions in western scholarship, Nairobi 1970. Vgl. den Bericht darüber in: *Bühlmann,* Missionsprozeß 27-31. Ferner *B. I. Sharevskaya*, in: Des africanistes russes parlent de l'Afrique, Paris 1960, 109-127.

[29] Vgl. die Besprechung des Buches über strukturale Anthropologie von *M. Oppitz*, durch *R. Rahmann*, in: Anthropos 73 (1978) 602 f.
[30] *Singleton*, Ancêtres, adolescants et l'absolu.
[31] Siehe deren Bücher im Lit.-Verz.
[32] *Thomas-Luneau*, Les sages 144.
[33] *Amadou Hampaté Ba*, in: *Dieterlen*, Textes sacrés 9.
[34] Vgl. die Bücher von *Fourche-Morlinghem, Griaule, Schlosser* im Lit.-Verz.
[35] *Köster*, Afrikanisches Christsein 50, 400.
[36] Lumen gentium, Nr. 73; Ad gentes, Nr. 10; Sacrosanctum Concilium, Nr. 37-40. Vgl. dazu *Bühlmann*, Wo der Glaube lebt 224-233.
[37] AIF 16. 11. 1974. Vgl. dazu die Bücher von *Butturini, Zago;* ferner *Shorter*, African Christian theology; *Bühlmann*, Ein Missionsorden 39-59 (Missionstheologie vom II. Vatikanum zu Evangelii nuntiandi).
[38] Colloque International de Kinshasa 1978, 19 (Kardinal Malula), 300 (Kardinal Rossi).
[39] *Schmidt*, Ursprung I, 160-163.
[40] A.a.O. 143-160, 334-487; III 565-1114.
[41] A.a.O. IX 71-141.
[42] A.a.O. 3-67.
[43] A.a.O. 11-39.
[44] A.a.O. 157 f.
[45] *Yang*, Religion in Chinese society 104-126, 378-404; ferner *Wing-Tsit-Chan*, Religiöses Leben im heutigen China, München 1955; *W. Eichhorn*, Die Religionen Chinas.
[46] *P. François-Régis de Lascuet*, La trouée. Le Père Charles, Paris 1947.
[47] *J. Dournes*, Dieu aime les païens.
[48] *Sinaga*, The Toba-Batak High-God. Dissertation Louvain.
[49] Da wir für die wenigen indischen Ausdrücke keine diakritischen Zeichen gebrauchen, ist wenigstens anzumerken, daß das sh dem deutschen sch entspricht, und dg dem dsch.
[50] *Panikkar*, The Vedic experience 4, 10. Vgl. zum ganzen Abschnitt auch die Bücher von *Klostermeier, Radhakrishnan, Zaehner, von Glasenapp, Parrinder*. Ich anerkenne auch die Informationen und die Hilfe von Patrick Crasta, aus Indien, Student des Hinduismus in Rom.
[51] So *Radhakrishnan*, The Hindu view of life 20, 25; *A. C. Bose*, The call of the Vedas, Bombay 1954, 32-35; *Panikkar*, a.a.O. 11 und 790; vgl. auch *A. Daniélou*, Hindu polytheism, London 1964.
[52] Vgl. *Mensching*, Buddha 275.
[53] *M. Dhavamony*, Hindu incarnations, in: Studia Missionalia 21 (Roma 1972) 127 bis 169.
[54] *Klostermaier*, Hinduismus 171-184, 311.
[55] Vgl. *Sequeira*, Sin and forgiveness in the early Vedic period.
[56] *Klostermaier*, a.a.O. 361-374.
[57] Übernommen aus *Panikkar*, a.a.O.
[58] *Radhakrishnan*, a.a.O. 67-72; *M. Dhavamony*, La cristianità e le società basate sul sistema delle caste, in: Concilium 10, 1979, 134-144.
[59] *Ruben*, Die Entwicklung der Religion im alten Indien 4, 41, 239 f.
[60] Vgl. das Buch von *Siegmund;* Ferner *von Glasenapp*, Die Religionen Indiens 206 bis 280; Concilium 6, 1978: Buddismo e cristianesimo, vor allem die Artikel von M. Dhavamony, D. Dubarle, Mervin Fernando; *C. Regamey*, in: LThK II, 752-756.
[61] *Wilkinson*, Ambedhar and the neo-buddhist movement.

[62] *Dumoulin,* Buddhismus der Gegenwart 166-187; *H. B. Earhart,* The new religions of Japan. A bibliography, Tokyo 1970; *E. Benz,* Neue Religionen, Stuttgart 1971; *H. Biezais,* New religions, Stockholm 1975.
[63] *Cox,* Licht aus Asien; *Bühlmann,* Alle haben denselben Gott 188-192.
[64] Vgl. *Paret,* Der Koran; *Gardet,* L'Islam 41-51; *T. Fahd,* Naissance de l'Islam, in: *Puech,* Histoire des religions II 646-694; *J. Henninger,* Spuren christlicher Glaubenswahrheiten im Koran, Schöneck 1951. – Für diesen Abschnitt verdanke ich gute Informationen Prof. Ary A. Roest Crollius, Gregoriana, Rom.
[65] *Gardet,* a.a.O. 281; ferner *L. Gardet,* La cité musulmane, Paris 1961.
[66] *Ary A. Roest Crollius,* Mission and morality. The communitarian and missionary dimensions of the qur'anic ethics, in: Studia Missionalia 27 (Roma 1978) 257-283; *P. Antes,* „Mission" im Islam, in: *Waldenfels,* Festschrift Glazik 375-381.
[67] Vgl. *J. Henninger,* Über den Beitrag der Laien bei der Ausbreitung des Islams, in: *J. Specker-W. Bühlmann,* Das Laienapostolat in den Missionen, Schöneck 1961, 345 bis 371; *R. Paret,* Toleranz und Intoleranz im Islam, in: Saeculum 21 (Freiburg i. Br. 1970) 344-365; *U. Schoen,* Determination und Freiheit im arabischen Denken heute; *M. Mintjes,* Social justice in Islam.
[68] *Ary A. Roest Crollius,* Il risveglio dell'Islam in un mondo pluralista, in: Civiltà Cattolica, Roma 1980, 117-132; The Journal Muslim World League, Mecca 1977 ff.; PMV-Bulletin, Sept.-Oct. 1978: Le dialogue islamo-chrétien des dix dernières années.
[69] *L. Kolafa,* Das Sendungsbewußtsein des Christoph Kolumbus, München 1974. Vgl. NZM 1976, 129. Die gleiche Überlegung trieb die Missionare dann auch nach China: vgl. *J. Beckmann,* China im Blickfeld der mexikanischen Bettelorden des 16. Jahrhunderts, in: NZM 1963, 81-92, 195-214; 1964, 27-41, 89-108.
[70] *Ricard,* La „conquête spirituelle" 25-52; *Braden,* Religious aspects of the conquest of Mexiko 20-75.
[71] *M. Eliade,* La nostalgie des origines 203 f.
[72] Aussage von P. R. Cadorette, Missionar unter den Aymara. Vgl. auch Instituto de Estudios Aymaras, Boletin, Puno 1978 ff. Ähnliche Aussagen über die katholischen Mapuche in Chile bei *E. Böning,* Der Pillànbegriff der Mapuche, St. Augustin 1974.
[73] *Schmidt,* Ursprung II 408-448; V 475-521; VI 53-55.
[74] A.a.O. II 36-41.
[75] A.a.O. 73-101.
[76] A.a.O. 873-1033.
[77] A.a.O. 680-756.
[78] A.a.O. 354, 367, 371; V 413.
[79] *Nouilhac,* La peur de l'autre; *Friedli,* Fremdheit als Heimat 127-129; *Deutsch,* Nationalism; *G. M. Murdeck,* Ethnocentrism, in: Encyclopaedia of the Social Sciences, New York 1948, V 613 f.; *D. Bidney,* Cultural relativism, in: *D. L. Sills* (Hg.), International Encyclopaedia of the Social Sciences III 543-547; *P. Heinth,* Soziale Vorurteile, in: Wörterbuch der Soziologie, Stuttgart 1969, 996 f.
[80] *Ohle,* Das Ich und das Andere 97.
[81] *Von der Mehden,* Religion and nationalism.
[82] *Plischke,* Völkerkundliches zur Entstehung von Stammes- und Völkernamen; *C. Lévi-Strauss,* Rasse und Geschichte, Frankfurt a. M. 1972, 16-23.
[83] Zum ganzen vgl. *M. Eliade,* Centre du monde. Die Auskünfte über Indonesien verdanke ich Prof. Jan Boelaerts, der für weitere Auskünfte verweist auf *Stoehr-Zoetmulder,* Die Religionen Indonesiens, Stuttgart 1965.
[84] Vgl. die wichtigste Lit.: *M. Hermann,* Erlöser und Heilbringer der Tibeter; *H. Mynarek,* Religionen und Utopien der Hoffnung, in: *Erharter,* Hoffnung für alle 36 bis 69; *H. Schär,* Erlösungsvorstellungen und ihre psychologischen Aspekte; *R. Guardini,*

Der Heilbringer in Mythos, Offenbarung und Politik, Zürich 1946; *Guariglia,* Prophetismus und Heilserwartungen 254-277; *M. I. Pereira de Queiroz,* O messianismo no Brasil e no mundo, São Paolo 1965; *B. D. M. Sundkler,* Bantu prophets in South Africa, London 1961; *D. A. Barrett,* Schism and renewal in Africa; *H. Desroche,* Dieux d'hommes.

[85] *R. Buijtenhuijs,* Le mouvement Mau-Mau, Paris 1971, 300-313; *Sinda,* Le messianisme congolais 141-147; *P. Raymaekers,* L'Église de Jésus-Christ sur la terre par le prophète S. Kimbangu, Kinshasa 1975; *W. Heintze-Fad,* L'Église Kimbanguiste, une Église qui chante et prie, Leiden 1978.

[86] Die Ursachen des neuen Imperialismus, in: *Golo Mann,* Propyläen-Weltgeschichte VIII/2, Frankfurt a. M. 1976, 713-719.

[87] *J. Duffy,* Portuguese Africa, Cambridge/Mass. 1959, 268-288; Semaine de Missiologie de Louvain 1972, 98.

[88] *V. Gioberti,* Primato morale e civile degli Italiani, vor allem I 45-50, 64, 81; III 107, 260-263.

[89] *Hammer,* Weltmission 15.

[90] A.a.O. 309-331.

[91] Die Belege in: *Heer,* Gottes erste Liebe 416 f., 440 f.; *G. Lewy,* Die katholische Kirche und das Dritte Reich, München 1965; *H. Missalla,* Für Volk und Vaterland. Die kirchliche Kriegshilfe im Zweiten Weltkrieg, Königstein-Taunus 1978; HK März 1980, 138-144.

[92] Vgl. *Amery,* Das Ende der Vorsehung 99-111; *M. Koriuman,* Le ideologie del territorio, in: *Châtelet,* Storia delle ideologie II, 175-193.

[93] *Wolf,* The almost chosen people, Garden City 1959.

[94] *Marstin,* Beyond our tribal Gods 75.

[95] Vgl. *Bühlmann,* Wo der Glaube lebt 69 f.; *D. D. Eisenhower,* Kreuzzug in Europa, 1948.

[96] *Th. Mechtenberg,* Kultur und Nationalbewußtsein in Polen, in: ORI 1980, Nr. 1, 9 bis 12.

[97] *J. Comblin,* The Church and the National Security State.

[98] Soviet nationalism, in: *Bluhm,* Ideologies 320-335; *G. Guariglia,* Il Messianismo russo, Roma 1956.

[99] *R. R. Ruether,* Towards a new covenantal theology, in: *Talmage,* Disputation 320 bis 329.

Vierte Runde: Wie wir Christen heute alle Völker verstehen

[1] Vgl. *M. Eliade,* The quest: history and meaning 51; *Mensching,* Der offene Tempel 9-31; *Pesch* (Hg.), Einheit der Kirche 10f.; *A. Toffler,* Future shock, New York 1970.

[2] *Panikkar,* Religionen und die Religion 10 f., 169; *Mensching,* Buddha und Christus 219-234.

[3] *Rahner,* Mitmenschlichkeit 47 f.

[4] *Ratzinger,* Das neue Volk Gottes 339. Vgl. den ganzen Beitrag: Kein Heil außerhalb der Kirche? (339-361).

[5] *Berger,* Das Unbehagen in der Modernität 118-121, 159-161.

[6] *Köster,* Afrikanisches Christsein 50.

[7] Vgl. *W. Bühlmann,* Die Bedeutung der Kirche der Dritten Welt für das abendländi-

sche Christentum, in: *Mensen*, Die Begegnung 91-106, bes. 92-95 (Die Wachstumskrise des abendländischen Christentums).
[8] *Wildiers*, Weltbild und Theologie 147-292.
[9] *Toynbee*, Wie stehen wir zur Religion 170-179.
[10] A. Exeler auf der Tagung der deutschsprachigen Pastoraltheologen in Wien, 2.-5. Januar 1980, veröffentlicht in: *Bertsch-Schlösser* (Hg.), Evangelisation in der Dritten Welt (Theologie der Dritten Welt, Bd. 2), Freiburg i. Br. 1981.
[11] Diese Proportion wird voraussichtlich auch in Zukunft so bleiben, vgl. dazu *D. Barrett*, A. D. 2000, in: International Review of Mission, Geneva 1970, 39-54.
[12] *Mildenberger*, Christentum im Spiegel der Weltreligionen 16.
[13] *F. Kollbrunner*, Mission und Religionen bei den deutschsprachigen katholischen Theologen des 19. Jahrhunderts, in: NZM 1977, 145-147. *Klinger*, Offenbarung im Horizont der Heilsgeschichte.
[14] *D. H. Bishop*, Religions confrontation. A Case study: The 1893 Parliament of religions, in: Numen 16 (Leiden 1969) 63-76.
[15] *Rahner-Vorgrimler*, Kleines Konzilskompendium, Freiburg i. Br. 1966, 28; ferner: *K. Rahner*, Das Konzil – ein neuer Beginn, Freiburg i. Br. 1966.
[16] *Bühlmann*, Alle haben denselben Gott.
[17] Die Folgen von unterbliebener Aufklärung erklärte P. Teobaldo OFMCap an der Herbsttagung der Unione dei Superiori Generali in Villa Cavaletti: er gab zu bedenken, wenn in den letzten zehn Jahren rund 40 000 Priester und Ordensleute aufgegeben haben, kam das nicht zuletzt daher, daß sie auf die kulturell-soziologisch-theologischen Veränderungen, durch die alles in Frage gestellt wurde, nicht vorbereitet waren, sie deshalb nicht verkraften konnten. Wenn man das alles im richtigen Lichte, als Aufruf Gottes verstehe, könne man positiv darauf reagieren, nicht den Eindruck einer belagerten und an Böllerschüssen zerbrechenden Festung bekommen, sondern durch die Wachstumskrise hindurch in der neuen positiven Schau leben.
[18] *W. Kasper*, Tradition als Erkenntnisprinzip, in: *Haag*, Relevanz der Geschichte 198-215; *ders.*, Glaube und Geschichte, Mainz 1970.
[19] *M. Pomilio*, Il quinto Evangelio.
[20] *H. Zahrnt*, Gott kann nicht sterben 107-112.
[21] *A. Dulles*, Revelation theology, bes. 175-177.
[22] *H. Fries*, Zum heutigen Stand der Fundamentaltheologie, in: *ders.*, Glaube und Kirche als Angebot 154-171; *P. Knauer*, Der Glaube kommt vom Hören.
[23] *Rahner*, Grundkurs 430-440; *L. Karrer*, Der Glaube in Kurzformeln.
[24] Vgl. die Bücher von *Benoit, Dulles, Latourelle, Mann, Klinger, Oberhammer, Pannenberg, Rahner-Ratzinger* im Lit.-Verz.
[25] *H. Küng*, Existiert Gott 625-629 und ebd. das Kapitel: Die Herausforderung des Atheismus 221-380; *V. E. Frankl*, Der Mensch auf der Suche nach Sinn, Freiburg i. Br. 1972; *A. Pauls* (Hg.), Suche nach Sinn – Suche nach Gott, Graz 1978; *J. B. Lotz*, Wider den Unsinn. Zur Sinnkrise unseres Zeitalters, Frankfurt a. M. 1977; *Welte*, Die Heilsbedürftigkeit des Menschen.
[26] *W. Strolz*, Ein jüdischer Denker der Offenbarung, in: ORI 1979, 247-250.
[27] Vgl. jeweils die zwei Bücher, die eine klare Tendenzwende ankündigten: *H. Cox*, The secular city, New York 1965; *ders.*, The feast of the fools, Cambridge 1969; sodann *H. Zahrnt*, Gott kann nicht sterben, München 1970; *ders.*, Warum ich glaube. Meine Sache mit Gott, München 1977; ferner die viele Lit. zur Gotteserfahrung, z.B. die Bücher von *J. Zink, M. Légaut, L. Boros, H. Mühlen; D. Sölle*, Die Hinreise. Zur religiösen Erfahrung, Stuttgart 1975; *K. Rahner*, Schriften zur Theologie XII: Theologie aus Erfahrung des Geistes.

[28] Il Giornale dell'anima, Roma 1964, 330 f. (Deutsche Ausg.: Geistliches Tagebuch und andere geistliche Schriften, Freiburg i. Br. [11]1966.)
[29] *Rahner*, Über die Schriftinspiration; *Lohfink*, Das Siegeslied 44-80 (Die Irrtumslosigkeit). *Ishanand Vempeny*, Inspiration in the non-biblical scriptures?
[30] *L. Volken*, Die Offenbarungen in der Kirche, Innsbruck 1965; *A. Bea*, Inspiration, in: LThK V 703-711.
[31] *F. G. Downing*, Has Christianity a revelation? Philadelphia 1966 (die Frage des Titels wird negativ beantwortet).
[32] *G. Moran*, Theology of revelation, New York 1966; *ders.*, The present revelation, New York 1972.
[33] The present revelation 228 f.
[34] *W. Kasper*, Die Welt als Ort des Evangeliums, in: *ders.*, Glaube und Geschichte 209-223, bes. 215.
[35] Neben den schon erwähnten Büchern noch *VV.AA.*, Revelation in Christianity and other religions; *P. Rossano*, Y-a-t-il une révélation authentique en dehors de la révélation Judéo-chrétienne? in: Bulletin Secretariatus pro non christianis, Roma 1968, 82 bis 84. *Rahner*, Grundkurs 147-165; *A. Darlap*, Heilsgeschichte, in: SM II 647-656; *Kraft*, Christianity in culture 169-215, 396 f.
[36] So z.B. die Werke von *Benoit, Latourelle*, während *K. Rahner*, Über die Schriftinspiration 85, schon 1958 wie selbstverständlich annimmt, daß jene andern heiligen Bücher, bei Wahrung der nötigen Analogie, ihren ähnlichen gemeinschaftskonstituierenden und gottgewollten Charakter haben können wie das Alte Testament.
[37] *M. Müller*, Leben und Religion, Stuttgart 1906, 159.
[38] *Rossano*, Il problema teologica delle religioni 32.
[39] Vgl. die Bücher von *Tworuschka-Zilleßen* und *Klages-Heutger*. Es ist kennzeichnend, daß neuere Glaubensbücher wie selbstverständlich die Vergleichung des Christentums mit den Weltreligionen darstellen, z. B. *Küng*, Christ sein 81-108; *Rahner*, Grundkurs 303-312; *Feiner-Vischer* (Hg.), Neues Glaubensbuch 392-409. Sogar in der Einführung ins Neue Testament wird heute sinnvoll auch eine Darstellung der andern Religionen geboten, z.B. in: Il Vangelo e i messaggi religiosi della storia (14-20: P. Rossano).
[40] *M. Smith*, Ancient Near Eastern texts related to the Old Testament, 1950. Vgl. *Gottwald*, The tribes of Yahwe 670-678.
[41] *H. U. von Balthasar*, in: MS II 42.
[42] Z. B. *L. Alonso-Schökel*, Das Alte Testament als literarisches Kunstwerk; *Roest Crollius*, The word in the experience of revelation in Qur'an and Hindu scriptures.
[43] Vgl. weitere Ausführungen und Belege in: *Bühlmann*, Alle haben denselben Gott, bes. 193-214.
[44] *Laburschagne*, The incomparability of Yahweh.
[45] *H. Mynarek*, Religionen und Utopien der Hoffnung, in: *Erharter*, Hoffnung für alle 36-69.
[46] *Mbiti*, African religions 18-35, 282; *M. Eliade*, La nostalgie des origines; *ders.*, Le mythe de l'éternel retour, Paris 1949; vgl. die acht interessanten Beiträge von Afrikanern über Parallelen zwischen dem afrikanischen und jüdischen Gottesbegriff, in *von Hammerstein*, Christian-Jewish relations; ferner die Ausführungen in: Colloque International de Kinshasa 1978; *Dickson*, Biblical revelation and African beliefs; *Parrinder*, Le Upanishad, la Gita e la Bibbia.
[47] *Von Rad*, Theologie II 341.
[48] *P. Knauer*, Das Verhältnis des Neuen Testamentes zum Alten als historisches Paradigma für das Verhältnis der christlichen Botschaft zu andern Religionen und Weltanschauungen, in: *Oberhammer*, Offenbarung 153-170.

[49] *Klostermaier*, Hinduismus 307; *H. von Campenhausen*, Aus der Frühzeit des Christentums, Tübingen 1963, 152-196 (Das Alte Testament als Bibel der Kirche).
[50] Weiter ausgeführt in: *Bühlmann*, Alle haben denselben Gott 99-115.
[51] *A. Alt*, Der Gott der Väter, in: *ders.*, Kleine Schriften zur Geschichte des Volkes Israel I, München 1953, 1-78; *de Meuter*, Yours God is my God; *Rattray*, Ashanti, Oxford 1969, 139-144, ist überzeugt, daß der Hochgott der Ashanti mit dem Jahwe der Israeliten identisch ist; *Brosnan*, The Gospel to the Biron 155-212, 239-270, meint auch, man könnte Dagwi und Jahwe austauschen und so verhindern, daß die Bekehrung zum Christentum einer totalen Entfremdung von der bisherigen Religion gleichkäme. Zum ganzen vgl. *W. Bühlmann*, Die christliche Terminologie als missionsmethodisches Problem, Schöneck 1950, 124-151.
[52] Die theologischen Grundlagen dazu in: *Kasper* (Hg.), Absolutheit des Christentums; *Dupuis*, Jesus Christ and his Spirit; *Panikkar*, The unknown Christ of Hinduism; *Schumann*, Der Christus der Muslime; *Amalorpavadass*, in: Théologies du Tiers-Monde 212-232; *S. Regli*, Überlegungen zum Absolutheitsanspruch des Christentums, in: Wissenschaft und Weisheit 40 (1977) 100-124; *R. Latourelle*, La spécificité de la révélation chrétienne, in: *VV.AA.*, Revelation in Christianity 41-74; *K. Rahner*, Jesus Christus in den nichtchristlichen Religionen, in: Schriften XII 370-383; *D. Wiederkehr*, Jesus Christus als die Erfüllung der Religionen, in: *Paus*, Jesus Christus und die Religionen 161-190. Vgl. ferner, was schon über die Gnade Christi im Zusammenhang mit dem Schöpfungsbund gesagt wurde (Erste Runde § 8), und die dortige Lit., ebenso die Darstellung Jesu in der Ersten Runde § 26-31 und die dortige Lit.
[53] So auf dem Kongreß in Bangalore 1974; vgl. *Bühlmann*, Alle haben denselben Gott [104 f.
[54] Vgl. die längeren Ausführungen bei *Bühlmann*, Wo der Glaube lebt 181-194; *ders.*, Alle haben denselben Gott 197-205 mit der dortigen Lit.; vor allem auch die Arbeiten von *Rahner, Heislbetz, Schlette, Feiner*.
[55] *H. U. von Balthasar*, Eschatologie, in: *J. Feiner* (Hg.), Fragen der Theologie heute, Einsiedeln 1960, 403-422, bes. 413 f.; *Rahner*, Grundkurs 418-421; *ders.*, Heilswille Gottes, allgemeiner, in: SM II 656-664. Vgl. in diesem Zusammenhang die gute Arbeit von *Couto*, Hoffnung im Unglauben.
[56] *Lombardi*, Chiesa e Regno di Dio; *H. Fries*, Reich Gottes, in: LThK VIII 1115 bis 1120; *Schnackenburg*, Gottes Herrschaft und Reich.
[57] Puebla. Die Evangelisierung Lateinamerikas. Leider sind in der deutschen und italienischen Fassung weder die Zählung der Nummern noch die Übersetzung übereinstimmend. Unser Text entspricht der deutschen Ausgabe Nr. 226-231, in der italienischen Ausgabe 132-133.
[58] Vgl. *Küng*, Christ sein 109-157; *H. U. von Balthasar*, Glaubhaft ist nur die Liebe, Einsiedeln 1963.
[59] *J. Fuchs*, Gibt es eine spezifisch christliche Moral? in: Stimmen der Zeit 1970, 99 bis 112; *Demmer* (Hg.), Christlich glauben und handeln, vor allem 31-54 (*A. Auer*, Die Autonomie des Sittlichen nach Thomas von Aquin); 55-77 (*D. Mongillo*, Theonomie und Autonomie des Menschen ohne Gott); *Böckle*, Fundamentalmoral 48-92.
[60] *K. Rahner*, Perspektiven für die Zukunft der Kirche, in: Schriften IX 541-557; *W. Bühlmann*, La risurrezione di Gesù e il futuro della Chiesa, in: *ders.*, Coraggio, Chiesa 11-18; *ders.*, Kirche der Zukunft, in: *ders.*, Wo der Glaube lebt 303-313; *Schatz*, Hat Religion Zukunft?
[61] *Toynbee*, Die Zukunft der Religion, in: *Schatz*, a.a.O. 20-45.
[62] Vgl. *Mühlen*, Entsakralisierung; *Cox*, Secular city; *Baum*, God in secular experience; *Casiraghi*, Le nuove società.
[63] *Brown*, The ecumenical revolution 396-413 (Secular ecumenism – the ecumenical future).

[64] *M. de Certeau – J. M. Domenach*, Le christianisme éclaté, Paris 1974.
[65] Vgl. zum ganzen *P. Bigo*, The Church and the Third World revolution, Maryknoll 1978; *H. Assmann*, Practical theology of liberation, London 1975; *M. Bourdeaux*, The Fourth World; Theologie der Befreiung (Internationale Theologenkommission), Einsiedeln 1977; *Gutierrez*, A theology of liberation; *Metz*, Glaube in Geschichte und Gesellschaft.
[66] *Rennstich*, Mission und wirtschaftliche Entwicklung 260-265; *VV.AA.*, Théologies du Tiers-Monde.
[67] Vgl. *Bühlmann*, Alle haben denselben Gott 69-80.
[68] *D. Meadows*, Die Grenzen des Wachstums, Stuttgart 1972. Der neueste Bericht desselben Clubs: *J. W. Botkin* (Hg.), No limits to learning. Bridging the human gap, Oxford 1979.
[69] *H. Gruhl*, Ein Planet wird geplündert; *G. Altner*, Sind wir noch zu reich? Schöpfungsglaube und Verantwortung für unsere Erde, Regensburg 1978; *O. H. Steck*, Welt und Umwelt. Biblische Konfrontationen, Stuttgart 1978.
[70] *Thévoédjiré*, La pauvreté, richesse des peuples. Andere Bücher auf derselben Linie: *Fromm*, Haben oder Sein? *Ancel*, Pauvreté de l'Eglise en l'an 2000; *Neal*, A socio-Theology of letting go; *Sider*, Rich Christians in an age of hunger; *P. Lippert*, Wer sein Leben retten will. Selbstverwirklichung und Askese in einer bedrohten Welt, Mainz 1978; *J. Moltmann*, Neuer Lebensstil, München 1977; *J. Galtung*, Die tägliche Revolution. Möglichkeiten des alternativen Lebens, Frankfurt a. M. 1979; *U. Krolzik*, Umweltkrise – Folge des Christentums? Stuttgart 1979; Franziskus und der neue Materialismus. Eine franziskanische Antwort auf die Umweltkrise, Bonn (Missionsprokura der Franziskaner) 1980.
[71] *A. Darlap*, Heilsgeschichte, in: SM II 647-656, bes. 655. Vgl. auch *K. Rahner*, Anonymes Christentum und Missionsauftrag der Kirche, in: Schriften IX 498-515; *O. Köhler*, Missionsbefehl und Missionsgeschichte, in: Gott in Welt, Festschrift K. Rahner II, 346-371. Ebenso die Begründung der Missionarität der Kirche im ganzen ersten Kapitel von „Ad gentes" und in Nr. 16-17 von „Lumen gentium".
[72] *A. Dulles*, Models of the Church; *I. X. Irudayaraj*, From the ‚fulfilment-view' to the ‚sacramental approach', in: JEE 1 (Alleppey 1971) 200-211; *A. Perries*, in: Dialog, Nr. 22, Colombo, October 1970.
[73] Vgl. dazu *E. Schillebeeckx*, Intelligenza della fede: interpretazione e critica, Roma 1976; *P. Tillich*, Die religiöse Deutung der Gegenwart, Stuttgart 1968.
[74] Vgl. *W. Bühlmann*, Missionstheologie vom Vatikanum II zu Evangelii nuntiandi, in: *ders.*, Ein Missionsorden fragt nach seiner Zukunft 39-62.
[75] *J. Ratzinger*, Stellvertretung, in: Handbuch theologischer Grundbegriffe II, München 1963, 566-575; *N. Klaes*, Stellvertretung und Mission, Essen 1968.
[76] *Bühlmann*, Wo der Glaube lebt 117-122; *F. Kollbrunner*, Kirchenwachstum – ein vernachlässigtes Ziel! in: *Waldenfels*, Festschrift Glazik 111-121; *E. C. Pentecost*, Reaching the unreached; *D. A. McGravran*, Understanding Church growth, Grand Rapids 1970.
[77] *Bühlmann*, a.a.O. 28-33.
[78] La France, pays de Mission? Lyon 1943.
[79] Theologische Bedeutung der Position des Christen in der modernen Welt, in: *K. Rahner*, Sendung und Gnade 13-47; *ders.*, Strukturwandel der Kirche als Aufgabe und Chance, Freiburg i. Br. [3]1973, 21-48.
[80] OR 21.12.1978. Vgl. auch *J. Glazik*, Zum Thema „Mission in sechs Kontinenten", in: Ordensnachrichten, Wien 1976, 240-249.
[81] *L. Bertsch-F. Schlösser* (Hg.), Kirchliche und nichtkirchliche Religiosität, Freiburg i. Br. 1978; *Zulehner*, Religion ohne Kirche? Kirchlich Distanzierte. Sondernummer der

Zeitschrift „Kirche in Wien", März 1979; Entkirchlichung in der Großstadt: München Statistik 1974, in: HK, Sept. 1975, 428-430; *K. Forster* (Hg.), Religiös ohne Kirche? Mainz 1977; *Daniel*, Aux frontières de l'Eglise; *Höffner*, Pastoral der Kirchenfremden.

[82] *W. Bühlmann*, Evangelisierung der kirchlich Distanzierten. Modelle aus den USA, in: Diakonia 11 (1980) 210-212. The National Council of Churches USA, The unchurched American, by the Princeton Religion Research Center and The Gallup Organisation, 1978; *J. Russell Hale*, Who are the unchurched? Washington D. C. 1977; *J. W. Carroll* (Hg.), Religion in America, 1950 to the present, New York 1979; *D. Bohr*, Evangelization in America, New York 1977.

[83] *H. Rzepkowski*, Deutsche Missionare, in: Missio pastoral, Aachen 1980, 33-39.

[84] Diese Gedanken sind weiter ausgeführt in: *Bühlmann*, Ein Missionar fragt nach seiner Zukunft.

[85] OR 10.11.1979.

[86] *Dulles*, Models of the Church 31-42; *Hasenhüttl*, Herrschaftsfreie Kirche 75 f., 116 bis 125; Concilium 1979, H. 7: Römische Kurie und Gemeinschaft der Kirche. Vgl. auch, was ich schon vor acht Jahren über die römische Kurie schrieb: *Bühlmann*, Wo der Glaube lebt 144-160.

[87] *E. Ringel*, Religion und Neurose, in: HK 1978, 174-182; *Bühlmann*, Evangelisierung (s. Anm. 82).

[88] Vgl. *Légaut*, Meine Erfahrung mit dem Glauben 61-95; *ders.*, Der alte Glaube und die neue Kirche; *Hebga*, Emancipation d'Eglises; *Bruzzichelli*, Quale Chiesa?; *Singleton*, Let my people go; *D. Tracy* (Hg.), Towards Vatican III; *Puyo*, Voyage à l'intérieur de l'Eglise.

[89] *K. Stendahl*, Auf dem Wege zu einer die Welt umfassenden Gemeinschaft, in: *Hammerstein*, Von Vorurteilen zum Verständnis 72-75. Diese Punkte über die Evangelisierung werden hier nur angetönt, da sie in meinem andern Buch „Wo der Glaube lebt" weiter ausgeführt sind.

[90] So dachten und sprachen Bischof Patrick D'Souza am Missionskongreß in Manila 1979, in: SEDOS-Bulletin, Roma 1.3.1980, und Bischof H. Teissier von Oran: vgl. Chrétiens et non chrétiens accueillir ensemble le règne de Dieu, in: Spiritus, Nr. 75, Mai 1979, 165-180. Beachte ferner die sehr gute Besinnung der Bischöfe von Nordafrika über das Verhältnis der Kirche zu den Nichtchristen: Chrétiens en Maghreb, in: Documentation Catholique, 2 décembre 1979, 1032-1044.

[91] *E. Koller*, Religion im Fernsehen. Christliche Weltdeutung zwischen Programmauftrag, Verkündigungsanspruch und Publikumserfolg, Zürich 1978; *W. Daniels*, Kirchliche Rundfunkarbeit in Indonesien, in: KM 1979, 123-126; *Bühlmann*, Alle haben denselben Gott 133 f., 173 f.

[92] *R. A. Knox*, Enthusiasm. A chapter in the history of religion, Oxford 1962; ferner Quaderni ASAL, Una Chiesa che nasce dal popolo, Roma 1975; *L.Boff*, Ecclesiogenesi. Le comunità di base reinventano la Chiesa, Roma 1978; *B. Clark*, Building Christian communities. Strategy for renewing the Church, Notre Dame/Indiana 1975; *G. Hartmann*, Christliche Basisgruppen und ihre befreiende Praxis, Mainz 1980.

[93] *N. Kehl*, Kulturpluralismus und Verkündigung in biblischer Sicht, in: Ordensnachrichten, Wien 1974, 376-389; *A. A. Roest Crollius*, What is so new about inculturation? in: Gregorianum, Roma 1978, 721-738; *Köster*, Afrikanisches Christsein; *Shorter*, African Christian theology; *Y. Congar*, Die Katholizität der Kirche, in: MS IV/1, 478-502, bes. 480-487.

[94] *R. Panikkar*, Rtatattva: a preface to a Hindu-Christian theology, in: JEE, Jan./Febr. 1979, 6-63, bes. 27; *H. Staffner*, The open door; *Vandana*, Gurus, ashrams and Christians.

[95] Vgl. im Text oben § 10. Ferner *K. Jaroš*, Geschichte und Vermächtnis des Königreiches Israel, Bern 1979, 108.
[96] Vgl. *D. Wiederkehr*, in: *Paus*, Jesus Christus und die Religionen 189 f.
[97] *Ch. Eichinger*, Die schönsten Gebete der Welt, München [6]1976; *M. Maglione*, Le più belle preghiere del mondo, Milano 1978. *R. Boccassino*, La preghiera, 3 vol., Roma 1967; *A. M. Di Nola*, La preghiera dell'uomo, Parma 1963; *Th. Ohm*, Die Gebetsgebärden der Völker und das Christentum, Leiden 1948; *J. S. Mbiti*, The prayers of African religions, London 1975; *K. Cragg*, Alive to God. Muslim and Christian prayer, London 1970; *A. Shorter*, Prayer in the religions of Africa, Nairobi 1975; *O. Bischofberger – F. Kollbrunner*, Mit afrikanischen Christen beten, Luzern 1978; *A. Schimmel*, Denn dein ist das Reich. Gebete aus dem Islam, Freiburg i. Br. 1977; *W. Lindenberg*, Die Menschheit betet, München 1956; *I. Puthiadam – M. Kämpchen*, Endlos ist die Zeit in deinen Händen. Mit den Hindus beten, Kevelaer 1978; *G. Dieterlen*, Textes sacrés d'Afrique Noire, Paris 1965; *P. Kochanek*, Gebete aus sechs Kontinenten für das Kirchenjahr, St. Augustin 1980.
[98] Vgl. Bericht von *G. Evers*, in: KM 1980, 49.
[99] *W. Bühlmann*, Die Bedeutung der Kirche der Dritten Welt für das abendländische Christentum, in: *Mensen*, Die Begegnung des abendländischen Christentums mit andern Völkern und Kulturen 91-106; *ders.*, Missionarische Bewußtseinsbildung für morgen, in: Ordenskorrespondenz, Köln 1976, 3-15; *Bertsch-Schlösser* (Hg.), Evangelisation in der Dritten Welt (Theologie der Dritten Welt, Bd. 2), Freiburg i. Br. 1981.
[100] *Muhammed Ali*, Der Größte. Meine Geschichte, München 1977.
[101] *Capovilla*, Decimo anniversario 36, 38, 49.
[102] *Bühlmann*, Evangelisierung (s. Anm. 82).
[103] *Delumeau*, Le Christianisme va-t-il mourir 149: „Le Dieu des Chrétiens était autrefois beaucoup moins vivant qu'on ne l'a cru, et il est aujourd'hui beaucoup moins mort qu'on ne le dit."
[104] Wir haben hier K. Rahner Dank auszusprechen, der mit seiner christlichen Anthropologie mutige und gründliche Pionierarbeit für eine solche heute annehmbare Interpretation der Welt geleistet hat. Vgl. auch *K. Rahner*, Volk Gottes, in: SM IV 1196 bis 1200; *K. P. Fischer*, Der Mensch als Geheimnis. Die Anthropologie von K. Rahner; *G. Richard-Molard*, Le troisième peuple – héraut d'espérance, Paris 1977.
[105] *E. Cleaver*, Seele auf Eis, München 1969 (Zitat auf der Rückseite des Buches). Vgl. auch *F. Houtart*, Der Dritte Weltkrieg hat begonnen, Freiburg i. Br. 1972.
[106] *Teilhard de Chardin*, Der Mensch im Kosmos, München 1959, 245; *ders.*, Zukunft des Menschen, Olten 1963, 387.
[107] Mit gutem Grund machen moderne Weltgeschichten wie Historia Mundi, Bern 1952-1961, Saeculum Weltgeschichte, Freiburg i. Br. 1965-1971, eine klare Absage an die europazentrische Schau.
[108] Consiglio Ecumenico delle Chiese, Unità della Chiesa e unità del genere umano; ferner *Nelson-Pannenberg*, Um Einheit und Heil der Menschheit; *Ratzinger*, Dienst an der Einheit; *Mußner*, Christus, das All und die Kirche; *Ledergerber*, Geburt der Menschheit; *Pesch*, Einheit der Kirche – Einheit der Menschheit; *Bläser-Wolf*, Zum Thema: Eine Kirche – Eine Welt; *A. Auer*, Kirche und Welt, in: *Holböck-Sartory*, Mysterium Kirche II 479-570; *K. Rahner*, Einheit der Menschheit, in: LThK III 756 f.
[109] *Pesch*, a.a.O. 154 (Schlußsatz).
[110] Vgl. *H. Haag*, Vor dem Bösen ratlos? München 1978, 275 (Schlußsatz): „Vielleicht liegt mehr als in allen Bekenntnisformeln und Glaubenssätzen das unterscheidend Christliche in der Art, wie der Christ dem Bösen begegnet."
[111] Eine Weltregierung halten für nötig *Gruhl*, Ein Planet wird geplündert 298-305; *Deutsch*, Nationalism 167-190 (zur Bewältigung der Weltprobleme wie Nuklearwaf-

fen, Welternährung usw.); *Toynbee*, Menschheit – woher? wohin? Plädoyer für den Weltstaat, bes. 130-150 (er entwickelt diese Idee auch in andern seiner Bücher). – Auch Papst Johannes XXIII. scheint im vierten Teil von „Pacem in terris" (1963) eine solche Weltautorität zu postulieren.

[112] Vgl. die entsprechenden Ausführungen bei *Mensching*, Der offene Tempel 249 bis 253; *ders.*, Buddha 240-244; LThK X 246.

[113] Wie ganz anders tönt die Redeweise des Ayatolla Khomeini, der am 27. 11. 1979 ausrief: „Wir müssen 20 Millionen Menschen aufstellen und sie einüben, daß jeder eine Waffe gebrauchen kann. Wir Muslime sind eine Milliarde Menschen. Wir müssen alle unsere Feinde vernichten. Unsere Kraft ruht in Gott und im Islam . . ."

[114] *Metz,* Glaube in Geschichte 47-57, 136-148.

[115] Vgl. *Friedli*, Fremdheit als Heimat.

Walbert Bühlmann
Wo der Glaube lebt

Einblicke in die Lage der Weltkirche

„Das Buch von Walbert Bühlmann ist ein großer Wurf, ein gelungener Versuch, die Zeichen der Zeit im Blick auf die Evangelisierung der Welt zu deuten. Der Verfasser erweist sich als ein erstrangiger Fachmann der Missionswissenschaft. Er ist nicht nur belesen und in ständigem Kontakt mit vielen Ländern der ‚Dritten Welt', sondern ebensowohl unterrichtet über den Aufbruch der Theologie und in den Humanwissenschaften."
Prof. Bernhard Häring, Moraltheologe, Rom

„Aus einer umfassenden Kenntnis der heutigen Situation entwirft Bühlmann ein überzeugendes Bild der Mission, die gerade im Kommen ist. Besonders wohltuend an dem Buch ist, daß es ganz konkret wird und die Grundlinien in die alltägliche Praxis hinein auszieht und daß es immer wieder die Chancen einer solchen Mission aufzeigt, also ein Buch voll gesundem Optimismus ist."
P. L. Wiedenmann, Schriftleiter der „Katholischen Missionen", Bonn

„Hier spürt man auf jeder Seite die Blutwärme des Lebens, den Pulsschlag der Zeit, die Inspiration der neuen Theologie, Bühlmanns Vorschläge sind realistisch; sie liegen in der Luft, sind aber bisher noch in keinem Buch derart systematisch herausgearbeitet worden. Genau ein solches Buch brauchen wir in dieser kritischen Situation der Kirche."
Prof. A. Camps, Missiologe, Nimwegen

7. Auflage, 342 Seiten, kartoniert, ISBN 3-451-17085-X

Verlag Herder Freiburg · Basel · Wien